BAUFORMEN DES ERZÄHLENS

FcRMS OF STORYTELLING

EBERHARD LÄMMERT

BAUFORMEN DES ERZÄHLENS

ACHTE, UNVERÄNDERTE AUFLAGE

J. B. METZLERSCHE VERLAGSBUCHHANDLUNG

STUTTGART

1.– 6. Tausend 1955
7.–12. Tausend 1967
13.–20. Tausend 1968
21.–25. Tausend 1970
26.–35. Tausend 1972
36.–45. Tausend 1975
46.–50. Tausend 1980
51.–53. Tausend 1983

ISBN 3 476 00097 4

INHALT

Einleitung

Gattungsbegriff und Typusbegriff in der Epik 9

Der sukzessive Aufbau des Erzählwerks

Die Zeitbezüge des Erzählens 19

A. Konturen des Gesamtvorgangs 24
   I. Die Anlage der Geschichte 24
     1. Geschichte und Fabel 24
     2. Die „reale Folie" der Geschichte 26
     3. Geschichtsumriß und Lebensdarbietung 28
   II. Die Bewältigung der Geschichte 32
     1. Die Geschichte im Erzählvorgang 32
     2. Grundtypen des Erzählvorgangs 35

B. Gliederung und Verknüpfung mehrsträngiger Erzählungen 43
   I. Das Gefüge der Handlungsstränge 43
     1. Additive Formen der Verknüpfung 45
     2. Korrelative Formen der Verknüpfung 52
     3. Konsekutive (kausale) Formen der Verknüpfung 56
     4. Die Bedeutung der Verknüpfungsformen in verschiedenen Erzähltheorien 62
   II. Die Gegenwart des Erzählers 67
     1. Eingriff des Erzählers und poetische Fiktion 67
     2. View-point-Theorien und Erzählergegenwart 70

C. Formen des Erzählablaufs 73
   I. Erzählphasen 73
     1. Verschiedene Dimensionen der Phasenbildung 73
     2. Die Artikulation des Vorgangs durch Erzählphasen 76
     3. Erzählphasen und äußere Bucheinteilung 79
   II. Raffungsarten und Erzählweisen 82
     1. Raffungsintensität und Raffungsarten 82
     2. Zeitliche, räumliche, thematische Raffung 85
     3. Erzählweisen und Erzählerdistanz 86
     4. Raffung und Funktion der zeitlosen Erzählweisen 89
     5. Die zeitlichen Erzählweisen 91

Die sphärische Geschlossenheit des Erzählwerks 95

Die Koexistenz von Einzelgliedern in der Sprache und im sprachlichen Kunstwerk 95

A. Die Rückwendungen 100
   I. Allgemeine Eigenschaften der Rückwendungen 100
     1. Die Synchronisierung von Zeitabläufen 100
     2. Rückwendung und Vorzeithandlung 101
   II. Feste Formen der Rückwendung 104
     1. Die aufbauende Rückwendung 104
     2. Die auflösende Rückwendung 108
   III. Eingeschobene Rückwendungen 112
     1. Der Rückschritt 112
     2. Der Rückgriff 122
     3. Der Rückblick 128

B. Die Vorausdeutungen 139
   I. Allgemeine Eigenschaften der Vorausdeutungen 139

   Erste Gruppe:
   Die zukunftsgewissen Vorausdeutungen 143

   II. Feste Formen der Vorausdeutung 143
     1. Die einführende Vorausdeutung 143
     2. Die abschließende Vorausdeutung 153
   III. Eingeschobene Vorausdeutungen 163
     1. Die Phasenvorausdeutung 163
     2. Die Ausgangsvorausdeutung 166
     3. Besondere Ansatzpunkte der Vorausdeutung 168
     4. Die ergänzende Vorausdeutung 171

   Zweite Gruppe:
   Die zukunfts-ungewissen Vorausdeutungen 175

   IV. Die Beglaubigung ungewisser Vorausdeutungen 179
     1. Beglaubigung durch die Art der Verkündigung 179
     2. Beglaubigung durch die Umstände der Verkündigung 182
     3. Beglaubigung durch Eingriff des Erzählers 183
   V. Die Verkleidung ungewisser Vorausdeutungen 184
     1. Die gleichnishafte Vorausdeutung 184
     2. Die trügerische Vorspiegelung 186
   VI. Absolute oder relative Ungewißheit? 189

   Kunst: eine andere Natur 192

Die Dimensionen der Rede im Erzählvorgang   195

Die Mehrschichtigkeit erzählter Gegenwart 195

    I. Allgemeine Spannungen zwischen Aktion und Rede 196
   II. Die besondere Spannung in der „Mischform" Erzählkunst 199
  III. Die direkte Rede als Erzählmedium 202
      1. Der Vorgang in der Rede und der unmittelbare Vorgang 202
      2. Die Rede als Mittel der Personengestaltung 204
      3. Die Rede als Mittel zur Ordnung und Schürzung erzählter Abläufe 207
      4. Die Verselbständigung der Rede zum Stilmittel des äußeren Aufbaus 209
      5. Die Beihilfe der Rede zum inneren Aufbau. Ausblick auf die Vorgangbildung im Drama 210
   IV. Das Gespräch 214
      1. Die Überschneidung von Rede und Widerrede 214
      2. Individuelle Schnittformen — konstante Strukturelemente 219
      3. Die Gesamtfunktion der Gespräche in einer redereichen Erzählung 226
    V. Ausblick auf die verschiedenen Redeweisen — Einblick in die Grundstruktur des Gesprächs 234

Schluß   243

Probleme der strukturellen und der historischen Integration 243

Anmerkungen und Exkurse 255
Literaturverzeichnis 284
Namenverzeichnis 292
Sachverzeichnis 296

EINLEITUNG

Gattungsbegriff und Typusbegriff in der Epik

Die Frage nach Formen der Erzählkunst enthält zwei wesensverschiedene Aufforderungen. Sie läßt sich beantworten durch eine Darlegung der in der Geschichte der Literatur konkret in Erscheinung getretenen Einzelformen, Formtraditionen und Formengruppen. Sie läßt sich andererseits beantworten durch eine Ermittlung der typischen Formen, die allzeitig die erzählende Dichtung als solche kennzeichnen und definieren. Zum Schaden beider Richtungen ist diese Abgrenzung, die zugleich den Aufgabenbereich der Literaturgeschichte von dem der Dichtungswissenschaft trennt, in den Theorien zur Erzählkunst selten klar durchgeführt worden. Vielmehr hat die Verwischung der Grenzen und das Bemühen, auf einem der beiden Wege jeweils beides zu erreichen, jenen Methodenstreit noch gefördert, der sich bereits an dem Problem der geistesgeschichtlichen oder werkimmanenten Interpretation entzündet hatte. Das gilt natürlich nicht allein für die Erzählkunst[1]. Es fiel aber hier besonders ins Gewicht, weil in der Erzählkunst trotz zahlreicher Einzelbeobachtungen am wenigsten Klarheit darüber herrschte, nach welchen Prinzipien oder Oberbegriffen ihre Formen überhaupt zu erfassen und zu ordnen wären.

Der Mangel an sachgerechten Kriterien zur Ordnung der verschiedenen Dichtungsformen trat schon zutage, als in den zwanziger Jahren die Gattungspoetik unter der Einwirkung des Ganzheitsdenkens auf die Literaturwissenschaft mit frischen Impulsen betrieben wurde. Gerade die Gattungspoetik suchte beide Richtungen: die Erkenntnis des historischen Formenwandels und die Erfassung sogenannter Urformen, in Einklang zu bringen. Sowohl ihre bahnbrechenden Erfolge im Aufweis dichterischer Grundphänomene als auch die Verwirrung, die aus jener Bemühung in der literaturwissenschaftlichen Terminologie entstand, sind bis heute zu spüren. Nirgends ist diese Verwir-

rung offenbarer als im Gebrauch des Wortes ‚Gattung' selbst,
das sich als natürlicher Oberbegriff für einzelne Formen anbietet.
Es genügt, drei oder vier einschlägige Arbeiten einzusehen, um
festzustellen, daß unter dieser Bezeichnung Gruppen gebildet
werden, die einander völlig ausschließen oder gar nicht berühren.
Was in Einzeluntersuchungen an Gattungen ständig neu entdeckt und erfunden wird, ist überhaupt nicht zusammenzufassen.
Neuerdings hebt mit dem Begriff des ‚Typus' das gleiche
Dilemma an.
Die Begriffsverwirrung zeugt von einer weitreichenden Unsicherheit in der Sache. Der bedenklichste Umstand ist dabei
eben die Koppelung veränderlicher und konstanter Kategorien,
die sich notwendig gegenseitig trüben. Vielleicht das sinnfällig-
ste ‚Symbol' für solche Mengung ist — von ihm selbst achsel-
zuckend zugegeben — das Rad der Gattungen, das Julius
Petersen in seiner „Wissenschaft von der Dichtung" (S. 124)
entwarf. Petersen führt sein Schema zurück auf eine Anregung
Goethes, man möge für die drei Naturformen der Dichtung,
Epos, Drama, Lyrik, sowohl reine als vermischte Muster-
stücke suchen. Goethes Anregung wird durch diese Verding-
lichung nur selbst noch problematischer.
Natürlich betrifft diese Problematik nicht allein die Formen
der Erzählkunst; aber schon die ungenügende Kennzeichnung
ihrer Grenzen gegen die beiden anderen Naturformen Dramatik
und Lyrik zwingen uns dazu, mit besonderem Blick auf die Erzählkunst eine Klärung des Gattungsbegriffs zu versuchen.

Goethe selbst führt an jener Stelle in den „Noten und Ab-
handlungen" außer der homerischen Dichtung, die ihm als reine
Epik vorschwebt, in der Tat nur Mischformen an, und zwar
Einzelwerke, in denen ein mannigfacher Wechsel der Natur-
formen vor sich geht. Von *Gattungen* redet er dort nicht!
Petersen versucht nun eine systematische Ordnung dieser
reinen und Mischformen und sammelt einzelne Dichtarten, die
er als Unter- bzw. Zwischen-*Gattungen* zu einem Kreis fügt.
Diese hypothetischen Werkgruppen tragen zu gutem Teil die
Namen geläufiger historischer Dichtungsformen wie Elegie,
Epistel, Idylle; Heroide, Kantate usw.. Petersen hätte nur eben

die Konsequenz ziehen und die von ihm genannten Formen wirklich als historisch erschienene und dann unter fortschrittlichen und traditionellen Einflüssen sich wandelnde Gattungen begreifen müssen. Sie gehören, wie allein der Begriff ‚Elegie‘ zeigt, keineswegs an einen systematisch festen Platz, sondern unterliegen historischen Präge- und Wandlungsgesetzen. Dichtungsgattungen in diesem gebräuchlichsten Sinn des Wortes sind deshalb durchaus ein Objekt der *Literaturgeschichte*. Dabei stellt sich auch der historischen Forschung die Alternative, entweder der Wirksamkeit einer unterstellten ‚klassischen‘ Gattung, die unter verschiedenen Namen zu verschiedenen Zeiten auftritt, oder der Wirksamkeit eines Gattungsnamens, der zu verschiedenen Zeiten verschiedene Anwendung findet, nachzugehen. Ins Praktische gewendet, hieße das: entweder die Nachwirkung antiker Odendichtung auf bestimmte Gruppen neuerer Lyrik zu untersuchen oder aber das zusammenzustellen, was späterhin unter dem Namen ‚Ode‘ in Erscheinung tritt (Viëtors Weg). Einen systematischen Weg jedoch, zu erklären, was ‚Ode‘ sei, gibt es nicht; allenfalls können die dichterischen Elemente, die an der Ausbildung der Alkäus-, Sappho- oder Pindar-Ode hervorragend beteiligt sind, benannt und dann als Folie hinter alle geschichtliche Wandlung gestellt werden. Die Ur-Ode aber bleibt so gut ein Phantom wie etwa das Ur-Epos oder der Ur-Roman, wenn man nicht einfach die ältesten greifbaren Formen damit bezeichnen will.

Darum wird auch ein Streit, der uns hier näher angeht: der Streit um das Wesen der ‚Novelle‘, nie aufhören, oder man muß, wie Adolf von Grolman es tut, ständig mit der „Problematik der Zertrümmerung“ ihrer Form — und das heißt nichts anderes als mit der Zertrümmerung der konventionellen Satzung dessen, was Novelle sei — ringen[2]. Aber diese Satzung ist etwa an Boccaccio oder Cervantes (Handlungs-N./Charakter-N.) orientiert oder schafft sich von dorther *ein* Idealbild (das Falkenmotiv), an dem die historische Entfernung oder traditionelle Verpflichtung der einzelnen Erzählung dann jeweils zu ermessen ist. Solche, meist nach verschiedensten gehaltlichen oder formalen Kriterien erstellte Satzungen haben jedenfalls nie ein systematisch-objektives Urschema Novelle zum Spiegelgegenstand. Man muß sich nur in Erinnerung rufen, daß beispielsweise auch Boccaccio und Cervantes sich ihre Novellenform erst durch die Überwindung herkömmlicher Regeln geschaffen haben. Sehr klar spricht sich Benedetto Croce darüber aus, daß die Gattungsbegriffe gerade durch die bedeutendsten Kunstwerke immer wieder erweitert und für die Folgezeit neu gesetzt werden. Damit wird deutlich, daß das Problem der Gattung mit dem Problem des ‚Klassischen' in enger Beziehung stehen muß. So kann man wohl mit Schiller (Brief an Körner vom 10. 3. 1789) „einem Kunstwerk Klassizität absprechen, wenn seine Gattung nicht aufs bestimmteste entschieden ist"; aber damit ist die vermerkte Äußerung Croces nur scheinbar widerlegt. Das ‚klassische Kunstwerk' ist nämlich eben jenes, an dem sich die konventionelle Satzung einer Gattung in der geschichtlichen Folgezeit mehr oder weniger lange ausgerichtet hat! Und selbst das Werturteil, ob das klassische oder das revoltierende Kunstwerk das bedeutendere sei, ist ein historisch sich wandelndes, wie man den Stimmen Schillers und Croces schon entnehmen kann.

Eingedenk dieser Umstände sieht sich nun Karl Viëtor (L.185, S. 428) dennoch versucht, für jede Gattung eine überzeitliche „optimale Lösung" in der Verbindung von Gehalten und Formelementen vorauszusetzen; fragt man aber, wie dieses Optimum zu erkennen sei, so erhält man die Antwort (S. 444): es sei zunächst „divinatorisch" zu erfassen „an den dichterisch bedeutendsten Repräsentanten" der Gattung, sodann an ihren ältesten zu prüfen. Das aber heißt — getreu der im Wort liegenden Doppelbedeutung — wiederum: Orientierung an ihren ‚klassischen' Vertretern. Völlig zu Recht sieht Viëtor in diesem Weg den geeigneten Ansatz zu einer Gattungs*geschichte*. Sobald man aber dieses Optimum auch absolut setzen und in oder hinter den klassischen Vertretern das ‚objektive' Gattungsbild suchen will, fängt das Dilemma der Gattungspoetik an, das nun nicht, wie Viëtor in Anwendung der Diltheyschen Hermeneutik meint, das grundsätzliche Dilemma in der Wechselerkenntnis von Allgemeinem und Besonderem ist, sondern das sich hier speziell einstellt, weil es eine eigentliche Gattungs*poetik* außerhalb der Gattungsgeschichte überhaupt nicht geben kann[3]. Die Vermengung des literarischen Gattungs- mit dem Typusbegriff hat hier — wie alsbald zu erläutern ist — unterschwellig die größten Verwirrungen geschaffen.

Der bisherige Anwendungsbereich des Ausdrucks ‚Gattung‘ in der Literaturwissenschaft ist jedoch mit dem Gesagten noch keineswegs durchmessen. Auch die von Goethe als Naturformen bezeichneten Hauptgruppen ‚Epik‘, ‚Dramatik‘, ‚Lyrik‘ selbst werden mancherorts mit diesem Namen belegt. Während Viëtor, der die Doppelbelastung des Gattungsbegriffs bereits beklagte, dort die Bezeichnung vermieden wissen wollte, will Fritz Martini neuerdings in seiner „Poetik“ (Sp. 240) *nur* den Gruppen Epik, Dramatik, Lyrik den Namen ‚Gattung‘ zuerkennen.

In welchem Verhältnis stehen diese Gruppen zu den bereits besprochenen? Sind sie der historischen oder der systematischen Seite zuzuschlagen oder gehören sie etwa in eine dritte Ebene?

Herder — der übrigens bereits schärfer als Goethe zwischen „historischen“ und „philosophischen“ Gattungen, wie er sie nennt, unterscheidet und feststellt, daß in den Lehrbüchern seiner Zeit allgemein nur die historischen behandelt werden, die man griechischer und römischer Dichtung in erster Linie abgewinne — Herder also ist der Meinung, daß sich philosophische und historische Gattungen zusammen allein „unter drei oder vier Worte, der epischen, lyrischen, dramatischen und schlechthin lehrenden Poesie begreifen“ ließen[4]. Damit sind Epik, Lyrik, Drama als drei unverrückbare und beschließende Hauptgruppen charakterisiert, die jedenfalls *über* den Gattungen rangieren.

Schon aus dieser Äußerung wird klar, daß es sich bei jenen Naturformen um Komplexbegriffe handelt. Es ist Emil Staigers Verdienst, diesen Komplex sondiert und nach seinen beiden Hauptbedeutungen auseinandergelegt zu haben. Seine Grundbegriffe ‚episch‘, ‚dramatisch‘, ‚lyrisch‘ bezeichnen durchaus zeitlose Stilqualitäten; zugleich beziehen sie sich aber nicht mehr auf konkrete Werkgruppen, sondern auf typische Äußerungsmöglichkeiten *jedes* Dichtwerks. Diese Grundbegriffe und ihre etwaige Differenzierung sind zweifellos Gegenstand einer systematischen Dichtungsbetrachtung.

Neben diesen ‚Grundbegriffen‘ läßt Staiger die Begriffe Epik, Dramatik, Lyrik als Einteilungsschema konkreter Dichtungsgruppen weiterbestehen. Aber auch nach den Staiger-schen Eliminierungen bleiben diese ‚Naturformen' noch komplexe Bezeichnungen. Sie umgreifen und ordnen alle konkret in Erscheinung getretenen Einzelwerke und Gattungen; gleichzeitig aber transzendieren sie die geschichtlich realisierten Formen und bezeichnen drei zeitunabhängige Möglichkeiten dichterischer Werksetzung. Im zweiten Fall kennzeichnen sie im Unterschied zu den Grundbegriffen die Kategorie einer Dichtung im ganzen.

Diese Hauptgruppen können deshalb sowohl literaturgeschichtlicher wie dichtungswissenschaftlicher Forschung als Oberbegriffe gelten. Während die Literaturgeschichte sich bei ihrer Untergliederung auf längst bewährte Begriffe, nämlich die historischen Gattungen, stützen kann und diese nach Belieben bis etwa zum „Schelmenroman" oder zur „romantischen Novelle" abwandelt, hat die Dichtungswissenschaft bislang, jedenfalls im Bereich der Erzählkunst, nur wenige und noch keineswegs verbindliche Formbezeichnungen herausstellen können.

Den bisher umfassendsten Versuch zu einer systematischen Ordnung der Erzählformen unternahm Robert Petsch mit seinem Buch über „Wesen und Formen der Erzählkunst". Glücklicherweise erscheint das Wort ‚Gattung' dort nicht einmal im Index, und Petsch versteht darunter allenfalls die Erzählkunst im ganzen. Dennoch hat sich der Einfluß der historisch orientierten Gattungspoetik gelegentlich zum Schaden der systematischen Ordnung bemerkbar gemacht; so schon im ersten Kapitel, wo die Formen der Erzählkunst auf primitivere „Vorformen" und gar auf die „Urform des Märchens" zurückgeführt werden; umgekehrt vermißt man später bei der Betrachtung der „Einzelformen", wo etwa eine Theorie der Novelle oder des Romans entworfen wird, die historische Erläuterung schmerzlich. — In den Kapiteln jedoch, die „typische Stil- und Darbietungsformen" des Erzählens betreffen, weist Petsch echte Wege zur systematischen Ordnung seines Gegenstandes.

Zum Teil in Anlehnung an Petsch, zum Teil auf eigenen Wegen haben dichtungswissenschaftliche Arbeiten andere Gruppenbildungen vorgeschlagen, gleichzeitig aber für diese Gruppen wieder den Namen ‚Gattung' in Anspruch genommen. Wir

14

vermeiden diesen Begriff hier bewußt und setzen an seiner Stelle die Bezeichnung ,Typus' ein. Es sind etwa die Typen der „novel of action", „novel of character" (auch Raumroman), „dramatic novel" (auch Zeitroman) und „chronicle" bei Edwin Muir; die damit locker verwandten Typen der Geschehnis-, Raum- und Figuren-Epik bei Wolfgang Kayser, der diese Typisierung gleich auf die pragmatischen Hauptgruppen ausdehnte; die wiederum damit teilweise sich berührenden Typen des Entwicklungs-, Zustands- und Seelenromans bei Günther Müller. Diese Typen sind, wie gesagt, am Roman entwickelt, aber sie betreffen Eigentümlichkeiten des Erzählens schlechthin, was von den Autoren auch wohl zugegeben wird. Wir werden noch festzustellen haben, daß gerade die Theoretiker des Romans, etwa Spielhagen, E. M. Forster, Koskimies, überall dort, wo sie streng systematische Erträge liefern, letztlich den Bezirk des Romans überschreiten und für die Erzählkunst Allgemeinverbindliches aussagen, während sie umgekehrt dort, wo sie den Roman als Gattung speziell treffen, notwendig mithinein Geistesgeschichte treiben. Notwendig schon deshalb, weil sie die Zeiten charakterisieren müssen, in denen der Gattungsname ,Roman' überhaupt anwendbar ist[5a].

Hierher gehören weiter die View-point-Typen, die allgemeine psychologische und technische Möglichkeiten des Erzählens betreffen. Auf einer anderen Ebene, aber gleichfalls mit Typuscharakter, stehen die „Einfachen Formen" André Jolles'; endlich die trivial anmutende, aber außerordentlich wichtige Unterscheidung in Kurz- und Langformen der Erzählkunst bei Petsch und bei Edward M. Forster.

Solche Typenbezeichnungen — wir gaben hier nur Anschauungsmaterial — lassen sich nach sehr verschiedenen Gesichtspunkten aufstellen, und darin liegt zweifellos ihre Problematik, zumal sie ja bislang noch weniger auf konventionelle Vereinbarungen zurückgehen als die Gattungsbegriffe[5]. Wünschenswert ist es jedoch, in jedem Falle für solche Typen den bislang so überbürdeten Namen ,Gattung' aus dem Spiel zu lassen.

Diese *typischen Formen* der Dichtung bezeichnen nämlich — ungeachtet des etwaigen Vorwiegens eines Typus in einer Zeit, bei einem Volk oder einem Dichter — ihre *allzeitigen Möglich-*

keiten. Sie können von Zeit zu Zeit mit einer Gattung in besondere Beziehung treten, ebenso wie die ‚Grundbegriffe‘. Gleichwohl liegen sie gewissermaßen quer zu den zeitlichen Gattungen. Wie die ‚Grundbegriffe‘ — die eben darum auch Typuscharakter besitzen — gehen auch diese typischen Formen in concreto gemeinhin Mischungen ein. Kayser, der seine Typen an einigen Beispielen vorführt, erkennt ihr jeweiliges Vorwiegen bereits als das Strukturbestimmende. Günther Müller führt gar (L. 122, S. 65) bedeutende Beispiele völligen Ausgleichs an.

In aller Mischung aber — und das ist das entscheidende Kriterium — wandeln sich diese Typen selbst nicht, wie es die Gattungen und selbst die „Gattungshaftigkeiten" *mit der Zeit* tun. Dies muß vor allem Emil Ermatinger entgegengehalten werden, der das Verhältnis von literarischer Gattung zu Einzelwerk ausdrücklich als das Verhältnis von Typus und Einzelgestalt bezeichnet (L. 33, S. 371). Gattungen sind für uns historische Leitbegriffe, Typen sind ahistorische Konstanten. Ihre Erschließung ist danach die eigentliche Aufgabe der Dichtungswissenschaft.

*

Wir haben das Problem literaturwissenschaftlicher Kategorienbildung in allgemeinen Zusammenhängen betrachten müssen, weil es kein Sonderproblem der Erzählkunst ist. Doch hat sich der Weg unserer Untersuchungen mit dem Blick auf die Ansätze zur Typenbildung in der Erzählkunst bereits genauer abgezeichnet. Wenn wir also im folgenden von Formen des Erzählens schlechthin sprechen, so schließt das von vorneherein jede historische Relation bei unserer Kategorienbildung aus. Das bedeutet unter anderem, daß wir uns nicht mit den Gattungen der Novelle oder des Romans gesondert beschäftigen können. Die Formen, die wir aufzusuchen haben, müssen gerade dies als Kennzeichen aufweisen, daß sie in allen existierenden und denkbaren Werken der Erzählkunst auftreten können.

Die Gliederung solcher typischen Formen kann also nur von den allgemeinsten Prinzipien des Erzählens ausgehen. Wie aber sind solche Prinzipien auszumachen, wenn alle konkreten Beweisstücke, nämlich die erzählenden Dichtungen selbst, histo-

rischen Entstehungsbedingungen unterliegen und deshalb historisch besondere Formen aufweisen?

Dieser Umstand macht eine ontologische Vorbesinnung darüber notwendig, nach welchen Kriterien eine Dichtung überhaupt zur Erzählkunst zu rechnen ist. Es geht also gewissermaßen um den Generalnenner des Erzählens. Diese Besinnung
muß ebenso auf die künstlerischen wie auf die aller Kunstbe-
handlung vorgreifenden allgemeinsprachlichen Merkmale Rücksicht nehmen, die die Seinsweise der erzählenden Dichtung bestimmen. Bei dieser ersten Aufgabe, die wir gemäß dem Fortschreiten unserer Untersuchungen in drei Stufen vornehmen,
werden wir auf guten Vorarbeiten weiterbauen können.

In der Hauptsache wird es jedoch um die greifbaren Einzelformen und Formengruppen gehen, die von jenen allgemeinen
Prinzipien wohl intendiert, nicht aber schon vorbezeichnet sind.
Je mehr wir dabei auf eigenes Sichten und Ordnen angewiesen
bleiben, desto wichtiger wird eine empirische Festigung des
Vorgehens. Diese Empirie kann sich nur auf Einzelinterpretationen, Vergleiche und Reihenbildung konkreter Dichtungsformen gründen. Hier entsteht nun noch einmal die eben be-
zeichnete Schwierigkeit[6]. Die Interpretation soll einerseits
charakteristische Züge eines Werkes treffen, andererseits aber
Texte ungeachtet ihrer historischen Besonderheiten miteinander
vergleichen. Denn gerade im Vergleich historisch differenter
Einzelformen ergeben sich allgemein typische Sachgesetzlichkeiten am zwanglosesten. Damit verbietet sich aber gleichzeitig der
Anspruch auf die Totalerfassung eines Einzelwerks oder auch nur
einer Textstelle! Im Bewußtsein dieser Einschränkung werden
wir unsere Einzelinterpretationen stets dort abbrechen, wo die
historisch besondere Deutung die Führung zu übernehmen hätte.

Gleichwohl soll gerade die historische Dichtungsbetrachtung
aus dem Aufweis typischer Grundformen Nutzen ziehen. Denn
die Individualität einer Erzählform äußert sich letzten Endes in
der eigenwilligen Wahl, Kombination und Bekörperung typischer Darbietungsmittel[7]. So bedarf es wohl keiner ausholenden
Begründung dafür, daß bei aller notwendigen Trennung im methodischen *Ansatz* diese beiden Richtungen dazu berufen sind,
mit ihren sachlichen *Ergebnissen* einander zu fördern.

17

Eine weitere Einschränkung muß von vorneherein getroffen werden. Wir richten unser Augenmerk auf *Bau*formen des Erzählens. Das sind Formen, die das Erzählwerk in seiner Erstreckung gliedern und fügen. Es handelt sich also nicht um eine Typisierung psychologischer oder soziologischer Art, die sich auf die Kriterien dieser Disziplinen stützen müßte. Auch die Sprachphilosophie kann nur zum Fundament dieser Untersuchungen beitragen, nicht aber die Kriterien für poetische Einzelformen liefern, welche die äußeren Dimensionen und das Gerüst eines Erzählwerkes aufbauen und bekörpern. Damit werden auch spezielle Probleme des Sprachstils ausgeklammert.

Unsere Aufmerksamkeit gilt den allgemeinen Prinzipien und den unmittelbar faßlichen Erzählformen, die den Erzählvorgang als solchen konstituieren, gliedern und verweben[8]. Freilich bleiben damit zahlreiche weitere Aspekte des Erzählens unberührt. Daß diese Beschränkung gleichwohl notwendig und sinnvoll ist, haben insbesondere die theoretischen Überlegungen und beispielhaften Interpretationen Günther Müllers zur Genüge erwiesen: Erst nach Kenntnis der natürlichen Aufbauformen und -kräfte des Erzählens lassen sich jene anderen Fragen sachgerecht ansetzen. Und wir sind dessen eingedenk, daß sich in der Frage nach typischen Gesetzen und Formen die Poetik, mit Martini zu reden, „gerade auf dem Gebiet der Erzählkunst, der dichterischen Prosa... noch im Vorhof der Arbeit" befindet (Sp.218).

DER SUKZESSIVE AUFBAU
DES ERZÄHLWERKS

Die Zeitbezüge des Erzählens

Das allgemeinste Aufbauprinzip, das die Erzählkunst mit jeder Sprachkundgebung zunächst teilt, ist das Prinzip der *Sukzession*, in der sie allein dargeboten und auch aufgenommen werden kann. Das mähliche „Werden" charakterisiert deshalb das Sprachkunstwerk als Ganzes wie auch seine konkreten Einzelformen in einem viel eigentlicheren Sinne als das Ganze und die Teile eines Bild-Kunstwerks[9]. Mindestens seit Lessing, im Grunde aber schon von Aristoteles, ist dieses Prinzip der „Zeitfolge" (Laokoon, S. 371) als die grundlegende Bedingung dichterischer Äußerung gewürdigt worden. Lessing hatte aus diesem Prinzip der sprachlichen Darbietung den folgenschweren Schluß gezogen, daß der Dichter auch die *Gegenstände* seiner Dichtung sukzessiv aufzubauen habe, ja daß nur solche Gegenstände dichtwürdig seien, die sich in einer zeitlichen Folge veranschaulichen ließen. „Solche Gegenstände", schließt Lessing weiter, „heißen überhaupt Handlungen. Folglich sind Handlungen der eigentliche Gegenstand der Poesie" (S. 434).

Gegen diese Auffassung ist Herder in seinem 1. Kritischen Wäldchen scharf ins Feld gezogen und hat Lessing zu Recht eine unzulässige Verallgemeinerung vorgeworfen. Freilich bestätigt auch er: „Das Nacheinanderwerden (der Dichtung) ist und bleibt der Knoten" (S. 148). Aber aus diesem ersten Gesetz der sprachlichen Sukzession folge keineswegs zwingend das zweite, die zeitliche Sukzession der Dichtungs-Gegenstände. Ein fürchterliches „Blutbad" müßten diese Folgerungen Lessings „unter alten und neuen Poeten anrichten". — Zweifellos hat Herder in seiner aggressiven Polemik die fruchtbaren Erkenntnisse Lessings zum Teil überspielt, aber er hat den Finger genau auf das schwache Glied in dessen Schlußkette gelegt und hat — wie sich zeigen wird — dessen Theorie für die *Erzählkunst* erst eigentlich nutzbar gemacht.

Lessing habe, so argumentiert Herder, seine Beobachtungen an *Homer* angestellt und habe aus der Erkenntnis, daß dieser „nichts als fortschreitende Handlung" schildere — schon das hält er mit Recht für überspitzt —, „sogleich den Hauptsatz drauf geschlagen: die *Poesie* schildert nichts, als fortschreitende Handlungen" (S. 154). Hier nun trifft Herder zuvor eine wichtige Unterscheidung:

> „*Homer* dichtet erzählend: ‚es geschah! es ward!‘ Bei ihm kann also alles Handlung sein und muß zur Handlung eilen. Hierhin strebt die Energie seiner Muse; wunderbare, rührende *Begebenheiten* sind seine Welt; er hat das Schöpfungswort: ‚es ward!‘."

Neben Homer aber stellt er *Pindar,* den Schöpfer „großer lyrischer Gemälde", und dessen Schöpfungswort: „Ich singe!" (S. 153f).

Erzählende Kunst also hat ihre Energiequelle in einer Welt der *Begebenheiten,* die sie erbaut und zu einer Handlung zusammenzieht. *Lyrische* Dichtung dagegen hat ihren Konvergenzpunkt in der *Seele des Dichters* und darf, ja muß infolgedessen ihre Aussagen auf eine seelische Situation hinordnen, ohne dabei an die Sukzession realer Vorgänge gebunden zu sein. Sie darf Zustand, Stimmung des Augenblicks und zeitlosen Gedanken künden: sie muß einfach singen. Sie ist an das erste Gesetz wie alle sprachliche Äußerung, nicht mehr jedoch an das zweite gebunden!

Herder geht bereits so weit, auch für Homer den absoluten Zwang des Fortschreitens in der Zeit anzuzweifeln — und es fehlte in der Tat wenig, er würde seine Kritik auf die „Grundbegriffe" des Epischen und Lyrischen hinausgespielt haben, die allerorts — und selbst bei Homer — einander ablösend, zusammen Dichtung gestalten. Immerhin, wenn er mahnt, jeder Dichtart ihr eigenes Gesetz der Mischung zu lassen: Was das Epos und den Epiker Homer anbelangt, so sieht er im energischen(!) Fortschreiten „das Wesen seines Gedichts"; die Sukzessionen „sind der Körper der epischen Handlung" (S. 149—151).

Hier wird deutlich die grundsätzliche Affinität spürbar, die aller Sonderung zum Trotz noch zwischen den ‚Grundbegriffen‘ und den ‚Hauptgruppen‘, hier zwischen ‚episch‘ und ‚Epik‘ besteht. Ein Epos und allgemein ein Erzählwerk *muß* die epische Grundkraft des Fortschreitens von Begebenheiten besitzen, um seine Hauptgruppe nicht zu verfehlen. Es kann daneben — und benötigt dies in der Tat zu seiner künstlerischen Ausprägung — auch lyrische oder erörternde Züge, selbst über relativ weite Strecken hin, aufweisen; die Rede darf — wie schon Herder betont — auch im Epos in den Raum greifen und diesen „malend“ gestalten: Das *Gerüst* jedoch muß beim Erzählwerk die fortschreitende und zwar energisch, d. h. von einer Strebekraft durchwirkte Handlung sein!

Die Milieubeschreibung, der Entwurf menschlicher Charakterbilder, die Darstellung von Ideen und endlich der pädagogische Zweck mag sich in dieser oder jener Erzählung vor das bloße Geschehen drängen, mag ihr erst den eigentlichen Sinn verleihen. Wir sind jedoch, wollen wir uns mit den Vorgegebenheiten und den artbestimmenden Merkmalen *aller* Erzählungen befassen, notwendig auf dieses — E. M. Forster nennt es das atavistische — Gerüst des *Geschehens in der Zeit* zurückverwiesen.

Deshalb bezeichnet die Formel ‚es ward‘, die Herder das Schöpfungswort des Erzählers nennt, die Eigenart der erzählenden Dichtung wesentlich genauer als die Formel ‚es war einmal‘, die vor und nach Petsch häufig als der Ursprung epischen Berichts angesprochen wird. Die Formel ‚es war einmal‘ drückt noch keinerlei Geschehens-Intention aus; sie kann deshalb nur als das Urschema erzählerischer *Exposition* gelten, als das Einlaßtor in die fiktive Welt, die erst dann erzählerisch gestaltet wird, wenn aus dem zuständlichen ‚es war‘ ein ‚es ward‘ oder ‚es geschah‘ sich entbindet.

Bei Günther Müller ist „die Grundform allen Erzählens ein ‚und dann‘; eine Formel, die den Abstand von Lyrik und von Drama scharf beleuchtet“ (L. 123, S. 10). ‚*Es ward... und dann...*‘ — fügt man beides zusammen, so hat man den idealen Grundriß des Erzählten, das Schema des vom Anstoß der ersten Begebenheit sich abspinnenden Geschehens.

So stellen wir als erstes fest: Dem Dichter ist es aufgegeben, seine Ideen und Meinungen, seine Raum- und Charaktervorstellungen in zeitliche Vorgänge, in Geschehen umzusetzen oder doch einzubetten, wenn er sie *erzählbar* machen will. Das hieß in der Sprache Herders für das Epos: „Alles muß zur Handlung eilen", und heißt in der Sprache des Erzählers Jean Paul: „Der ganze innere Kettenschluß oder die Schlußkette muß sich in die Blumenkette der Zeit verkleiden." Und Jean Paul setzt voraus: „Dies ist das Schwerste" (Vorschule, § 68).

Wir haben unsere Überlegungen mit Bedacht von den Erkenntnissen Lessings und Herders ausgehen lassen, weil man insbesondere Herders Bedeutung für die Dichtungswissenschaft über seinen grundlegenden Leistungen innerhalb der Literaturgeschichte, die bis auf unsere Tage der deutschen Philologie ihr Gesicht geben, allgemein zu wenig Beachtung schenkt. Die Grundbedingungen des Erzählens waren gerade durch die Kritik Herders bereits scharf umrissen, und was Homer anbelangt, so war man dort auch schon ihren Konsequenzen für die erzählerische Darbietung der Welt auf die Spur gekommen.

Die Erkenntnis jedoch, daß nicht aus der etwaigen Entsprechung der beiden Zeitkategorien, sondern gerade infolge ihrer stets sich wandelnden *Spannung* ein sprachkünstlerisches Gebilde von entschiedenen Bewegungen und nachprüfbaren Konturen entsteht, lag Herder noch fern, obwohl er den Begriff der „forming forms" von Shaftesbury schon akzeptiert und sein Verständnis für die Bildekraft (Energeia) der Sprache daraus entwickelt hatte.

Die Spannungen zwischen dem vorgespiegelten realen Geschehen und seiner erzählerischen Bewältigung beruhen zunächst auf der Spannung zwischen realer und sprachgetragener, d. h. intentionaler Wirklichkeit schlechthin[10]. Sprache kann Gegenstände und Vorgänge nicht nachahmen, sondern nur andeuten und soweit bewußt machen, als es für den jeweiligen Zweck der Aussage notwendig ist. Durch Andeutung jedoch macht der Sprecher das Ganze aus seiner Perspektive sichtbar. Mit seiner Auswahl aus dem unbegrenzten Ganzen, das ihm real oder fiktiv zur Verfügung steht, erstellt er ein begrenztes Ganzes, getreu dem Gesetz, daß alles Bilden und insbesondere das Bilden von Menschenhand ein Weglassen sei[11].

Sind diese Prinzipien der *Andeutung* und der *Auswahl* für jede Art sprachlicher Weltdarbietung verbindlich, so müssen sie auch an allen Phänomenen der Erzählkunst gleichermaßen aufweisbar sein. Damit ist ein Ansatz gewonnen, der den sehr alten Streit um Nachahmungstheorien, aus dem sich auch Lessing noch keineswegs befreit hatte, rasch hinter sich läßt. Denn einhelliger als an jedem anderen Erzählphänomen wird gerade an der Doppelheit von erzähltem Vorgang und Erzählvorgang jenes Prinzip der Andeutung und Auswahl positiv greifbar. Deshalb ist ein beobachtender und urteilender Vergleich von *erzählter Zeit* und *Erzählzeit*[12], wenngleich er nur eines unter vielen Mitteln darstellt, der *zunächst sicherste* Weg, das Verhältnis von erzählter Wirklichkeit und sprachlicher Wiedergabe zu fassen. Hier treten die allgemeinen Prinzipien der Andeutung und Auswahl in der Form von *Raffung* und *Aussparung* so deutlich zutage, daß sie sich in vielen Fällen sogar exakter Messung nicht entziehen. Darüber hinaus bietet sich so die Möglichkeit, Erzählwerke aller Zeiten und aller Sprachen in einem gemeinsamen Punkte zu fassen.

Die Spannungen zwischen der Zeitfolge des Erzählens und der Zeitfolge des erzählten Geschehens liegen zutage allein in dem Umstand, daß die ,Geschichte' mehrerer Generationen in wenigen Stunden erzählt werden kann. Es fiele schwer, anzunehmen, daß solche Verkürzung alle Partien des Geschehens gleichmäßig betreffen könnte: also muß das Verhältnis von Erzählzeit zu erzählter Zeit im Verlauf der Erzählung ständig wechseln. Daß dieser Wechsel nicht nur die Ausmaße, sondern auch die verschiedenen Weisen des Erzählens bedingt, ist eine der grundlegenden Feststellungen Günther Müllers, die uns in der Folge noch genügend beschäftigen wird.

Eben dieses Verweilen, Raffen und Weglassen des Erzählers verleiht nicht nur bestimmten Stadien des Geschehens einen besonderen Akzent, sondern läßt den gesamten erzählten Stoff als etwas *Neugestaltetes* aus der Monotonie der bloßen Sukzession heraustreten. Unter der Hand des Erzählers strukturiert sich also die Sukzession der Begebenheiten, teilt sich die Abfolge des Ganzen in sehr unterschiedliche Erzählglieder auf — Glieder, die kraft ihres energischen und gerichteten Auseinanderwachsens nicht Stücke, sondern *Phasen* in der Bildung des Ganzen darstellen. Darüber hinaus besitzt der Erzähler die Freiheit zur Aufspaltung, Umstellung und Aufhebung der Chronologie — weitere bedeutsame Mittel zur Herstellung eines Erzählgefüges, das gerade die der planen Abfolge widerstreitenden Zusammenhänge sichtbar machen soll.

Den Weg unserer Untersuchung wollen wir der Art und Weise anpassen, in der der unbefangene Leser und Betrachter eines einzelnen Erzählwerkes seinen Gegenstand ästhetisch und wissenschaftlich aufnimmt. Wir beginnen mit einer Grob-Erfassung der größeren Zusammenhänge und steigen von dort aus stufenweise zu kleineren Gestaltzügen und Einzelphänomenen hinab. Dabei wird sich zeigen, daß verschiedene Phänomene, insbesondere die der Phasenbildung und der Verknüpfungsweisen, in analoger Weise stets wiederkehren. Gleichwohl prägen sie sich jeweils in verschiedenen Erzählformen aus, so daß zwischen Groß- und Kleinformen des Erzählens nicht nur der Dimension, sondern auch der Sache nach eine scharfe Scheidung möglich sein wird.

A. Konturen des Gesamtvorgangs

I. Die Anlage der Geschichte

1. *Geschichte und Fabel.* Wir haben uns bereits darüber verständigt, daß als allgemeinste Grundlage des Erzählens das Vorhandensein einer Handlung oder, noch vorsichtiger gesagt, eines Geschehensablaufs zu gelten hat[13]. Ist die Aufbautendenz eines Erzählkunstwerks auf die Zerlegung, Beschneidung, Färbung und Ausschmückung der darzubietenden Ereigniskette gerichtet, so wird der Betrachter des vorliegenden, fertigen Gebildes gerade im Vergleich mit der zugrundeliegenden *Geschichte* diese Aufbaumittel am ehesten erkennen und bestimmen können.

Dazu müssen wir uns zunächst über Charakter und Eigenschaften der einfachen Geschichte Klarheit verschaffen. Vor allem müssen wir sie von der *Fabel* der Erzählung unterscheiden, die bereits wesentliche Aufbaumomente in sich birgt.

Ein kurzer Ausblick auf angelsächsische Dichtungstheorien mag hier dienlich sein. Mit einer Einmütigkeit, die in deutscher Forschung keineswegs anzutreffen ist, und zugleich mit wohltuender Nüchternheit hat man dort die Begriffe ,story' und ,plot' — mit Geschichte und Fabel am ehesten zu verdeutschen — definiert. *Story* ist dort die einfache Abfolge der Begebenheiten, mit Forster gesprochen: „a narrative of events arranged in their timesequence" (S. 116). Sie ist das Grundelement allen Erzählens — bei Weston, wie schon angemerkt, das Grundelement fast jeder Dichtung.

Plot ist demgegenüber die unter ein Ordnungsprinzip gestellte Geschehensfolge, mit Muir „the chain of events in a story and the principle which knits it together" (S. 16), und etwas präziser noch mit Shipleys Dictionary: „The unity of the plot is thus the result of necessary relationship and order among the events" (S. 438). In der Einheit des ,plot' liegt also bereits ein Beziehungssystem von spezifischer Sinnträchtigkeit vor, die freilich noch ganz am Gegenständlichen haftet. Dazu gehören schon die besondere Abfolge, die Phasenbildung und auch die zeitliche wie räumliche Umgruppierung des Geschehens.

Forster unterscheidet das Beziehungssystem der Ereignisse in story und plot kurzerhand als „timesequence" und „causality" und führt zwei Beispiele an: „,The king died and then the queen died' is a story. ,The king died, and then the queen died of grief' is a plot" (S. 116). Aber diese Definition reicht in beiden Fällen nicht aus. Denn schon die einfache Geschichte ist nicht bloß eine Aufzählung, eine Kompilation irgendwelcher Ereignisse im Nacheinander. Der *Stoff* muß bereits einen irgendwie gearteten Ereignis- und Lebenszusammenhang enthalten, um Grundlage einer Erzählung werden zu können. Und freilich: Forsters erstes Beispiel stellt einen solchen, gleich zweifachen Zusammenhang her: died — died, king — queen.

Im zweiten Beispiel kommt richtig zum Ausdruck, daß der Erzähler einen Zusammenhang herstellt, der *etwas bedeutet*. Dieser Zusammenhang braucht jedoch nicht stets kausaler Natur zu sein, er kann ebensogut etwa auf einem Kontrastschema, ja auf einem Kranz ,wunderbarer' Vorgänge beruhen; der Kausalnexus trägt sich dann — wenn das Wort dafür noch gelten kann

— häufig als göttliche oder Schicksalsfügung aus. Dieser ‚höheren' Notwendigkeit freilich, nicht aber der Stütze eines Kausalbezuges im gemeinen Sinne bedarf es, um die Fabel weiter auszuspinnen. Das gilt selbst für den sublimierten Begriff der ‚psychologischen Notwendigkeit'. Die Bindekräfte der Fabel sind also gerade nicht *einem* allgemeinen Prinzip unterworfen. Aus dem *Stoffzusammenhang* der Geschichte ergibt sich erst nach Aufdeckung des jeweiligen Aufbau- und Verknüpfungsprinzips der *Sinnzusammenhang* der Fabel. In die Untersuchung der Verknüpfungssysteme der Fabel werden wir deshalb erst eintreten können, wenn wir uns über die Grundverhältnisse und die besonderen Erscheinungsformen der Ereigniskette Klarheit verschafft haben.

2. Die „reale Folie" der Geschichte. Zwischen dem Anfangs- und dem Schlußpunkt einer Geschichte spiegelt die Ereigniskette einen kontinuierlichen Zusammenhang vor. Von diesem Lebenszusammenhang wird jedoch nur eine ausgewählte Folge von Ereignissen erzählend vergegenwärtigt. Gibt es über die erzählten Fakten hinaus noch Anhaltspunkte, um das ‚Rohmaterial' für diese Auswahl freizulegen? — Diese Frage drängt sich vor allem beim historischen oder biographischen Roman auf, wenngleich sie sich ebenso im Bereich der reinen poetischen Erfindung stellen ließe. Historische und biographische Vorgänge in der Erzählung können mit Hilfe anderer Geschichtsquellen unter Umständen auf ein vollständigeres und sogar relativ objektives Geschichtsbild zurückgeführt werden. Zur historischen Deutung von Dichtungen ist dieser Weg oft beschritten worden, ebenso wie man Milieuschilderungen und Charakterzeichnungen mit Gewinn auf reale Vorlagen zurückführen konnte. Solche Bemühungen zielen jedoch stets mehr auf die Hintergründe eines Werkes als auf das Werk selbst. Grundsätzlich besitzt die erzählerische Fiktion ebenso eine eigene Zeit-Raum-Konstellation wie sie überhaupt einen Lebenszusammenhang darbietet, der von der realen Wirklichkeit schon durch seine Abrundung kategorial verschieden ist. Käte Hamburger kommt auf anderen Wegen zu eben dieser wichtigen Einsicht (L 55, S. 337 f).

26

DIE REALE FOLIE DER GESCHICHTE

So verfehlt man den Sinn einer Gestaltuntersuchung, wenn
man eine Geschichte mit Hilfe von Daten und anderen Realien
rekonstruiert, die der Text selbst nicht bietet. Die Konstatierung
eines vagen und unbestimmten Zeit-Raum-Gefüges kann für
das Verständnis der Aufbauformen von ebensolchem Belang
sein wie der Nachweis markanter Einzelereignisse.

Wo Erzählungen auf solche pointierten historischen ‚Momente' angelegt sind wie etwa Stefan Zweigs Sammlung: „Stern-
stunden der Menschheit", mag ein Rückgreifen auf die historische Folie und eine Vervollständigung des Geschichtsbildes
allenfalls dienlich sein, um Zweig dessen zu überführen, daß seine
Erzählungen die Vorgänge keineswegs so „unverfärbt" wiedergeben, wie er es einleitend verspricht. Versicherungen dieser
Art sind auch im Munde eines Dichters aus dem 20. Jahrhundert
nicht wörtlicher zu nehmen als in mittelalterlichen Erzählungen,
wo sie zugleich das Unternehmen selbst rechtfertigen sollen.
Das gilt auch dann noch, wenn der Dichter sich nachweislich
mit wissenschaftlicher Genauigkeit in seine Materie eingearbeitet
hat oder wenn er Selbsterlebtes benutzt. Es macht geradezu das
Wesen des Dichterischen aus, daß alle benutzten Realien ihres
transliterarischen Bezugssystems entkleidet werden und innerhalb der fiktiven Wirklichkeit der Dichtung neuen Stellenwert
und eine neue, begrenzte Funktion erhalten. Deshalb kann jede
Geschichte einer Erzählung grundsätzlich aus sich selbst heraus
verstanden werden[14]. Und zieht man vergleichend historische
Abläufe zu Rate, so kann dies nur dazu dienen, die Besonderheit
der erzählten Geschichte recht sichtbar zu machen. So gelingt
Günther Müller auf diesem Wege der Nachweis einer sehr
eigenwilligen Massierung und Drapierung historischen Materials
im Aufbau des „Jürg Jenatsch", und Paul Böckmann kann unter
Verwendung historischer Quellen die Lebenszeit des „Simplizissimus" dort festlegen, wo Grimmelshausen historische Ereignisse ohne Zeitangabe verwertet[15]. Gerade im „Simplizissimus"
aber, der weit eindringlicher noch als der „Jürg Jenatsch" durchwoben und getragen wird von den Wirren des großen Krieges,
vollzieht sich der Aufbau der Geschichte abseits von der
‚historischen Folie' frei nach den Abenteuern, Begegnungen
und Lebensstadien des Titelhelden. Verbindlich für den Werk-

aufbau sind also allein die *inneren* Zeitverhältnisse der erzählten Geschichte.

Ganz entsprechend verhält es sich mit den *Schauplätzen* des epischen Geschehens: Kleists „Michael Kohlhaas" reitet durch weite Landstriche; aber die Landschaft ist für das Gefüge dieser Erzählung unerheblich, und der Leser bekommt sie nicht zu Gesicht: Die Reisewege bestehen erzählerisch nur aus Stationen. — In Gerhart Hauptmanns „Ketzer von Soana" dagegen wird die vorbeiziehende Landschaft zu einer bedeutenden Komponente des dichterischen Vorgangs. Aber die reale Landschaft um den Luganer See erfährt dabei eine Symbolisierung, die sie ihren natürlichen Verhältnissen entfremdet — selbst wenn der Besucher einzelne Orte unter verwandeltem Namen wiederzuerkennen vermag. — Sogar die ‚reale Abschilderung‘ Berlins in Fontanes Gesellschaftsromanen hat ihre *primäre* Bedeutung nicht darin, daß sie dem Leser ein getreues Bild von den äußeren und inneren Verhältnissen der Stadt entwirft: Ihre *erzählerische* Bewandtnis kann nur an der Rückwirkung der Berliner Atmosphäre auf die Lebensart und die Schicksale der „Treibels" oder der „Poggenpuhls" ermessen werden.

Über die historischen Vorlagen für die handelnden Personen selbst bedarf es danach keines besonderen Wortes.

Die Seitenblicke auf andere Elemente des Erzählens bestätigen, daß schon der bloße Ereigniszusammenhang der Geschichte als ein vom Dichter bildend gefaßter Weltausschnitt begriffen werden muß. Ihr Umriß besitzt eine eigengesetzliche Schlüssigkeit; ihr Ablauf vollzieht sich in einem individuellen Zeit-Raum-Schema. Eben diese Individualität setzt den Betrachter in den Stand, der Geschichte bereits bestimmte Indizien für den Werkaufbau abzugewinnen.

3. Geschichtsumriß und Lebensdarbietung. Schon mit dem Umriß seiner Geschichte trifft der Erzähler einen Vorentscheid über den Aufbau seines Werkes. Bestimmte Entwicklungen, Charaktere, Konflikte und Ideen verlangen zu ihrer Darstellung, einfach gesprochen, nach einem langen, andere gerade nach einem kurzen Handlungsablauf. Vermögen Erzählungen ersterer Art die Wandlungen der äußeren Welt und der Charaktere gerade in

ihrem mählichen Werden und Reifen begreiflich zu machen, so
stehen bei der anderen Gruppe die äußerste Beschränkung auf
eine Pointe oder die konzentrische Ballung vielfältiger Lebensbezüge in einem einzigen Katastrophenaugenblick mit der Kürze
der Handlungszeit in offenbarem Zusammenhang. Daß Handlungen der zweiten Art sich den Aufbautendenzen des Dramas
nähern, hat schon Otto Ludwig zum Ausdruck bringen wollen,
indem er ihnen den Terminus „Szenische Erzählung" bei-
legte und sie von der „Eigentlichen Erzählung" schied. (Dazu
unten S. 63.) Abseits von dieser Unterscheidung stehen Erzählungen, in denen vornehmlich Zuständlichkeiten in einem quasi
zufälligen Zeitausschnitt dargeboten werden.

Besonders sinnfällig werden die verschiedenen Möglichkeiten
der Lebensdarbietung, wenn man Erzählungen mit vergleich-
baren Grundmotiven unter diesem Gesichtspunkt betrachtet,
so Ina Seidels „Lennacker", Fontanes „Poggenpuhls" und Spittelers „Conrad der Leutnant". Einmal über vierhundert Jahre
hin, im zweiten Fall über ein dreiviertel Jahr und im letzten
während eines Tages werden Begebenheiten aufgerollt, in denen
das Generationenproblem jeweils den geistigen Mittelpunkt bildet. Alle drei Erzähler schürzen den Stoff auf präzise Szenen und
Einzelereignisse hin. Dennoch — und notwendigerweise infolge
der verschiedenen Erstreckung — entfaltet sich dieses Problem
jeweils in einer unverwechselbaren Lebensmächtigkeit und
künstlerischen Wirkkraft: Der Leser des „Lennacker" erlebt an
einzelnen Wegemarken den stetigen Entwicklungs-, Regenera-
tions- und Wandlungsprozeß einer langen Geschlechterfolge.
Söhne und Enkel reichen mit ihrer eigenen Fackel zugleich das
Feuer der Väter weiter. Schicksalsschläge werden erlitten und
überwunden; errungene Sicherheiten werden aufs neue fragwürdig; längstvergangene Taten und Leiden wirken beispiel-
gebend oder warnend fort; die heilende Kraft der Zeit selbst
kann in ihrer Wirkung gezeigt werden. — Die „Poggenpuhls"
treiben kreisend im Strome ihrer Tradition und in den Strudeln
ihrer Zeit. Dieser Zustand wird in einem fast zufälligen Aus-
schnitt abgeschildert. Die Handlung ist hier kaum mehr als der
Spiegel, vor dem die einzelnen Figuren in ihren verschiedenen
Einstellungen zu Vergangenheit und Gegenwart auf und ab

gehen. — In „Conrad der Leutnant" sprengt ein einzelner Anlaß alle schwelenden Konflikte frei, und der Held erfährt Liebe und Haß, Kindschaft und Mündigkeit, Verfluchung und Tod in einer geballten, panischen Katastrophe. Keine Entwicklung der Charaktere, keinen Zustand, sondern nur Entladung und fortzündende Reaktionen vermag diese komprimierte Geschichte zum Ausdruck zu bringen.

Hat in diesen Erzählungen die Geschichte selbst auch ein sehr verschiedenes Gewicht, so zeigt sich doch, daß sich je nach ihrem Umriß Welt und Menschen dem Zugriff des Erzählers in besonderer Weise stellen[16].

Wie weit sich diese Erscheinungen mit den „Kurz- oder Langformen" der Erzählkunst berühren, bleibt eine schwierige und komplexe Frage. Besitzen Kurzerzählungen eine ‚lange' Geschichte, so ergibt sich gewöhnlich ein sehr zerklüftetes Erzählgerüst; die einzelnen Knotenpunkte des Geschehens werden dadurch noch besonders akzentuiert, daß zwischen ihnen beträchtliche Lücken oder im Überflug erfaßte Zeitspannen die Übergänge bilden. Am häufigsten werden jedoch in solchem Fall die langen Partien der Geschichte in einer *Vorgeschichte* oder *Nachgeschichte* abgehandelt, die dann von der Darbietung des Hauptgeschehens durch ihre weit stärkere Raffung abstechen. — Wir werden auf die Vor- und Nachgeschichte, die ja bereits als spezifische Aufbauformen gelten müssen, später erst eingehen können; schon hier aber werden wir darauf verwiesen, daß bestimmte Phasen der Geschichte durch ihre Stellung und ihre erzählerische Ausformung das *Hilfsgerüst* für die auserwählten Hauptphasen abgeben.

Mit größerer Sicherheit läßt sich von Groß-Erzählungen sagen, daß sie einer gewissen Ausdehnung der erzählten Verläufe bedürfen. Biographische und Reiseromane sprechen für sich. Doch kann sich diese Ausdehnung — wie die Versuche James Joyces und seiner Nachfolger zeigen — in eine andere Dimension verlagern, etwa in die „Bewußtseinszeit" oder in die multiplizierte Gleichzeitigkeit. Dieser Dimensionswechsel wiederum steht mit der Erstreckung der äußeren Handlung in deutlichem reziproken Verhältnis. — Den Großteil aller Möglichkeiten des Epikers zur Ausweitung einzelner Handlungszüge hat bereits Homer in der „Ilias" angewendet: Umfangreiche Orts-, Personen- und Gegenstandsbeschreibungen, Vielsträhnigkeit der einzelnen Verläufe, die Länge der Gespräche und der wiederholungsreiche Sprachstil wiegen dort die Kürze des äußeren Geschehensablaufs auf. Endlich sind umfangreiche Lehrdichtungen wie Wielands „Agathodämon" auf äußere Zeiterstreckung nicht angewiesen. Schon hier zeigt sich: In dem Maße, in dem die plane Geschichte von anderen Erzählanliegen überwuchert wird, verlieren auch die Dimensionen der Geschichte für die Dimensionen des Erzählens an Bedeutung. Und damit werden zwangsläufig die Bauelemente der Sukzession durch andere, kompliziertere überschichtet; zugleich aber verliert das urtümliche ,... und dann' seine ordnende Macht.

Schließlich können Umriß und Aufgliederung der Geschichte durch leitmotivische, symbolische oder allegorische Zeitspannen akzentuiert sein, so daß sich eine realistische Beurteilung der Geschichtserstreckung von vorneherein verbietet. Auch verharren die Liebespaare und Helden weitgespannter Abenteuererzählungen oft in statuarischer Jugend- oder Mannesblüte. Man hat in diesem Zusammenhang häufig auf die nicht alternden Figuren des „Nibelungenliedes" verwiesen. Überdies zeigt Werner Richter (L 150, S. 29 ff), daß sich dort die Handlungszeit von über fünfundzwanzig Jahren nur aus symbolischen Perioden von dreizehn Jahren, sieben Jahren usw. errechnen läßt und daß sie deshalb als empirische Zahl ganz unverbindlich bleibt. Diese Erscheinung kehrt in vielen mittelalterlichen Epen offen oder verdeckt wieder und kennzeichnet geradezu einen bestimmten Erzählcharakter. Sie macht aber gleichzeitig darauf aufmerksam, daß das Problem der Lebensdarbietung durch die erzählte Geschichte nicht grundsätzlich unter dem Aspekt der Entwicklung gesehen werden darf.

Symbolische oder auch hyperbolische Zeitangaben wie etwa die siebenjährige Wartezeit oder das ,sagenhafte' Alter bestimmter Figuren, stereotype Abfolgen wie das Märchenmotiv der drei Aufgaben, die sich auf drei Tage, drei Wochen oder drei Jahre verteilen, leitmotivische Wiederkehr einer Stunde oder eines Jahrestages wie etwa in Ludwigs „Zwischen Himmel und Erde", Raabes „Wildem Mann", Maupassants „Fräulein Perle"

— all das sind beliebte und charakterisierende Motive einer Geschichtsdarbietung, der es auf sinnfällige Ordnung der Begebenheiten mehr als auf ‚natürliche‘ Lebensverläufe ankommt. Dennoch bleibt die *Größenordnung* des gewählten Umrisses und das Verhältnis der tatsächlich vergegenwärtigten zu den stumm verstreichenden Zeitspannen in jedem Fall *maßgebend* für die Handlungsketten und für die Lebensausschnitte, die im Laufe der Erzählung gestaltet werden können.

II. Die Bewältigung der Geschichte

1. Die Geschichte im Erzählvorgang. Die Verkleidung seiner künstlerischen Absichten in eine Ereignisfolge, in die „Blumenkette der Zeit", wie Jean Paul sie nannte, ist die eine Leistung des Erzählers. Die andere, ebenso entscheidende ist die Bewältigung und Gestaltung dieser Ereignisfolge im Zuge des Erzählens. Die Bauformen einer Erzählung erhalten ihre Kontur erst dadurch, daß die monotone Sukzession der erzählten Zeit beim Erzählen auf verschiedene Weise *verzerrt*, *unterbrochen*, *umgestellt* oder gar *aufgehoben* wird.

Die *Verzerrung* der Sukzession ergibt sich durch den Wechsel von einlässigem und knappem Erzählen, d. h. durch das sich ständig verschiebende Verhältnis von erzählter Zeit und Erzählzeit. Der nächstliegende, neutrale Maßstab für die Erzählzeit ist dabei die Seiten- und Zeilenzahl, die einem Geschehen von bestimmter Erstreckung gewidmet ist.

Selbst dort, wo eine Erzählung die Ereignisse lückenlos wiedergeben will, wie es naturalistische und impressionistische Erzähler versuchen, ist dieser Wechsel an der verschiedenen Erzählbreite, die den einzelnen ‚Momenten‘ gewidmet ist, noch zu ermessen. Mit dieser ungleich starken Verzerrung, die man auch als unterschiedliche Raffungsintensität bezeichnen kann, setzt der Erzähler seine Akzente. Er schält Einzelbegebenheiten, Wendepunkte oder exemplarische Momente aus dem stetig fließenden Strom des erzählten Lebens heraus, die den Kern oder gar den Hauptgegenstand des eigentlichen Erzählens bilden. Die Prüfung der verschiedenen Erzählweisen wird ergeben, daß

auch die sprachliche Gestaltung einzelner Erzählpartien wesentlich davon abhängt, mit welcher Raffungsintensität Begebenheiten und Zustände wiedergegeben werden.

Freilich ist mit der Erzählbreite keineswegs schon die Bedeutsamkeit einer Erzählpartie festgelegt! So sind auch etwa errech-
nete Zahlen oder graphische Hilfsmittel nur soweit von Wert,
als sie die Vergleichbarkeit einzelner Erzählpartien erleichtern.
Bedeutung gewinnen solche Einlässigkeit und Knappheit erst,
wenn sie als *regelhafte* Erscheinungen einem bestimmten Komplex von Ereignissen und Gegenständen gegenüber durch das
ganze Werk hindurch oder innerhalb größerer Partien aufgewiesen werden können, oder andererseits, wenn ein Ereignis
gegenüber allen anderen eine auffällige Hervorkehrung oder
Hintansetzung durch die Erzählbreite erfährt. In jedem Falle
aber bedingt schon dieser ständige und nicht selten rhythmische
Wechsel der Raffungsintensität das Phänomen der *Phasenbildung*
im Erzählfluß. Alle konkreten Bauformen des Erzählverlaufs
fußen mehr oder weniger auf diesem Grundphänomen.

Unterstützt wird diese Gliederung durch markante Schwellen
im Erzählfluß: *Unterbrechungen* und *Neuansätze*, die die Geschichte
selbst in deutliche Abschnitte zerschneiden. Die Schärfe solcher
Einschnitte trägt entscheidend zur klaren oder diffusen Kontur
der Bauformen bei. Dramatische Erzählpartien neigen zu schrof-
fer Blockkontur. Auch der epische Erzähler vermeidet Einschnitte nicht, aber seine Ausklänge und Neuansätze haben einen
sanfteren und überleitenden Duktus. Die Länge der verschwie-
genen Zeitspannen aber formt in beiden Fällen den Charakter
der erzählten Phasen und die Kontur des Ganzen mit.

Einschnitte werden überdies notwendig, sobald sich die Handlung in mehrere Stränge oder Fäden verzweigt. Wie im Drama
der Szenenwechsel solche Einschnitte markiert, so spielt auch in
der Erzählung nicht selten der Schauplatz- und Personenwechsel
bei Unterbrechungen eine entscheidende Rolle. Häufig ergibt
sich dabei für den Erzähler die Notwendigkeit, gleiche Zeitspannen mehrmals zu durchmessen; so entstehen Bündel- und
Fächerformen, die gegenüber der Längserstreckung einer Geschichte ihre Breitendimension darstellen. In mehrgleisigen und

panoramischen Erzählungen und überhaupt bei reichem Personenaufwand wird die Geschichte vielfach mehr in die Breite als in die Länge aufgegliedert.

In den weiteren Bereich der Gliederung durch Einschnitte gehört die *Umstellung* von Partien der erzählten Zeit im Laufe des Erzählens. Schon die Großgliederung eines Werkes ist wesentlich dadurch bestimmt, ob eine Geschichte von Anfang an erzählt oder von der Mitte oder gar vom Ende her ausgefaltet wird. Die sogenannte Rahmenerzählung ist nur ein formales Extrem solcher Umgruppierung. Die Umstellung von Handlungsabschnitten im Zuge des Erzählens ist eines der wichtigsten Mittel der Fabelbildung und Spannungserzeugung. Macht der Erzähler überdies durch Rück- und Vorverweise auf diese Anordnung eigens aufmerksam, so entstehen Verflechtungsformen, die den Leser an jedem Punkt der fortschreitenden Geschichte die Richtungnahme des Gesamtvorgangs miterfassen lassen.

Neben diesen Mitteln zur Verflechtung der Vorgänge bieten sich dem Erzähler schließlich eine Reihe von Möglichkeiten, den Erzählfluß vorübergehend ganz vom Bereich der Geschichte zu lösen und die sinnliche oder geistige Atmosphäre seines Erzählgegenstandes zu reiner Darstellung zu bringen. Hierher gehören Beschreibungen, Charakteristiken, Betrachtungen und Erörterungen — alle diejenigen Erzählweisen, mit denen der Erzähler den Vorgang erst eigentlich bekörpert. Der große Epiker erweist seine Meisterschaft gerade darin, daß er jene ,Zugaben‘, die im strengen Sinne nur als Ornament der Erzählung gelten können, zu Edelsteinen in der Fassung des erzählten Geschehens werden läßt.

Auf besondere Weise kann der Erzähler solche ,Digressionen‘ mit dem Vorgang verschmelzen, wenn er sie in die Bewußtseinsströme oder Gespräche seiner Personen einbettet.

Mit dieser ersten Übersicht über Gestaltungsprinzipien des Erzählvorgangs sind die Problemkreise abgesteckt, die wir in den folgenden Kapiteln einzeln durchmessen. Allgemeine Richtschnur wird dabei zunächst der Weg vom Größeren zum Kleineren und dann der Aufstieg von eindimensionaler zu mehrdimensionaler Betrachtung der Bauformen sein.

34

2. Grundtypen des Erzählvorgangs. Die Gesamterscheinung eines
Erzählwerks, wie sie nach dem Überblick über die bisher gewonnenen Kriterien des Erzählflusses grob erfaßt werden kann,
läßt bereits seine Zuordnung zu gewissen Grundtypen des Erzählens zu. In erster Linie haben Muir, Petsch, Kayser und Günther Müller solche Grundtypen aufgesucht und einander konfrontiert[17].

Es ist nicht ganz einfach, diese Typen gleichzeitig zu übersehen. Vor allen anderen steht die fundamentale Unterscheidung
Petschs zwischen Kurz- und Langformen der Erzählung. Wir
sind auf diese Unterscheidung bereits eingegangen, und es bedarf hier nur des Hinweises, daß es sich dabei nicht so sehr um
zwei abgeschlossene Gruppen als um die Bezeichnung zweier
polarer Möglichkeiten handelt. Es wird sich zeigen, daß auch
die weiteren Grundtypen sich vornehmlich in verschiedenen
Reihen systematisch erfassen lassen.

Muirs novel of action und Kaysers Geschehnisroman sind vor
allem durch straffe Handlungsführung gekennzeichnet. Novel
of character und Raumroman weisen beide keine Hauptperson
und keine wirkliche Entwicklung auf; ihr Schwergewicht liegt
in der breiten Darstellung der „society" oder — wie der
Deutsche es allgemeiner sieht — in der „Weltoffenheit, -fülle
und Buntheit" des Ganzen. Muirs chronicle ist eine Sonderform
der fortschreitenden Geschichtserzählung, bei der es weniger
auf die Bündigkeit der Handlung als auf die Abspiegelung allgemeiner historischer Wandlungen ankommt. Kaysers Figurenroman dagegen ist unabhängig von der Geschehensführung
durch die anhaltende Dominanz einer Mittelfigur charakterisiert.

Günther Müllers Formen des Entwicklungs- und Zustandsro-
mans betreffen wesentlich die Art der Geschehniswiedergabe,
während beim Roman der Seele die Dominanz der Bewußtseinsvorgänge über die äußere Handlung maßgebend ist. Auch
in seiner neueren Gliederung in Erzählungen mit einsinniger Lebenskurve des Helden und solche mit verschachtelter Chronologie, ferner den Roman des Nebeneinander (mit seinen Übergangsformen zur Muirschen chronicle!) und den Roman des
Bewußtseinsflusses liegen die Akzente teils auf der Anordnung,
teils auf dem absoluten Gewicht des faktischen Geschehens.

Die geringe systematische Übersichtlichkeit, die verschiedentliche Überschneidung und die teilweise Anfechtbarkeit der hier vorgeführten Ordnungsversuche beruhen in der Tat auf der Ungleichmäßigkeit der typusbestimmenden Kategorien. Freilich wiegt der gegen diese Grundtypen am häufigsten vorgebrachte Vorwurf, sie träten nie rein in Erscheinung und entbehrten deshalb des heuristischen Wertes, am wenigsten schwer. Es gehört zum Wesen jedes Typus und besagt nichts gegen seine Eigenständigkeit, daß er nur verkleidet, gemodelt und vermischt mit anderen Typen konkret in Erscheinung tritt.

Die Untersuchung der Zeitverhältnisse der Erzählung setzt den Betrachter jedoch in den Stand, die strukturelle Eigenart dieser Typen von einem einheitlichen Gesichtspunkt aus zu fassen und zu sondern. Dabei ergeben sich nun — ein weiterer Vorteil — nicht festumrissene Oberbegriffe, sondern verschiedene Typenreihen, auf denen jede Erzählung an bestimmter Stelle einzuordnen ist. Damit ist gleichzeitig der Forderung nach weiterer Differenzierung Genüge getan, die nicht zu Unrecht von Kritikern der bislang bekannten Typengruppen immer wieder gefordert wird[18].

Drei Typenreihen heben wir hier heraus, die sich schon aus der Gesamterscheinung eines Werkes ergeben. Sie stützen sich einmal auf den *Umriß* der Gesamtgeschichte, zum zweiten auf die *Gruppierung* der Geschichte im Erzählablauf und drittens auf das *Gewicht* der Geschichte im Vergleich mit anderen Elementen des Erzählens.

a) Schon bei den Betrachtungen über die Zeiterstreckung der Geschichte deutete sich an, daß je nach der Weite des gesteckten Umrisses verschiedenartige Lebenserscheinungen zur erzählerischen Verwirklichung gelangen. So scheiden sich die Geschehensverläufe grob, aber einhellig in solche, die eine Krisis zum Austrag bringen, und solche, die ganze Lebensläufe oder doch deren Hauptabschnitte nachzeichnen. Erzählungen der ersten Art haben bestimmte *Vorfälle* und menschliche Begegnungen mit ihren Ursachen und Konsequenzen zum Gegenstand. Die handelnden Menschen erscheinen in einer entscheidenden Situation oder Lebensphase, und die ganze Handlung ist auf einen Konfliktstoff mehr oder weniger straff zugeschnitten. Die extreme Form dieses Typus ist der auf eine Situation pointierte Schwank, der in den Kleinformen der spätmittelalterlichen Novellen-, Mären- und Bîspelerzählung eine beherrschende Rolle spielt, oder die Katastrophennovelle von der Art des „Erdbeben in Chili", oder Spittelers „Conrad der Leutnant". Aber auch Großformen mit kurzer Gegenwartshandlung gehören zunächst hierher.

Erzählungen der zweiten Art verfolgen bestimmte *Hauptfiguren* in ihren wechselvollen Lebensstadien. Die Sachverhalte wechseln ebenso wie die Nebenpersonen und die Konflikte. Extreme Formen sind hier die biographischen Großromane; darüber hinaus noch die Erzählungen von Familienschicksalen und Geschlechterfolgen.

Es gibt naturgemäß zahlreiche Übergänge zwischen beiden Extremen. Erzähler kurzer Geschichten können durch Anfügung von Vor- und Nachgeschichte oder durch Einfügung von Rückwendungen die größeren Lebenszusammenhänge ihrer Helden andeuten. Erzähler von Lebensgeschichten können auf einige Hauptphasen das Schwergewicht des Erzählens legen. Aber noch ein Vergleich zwischen dem „Werther" und den „Lehrjahren", die beide keineswegs extrem die verschiedenen Typen vertreten, macht den Unterschied deutlich, der zwischen dem Zuschnitt auf einen Konflikt bzw. eine menschliche Begegnung und dem Zuschnitt auf Wandlungen und Verwandlungen aller Lebensbezüge im Verlauf einer Geschichte besteht.

b) Präziser wird die Struktur eines Werkes erfaßt, wenn man das Augenmerk auf die Anordnung und eventuelle Umgruppierung der Geschichte richtet. Verschiedene Grade der Verwandlung fallen dabei ins Auge: Einsinniges Durcherzählen der Geschichte; Umstellung von ganzen Großabschnitten der Geschichte; Ausfächerung und Verzweigung der Geschichte in Einzelverläufe und -zustände; schließlich Aufsplitterung in disparate Erzählmomente. Die erste Form, das plane Erzählen „vom Anfang bis zum Ende" eignet ebenso der aktionsgedrängten Kleinform des Erzählens wie dem weitgespannten Entwicklungsroman mit exponierter Hauptfigur. Diese Form bringt die zeitliche Entfaltung der erzählten Vorgänge am entschiedensten zur Darstellung.

Wird die Geschichte vom Erzähler in großen Blöcken umgestellt, so erscheinen andere Ordnungen neben der zeitlichen.
An die Stelle einer durchziehenden Handlung treten mehrere
Handlungsstränge, deren sachliche Verknüpfung und erzählerische Anordnung die Struktur der Erzählung ebenso beeinflussen wie die Ausdehnung der Gesamtgeschichte. Die einfachsten Formen sind das Nachholen einer früheren Handlungs-
partie zu späterem Zeitpunkt oder die frühe Vorwegnahme des
Endes. So hat etwa Jean Paul die nachträgliche Einfügung der
Jugendgeschichte des Helden als Kunstmittel für den Roman
empfohlen und praktisch vorgeführt. Die Ausfaltung der Geschichte vom Ende her ist in der deutschen Erzählkunst des
19. Jahrhunderts zu einer vielgeübten Gewohnheit geworden.
Hält der Erzähler in solchen Fällen an einer Hauptperson fest,
so kommt es ihm nicht so sehr auf mähliche Entwicklungen als
auf Gegenüberstellung und Herleitung von Schicksalen und
Sachverhalten an. Mörikes „Maler Nolten" und Storms „Immensee" sind zwei in Anlage und Form gegensätzliche, aber gleich
klare Beispiele für solche Ordnungsabsicht.

Unausweichlich wird die Umstellung und Verzweigung der
Geschichte in Erzählungen, die die Schicksale *mehrerer* Hauptpersonen oder Personengruppen verfolgen. Die einfachste Form
ist die Alternation zwischen Handlung und Gegenhandlung, wie
sie in Jean Pauls „Flegeljahren" klar, im „Titan" vielfältig gebrochen durchscheint. Vermehren sich diese Stränge, so treten
räumliche Ordnungen und Personenkreise immer stärker an die
Stelle der zeitlichen Ordnungsmacht. In Wilders „Bridge of
San Luis Rey" sind die Stränge nurmehr durch einen gemeinsamen Endpunkt verknüpft, der zugleich Ausgangspunkt der
Erzählung wird; in „The Ides of March" gelingt es ihm gar,
den gleichen Geschichtsablauf viermal mit stets neuer Erzählspannung zu durchmessen, weil jeweils verschiedene Personengruppen die Handlungsführung bestimmen. John Steinbecks „Cannery Row" und „Tortilla Flat" deuten es schon im
Titel an und gliedern sich in der Tat weit mehr nach Schauplätzen und Personenkreisen als nach einer Zeitfolge auf. Der
Wechsel von Massen- und Einzelschicksalen kann schließlich
ähnliche Strukturen bedingen, wie Steinbecks „The Grapes

of Wrath" oder Ricarda Huchs „Vom großen Kriege" bezeugen.

Im Zuge solcher Häufung von Einzelgeschichten kann es
dazu kommen, daß eine eigentliche Hauptgeschichte nur noch
schwer zu eliminieren ist. Erzählungen mit einem Bündel nahezu
gleichgewichtiger Geschichten stellen der Strukturanalyse besondere Probleme; wir widmen ihnen daher das anschließende
Kapitel und unterscheiden hier nur die extremen Formen der
Episodenerzählung und der *mehrgleisigen Erzählung*. Schon für die
äußere Gliederung, mehr aber noch für den inneren Beziehungsreichtum und die Erzählspannung ist es nämlich von entscheidender Bedeutung, ob der Erzähler einzelne Handlungsstränge
oder Seitengeschichten geschlossen zu Ende bringt oder ob mit
Hilfe von Interruption und Fadenwechsel eine Mehrgleisigkeit
und Durchdringung der Verläufe künstlich gefördert wird.
Nähern sich Erzählungen der ersteren Art lockeren zyklischen
Formen, so bieten die letzteren ein oft schwer durchschaubares,
aber exakt verwebtes Geflecht vieler Einzelschicksale. Beispielhaft ist solche Vielgleisigkeit der Geschichte durchgeführt in der
„Octavia" des Herzogs Anton Ulrich von Braunschweig[18a].

In besonderen Fällen wird die Verzweigung weitergetrieben
bis zur Aufsplitterung der Geschichte in ein Kaleidoskop von
Einzelverläufen und Begebenheiten. Die einzelnen Partikel besitzen ihren Konvergenzpunkt dann nur noch in einer panoramischen Milieuschilderung — das ist die extravertierte Spielart —
oder in der Bewußtseinsassoziation einer Person — das ist die
introvertierte Spielart. In dem grundsätzlichen Verzicht auf die
Durchführung einer speziellen Geschichte, wie er insbesondere
in der angelsächsischen und französischen Romankunst der
zwanziger Jahre dieses Jahrhunderts geübt wurde, drückt sich
meist das Bestreben aus, äußeres Zeitgeschehen oder inneres
Seelengeschehen als solches absolut zur Darstellung zu bringen
— Versuche, die gerade wegen der Unmöglichkeit ihrer Erfüllung nicht selten in einen grandiosen Eklektizismus der Vorgänge und Ideen ausmünden. Schließlich gibt es noch eine dritte
Spielart solcher Splitterung und Neuverkittung: die forcierte,
scheinbar ungesteuerte Ideenassoziation des Erzählers selbst,
präsentiert vor allem von Sterne und Jean Paul.

c) An den zuletzt genannten Erzählformen wird ein drittes und vielleicht noch wichtigeres Symptom zur Bestimmung des Werktypus besonders augenfällig: Die Verteilung der Gewichte zwischen der Geschichte selbst und anderen Erzählelementen im Gesamtvorgang. Hier findet nun die sachliche Untersuchung von Einlässigkeit und Knappheit im Erzählverlauf ihr wichtigstes Anwendungsgebiet. Eine Übereinsicht der herausgehobenen Erzählgegenstände ermöglicht eine Kontrolle über die Verteilung von reiner Geschehensdarbietung, umgreifender Raum- und Milieuerfassung, der Wiedergabe innerseelischer Zustände und Entwicklungen oder abstrakten Ideengutes. Die Folie der Erzählzeit bietet hier einen untrüglichen und objektiven Maßstab, an dem zuvor ‚erfühlte‘ Eindrücke präzisiert und korrigiert werden können.

Erst durch solche Feststellungen sind Geschehens- und Raumepos, entwickelndes und panoramisches Erzählen, Roman des Bewußtseinsflusses und Roman der Seele und schließlich die Grenzformen des Bildungsromans und der didaktischen Erzählung nicht nur dem Inhalt nach, sondern *als Erzählformen* empirisch zu bestimmen.

Das Verhältnis zur Geschichte liegt beim Geschehensroman am offensten zutage. Knotenpunkte der Geschichte und Schwerpunkte des Erzählens fallen hier in der Regel zusammen, und ihre Exponierung erwirkt eine markante Gliederung des Erzählflusses. Etwaige Umstellungen dienen vornehmlich der Verrätselung und der überraschenden Lösung der Konflikte; Abzweigungen und Verbreiterung des Handlungsverlaufes wirken als retardierende Elemente, völlige Aufsplitterung der Geschichte ist hier jedoch ausgeschlossen. — Im allgemeinen zitiert man Scott, wenn man an geschehnisreiches Erzählen denkt. Unter den deutschen Erzählern ist der Typus der Geschehenserzählung am reinsten variiert und veredelt worden durch Heinrich von Kleist.

Der milieu- und gesellschaftsbetonende Roman verhält sich gleichgültiger gegen Umfang und Sukzession der Geschichte. Zur Verzweigung der Handlungen tritt wesentlich die statische oder bewegte Beschreibung von Mensch und Umwelt. Das Nebeneinander tritt an die Stelle der Entwicklung, Personen-

reichtum an die Stelle des Helden. Günther Müller spricht tref-
fend von der Gliederung in „verschiedene selbständige Kraft-
felder". — Bezeichnenderweise zitiert man hier meistens die
großen französischen, englischen und russischen Erzähler des
19. Jahrhunderts, die diese Art des panoramischen Erzählens
auf verschiedene Weise zur Vollendung brachten. Dabei darf
man die unterschiedliche Verschwisterung mit Elementen des
Geschehensromans etwa in den verschiedenen Phasen von
Balzacs Schaffen nicht übersehen; vor allem bei Tolstoi erfährt
dieser Erzähltypus durch den Wechsel von gegenständlichem
und betrachtendem Erzählen auch gestaltlich eine Wendung zum
reflektiv-didaktischen Romantypus.

Bei zunehmendem Vorherrschen innerseelischer Vorgänge im
Erzählverlauf wird die äußere Handlung am entschiedensten zu-
rückgedrängt auf die Funktion des bloßen Erzählgerüsts. Gelenkstellen der äußeren Handlung sind überdies häufig nur indirekt, nämlich aus der Reflexion der Personen, zu erschließen.
Gemäß der Mählichkeit seelischer Entwicklungen weist schon
die Geschichte weniger Knotenpunkte als vielmehr Entwicklungsströme auf. Das Erzählen faßt solche Entwicklungsströme
gerne zuständlich zusammen und gibt Einzelereignisse nur, um
den Entwicklungsstrom zu spiegeln oder in neue Bahnen zu
lenken.

Bei einsinnigem Handlungsablauf ergibt sich als Kurzform die
Erzählung der Seelenkrise, extrem stilisiert in Schnitzlers
„Leutnant Gustl"; als Langform der Roman der Seele — mit
Wendung zum Entwicklungsroman in Hesses „Demian", mit
Wendung zum betrachtenden Erzählen im „Glasperlenspiel".

Bei zersplitterter äußerer Geschichte ordnet sich der erzählerische Ablauf der innerseelischen Vorgänge frei nach den Strömungen und Assoziationen des Bewußtseins oder Unterbewußt-
seins der vorgeführten Personen. Die Schilderung der Außenwelt und also auch die Rolle der äußeren Handlung hängt wesentlich davon ab, ob dieser Bewußtseinsstrom sich an Erscheinungen der Außenwelt impressiv entbindet oder ob er expressiv
die faktischen Handlungen der Personen steuert. Bei vorwiegend
impressiver Reflexion wird die äußere Einheit nur durch das allmählich sich rundende Charakterbild der Figuren hergestellt;

41

bei expressiver Reflexion ergeben sich aus einzelnen Splitterhandlungen schließlich Schicksale von erstaunlicher Konsequenz. Virginia Woolf und auch Marcel Proust stehen der ersteren, Thomas Wolfe und William Faulkner der letzteren Richtung näher; James Joyces „Ulysses" bietet ein Spektrum beider Möglichkeiten.

Schließlich läßt sich vom Zeitgerüst her in jedem Fall ermitteln, in welchem Maße der Erzähler das Hauptgewicht des Erzählens auf eine, zwei oder mehrere Figuren legt. In Übereinsicht mit den vorgeführten Typenreihen stellt sich dabei heraus, daß es nicht einen, sondern verschiedene Typen der ,Figurenepik' gibt. Richtiger gesagt, gibt es eine Reihe von Typen wie die ,Lebensgeschichte', den ,einsinnigen Entwicklungsroman', den ,Roman der Seele' und bestimmte Romane des ,Bewußtseinsflusses', die die Mittelpunktstellung *einer* Figur begünstigen, während andere Typen gleichwertige Gegenspieler oder Personenreichtum erfordern.

Auf drei Typenreihen hat sich unsere Übersicht über Grundtypen der Erzählung gestützt. Die erste Reihe spannte sich zwischen der knappen *Krisengeschichte* und der ausgedehnten *Lebensgeschichte*. Die Pole der zweiten Reihe sind die *einsinnig* erzählte und die *aufgesplitterte* Geschichte. Die dritte Reihe beginnt beim *dominierenden* äußeren Geschehen und endet bei der völlig *verdeckten* und überwucherten Geschichte.

An die Stelle weniger beschließender Gruppenbezeichnungen wie etwa Raum-, Figuren-, Geschehnisepik tritt damit eine scheinbar kompliziertere, weil vielschichtige Ordnung. Der grundsätzliche Vorteil der hier zugrundegelegten drei Typenreihen besteht aber darin, daß die verschiedenen Werktypen sich sämtlich an einem gemeinsamen Kriterium prüfen lassen. Sie alle beziehen sich auf die vom Erzähler zugrundegelegte und bewältigte Geschichte, mit anderen Worten: auf die Anlage und Verkleidung des Zeitgerüstes in der Erzählung.

Gleichzeitig ergab sich Gelegenheit zu zeigen, daß etwa die Bezeichnung novel of action oder novel of character sehr verschiedene Werktypen umgreift und daß umgekehrt etwa die Erzählung mit ,einsinniger Lebenskurve' erst durch die bestimmte

Verbindung von drei typischen Faktoren, nämlich von langer Geschichte, einsinniger Anordnung und Zuschnitt des Erzählens auf eine Figur zustande kommt. Ebenso ließen sich alle von uns zitierten Einzelwerke in jeder der drei Reihen an bestimmter Stelle ansiedeln, und erst aus der Kombination der ‚Stellenwerte‘ ließe sich ihr unverwechselbarer Werktypus näher bestimmen.

Grundsätzlich wird man zu einer systematisch-umfassenden Ordnung der Grundtypen erst dann kommen, wenn man auf beschließende Oberbegriffe verzichtet und die *einteilende* Betrachtungsweise durch eine *funktionale* ergänzt. Denn der Werktypus als Ganzes ist nie auf *ein* Erzählelement zurückzuführen; er konstituiert sich stets aus einer Anzahl von Erzählelementen, deren Ineinanderspiel erst Bauplan und Ausführung bestimmter Werkgruppen festlegt. So kann auch ein einziges Element nicht die Organisation aller übrigen bestimmen: Die Abhängigkeit darf nie einseitig, sondern ebenfalls nur funktional begriffen werden. Drei solcher Elemente konnten wir bis jetzt bezeichnen und damit den Umkreis der Grundtypen bereits abstecken. Eine weitere Differenzierung wird möglich sein, wenn wir nach der Überschau nun Einsicht in die Innengliederung des Erzählwerks nehmen. Es empfiehlt sich, bei den Werken zu beginnen, deren großgliedrige Teileinheiten sofort ins Auge fallen, also bei Erzählungen mit mehreren relativ selbständigen Handlungssträngen oder „Kraftfeldern". Gleichgewichtig mit dem Problem der Gliederung wird dabei das Problem der Verknüpfung der Teile zum Ganzen.

B. GLIEDERUNG UND VERKNÜPFUNG MEHRSTRÄNGIGER ERZÄHLUNGEN

I. Das Gefüge der Handlungsstränge

Mit der Aufspaltung einer Erzählung in mehrere Handlungsstränge wird die einfache Sukzession der Geschichte zugunsten anderer Beziehungen aufgegeben. Vor allem ist der Aufbau der

‚Fabel' durch solche Anordnung entscheidend mitbestimmt. Denn nicht die natürliche Abfolge des Geschehens, sondern die Reihenfolge des Erzählens bestimmt die Anordnung der Spannungsbögen und die Entwicklung des inneren Vorgangs. Man muß dabei wohl unterscheiden zwischen der Verflechtung von verschiedenen Fäden *einer* Handlung und der Verschachtelung mehrerer Handlungsstränge. Zu einem selbständigen Handlungsstrang gehört notwendig ein sich selbst tragendes Stoffgerüst, das freilich durch ‚Laufstege' des Sinnzusammenhangs mit dem Gesamtgerüst verbunden ist. Verschiedene Handlungsstränge divergieren deshalb stets mindestens in einem der folgenden drei Kriterien: Verschiedene Handlungszeit — verschiedener Schauplatz — verschiedene Personen.

Erscheinen solche selbständigen Handlungsstränge in zeitlicher Umstellung, so müssen sie notwendig durch eine übergeordnete Handlung gehalten sein, in der die Einfügung der „früheren" Stränge arrangiert werden kann. Dominiert diese übergeordnete Handlung stark, so erhalten jene selbständigen Gebilde den Charakter von *Ergänzungssträngen* oder *Episoden*; dominieren umgekehrt die eingelagerten Handlungsstränge deutlich, so wird man die übergeordnete als *Rahmenhandlung* bezeichnen.

Übergeordnete und eingelagerte Handlungen stehen dabei stets in einem echten Vorzeitigkeitsverhältnis, während die eingelagerten Handlungen untereinander, wie schon bemerkt, sowohl zeitlich noch einmal gestaffelt als auch gleichzeitig verlaufen können. Mehrschichtigkeit der erzählten Zeit und Mehrsträngigkeit des Erzählvorgangs stehen danach in deutlicher Beziehung zueinander. Das hat schon Hirt (S. 25) mit seinen Begriffen „Imperfekt- und Plusquamperfekthandlung" ausdrücken wollen. Man scheidet vorteilhafter eine *Gegenwartshandlung* und eine oder mehrere *Vorzeithandlungen*. ‚Gegenwart' und ‚Vorzeit' sind dabei Relations-Begriffe, d. h. ‚Gegenwart' nennen wir die Zeit der unmittelbar vergegenwärtigten Handlung, wobei es für uns keine Rolle spielt, ob diese Handlung im fiktiven Präteritum oder im historischen Präsens erzählt wird.

Bei ausdrücklichem Eingreifen des Erzählers in den Handlungsverlauf und insbesondere in Ich-Erzählungen tritt eine

weitere Zeitschicht auf: Die Gegenwart der Handlung wird
überbaut durch eine noch unmittelbarere *Erzählergegenwart*, aus
der heraus der Dichter erläuternd, bekräftigend oder kritisierend
das erzählte Geschehen kommentiert. Auch in dieser Zeitschicht
kann eine Handlung sich abspielen, die dann den Vollzug des
Erzählens bzw. Niederschreibens selbst zum Gegenstand hat,
wobei der Dichter nicht notwendig in eigener Person — wie
Jean Paul im „Titan" u. v. a. oder André Gide als Autobiograph
in „Si le Grain ne meurt" — auftreten muß, sondern auch einen
fingierten Erzähler vorschieben kann — wie Schiller im „Geisterseher", Raabe in den „Akten des Vogelsang". So spricht
Hirt etwas zu summarisch von der Zwischenrede- bzw. -hand-
lung des *Dichters*. Im Gegensatz zu den vorher benannten Zeitschichten kann sich aber in der Schicht der Erzählergegenwart
nicht die *Haupt*handlung vollziehen; macht der Dichter den
Dichtvorgang selbst zum Hauptgegenstand des Erzählens wie
Gide in „Paludes", so wird diese Schicht zur *Handlungs*gegenwart im oben bezeichneten Sinn. — Wir lassen die zusätzliche
Erzählergegenwart als die komplizierteste Zeitschicht einst-
weilen beiseite und widmen uns vorerst den Gegenwarts- und
Vorzeitschichten der erzählten Handlungen selbst.

Die spezifischen Bauformen mehrsträngiger Erzählungen ergeben sich einerseits aus der Ausdehnung der einzelnen Stränge
im Gesamtwerk, zum anderen und wesentlicheren Teil aus der
Art ihrer gegenständlichen Beziehungen zueinander und zur
Gegenwartshandlung.

Da dieses zweite Problem von grundsätzlicher Bedeutung ist,
wie später ein Blick auf andere Erzähltheorien bestätigen wird,
steht es bei den folgenden Reihenuntersuchungen im Vordergrund und schafft den Rahmen für die übrigen Gruppierungen.

1. Additive Formen der Verknüpfung. Die Suche nach der einfachsten gegenständlichen Verknüpfung von Gegenwarts- und
Vorzeithandlungen führt zu denjenigen Werken, in denen rein
um der *Fülle* der Gegenstände willen eine oder viele Vorzeithandlungen in den Ablauf des Gegenwartsgeschehens eingefügt
werden. Auf diese Weise wird der Kreis der Abenteuer, der
Schauplätze, aber auch der Probleme vergrößert, und die ein-

fache Addition von Ereignissen und Schicksalen verstärkt die Buntheit des erzählend eingefangenen Lebens. Der *Grad* der Buntheit solcher Erzählgefüge hängt nun in der Tat von Zahl und Ausdehnung der eingestreuten Handlungen ab. Versuchen wir, Punkte auf einer solchen Skala festzulegen!

a) Als eine *Beigabe* additiver Art innerhalb einer sonst zügigen Erzählung werden wir die Novelle von der „Wilden Engländerin" in Tiecks „Zauberschloß" einschätzen.

Diese Novelle, die als Paradigma der Gattung gelten soll, steht in keinerlei Zusammenhang mit der übrigen Erzählung. Ihre Einfügung geschieht auf geschickte, aber typische und sehr einfache Weise: Auf dem Zauberschloß sind einige Gäste zu der dort anberaumten Verlobungsfeier um Stunden zu früh eingetroffen, und so findet sich zwanglos die Gelegenheit: „Oh erzählen Sie, erzählen Sie, rief die Sängerin, es scheint, *wir haben noch Zeit* . . ."
Zur Ablenkung, zur Unterhaltung, zur Zeitfüllung — Zeit, die natürlich zu diesem Zwecke vom Dichter eigens ‚eingeräumt' wurde — wird die Geschichte der Engländerin hier eingefügt.

Das Eintreten von Wartezeiten im Handlungsablauf und die Versammlung von geeigneten Zuhörern ist ein überaus beliebtes Mittel zur Einfügung additiver Handlungsstränge. Auf ganz ähnliche Weise werden im „Don Quijote" Begegnungen und Erzählungen der Anlaß, Episoden einzufügen. Umstandsloser noch schaltet der Ich-Erzähler des „Grünen Heinrich" fremde Lebensgeschichten ein, wenn sich sachlich dazu ‚Gelegenheit bietet'. Das Verweigern eines Tischgebetes, der Fund eines Schädels sind dem Autobiographen Anstoß zur Abschweifung. Kleinere Geschichtchen und Schwänke werden gar ohne besonderen Grund aus bloßer Erzählfreude beigefügt. (Dazu Schatz, S. 74 ff.)

b) Mehren sich solche Einschübe und gewinnen sie an Ausdehnung im Gesamtwerk wie in den letztgenannten Romanen, so wird man nicht mehr von Beigaben reden, sondern von einer durchwaltenden Tendenz zu illustrativer Bereicherung und Ausbreitung des dargestellten Lebens. Sie drückt sich vor allem in einer Anreicherung von Schauplätzen und Personen aus. Welche Fülle von Charakteren erschließt die von Episodenhandlungen durchsetzte Reise des Samuel Pickwick und seiner Getreuen!

Mehr als 600 Personen begegnen dem Leser auf der Ritterfahrt des Don Quijote (dazu Voßler, S. 313): Gerade die Vielfalt der dargebotenen Schicksale formt den Gesamtvorgang dieser Werke.

Immerhin dominiert dort die Gegenwartshandlung noch derart, daß die eingeschalteten Nebenverläufe als *Unterbrechungen* und *Retardationen* des Gesamtverlaufs wirksam werden. Besonders in der autobiographischen Erzählung formen solche Abschweifungen immer zugleich auch am Lebensbild des jeweiligen Erzählers mit, so daß ungeachtet der stofflichen und zeitlichen Unverbundenheit derartigen Handlungssträngen insgesamt eine vorgangbildende Macht zukommen kann. Diese Macht beruht aber eben in einer auch geistigen Ausbreitung des einen, erzählten Lebens.

c) Zum eigentlich *gestaltgebenden Prinzip* werden solche additiv kombinierten Handlungen einerseits in zyklischen Rahmenerzählungen, wo sie formal gut sortiert, andererseits in sozialpanoramischen, in abenteuerlich-schweifenden oder in burlesken Erzählungen, wo sie in bunter Abfolge eingesprengt sind, und schließlich — im „Tristram Shandy", wo ein Erzähler seine ganze Meisterschaft auf die groteske Durchmischung und Überblendung von Handlungssträngen wandte.

In großen Rahmenzyklen wird die Gegenwartshandlung meist zur bloßen Erzählklammer, die das bunte Kaleidoskop der Erzählhandlungen, welche nun den eigentlichen Gegenstand bilden, gefällig zusammenhält und sie allenfalls, wie im „Decamerone", zu Gruppen ordnet. Auf diese Weise werden die buntgereihten Einzelbilder zu *Exempeln* für bestimmte Lebensweisheiten. Sie stehen da als in erzähltes Geschehen umgesetzte Antwort für die Lebensfragen, die in den Rahmengesprächen aufgeworfen werden, und sind in ihrer Reihenfolge meistenteils eben um der Bekräftigung der Leitsätze willen nach dem Prinzip der *Steigerung* geordnet, das sich aus vielfacher Addition fast zwangsläufig ergibt.

Interessant ist die Zeitfügung der Rahmen in solchen Zyklen. Die Rahmenhandlungen sind — wie übrigens André Jolles (L. 73, S. XIIff) an älteren Beispielen ausführlich nachweist — fast durchweg durch Termine gegliedert und auf Termine hin zugespitzt. Häufig bezweckt der Rahmenkonflikt, daß man über einen gefährlichen Termin ,hinwegerzählt'. Zwar gilt es nicht immer, damit ein Leben zu retten wie das Scherezâds oder das des Prinzen im Volksbuch der „Sieben weisen Meister", doch wird zumindest eine peinliche oder einfach eine müßige Zeitspanne überbrückt: Die peinliche Zeit der Epidemie im „Decamerone", eine fatale Situation in Hoffmanns „Serapionsbrüdern", eine gefährliche Nacht in Hauffs „Wirtshaus im Spessart"; eine müßige Zeitspanne in den „Canterbury Tales", wo man sich den Reiseweg verkürzt, und beides zugleich, nämlich eine peinlich gewordene Mußezeit, in den „Unterhaltungen deutscher Ausgewanderten", wo eine Gesellschaft — gezwungen, miteinander die Belagerung von Mainz abzuwarten — politischem Streit durch die „lehrreiche, nützliche und besonders gesellige" Kunst des Geschichtenerzählens aus dem Wege geht.

Damit erweist sich schließlich das Motiv der Wartezeit, das bei Tieck den Anlaß zur Einbringung der einen Novelle abgab, in der Zeitfügung großer Rahmenzyklen unter mancherlei Variation als wiederkehrende Form.

Der Gegenstandsverknüpfung nach stehen die Rahmenzyklen jedoch mehr oder minder auf der Grenze: Addition vergesellschaftet sich bei ,exemplarischem' Erzählen mit anderen Verknüpfungssystemen, die bald in unseren Blick geraten werden.

Uneingeschränkt kann additive Handlungsfügung in der Tat nur herrschen in rahmenlosen Erzählzyklen, wo die Handlungsfügung in jeder einzelnen Partie selbständig bleibt.

Wer unter dem Eindruck von Dichtungstheorien oder auch von Geschmacksrichtungen, die die Einheit der Handlung zum Gesetz erheben, an solche Erzählungen: Die Volksbücher von Eulenspiegel und von den Schildbürgern; Reuters „Schelmuffski" und Reiseromane ähnlichen Schlages, herantritt, vermag ihnen im ganzen schwer gerecht zu werden. Gewiß ist die Kunstmäßigkeit ihrer Fügung im großen verhältnismäßig gering. Nicht einmal die Hauptperson, der Held, der alle Lebenslagen meistert, ist in allen Fällen ein wirklich bindendes Element. Aber auf Buntheit und Mannigfaltigkeit, auf rasch wechselnde Abenteuer, Heldentaten und Possen sind Wirkabsicht und Gestaltungssinn dieser Erzählungen geradewegs gerichtet, und ihre künstlerische Perfektion — wenn man das Wort gebrauchen will — ist sachgerecht eben am Ausmaß unerschöpflicher Erzähllaunen und der Wucherung der Geschehnisse zu ermessen. Freilich macht solche Wucherung der Erzählung keineswegs eine durchwaltende ‚Gesamtmoral‘ unmöglich. Gerade die späteren pikarischen Romane kehren sie deutlich genug hervor. Im „Simplizissimus“ wird das Hin und Her zwischen Welt und Einsiedelei bereits im ersten Buch gestaltprägend.

Harold Weston versucht nicht zu Unrecht, Wachstum und Teilung der Fabel im pikarischen Roman mit dem Bild von der Teilung einer lebenskräftigen Zelle zu veranschaulichen. Diese nach allen Seiten sprossenden Erzählgebilde lassen die Haupthandlung oft auf weite Strecken in Vergessenheit geraten. Gleichwohl ist charakteristisch, daß der eigentliche pikarische Roman in der Ich-Form des Erzählens die Schnur findet, die alle Episoden zusammenhält und um einen *Lebenslauf* gruppiert.

Als Ich-Erzähler führte auch Sterne seine Leser durch das Dickicht und über die Abgründe der Handlung seines „Tristram Shandy“ hinweg. Ein Ich-Erzähler, der vier Bände allein auf das Begebnis seiner Geburt verwendet und obendrein bei diesem Geschehen selbst die allergeringste Zeit verweilt! Hier aber sind, in völligem Gegensatz zu den bisher genannten Erzählformen, Gegenwartshandlung und Vorzeithandlungen in ständiger Reibung gegeneinander verschoben. Obwohl additive Häufung, ja forcierte Varietät des Erzählten den Grundtenor des Vorgangs bildet, ist die Komposition hier von einer ausgesprochenen Kunstabsicht, ja von formalem Symmetriegefühl beherrscht — einem Symmetriegefühl, das sich freilich gerade in mutwilliger und unermüdlich nach neuen Wirkmöglichkeiten greifender Verzerrung und Zerstörung aller Symmetrien erzählerisch äußert. Der Autor Sterne und der Ich-Erzähler des Romans stehen dabei in einem ironisch-dialektischen Verhältnis. Der Autor komponiert raffiniert und bewußt; der Ich-Erzähler muß eben aus Gründen der Komposition die Zügel schießen lassen.

Des Erzählers lächelnde Klage, daß „from the first moment I sat down to write ... not one thing ... has gone right“

(III, 28), deutet geradeswegs auf das Formgesetz dieser Kompilation von „Life and Opinions". Es braucht kaum gesagt zu werden, daß hier nichts von einem ‚organischen' Sproß-Vorgang zu spüren ist, wie ihn Weston und auch Muschg (S. 403 f.) für das Aufschwellen einer Geschichte zur epischen Großform in Anspruch nehmen. Hier sind Kunstfertigkeit, artistischer Mutwille „from the first moment" am Werk.

Die Eigenart der erzählerischen Aufschwellung einer schmalen Handlungsschnur zur ‚Großform' (vgl. oben S. 31) ist hier zu studieren an der unablässigen Verzerrung des Rhythmus von erzählter und Erzählzeit.

Sterne selbst hat über diese Verzerrung Betrachtungen angestellt und sie gegen den „Hyper-Kritiker", der mit dem „Zeitpendel" die erzählten Ereignisse nachmißt, nachdrücklich als sein Privileg verteidigt. — Jenem Kapitel (II, 8) liegt ein Vorgang zugrunde, der sich in unzähligen Abwandlungen im „Tristram Shandy" wiederholt. Er mag hier zur Demonstration der Verwicklungen dienen:

In Kap. I, 21 hat Vater Shandy Lärm aus dem Geburtszimmer vernommen, und Onkel Toby zieht kurzentschlossen — wie erst das Kap. II, 6 ca. 40 Seiten später in nahezu wörtlicher Aufnahme dieses Erzählfadens (der Gegenwartshandlung) berichtet — die Klingel, um den Diener Obadiah zu Pferde nach dem Arzt auszuschicken. Gleich anschließend in II, 7 — bei währender Szene — klopft es, und in II, 10 erfährt man, daß es sich um den mit Dr. Slop bereits zurückkehrenden Obadiah handelt. Gleichwohl läßt Sterne den Leser vorerst im Glauben, Obadiah sei wirklich die acht Meilen geritten und fingiert im Kap. II, 8, daß er ja bereits seit Kap. I, 21 unterwegs sei (II, 6—8 ca. 4 Seiten):
II, 8: „It is about an hour and a half's tolerable good *reading* since my uncle Toby rung the bell, when Obadiah was order'd to saddle a horse, and go for Dr. Slop ....; — tho', morally and truly speaking, the man, perhaps, has scarce had time to get on his boots." — Unterstünde sich jedoch jemand nachzurechnen, daß zwischen Aufbruch und Ankunft nur „two minutes, thirteen seconds and three-fifths" verstrichen seien, so müsse er denjenigen energisch darauf verweisen, „that the idea of duration and of its simple modes, is got merely from the *train and succession of our ideas*". — Das ist eine These, die Sternes gelehrigster Schüler Jean Paul in das

„Antrittsprogramm" seines „Titan" getreulich aufgenommen hat; hier wie dort gilt für solche Erzählweise: „Ideen . . . . . sind ja das Längen- und Kubikmaß der Zeit" — wobei wir Idee ruhig auch mit Einfall, Gedankensprung umschreiben können. Sprudelnd geben sich diese Einfälle; aber man weiß von Jean Paul, wie unablässig und streng er daran gearbeitet hat, solche Mutwilligkeit in der Gedankenhäufung — erzählbar zu machen[19].

Sterne nun erinnert selbst den Leser in II, 8 daran, was alles in jenen Minuten erzählter Zeit seit I, 21, in denen gleichwohl Obadiah zweimal acht Meilen ritt, vorübergezogen sei: „whilst Obadiah has been going those said miles and back, I have brought my uncle Toby from Namur, quite across all Flanders, into England . . . . I have had him ill upon my hands near four years; — and have since travelled him and Corporal Trim . . . a journey of near two hundred miles down into Yorkshire; — all which put together, must have prepared the reader's imagination for the entrance of Dr. Slop upon the stage, — as much, at least (I hope) as a dance, a song, or a *concerto between the acts.*"

Im ersten also, in der grotesken *Überspannung* der Erzählzeit gegenüber dem von I, 21 bis II, 6 erzählten *Moment* der Gegenwartshandlung, ist die hier waltende Erzählform greifbar. Innerhalb dieses minutiösen Ablaufs der Gegenwartshandlung buchtet die Erzählung aus in ferne Bereiche, wechseln in Fülle die Schauplätze, die Erlebnisse — wiederum mit „erratischen Blöcken" durchsät, die wir hier nicht annähernd zusammentragen können. Diese Häufung nicht nur, sondern die durch Verhaltung und Interruption dabei gewahrte *Vielgleisigkeit* der erzählten Verläufe hebt diesen Roman entschieden von allen bis jetzt vorgeführten ‚additiven' Gestaltungsweisen ab.

Im zweiten dagegen, in der anscheinend unwahrscheinlichen *Kontraktion* der Handlungszeit, die Obadiahs Ritt beanspruchte, zeigt sich Sterne gleicherweise als Satiriker wie als — pedantischer Aufklärer. Der Gefahr begegnend, daß der unnachgiebige Zeitmesser auf dem Gleichlauf von zwei Minuten erzählter Zeit = zwei Minuten Erzählzeit (!) bestünde und infolge der Unglaubwürdigkeit des Vortrags die Biographie zum „Roman" erklären würde (!), verrät er in II, 8 zu guter Letzt, daß Obadiah und Dr. Slop bereits dicht hinterm Stall aufeinandergeprallt seien. Die äußere Einheit der Zeit ist gerettet![20] — Nichts hindert aber Sterne wiederum daran, diesem Zusammenstoß nebst einer Charakteristik Dr. Slops das Kap. II, 9 zu widmen und erst in II, 10 an das Anklopfen in II, 7 anzuschließen.

Wir haben eine kurze Episode der solchermaßen auch erzählerisch schwierigen Geburt unseres Helden in ihrem Ablauf verfolgt, und es wäre reizvoll, die Anlage der *Hauptcharaktere* in diesem Roman mit den Zeit- und Gegenstandskombinationen des Erzählverlaufs übereinzusehen. In der Tat gilt ja auch für Sternes Hauptpersonen, daß in ihrem Leben und ihren Passionen auf jeweils eigene Art „not one thing ... has gone right".

Hier galt es jedoch, den zuvor ausgebreiteten Formen parataktisch aufgestockter Addition von Handlungssträngen, die vorab von einfacher Fabulierlust zeugen und allenfalls eine schon nicht mehr rein additive Ordnung durch einen Erzählrahmen erfahren, eine komplizierte und aus bestimmter, künstlerischer Wirkabsicht erstellte ‚Multiplikation' der Verläufe entgegenzuhalten. Auch dieses Prinzip transzendiert auf seine Weise — eben durch hyperbolische Überhäufung — die normale Wirkung der Addition. Beobachten wir in Rahmenerzählungen über aller stofflichen Diskrepanz der Einzelstücke eine gewisse *Gleichschaltung* oder doch Abstimmung einzelner Glieder aufeinander, so folgt aus der Überhäufung und besonders der ständigen Überlagerung disparater Stränge eine *Kontrastwirkung*, die zum guten Teil den Reiz des Grotesken ausmacht, den der „Tristram Shandy" ausstrahlt.

Damit sind zwei Richtungen gewiesen, in denen die einfachste Art der Strangverknüpfung allmählich in beziehungsreichere und strenger bindende Formen übergeht.

2. Korrelative Formen der Verknüpfung. Bislang war es nicht notwendig, auf Inhalt und Thematik der Handlungsstränge näher einzugehen — es genügte die Feststellung, daß verschiedenartige Erzählgegenstände benachbart werden. Das Verknüpfungsprinzip der Addition ist auf thematische Beziehungen nicht oder doch nur im Rahmen des Nötigsten, d. h. der erzähltechnischen Einfügung, angewiesen. — Sind dagegen verschiedene Handlungsstränge nach Inhalt oder Thema wesentlich auf den Gesamtvorgang abgestimmt, so tritt plötzliche oder stetige *Korrelation* und damit gegenseitige Akzentuierung und Vertiefung an die Stelle der bloßen Anreicherung von Erzählgegenständen. Mittel zu dieser Akzentuierung sind vorab thematische *Gleichstimmig-*

keit oder *Kontrast* der Begebenheiten in verschiedenen Schichten des erzählten Geschehens.

Ein ‚tertium comparationis‘, das bei episodischem Erzählen oft gering und jedenfalls im Hintergrund bleibt, wird hier das Hauptanliegen des Erzählens, und wie bei der Addition der Grad der Buntheit, so ist hier der Grad bzw. die Klarheit der *Spiegelung* der Vorgänge für die Bildung des Gesamtvorgangs entscheidend.

Dabei stehen sich zwei grundsätzliche Möglichkeiten gegenüber: Die allegorische Verkleidung des Hauptvorgangs in einer Seitenerzählung von eigener Geschehensfügung — das ist die Wirkungsweise der Geschichte von den „Wunderlichen Nachbarskindern" in den „Wahlverwandtschaften", des Tagebuchs des Oheims im „Maler Nolten"; oder aber die genaue Parallelität der Ereignisse in verschiedenen Handlungsebenen — das ist das Kunstmittel, das Tieck am Eingang seines „Zauberschlosses" mit großem Geschick verwendet. Da sich hier ein Vergleich mit additiver Beigabe besonders anbietet (s. o. S. 46), gehen wir auf diese Parallelhandlung näher ein.

Luise, die Tochter des kgl. Rates Freimund, soll auf dessen Schlößchen Graupenheim, um das sich wunderliche Sagen spinnen, wider ihren Willen mit einem Landrat verlobt werden. Ihre Liebe gehört aber einem jungen Hauptmann. — Während der Vorbereitungen zur Feier auf dem Schloß erzählt ein Freund des Hauses den Damen — darunter Luise — von den merkwürdigen Begebenheiten, die sich dort während des Dreißigjährigen Krieges abspielten. Der damalige Eigentümer hatte seine Tochter einem Gutsbesitzer versprochen, sie aber liebte einen jungen Hauptmann . . . . Daraus nun entspinnt sich eine Geschichte, die bis in Einzelheiten hinein (Einbruch eines Gewitters am Hochzeitstag, Verstörung der Gäste durch Gespenstererscheinungen, Verschwinden der Braut im allgemeinen Wirrwarr) dem späteren Verlauf der Gegenwartshandlung vorgreift. Allerdings — und dies ist ebenso wichtig — läuft jene Geschichte der ‚historischen‘ Begebenheiten tragisch aus, während in der Haupthandlung die Geister-Erscheinungen ironisch aufgelöst, das Verschwinden der Braut in heitere Entführung gewendet — kurz: der *Kontrast* zur alten Sage neben dem *Parallelismus* der Verläufe gleichzeitig kräftig ausgespielt wird.

Den gleichen Kunstgriff wendet Tieck in einem späteren Handlungsabschnitt der Erzählung noch einmal an. Auch dort, bei der

Schilderung des Vater-Sohn-Konflikts, ist die Seitenhandlung spiegelbildlich, ihr Schluß jedoch geradewegs spiegelverkehrt arrangiert. Tieck scheut sich nicht einmal, dem dort auftretenden Mädchen den Namen Luise zu geben.

Schritt für Schritt wächst auf diese Weise während des späteren Ablaufs der Gegenwartshandlung die Spannung auf die nächste, bereits parallel vorgedeutete Begebenheit — bis zu guter Letzt, und sorgsam aufgespart, die auflösende Pointe eben durch die *Kontrastierung* ihren Schliff erhält.

Es ist klar, daß solche Seitenhandlungen in ihrem Ablauf wie in ihrem thematischen Zuschnitt in hohem Maße von der Gesamtanlage der Erzählung bestimmt sind. Ihre erzählerische Wirkung wird jedoch erst recht greifbar, wenn man den *Platz* in Rechnung stellt, an dem sie dem Hauptvorgang beigegeben sind.

Erläutern die Parallelhandlungen *nachträglich* die Haupthandlung, so vertiefen sie deren Konflikte ins Allgemeine, wirken jedoch erzählerisch als retardierende Glieder. Gehen sie der Haupthandlung voran, wie hier bei Tieck, so beeinflussen sie wesentlich die Spannungsbögen und Umschlagpunkte der späteren Haupthandlung, indem sie den Leser zunehmend zu parallelen Antizipationen reizen.

Die in den korrelativen Handlungssträngen liegende Aufforderung, sich vergangener Vorgänge zu erinnern oder zukünftige zu antizipieren, ist das wesentliche Unterscheidungsmerkmal gegenüber additiv beigegebenen Handlungen.

Läuft die Anordnung im „Zauberschloß" letzten Endes auf ein Spiel des Dichters mit der Spannung der Personen und des Lesers hinaus — ein Spiel, dessen Witz gerade in der Exaktheit von Gleichlauf und Verkehrung beruht —, so entdeckt Goethes „Werther" die hohen Möglichkeiten geistiger Spannung, die aus der sorgfältig gestuften Beifügung von Parallelhandlungen erwachsen. Goethe wählt dort wie auch bei der eingeschobenen Geschichte von den „Wunderlichen Nachbarskindern" in den „Wahlverwandtschaften" mit großer Umsicht gewisse *Reifepunkte der Handlung* aus, an denen die Seitenstränge ansetzen: Die erste Auseinandersetzung zwischen Albert und Werther, den Beginn des Herbstes und den Beginn des letzten Monats, wo durch die Einführung jenes Wahnsinnigen die Handlung endgültig auf das Ende zubereitet wird.

Die Wahl solcher Reifepunkte oder Gelenkstellen der Haupt-handlung ist von außerordentlicher Bedeutung für die Wirk-samkeit der Seitenhandlungen selbst. Sie überdachen auf diese Weise die Haupthandlung in die Vergangenheit zurück und in die Zukunft hinein. So vereinen sich hier die beiden zuvor be-schriebenen Funktionen der Retardation und der Spannungs-erregung, und der Leser kann an der spiegelbildlichen Ver-gangenheit gleichzeitig die Schwere der Zukunftsandeutung ermessen! Nicht anders wirken die Seitenhandlungen auch auf den Helden selbst: Sie sind Zeugen und zugleich Förderer seiner Selbstverstrickung. Schließlich verhelfen sie in ihrer Ge-samtwirkung dem einen, persönlichen Leiden, das im Haupt-geschehen dargeboten wird, zur Ausbreitung — Haupt- und Seitenhandlungen zusammen manifestieren ein überpersönliches Lebensgesetz.

Freilich ist der „Werther" keineswegs straff auf dieses Schema hin komponiert wie Tiecks „Zauberschloß", und vielleicht ver-hindert der Verfolg eines typischen Schemas geradezu eine rei-che dichterische Entfaltung[20a]. Die *Progression* des Vorgangs aber und die *Katastrophenschürzung*, die Konstellation der ‚Fabel' also, stehen im großen — wie oben angedeutet — und auch im kleinen stark unter der Einwirkung korrelativ beigegebener Handlungsstränge, Einzelereignisse, Naturbilder und Stim-mungen.

Spätere Untersuchungen über die Rückwendungen und Vor-ausdeutungen werden diese Feststellungen wesentlich ergänzen. Steigen wir hier weiter auf zu Erzählungen, deren Aufbau völlig beherrscht wird durch korrelative Handlungsstränge, so ge-raten wir wieder an scheinbar lockere, zyklische Aufbauformen. Doch sind die Drähte, durch die die einzelnen Handlungen ver-knüpft sind, hier straff gespannt. Das zeigt sich recht gut in Voltaires „Candide" (s. u. S. 118 ff) oder in den „Nachtwachen" von Bonaventura.

Alle dort eingelagerten Handlungsstränge — etwa der Tod des Freigeistes, der Selbstmord des Poeten, die Einmauerung der Nonne, die Harlekinade und ihre Wiederholung in der spanischen

Novelle, die Apologien der Wahnsinnigen, die eingesprengten Hymnen usw. — bilden mit am Entwurf eines in seiner *Einseitigkeit* grandiosen Panoramas, dessen Hintergrund das Weltenchaos ist. Und hinter jede der Seitenhandlungen wie hinter die Lebenswirrsal des Nachtwächters Kreuzgang selbst könnten die Worte gesetzt sein, die Ophelia im Wahnsinn sterbend spricht:

„Die Rolle geht zu Ende, aber das Ich bleibt, und sie begraben nur die Rolle. Gottlob, daß ich aus dem Stück herauskomme und *meinen angenommenen Namen* ablegen kann; *hinter dem Stück geht das Ich an!* —"

Wie Marionetten hinter einer Rampe bewegen sich also diese Parallelhandlungen. Ihre Stoffe sind zwar bunt genug, aber sie sind allesamt zugeschnitten auf den einen tragenden Konflikt des Ganzen.

Sind solchermaßen die Nebenhandlungen in den „Nachtwachen" nur Vorstellungen des Ich in angenommenen Rollen, so untersteht dort allerdings die Haupt- (oder Rahmen-) Handlung selbst noch einem anderen Prinzip der Vorgangsverkettung, das sich freilich erst in der letzten Nachtwache ganz enthüllt. Hier erfahren Kreuzgang und der Leser gleichzeitig das Geheimnis seiner Herkunft und seines Lebensgesetzes: Von einem Teufelsbeschwörer und einer Zigeunerin auf mitternächtigem Kirchhof gezeugt, hat der Teufel in Person die Patenschaft über sein Leben angetreten. Von dort her ist sein Lebensweg im ganzen bereits unabdingbar vorbestimmt, die einzelnen Stationen sind Wegmarken auf dieser vorgezeichneten Höllenstraße. Es ist das Prinzip absoluter *Konsequenz*, das die Phasen der Haupthandlung bei aller Tollheit der Faden- und Ereignismischung schließlich zu einer Schnur aufreiht — eine Schnur, die durch die Parallelverläufe in einigen Partien zum Bündel verstärkt, aber nicht abgelenkt wird. Die Offenbarung dieses Prinzips in der letzten Phase macht die Konsequenz nur noch ‚schlüssiger'. — Diesem dritten Hauptprinzip der Verknüpfung von Handlungssträngen haben wir uns nunmehr zuzuwenden.

3. Konsekutive (kausale) Formen der Verknüpfung. In einer besonderen Gruppe von Erzählungen besteht die Pointe darin, daß die Kausalzusammenhänge des Gegenwartsgeschehens erst am Schluß durch das Nachholen einer Vorzeithandlung aufgedeckt werden. Und hier gilt nun in vollem Sinne die Forstersche Deutung des „plot":

> „This element of surprise or mystery — the detective element as it is sometimes rather emptily called — is of great importance in a plot. It occurs through a *suspension of the time-sequence*; a mystery is a *pocket in time*....."

Ob damit das Wesen des „Geheimnisses" selbst ganz getroffen ist, bleibe dahingestellt; die Bedeutung des Auslassens und Aufsparens wichtiger Momente für den Aufbau der Fabel und für die Spannungserregung ist evident.

In unseren Blickkreis gehören vorerst nur solche Handlungspartien mit konsekutiver Verknüpfung, die gleichzeitig der Forderung nach selbsttragendem Stoffgerüst genügen. Freilich bezieht sich die Selbständigkeit hier vor allem auf die zeitliche Trennung der Handlungsstränge und weniger auf völlige, stoffliche Unabhängigkeit. Das liegt in der Sache selbst. Denn die direkte Herleitung der Gegenwartshandlung aus einer Vorzeithandlung verlangt im allgemeinen Identität der hier und dort handelnden Personen oder — bei größerer Zeitdistanz — das Auftreten von verschiedenen Generationen einer Familie u. ä., und verlangt vor allem eine gemeinsame Handlungsebene, da die späteren Verhältnisse sich ja aus den Entwicklungen der Vorzeithandlung ergeben müssen.

Wieder läßt sich hier aber eine Reihe aufsteigender Gewichtigkeit der Vorzeithandlungen gegenüber der Gegenwartshandlung bis zum Verhältnis von Kern und Rahmen verfolgen, nur daß der eingelagerte Vorzeitstrang hier auch bei relativ geringer Ausdehnung nie den Charakter einer Episode annimmt, sondern stets *Ergänzungsstrang* der Haupthandlung bleibt. Ungeachtet geringer Ausdehnung sind deshalb bereits einzelne Szenen — wie der „Tag aus Noltens Jugendleben" in Mörikes „Maler Nolten" — Angelpunkte des Gesamtvorgangs; flicht sich doch dort der Knoten, der alle späteren Verwicklungen im Gefolge hat.

In E. T. A. Hoffmanns „Elixieren des Teufels" sind bei einer Gesamtausdehnung von ca. 300 Seiten der Vorzeithandlung, dargeboten auf dem „Pergamentblatt des alten Malers", kaum 20 Seiten gewidmet. Auf diesen Seiten aber enthüllen sich in nüchternem Bericht die ungeheuerlichen Verstrickungen der Haupthandlung und enthüllt sich der Urgrund aller Verderbnisse zugleich mit einer Fülle anderer, aus der gleichen Wurzel stammender Verfehlungen und Verbrechen von fünf Generationen.

Die Konflikte der Gesamthandlung werden durch die Vorzeithandlung unter ein unerbittliches *Folge-Gesetz* gestellt, und erzählerisch gar auf einen einzigen Schlüsselsatz zurückgeführt: auf den Fluch, der einst über den Ahnherrn des Medardus verhängt wurde, nachdem dieser das Teufelselixier genossen hatte.

Bis in seine Einzelheiten hinein erfährt der Hauptvorgang Klärung und Begründung — aber erst zu einem Zeitpunkt, da Hauptperson und Leser die ganze Wirrsal der unglücklichen Verkettungen durchlitten bzw. ausgekostet haben: „Buße" heißt dieses vorletzte Kapitel, dessen *Ende* jene Enthüllungen bilden.

Es wird deutlich, daß der gesamte Vorgangsaufbau bei vorwiegend konsequenter Abhängigkeit von Handlungssträngen sich anders gestaltet als in Werken mit additiver und korrelativer Verknüpfung der Stränge. Aus *einer* Wurzel leiten sich hier die Verläufe der Gegenwart her, zwingend wird ihre Abfolge mitsamt allen Konflikten diktiert von fernem Geschehen, ja, die zeitliche Distanz ist hier selbst von eindringlicher Wirksamkeit, indem sie Gelegenheit zu vollem Ausspiel der tragischen Verwicklungen gibt — von der frühesten Jugend an ist Noltens Schicksal bestimmt, fünf Generationen häuft Hoffmann zur Demonstration der Fluchwirkung. Schließlich mündet die Vorzeithandlung häufig selbst in den Gegenwartsverlauf ein und vollzieht damit selbst den ‚Schluß' der Handlungskette.

Alle diese Symptome finden sich ausgeprägt auch in Brentanos „Geschichte vom braven Kasperl und dem schönen Annerl". Auch dort werden die Gründe für Verfehlung und Tod der beiden Hauptpersonen angelegentlich aus einer dritten (!) Vorzeitschicht hergeholt, und noch eindringlicher als in den „Elixieren" ist hier der Umschlag in die unmittelbare Zukunft, in diesem Fall in die Endkatastrophe der Gegenwartshandlung:

Die Erzählerin beendet ihren Bericht vom Schicksal Kaspars und seinem letzten Auftrag: „... und so bin ich denn gestern hierher gelaufen, damit ich ihr an ihrem Ehrentag den Trost noch mit auf den Weg geben kann." — Und am Ende ihres Berichts von der Vergangenheit Annerls heißt es: „Um vier Uhr wird sie gerichtet. Sie hat mir geschrieben, ich möchte zu ihr kommen; das will ich nun tun ..." — beide Male ein direkter Kausalschluß auf das nächstfolgende Ereignis der Haupthandlung hin, in dem die Erzählung kulminiert.

„... *und so kommt es, daß ich nun hier bin!*" — das ist eine Grundformel dieser Verknüpfungsart, die in unzähligen Abwandlungen immer wieder begegnet.

Zur konsekutiven Verknüpfung gehört es, daß vor Auflösung aller Rätsel zahlreiche Einzelereignisse zunächst in einer geheimnisvollen *Korrelation* zu stehen scheinen, ehe sich ihre kausale Abhängigkeit herausstellt. In den „Elixieren des Teufels" ist das aufs eindringlichste Gestalt geworden in dem geheimnisvollen Doppelgänger des Medardus, der sich erst ganz spät als der von ihm nur scheinbar gemordete Bruder entpuppt. —
Durch solche geheimnisvollen Korrelationen wird sorgfältig die Spannung vorbereitet und genährt, die erst bei der Enthüllung der Kausalverkettung sich schlagartig löst.
Balzac hat in „L'Auberge Rouge" die Erzähl-Spannung durch periodische Wechselbezüge zwischen Gegenwarts- und Vorzeithandlung intensiv zu steigern gewußt:

In wohlberechneten Abständen wird der Leser während der an einer Tafel erzählten Mordaffäre auf das Verhalten eines Gastes aufmerksam gemacht, der jener Geschichte zuerst mit Bewegung, dann mit verbissener Beherrschung folgt und auf bestimmte Wendungen eigentümlich reagiert. Sehr vorsichtig und andeutend sind die Seitenblicke auf diesen Mann vom Erzähler gegeben; aber am Schluß der Vorzeiterzählung ahnt man in jenem Zuhörer den Mörder, der gleichzeitig die Exekution des Freundes auf dem Gewissen hat.
Die eingelagerte Geschichte, die ca. drei Fünftel der Erzählung einnimmt, spielt in Andernach am Rhein, endet aber in Beauvais. „Beauvais" ist auch das Stichwort, das die Entlarvung des Mörders in der Gegenwartshandlung herbeiführt, und „Beauvais" ist das letzte Wort der ganzen Erzählung: So wie der innere Vorgang auf die

Erklärung des seltsam beziehungsreichen Verhaltens des Gastes hinzielt, so ist auch stilistisch der Schluß zwischen Vorzeit- und Gegenwartshandlung hier überaus eng.

Wir haben Erzählungen verfolgt, deren gesamte Vorgangs-struktur einhellig von direkter Ableitung der Handlungsstränge bestimmt ist. Notwendig sind die Schicksale oder die Zustände der Gegenwartshandlung in solchen Dichtungen von Anfang, d. h. von der Vorzeithandlung her, festgelegt. Dies gilt letzten Endes auch für ein Großteil aller Erzählungen, in denen der *Endzustand* einer Entwicklung in einem *Rahmen* vorgeführt wird, während das Vorzeitgeschehen als Kernhandlung den eigent-lichen Erzählgegenstand bildet: So in Grillparzers „Kloster Sen-domir" und Otto Ludwigs „Zwischen Himmel und Erde" und vielen anderen, ja selbst noch, wenngleich wesentlich gedämpft, in Storms „Immensee". Daß auch hier die Zeitdistanz für den Gesamtvorgang wesentlich sein kann, zeigen die zitierten Werke deutlich genug: Jahrzehnte der Buße im ersten, Jahr-zehnte der Abklärung im zweiten und dritten Fall machen die Ereignisse der Kernhandlung im Grunde erst erzählbar. Mit der Zeitdistanz wiederum bietet sich gleichzeitig die Möglichkeit zu kräftiger *Kontrastierung* der Vorgänge, die in „Immensee" bis in den Sprachstil hinein durchgeführt ist.

Die Reihen, die wir bei der Betrachtung einzelner Verknüp-fungsordnungen bildeten, reichten jeweils von kleiner Einlage bis zu kernfüllender Ausdehnung der Vorzeithandlungen. Gleichzeitig waren wir bemüht, neben Werken mit relativ reiner Ausprägung der Typen auch auf Mischformen hinzuweisen und zu zeigen, daß solche Mischung sowohl in einer Vergesellschaf-tung verschiedener Typen als auch in Übergangsbildungen zwischen den Typen bestehen kann. Was die Fabel angeht, so hat sich gezeigt, daß der Kausalnexus bei ihrer Erstellung von entscheidender Bedeutung sein kann, daß er aber keineswegs das einzige Organisationsprinzip darstellt. Dort allerdings, wo er vorherrschend die Entwicklungen bestimmt, formt er nicht nur die äußere Handlung, sondern auch die dargestellten Men-schen und ihre Schicksale in eindringlicher Weise. Ein Wurzel-ereignis zieht eine Kette unausweichlicher Folgeereignisse nach sich; im ersten allenfalls noch frei, sind die Menschen solcher Erzählungen in allem Folgenden einem unerbittlich konsequenten Schicksal unterworfen. Und wenn gar dieses erste Erlebnis nicht als Tat, sondern als Erleiden erscheint, wie in Faulkners „Light in August", wo der Held aus dem schmalen Korridor (!) seiner Lebenserinnerungen jenes früheste Kindheitserlebnis hervorzieht, das seinem Leben die Richtung gab bis eben zu dem Mord, den er sich gerade zu begehen anschickt — dann wird das Schicksal zu einer drückenden, die menschliche Freiheit in Frage stellenden Macht.

In „Light in August" kommt hinzu, daß auch die als Seitenstränge eingeführten Lebensläufe insgesamt die thematische Kulisse des Hauptstranges bilden. Auf diese Weise wird über zufällig zusammengewürfelte Personen *ein* Lebensgesetz verhängt, das sich mit ein paar Worten: ‚Herkunft, Milieu, Sexus' schon fast erschöpfend bezeichnen läßt; und diese Mächte erweisen sich — eben durch korrelativ noch gespiegelte Kausalketten — in diesem Werk als allmächtig.

Das eine Fügungsmoment, das wir hier behandeln, die Verknüpfung von Strängen in komplexen Erzählungen, kann, wie jedes andere Einzelelement, nicht von sich aus schon gestaltbestimmend sein. Aber es lohnt doch den Hinweis, daß der Weltausschnitt und damit die Art, in der eine Erzählung Leben spiegelt, wesentlich von der Verknüpfungsart der Handlungsstränge mitgeprägt wird. Zwar wird sich schwerlich ein Werk finden lassen, das etwa des Kausalnexus oder der additiven Bereicherung ganz entbehren könnte; immer vergesellschaften sich, wie bei anderen Typen, auch die drei aufgewiesenen Verknüpfungsordnungen. Aber sie nehmen verschieden starken Einfluß auf den inneren Vorgang, und so wird das Vorwiegen des einen oder eine bestimmte Mischungsart vor anderen gestaltwirksam. Die „Wanderjahre" z. B. entbehren gewiß nicht des Kausalnexus in der Geschehensabfolge. So wenig aber liegt am zielstrebigen Verfolg dieses Nexus, daß einzelne Geheimnisse wie jene Schatulle durchaus verschlossen bleiben können. In den Vorgängen der Gegenwartshandlung wie in der Fülle der eingelagerten Handlungsstränge, die sich durchweg in unbestimmter Mitte zwischen additiver und korrelativer Verknüpfung

halten, aber etwa beim „Mann von fünfzig Jahren" auch ab-
leitende Tendenzen zeigen — in diesen Vorgängen entfalten
sich Räume und Menschen, die, in ähnlich vielfältige Beziehungen zueinander gebracht, doch nie ihre Eigenständigkeit, ja
Andersartigkeit voreinander und vor dem Leser verleugnen.
Und die innere Verknüpfung durch den Bund der Entsagenden
hindert nicht, sondern fördert vielmehr, daß sich die Personen
jeweils in den ihnen gemäßen Lebensbereichen individuell entfalten, daß jede die Welt von anderer Seite ergreift, kurz: daß
im übergroßen Reichtum der Weltgesetze jeder das *persönliche*
findet und es *zu seinem Schicksal macht*. Dies für viele Menschen
zugleich zu zeigen, wie es die „Wanderjahre" tun, dazu ist eben
eine solch freizügige Verknüpfungsweise geradezu notwendig,
oder umgekehrt: Dieses Konzept tritt bei seiner erzählerischen
Verwirklichung notwendig auch im Verknüpfungsprinzip
zutage.

*4. Die Bedeutung der Verknüpfungsformen in verschiedenen Erzähl-
theorien.* Die hier vorgeführten Verknüpfungsweisen sind nicht
nur für Handlungsstränge, sondern für eine Fülle verschiedenster Erzählformen verbindlich. In der Tat ist ihr Auftreten von
so allgemeiner Bedeutung, daß sich zahlreiche Erzähltheorien
allein nach ihrer Einstellung zu den Verknüpfungsweisen in
verschiedene Lager sondern.

Theorien, die von der *Einheit der Handlung* als oberster
ästhetischer Forderung ausgehen, billigen der konsekutiven
Verknüpfung den höchsten Grad künstlerischer Wirksamkeit
zu. Die *Unterordnung* aller Teile unter ein gemeinsames Gesetz
ist hier am stärksten ausgeprägt, und die Einheit von Anstoß,
Verwicklung und Lösung eines Konflikts ist hier besonders
offenkundig. Petsch setzt gar für „echte Dichtung" das Postulat,
daß in ihr die Unterordnung der Teile das durchaus beherrschende Prinzip sein müsse[21]. — Dem kommt von anderer Seite
die Forderung nach dem „dramatischen Roman" entgegen, die
schon von Jean Paul (Vorschule § 71) vorgetragen wird. Unter
Berufung auf Aristoteles rät er ganz allgemein zu einer An-
näherung der Erzählkunst an die Gedrungenheit des Dramas.
(Dazu auch Walzel, L. 191, S. 128.) Wenngleich seine Argumente

recht verschwommen bleiben, so hat doch sicher seine Forderung nach Einschachtelung der Exposition bzw. der Jugendgeschichte des Helden an späterem Zeitpunkt der Handlung, die er selbst praktisch bevorzugt, hier ihren Ursprung[22]; und in dieser Theorie deutet sich — wenn auch von fern — das Prinzip der Verrätselung durch Umordnung konsequenter Handlungszüge an, das im „Titan" denn auch für die Fabelbildung entscheidend ist. — Ist gleichwohl Jean Paul zu allerletzt dieser Verknüpfungsart als Erzähler wirklich verpflichtet, so sind die späteren Forderungen Otto Ludwigs und Gustav Freytags nach dramatischer Erzählweise deutlich auf eine Straffung und Geschlossenheit des Gesamtvorgangs gerichtet, bei dessen Bildung kausalverknüpfte und endkulminierende Stränge durchaus die Oberhand besitzen müssen. Damit vereint sich allerdings bei beiden das Trachten nach Parallel- und besonders Kontrastbezügen, auch dies dem Drama abgelauscht. Otto Ludwig fordert geradezu kontrastierende Doppelhandlungen, wie denn alles dramatisch Wirkende auf dem Kontrast beruhe[23]. Schon in unseren Untersuchungen zeigte sich, daß die Zielgerichtetheit eines Erzählwerks noch intensiviert wird, wenn der konsequenten Haupthandlung korrelative Spiegelhandlungen zur Seite stehen. Bei aller erzählerischen Breite, die damit durchaus nicht verwehrt ist, muß dieser Theorie zufolge doch jedes Detail, auch in der Charakterisierung der Personen, Hilfslinie der zügigen Exposition und Durchführung sein. Dies alles läuft also hinaus auf eine Erzählweise, die dem eigentlich ‚Epischen' durchaus entgegensteht, die in der Bevorzugung von gespannter und endgerichteter Fabeltechnik dem entspricht, was auch Staiger — nun freilich ohne normative Forderung — als „dramatisch" bezeichnet.

Demgegenüber hat man, vor allem in Anlehnung an den Goethe-Schiller-Briefwechsel vom April und Ende des Jahres 1797, in der „Substantialität" und der „Selbständigkeit" der Teile das Kriterium epischer Kunst und das Vorrecht des Erzählers gesehen. Diese seit jeher am großen Epos orientierte Theorie verwehrt dem Dichter zwar nicht, erzählte Ereignisse kausal zu verknüpfen — ganz ohne Konsequenz ist Handlung schlechterdings undenkbar — aber sie nimmt dem Kausalnexus seine Gewichtigkeit und mindert seine gestaltbildende Kraft.

Dagegen werden Retardationen, Episoden, Ornamente für den großen Erzähler nicht nur sanktioniert, sondern geradezu gefordert. Wohlgemerkt zielte man dabei zunächst nur insgeheim auf das Epische, offen aber auf die Hauptgruppe der Epik. Doch haben sich speziell die Theoretiker des *Romans* immer wieder auf jene der Großepik abgewonnenen Bildgesetze berufen und sie unter dem Aspekt der „Fülle" und „Weltbreite" erzählerischer Großformen zu einer Art Gattungsmerkmal erhoben. Kayser nennt die „echtesten epischen Erzähler" diejenigen, „die sich an der Fülle der Welt und ihrer Vorkommnisse begeistern"; solche Erzähler „sperren sich von Natur aus gegen die Einengung durch eine übergreifende, für Anfang, Mitte und Ende sorgende Form" (L. 78, S. 363). Er denkt dabei vorab an den pikarischen Roman, und tatsächlich treffen hier lockere Form, Selbständigkeit der Teile und additive Verknüpfung durchaus zusammen. Voßler kommt mit seiner Wertung des Romans als „Unterhaltungsliteratur" zu gleichen Anschauungen: Fülle des Stoffes, bunte Abwechslung und daraus resultierende „Verschwommenheit der Form" (S. 300) sind für ihn geradezu Lebensgesetze dieser erzählerischen Großformen. Und Muschg unternimmt aufs neue eine Ausweitung dieser an Gattungen orientierten Theorien auf die Haltung des Erzählers schlechthin, für den das „Gesetz der Fülle" herrsche. Daraus gewinne „alle große Epik einen zyklischen Zug". „Wie Äste und Zweige auseinander hervorsprossen" — oder in literarische Terminologie gewendet: nach dem „Gesetz der Schwellung" vollzieht sich für Muschg das Wachstum wirklicher Erzählkunstwerke (S. 403f). Auch Käte Hamburger (L. 54, S. 19) sieht in der Ausbreitung, Rundung und Totalisierung der dichterischen Welt eine Eigentümlichkeit der Epik schlechthin.

In der Tat erfährt so eine Reihe erzählerischer Formen, die man ihrer Umständlichkeit, Umschweifigkeit und mangelnden Hervorkehrung des ‚roten Fadens' wegen als *Kunst*gebilde abschätzig beurteilt, eine gewisse Rechtfertigung. Ist es unbedingt ein „Erbschaden", wenn pikarische Romane kein Ende finden (Alewyn, S. 239)? — Indes wird man wohl die zuvor angeführten, normativen Forderungen nach „dramatischem Erzählen" gegen das Lob der Fülle aufwiegen und beides damit als

Wertungskriterien — nicht für das Einzelwerk, wohl aber für die Erzählkunst schlechthin — aufgeben müssen.

Befreiend hat hier wiederum die Sonderung des ,Epischen' von der ,Epik' durch Staiger gewirkt — wenngleich Staiger selbst nicht verbergen kann, daß er in Homer nicht nur den Meister des epischen, sondern auch das Vorbild des Erzählers schlechthin verehrt. Das Epische nun wird von Staiger in einer Weise charakterisiert, die unseren Verknüpfungskategorien außerordentlich entgegenkommt. „Das wahrhaft epische Kompositionsprinzip ist die einfache Addition" (L. 174, S. 127); es läuft auf die „Parataxe" selbständiger Teile hinaus, Einzelheiten werden addiert, „bis der orbis terrarum nach möglichst vielen Richtungen abgeschritten ist" (L. 172, S. 146). — Episoden sind also bei dieser Erzählweise gerade ob ihrer relativen Unverbundenheit integrierende Elemente![24]

Das alles weist darauf hin, daß für die Organisation solcher Erzählwerke die *Auflockerung* des Gewebes, recht verstanden, ein Formprinzip darstellt. Eine Auflockerung im ganzen jedoch, die in der dichten und fülligen Ausgestaltung des einzelnen ihr Gegengewicht findet. — Den erzählerischen Fortschritt solcher Dichtungen sieht Staiger durch die Überbietung des Vorhergegangenen gewährleistet (L. 174, S. 128) — ein Prinzip, auf das wir gleichfalls beim Verfolg additiver Verknüpfungen stießen. Und als nächsthöhere Stufe der — auch bei Homer — aufweisbaren Verknüpfungen deutet Staiger schließlich knapp den *Kontrast* an.

Spezieller und mit reichem Belegmaterial hat Felix von Trojan homerische Techniken der Motivverknüpfung aufgewiesen und dabei mehrere Prinzipien als allgemeingültige und zu einer „vergleichenden Wissenschaft von der dichterischen Komposition" geeignete Verknüpfungsweisen herausgestellt. Sie sind deshalb hier von Belang, weil sie gleichzeitig an Handlungssträngen wie auch an kleineren Einheiten — bei von Trojan Handlungsphasen — vorgeführt werden. Dabei ist interessant, daß von Trojan im Fortschritt von seiner ersten zur zweiten Veröffentlichung (1924—1928) sich zunehmend auf die korrelativen Verknüpfungsweisen festlegt. Er scheidet dort nurmehr Parallelismus, Schwingung und Kontrast. Schwingung bezeichnet dabei eine Zwitterform, nämlich parallelen Handlungsverlauf, aber gegenteilige Zielsetzung — eine Form, die der bei Tieck beobachteten etwa entspricht[25]. Infolge dieser Begrenzung wird nun der „Ilias" ein Handlungssystem von erstaunlicher Strenge unterlegt; denn der Verzicht auf die Konstatierung einfacher Additionen wie direkter Progressionen führt zwangsläufig zu einer Überinterpretation der schließlich überall gesehenen Gleichsinnigkeiten. Zweifellos haben daran die völlige Hinwendung auf *Motivkomplexe* und -verkettungen und die Hintansetzung der erzählerischen *Abläufe* wesentlichen Anteil.

Wir haben uns mit einiger Ausführlichkeit den Ergebnissen verschiedener Forschungsrichtungen gewidmet und dabei konstatiert, daß die drei herausgestellten Hauptverknüpfungsarten in zahlreichen Dichtungstheorien unter verschiedenen Namen Beachtung gefunden haben und daß der Charakter der meisten dieser Theorien durch die ausschließliche oder bedingte Hervorkehrung *eines* Verknüpfungsprinzips wesentlich mitbestimmt ist. So sehr dies deren tatsächliche Bedeutung als gestaltbildendes Element der Erzählkunst unter Beweis stellt, so sehr mahnt die aus der Überbewertung einer Verknüpfungsart jeweils folgende Einseitigkeit zu ruhiger Abwägung der erzählerischen Möglichkeiten, die jede von ihnen für sich und als Komponente einer Mischform birgt[26].

Diese Zurückhaltung gilt es auch der Antithese ‚episch:dramatisch' gegenüber zu wahren, denn die Betrachtung der korrelativen Formen zeigt, wie sich das gleiche System nach der einen und der anderen Seite hin auslegen läßt: Man halte Otto Ludwigs Thesen gegen von Trojans epische Kontrastschemata! Wir haben deshalb die Anwendung dieser Grundbegriffe vermieden und uns auf die sachlichen Begriffe der Addition usw. beschränkt. Gleichwohl zeigt die Berührung mit den Grundbegriffen die breite Wirksamkeit dieser Kategorien an: Nicht Handlungsstränge allein, sondern Einzelglieder wie auch Schauplätze, Charaktere und schließlich Ideen sind in der Abfolge und Umstellung ihrer erzählerischen Darbietung analogen Prinzipien unterworfen — das belegen ebenfalls die beigezogenen Theorien, die ja ihrerseits der Verknüpfung von Großsträngen nur teilweise überhaupt Beachtung schenken. Endlich wird auf diesem Wege einer Vergleichung der größten wie der kleinsten Strukturelemente einer Erzählung, nämlich der erzählerischen Großkomposition und der *Sprachstilformen* der Weg geebnet. Denn für jede der von uns beobachteten reinen und Übergangstypen wären analoge rhetorische Figuren und syntaktische Formen nicht schwer zu finden. Und von diesem, bereits weit differenzierter erschlossenen Gebiet literarischer Forschung aus wäre umgekehrt eine Förderung der Analyse von erzählerischen Klein- und Großformen durchaus zu erwarten. Martinis Untersuchung über Thomas Manns „Tod in Venedig" hat die erste Etappe dieses Weges, die Erhellung kompositioneller Kleinformen aus Eigentümlichkeiten des Sprachstils, bereits glücklich in Angriff genommen[26a].

II. Die Gegenwart des Erzählers

1. Eingriff des Erzählers und poetische Fiktion. Die Zeitschicht, die wir als Erzählergegenwart bezeichneten, weist gegenüber den Handlungsschichten etliche besondere Komplikationen auf. Zwar selbständiger Handlungsstrang, ist sie gleichwohl selten in geschlossenem Ablauf gegeben; weit häufiger durchsetzt sie, in kleine und kleinste Partikel aufgesprengt, die gesamte Erzählung. Man denke an die Korrelationshandlung in Raabes „Akten des Vogelsang", an die meisterlich spiegelnde und gegenleuchtende Erzählergegenwart in Thomas Manns „Doktor Faustus", wo das über Deutschland hereinbrechende Kriegsende Schritt für Schritt das Einzelgeschick Leverkühns überblendet und gleichzeitig transzendiert.

Weit zahlreicher sind die Erzählungen mit ‚handlungsloser' Erzählergegenwart. Der Erzähler, der lediglich mit seinem Raisonnement, seinen Reflexionen und allgemeinen Sentenzen, mit ironischen Richtigstellungen und hymnischen Apostrophen seine Erzählhandlung begleitet, tut dies von einem Standpunkt aus, der sich erzählerisch nicht selten zeitlos gibt. Denn allgemein vorgetragene Lebensweisheiten sind zwar an den

Moment der Aussage, nicht aber ihrem Inhalt nach an die Gegenwartsschicht des Erzählers gebunden. Andererseits kann der Erzähler durch abwägende Vergleiche zwischen ‚Damals' und ‚Heute' ausdrücklich die Zeitschichtung als erzählerisches Element bewußt machen. Das ‚Heute' bezeichnet dann aber nur die fiktive Gegenwart des Erzählers innerhalb der im ganzen präteritalen Konstitution des Werkes. So wie wir nur in der Relation zur Vorzeithandlung von einer Gegenwartshandlung sprechen können, so hat auch die Erzählergegenwart keinen festen Zeitbezug außerhalb der literarischen Fiktion[27]! Mit dem Blick auf die übrigen Zeitschichten der Erzählung sind die Erzählereingriffe jedoch mit Pouillon grundsätzlich als „par derrière" zu bezeichnen.

So kann der Erzähler ‚von späterer Warte aus' ein Ereignis der Erzählhandlung in seiner Bedeutung ‚richtiger' einschätzen als es die handelnde Person tut — mit den dem Sinn nach überaus verbreiteten Formeln: „*Später sollte er erfahren, daß . . .*", „*Wir wissen heute, daß . . .*". Thomas Mann hat diesen Erzählstil perfektioniert. Nicht zu Unrecht hat man darin eines der wichtigsten Mittel der Ironisierungskunst gesehen. (Dazu Walzel L. 191, S. 203 ff.) Ironisierung, die freilich nicht auf Komik hinauszulaufen braucht, wie es etwa in Tiecks Erzählung „Die Reise ins Blaue hinein" geschieht, wo in artistischer Überspannung die eigentliche Handlung zunächst vom Erzähler in einer zweiten und jener Erzähler wiederum vom „Herausgeber" in einer dritten Zeitschicht ironisiert wird. Ernstzunehmende Ironie dagegen wird in den Anmerkungen offenbar, die der ältere Gide im Zuge seiner Jugendgeschichte „Si le Grain ne meurt" *unter dem Strich* beifügt, seine damaligen Eindrücke a!s gereifter Mann korrigierend — ein Stilmittel, das übrigens Rousseau in „La nouvelle Héloïse" bereits, jedoch zum Zwecke bloßer Kontrastierung, verwandte und das natürlich auch von Sterne nicht übersehen wurde. — Selbst wenn sie ganz sachlich zu sein vorgeben, wirken die Glossen des Erzählers relativierend: Sie spannen die in sich selbst ruhende Handlung in eine größere — auch noch dichterische — Welt ein, indem sie auf ihre Einseitigkeit eigens aufmerksam machen. Der Streit um „objektives" oder „subjektives" Erzählen, der sich an diesem

Problem im 19. Jahrhundert entzündet hat, wird von minderer Bedeutung, wenn man ruhig abwägt, daß die ‚in sich ruhende Handlung‘ und das ‚Eingreifen des Erzählers‘ nur verschiedenartige Illusionen auslösen, daß sie aber beide der epischen Fiktion angehören.

Im ersten Fall schafft der Dichter die Illusion der unmittelbar erlebten *Wirklichkeit* des Erzählten, im zweiten gibt er es ausdrücklich als *Erzähltes* aus. Aber vergrößert das letztere wirklich die Distanz des Lesers zum erdichteten Vorgang? Auch das Einschalten des Erzählers selbst wird ja — wie man von Spielhagen bis Kolbenheyer übersehen hat — zum Bestandteil der Dichtung, die nahegebracht werden soll. Durch denselben Akt, durch den der Dichter die Distanz zum Erzählten vergrößert, verringert er die Distanz zum erzählenden Ich. Denn indem er selbst eine Unterscheidung zwischen Erzählung und Wirklichkeit macht, schafft er dem Leser um so eher die Illusion seiner persönlichen Wirklichkeit und Nähe!

Dominiert bei in sich ruhender Handlung durchaus die Wirkung des *Geschehens,* so bannt oder unterhält hier die Wirkung seiner *Persönlichkeit.* — Mit einem schönen Wort hat Hirt (S. 34) diese Wirkung des Erzählers in den „Wahlverwandtschaften" umschrieben: „...als wenn jeweilen nur ein letzter dünner Schleier fiele und wir nun den gewaltigen Milden ... zwischen den Menschen der Dichtung reden und wandeln sähen".[28] Freilich hätte Hirt ergänzen sollen, daß das Hervortreten des *Autors* nichts selbstverständliches ist. Wir haben das Gegenteil schon bei Sterne festgestellt (oben S. 49), und gerade die großen Romanautoren würden belustigt dem Interpreten zuhören, der ihre direkten Äußerungen als Erzähler auf ihre reale Existenz umzumünzen versuchte — vom mithandelnden Ich-Erzähler gar nicht zu reden. Raabe eröffnet seine Erinnerung „Holunderblüte" ohne jede Distanzierung: „Ich bin Arzt, ein alter Praktiker und sogar Medizinalrat."[28a]

Nach zwei Seiten hin ist also die *Mittlerexistenz* des eingreifenden Erzählers zu prüfen: Nach ihrem Verhältnis zur realen Persönlichkeit des Autors und nach ihrem fiktiven Persönlichkeitswert als Vermittler zwischen Erzählgegenstand und Leser. Deshalb ist auch die ‚Gegenwart‘ des Erzählers weder vom

Autor noch vom Betrachter her einhellig zu bestimmen. Sie ergibt sich erst durch die Begegnung beider im Werk. Der Erzähler im Werk aber ist bereits der historischen Einmaligkeit enthoben; er ist auf Anruf jederzeit gegenwärtig und zieht den Leser an seine Seite. So wird der historische oder erfundene Standort des Erzählers zur Gegenwart in vollem Sinne erst in dem Moment, in dem sich der vermittelnde Erzähler als Person poetisch realisiert.

2. *View-point-Theorien und Erzählergegenwart*. Eng ist die Frage nach der künstlerischen Bewandtnis der Erzählergegenwart mit der Frage nach der erzählerischen *Perspektive* verknüpft. Es hieße einen jahrzehntelangen, erbitterten Streit aufrollen, wollten wir die Argumente für und wider solche erzählerische Distanzierung von der erzählten Handlung hier zusammentragen. Aber es ist bemerkenswert, daß die Schicht der Erzählergegenwart eines der Hauptkriterien ist zur Unterscheidung von „szenischer" und „eigentlicher" Erzählung (Otto Ludwig), „konkreter" und „reflektierender" Darbietung (Spielhagen), „objektivem" und „subjektivem" Vortrag (Walzel), schließlich der psychologischen „Innensicht-" und „Berichtstandorte" (Spranger)[29].

Die außerordentliche Bedeutung, die man diesem Problem im Bereich der Erzählung beimißt, aber auch die Verwirrung, die bei seiner Erschließung erstand, zeigt sich durch die Fülle der Autoren und ihrer Terminologien bereits an. Erzähltechnische und psychologische Gesichtspunkte begegnen und verquicken sich hier, normative Forderungen verstellen vielfach den Blick für die künstlerischen Valenzen der verschiedenen Erzähltypen.

Wir beschränken uns auf die beiden Theorien, in denen die oben genannten Einzelansätze ihre umfassende, systematische Ausprägung erfahren haben: Die „Point of view-Theorie", die von Lubbock (1921) entworfen und im Dictionary Shipleys (1943) präzisiert wurde, und die „Vision-Theorie" Pouillons (1947), und prüfen sie unter dem Aspekt der Erzählergegenwart.

Nur ein Erzähler, der vom „external view-point" aus, genauer: aus der „vision par derrière" erzählt, kann durch Zwischenbemerkungen aus einer Erzählergegenwart in den Verlauf des erzählten Geschehens ordnend oder kommentierend eingreifen. Und nur er kann überhaupt *Umstellungen* der Handlungsstränge, also eine Schichtung der Zeiten in der Erzählung vornehmen! Die angelsächsische Forschung spricht anschaulich vom „Olympian point of view", der Einsicht in die Personen und Gesamtübersicht über den Vorgang in sich schließt.

Vom „internal view-point" aus, der die Zukunft des Erzählten zur echten Zukunft auch für den Erzähler macht (Pouillons „vision avec"), ist das Übergreifen in eine Erzählergegenwart unmöglich: Der Erzähler stellt ausschließlich die erlebte Wirklichkeit der handelnden Personen dar. — Es zeigt sich, daß die Art der *Zukunftseinsicht* hier ein entscheidendes, wenn auch bislang wenig beachtetes Kriterium darstellt. Deshalb wird ein Studium der *Vorausdeutungen* in der Erzählung die View-point-Untersuchung um ein präzis greifbares Phänomen bereichern.

Mit diesen Typen verbinden bzw. überschneiden sich nun *psychologische* Standortsbegriffe. Pouillon hat sie als erster klar vom *zeitlichen* Ort des Erzählens geschieden. Es sind die Standorte „dedans" und „dehors", die sich auf die Wiedergabe innerseelischer bzw. äußerer Vorgänge je nach dem Orientierungspunkt des Erzählers in seinen Gestalten oder außerhalb als deren Betrachter beziehen.

Diese psychologischen Standorte geraten in besondere Beziehungen zur Erzählergegenwart, wenn man die beiden Zwischenformen zwischen dem Erzählten einer ‚in sich ruhenden Handlung' und dem ‚Eingreifen des Erzählers' berücksichtigt: 1. Die Ich-Erzählung, in der das Ich zugleich handelnde Person ist, 2. die Er-Erzählung, in der partienweise ein fingierter Erzähler auftritt. Diese Zwischenformen sind in der Tat durch die View-point-Theorien bisher nicht hinreichend bewältigt, was nicht zuletzt auf den normativen Anspruch auf Einheit des psychologischen Standorts in der ganzen Erzählung zurückzuführen ist (vgl. Lubbock, S. 252 ff; Pouillon, S. 90). Zwar übernimmt das Dictionary Shipleys für die Verengung der olympischen Perspektive Forsters Bestimmung eines „partially omniscient" view-point (Kap. IV); der eingeschobene Erlebnisbericht eines fingierten Erzählers jedoch bleibt wie die Ich-Erzählung in jedem Fall vom „internal view-point" beherrscht.

Der Ich-Erzähler und ebenso der Berichterstatter, der Erlebtes vorträgt, sieht als handelnde Person die Dinge zwar ausdrücklich aus *begrenzter* Perspektive und *erlebt* die Ungewißheit der Zukunft (Handlungsdarbietung: avec); als *Erzähler* jedoch *übersieht* er gleichzeitig den gesamten Ablauf des Geschehens von späterer Warte (Handlungsdarbietung: par derrière).

In beiden Fällen wechseln die Perspektiven des erlebenden und des erzählenden Ich ständig. Denn es ist keineswegs so, daß der Ich-Erzähler dauernd *über* dem fiktiven Zeit-Raum-Schema seiner Erzählung stünde, wie Käte Hamburger annimmt[30]. Er führt als Akteur und Vermittler eine Doppelexistenz, indem er dem Leser die reale Spannung und Zukunftserwartung des handelnden Ich suggeriert und ihn an anderen Stellen wieder als erzählendes Ich direkt anspricht. Dieser oft kurzfristige Standortwechsel spiegelt sich getreulich im *Wechsel von Handlungs- und Erzählergegenwart*. Die einfache und stets einhellig durchführbare Beobachtung dieses Wechsels der Zeitschichten klärt also den Charakter der jeweiligen Erzählpartie weit präziser als die summarische Feststellung des persönlich begrenzten internal view-point! —

Zweierlei ergibt sich aus dieser Betrachtung: 1. Die Mischung der Erzählstandorte ist unabhängig vom etwaigen Wechsel des psychologischen Standorts von einer Person auf die andere (bei Forster und im Dictionary Shipleys: shifting view-point); der Einwurf, den E. M. Forster in launiger Weise gegen die Diktatur des view-point erhebt (Kap. IV), wird bekräftigt dadurch, daß der Wechsel des Erzählerstandorts in Ich-Erzählungen und in eingeschalteten Ich-Berichten nahezu unvermeidbar ist[31].

2. Der psychologische Standort gibt den Personen und der Umwelt ihren poetischen Zuschnitt. Er bestimmt, ob die Personen in ihren geheimen Seelenregungen erfaßt oder nur durch ihren äußeren Habitus gedeutet werden können; und je nach seiner Wahl und konsequenten Durchführung kommt die Außenwelt kategorisch als ‚erlebte‘ oder als ‚an sich seiende‘ Wirklichkeit zur Darstellung. — Für die Fabelverkettung und die Vorgangsgestaltung jedoch ist der Erzählerstandort von ent-

scheidender Bedeutung. Nur durch einen Wechsel zwischen Erlebnis- und Erzählsituation kann beispielsweise eine Aufspaltung in Zeitschichten und eine Umstellung von Handlungssträngen herbeigeführt werden. Dieser Wechsel bzw. sein Fehlen bei ‚in sich ruhender‘ Er-Erzählung bestimmt wesentlich die Tektonik einer Erzählung im ganzen und bestimmt — wie die Untersuchung über die Vorausdeutungen zeigen wird — auch die Vorgangssteuerung im einzelnen.

C. FORMEN DES ERZÄHLABLAUFS

I. Erzählphasen

1. Verschiedene Dimensionen der Phasenbildung. Nach der Übersicht über die Gestaltprobleme, die speziell in mehrsträngigen Erzählungen sich stellen und dort das Werkgefüge wesentlich mitbestimmen, wenden wir uns nun der Betrachtung einzelner Erzählverläufe zu, wie sie *allen* Erzählwerken, also auch den einsträngigen, eignen.

In jedem Erzählstrang wie in jeder einsträngigen Erzählung heben sich bestimmte *Phasen* heraus, die durch Übereinkunft von relativ geringer Zeiterstreckung und relativ einlässigem Erzählen die Sammelbecken der erzählten Einzelereignisse darstellen. Alle Übersichtsbetrachtung diente im Grunde der Aufbereitung des Erzählgefüges zur Erkenntnis solcher Phasen. Denn diese Phasen sind keineswegs absolute Teile, die beim ersten Griff herauszupräparieren wären — der Hinweis auf *relativ* beharrliches und einlässiges Erzählen deutet an, daß sie sich erst nach Kenntnis der allgemeinen Dimensionen eines Werkes herausschälen.

Auf jeder Stufe der Betrachtung vom Gesamtüberblick bis zur Analyse einzelner Textstellen wiederholt sich dabei das Phänomen der Phasenbildung. Günther Müller deutet diese Stufung an, wenn er ‚von unten‘ beginnt (L. 126, S. 29): „Ein Gespräch etwa bei Henry James oder Fontane besteht aus verschiedenen Gesprächsphasen, und als Ganzes bildet es das Glied eines Tagesverlaufs, der selber Teil einer übergreifenden Ereignisphase ist, etwa des mehrwöchigen Pariser Aufenthalts der Pococks in „The Ambassadors". — Wir überhöhen diese Stufen und setzen an der obersten an: Der ‚Lebensepoche', wie sie sich zumeist in Entwicklungsromanen ausprägt.

Die Struktur solcher Lebensphasen hängt jedoch keineswegs nur von ihrer Zeiterstreckung ab. Stifters „Abdias" gliedert sich in drei Lebensepochen von je fünfzehn Jahren, die erzählerisch zu sehr verschiedener Ausprägung kommen. Dabei muß man im Blick halten, daß Abdias über neunzig Jahre alt wird, daß also aus diesem rund erscheinenden Leben nur etwa die Hälfte sich vor dem Leser entfaltet, während die übrigen Lebensjahrzehnte in wenigen Sätzen der Einleitung und der Nachgeschichte abgehandelt werden. Und auch von den drei dargebotenen Lebensepochen steht die erste weit hinter den beiden Hauptepochen zurück. Die Lebensgeschichte des Juden Abdias formt sich so unter den Händen des Dichters zu einem Schicksalszusammenhang, der sich in dreißig Jahren austrägt. Das ist nur möglich durch den Zuschnitt der Gesamterzählung auf zwei Schicksalslinien: auf den Verlust der alten Heimat, in deren Mittelpunkt Deborah steht, und den Aufbau einer neuen Heimat für Ditha. Würde etwa der wirtschaftliche Aufstieg oder die soziale Wandlung des Abdias im Mittelpunkt der Erzählung stehen, so müßte sich eine völlig andere Verteilung der erzählten Großphasen ergeben.

Die fünfzehn Jahre, in denen Abdias den Grund zu seinem Reichtum und zu seiner Lebenshaltung legt, sind erzählerisch so zusammengefaßt, daß jene erste Epoche seines Lebens sich deutlich als Vorbereitungsphase für die eigentlich zu erzählenden Vorgänge ausweist. Diese Epoche nimmt etwa ein Zwanzigstel der Gesamterzählung in Anspruch. Sie ist flankiert durch zwei Einzelereignisse: Aufbruch und Heimkehr, und mündet aus in den Gewinn Deborahs. Gemäß ihrer Stellung sind diese beiden Ereignisse nicht Konfliktträger, sondern Wegemarken seiner Entwicklung.

Die zweite Epoche, die etwa die Hälfte der Gesamterzählung ausmacht, durchmißt zunächst auf knappem Raum „viele Jahre" bis zum Überfall in der Wüste. Dann folgen noch einige Monate der Handlungsreisen des Abdias, bis der Bericht einmündet in die

Schritt für Schritt erzählten beiden Tage, die den Ausraub seiner Heimat, die Geburt Dithas, Tod und Begräbnis Deborahs bringen. Diese Tage sind das erzählerische Mittelstück und umfassen mehr als die Hälfte der Erzählzeit in dieser Epoche. Die Tagebeschreibung versickert dann allmählich in „eine Zeit nach der anderen", bis Abdias nach einem halben Jahr die Heimat verläßt: Zwei Reisetage in der Wüste wieder ausführlich, dann abermals versickernd — „wie die zwei ersten Tage gewesen waren, so waren alle folgenden". So verstreichen noch einige Wochen bis zur Überfahrt nach Europa.

Die dritte Epoche wird vom Erzähler durch einen beschreibenden und weit zurückgreifenden Einschub deutlich vom vorhergehenden abgesetzt. Sie durchmißt in ruhig-stetiger Erzählweise die Jahre des Hausbaus und der Erziehung des Kindes. Der Erzählfluß weitet sich aus bei der Feststellung, daß Ditha blind sei (im 4. Jahre), bei dem Wunder ihrer Heilung (im 11. Jahre), wobei wieder zwei Tage ausführlich gegeben sind, und mündet schließlich — wiederum einige Jahre später — in den Nachmittag ein, an dem Ditha stirbt.

Für unseren Zweck entnehmen wir dieser Übersicht:

1. Leben und Laufbahn des Juden Abdias bestehen erzählerisch aus zwei ca. fünfzehnjährigen Epochen, denen eine dritte fünfzehnjährige vorbereitend beigefügt ist. Die verschiedene erzählerische Intention der beiden Hauptepochen äußert sich deutlich in der Kontur der dargebotenen Vorgänge. Die eine Hauptepoche ist auf eine abenteuerlich-schicksalhafte Wendung angelegt, die sich am Ende der fünfzehn Jahre vollzieht; die Erzählung kulminiert klar in diesem Endgipfel. Die andere Hauptepoche ist auf mähliche Entwicklung angelegt. Die Einzelereignisse verteilen sich im Erzählfluß und bezeichnen Stadien der stetigen Entwicklung und Umhegung des Kindes. Der Tod Dithas ist der erzählerische Schlußstein auch für das Leben des Abdias, soweit es der Dichter ausführlich darbieten will.

2. Aus der Gesamtzeit dieser Epochen sind jeweils Monate oder Wochen summarisch herausgehoben. Eingeleitet sind diese Monatsphasen durch breit erzählte Einzeltage, die allmählich in die Folgezeit ‚versickern', wie wir sagten. Insgesamt zeigen diese Phasen Übergängigkeit und sind an der entschiedenen Konturierung der Erzählung wenig beteiligt, kennzeichnen jedoch gut die ruhigverbindende Erzählweise Stifters.

3. Zwei-Tage-Phasen sind wiederkehrende Einzelelemente der Erzählung, in denen sich die Hauptereignisse mit ihren unmittelbaren Konsequenzen austragen. Lediglich der Schluß — *ein* Nachmittag — zeitigt keine Konsequenzen mehr! — Solche Zwei-Tage-Phasen, von denen der zweite Tag bereits kürzer erzählt ist und denen allmählich versickernde Tagereihen angefügt sind, bilden auch in anderen Stifter-Studien ein regelhaftes Gestaltelement. — Diese Tage sind im wesentlichen kontinuierlich erzählt, weisen aber natürlich durch die Einzelereignisse in sich wieder eine Rhythmisierung auf, die wir jetzt nicht verfolgen.

Insgesamt begegnen wir im „Abdias" also drei Größenordnungen von Erzählphasen, deren jede sich als Teilphase der übergeordneten — bis hin zum Gesamtleben des Helden — erweist. Die Großphasen gliedern Lebensabschnitte, die kleineren besondere Entwicklungen und Situationen aus.

Phasen akzentuieren den Großablauf einer Erzählung so gut wie Einzelverläufe. Dennoch tut man gut, den *Terminus Phase* aufzubewahren für die Kategorie der Wochen- und Tagereihen, die in anderen Erzählungen natürlich bereits die oberste Kategorie bilden können. Wir sprachen deshalb oben von Lebensepochen. — Diese Epochen nämlich sind noch nicht durch bestimmte Raffungsarten charakterisiert; hier ist nur die Tatsache belangvoll, daß sie im ganzen gegenüber der Gesamtzeit der Erzählung relativ gering gerafft sind. — Die Wochen- oder Tagesphasen dagegen sind im allgemeinen deutlich durch andere Raffungsarten von der übrigen, *berichtend* erzählten Zeit abgehoben, die Tage gar durch *szenische Darstellung* im allgemeinen erzählerisch besonders charakterisiert.

2. Die Artikulation des Vorgangs durch Erzählphasen. Die Tage bzw. Tagereihen, die eine Erzählung vergegenwärtigt, sind deshalb von besonderem Belang, weil in ihnen allein die Personen in konkreten *Lebenssituationen* vorgeführt werden können. Alles Erzählen, das sich außerhalb konkreter Einzeltage vollzieht — sie müssen natürlich nicht datiert sein! — kann nur mit der allgemeinen *Lebensführung* oder dem *Lebenszustand* der Personen bekanntmachen. Erzählungen, die vorab Einzeltage vergegenwärtigen, haben notwendig andere Formen menschlichen Erlebens und menschlichen Schicksals zum Gegenstand als solche, in denen Einzelereignisse nur die Stadien ruhiger, strömender Entwicklungen markieren. Es gibt nicht allein bestimmte äußere Ereignisse, die sich nur innerhalb eines Tages, und solche, die sich nur in größeren Zeiträumen darstellen lassen — man denke an die Zerstörung der Heimat des Abdias und demgegenüber an die Unternehmungen zum Aufbau einer neuen Heimat —, auch die Darbietung seelischer Erschütterungen verlangt ein anderes Zeitmaß als die seelischer Reifeprozesse. Und die Hinwendung des Erzählers auf das eine oder andere wird sich im Vorwiegen bestimmter Erzählphasen notwendig ausdrücken.

Neben der Ausdehnung der Phasen in der erzählten und in der Erzählzeit ist wiederum ihre *Stellung* im Gesamtwerk von ausschlaggebender Bedeutung. Erzählungen, in denen sich die Phasen regelmäßig über die Gesamterstreckung verteilen (z. B. Eichendorffs „Taugenichts"), stehen solche gegenüber, die sich aus einer breit erzählten Einzelphase herausspinnen und dann allmählich ,abebben', wie auch solche, in denen alles auf eine machtvoll exponierte Schlußphase zustrebt. Fontanes „Poggenpuhls" sind zwischen ein Anfangs- und ein Endereignis (Reihen von 3 bzw. 10 Tagen) eingespannt[32].

Eine große Zahl von Erzählungen neigt dazu, in einer breit ausgeführten Endsituation zu kulminieren; so der Tod der Liebenden in G. Kellers „Romeo und Julia", in Gotthelfs „Elsi, die seltsame Magd". (Viele Beispiele bei Beriger, L. 10, S. 46.) Besonders von kürzeren Erzählungen wird man häufig sagen können, daß sie geradezu auf eine Schlußsituation hin erzählt sind — womit wir zwangsläufig in das Gebiet der „Novellen-Theorien" geraten. — Wir lassen diese Theorien indessen auf sich beruhen und deuten lediglich an einer Beispielreihe auf Zusammenhänge zwischen dichterischem Vorwurf und gestaltlicher Ausprägung hin:

Das „Decamerone" verbindet in einem Tagesrahmen mit Ausnahme des I. und IX. Tages und der jeweils 10. Erzählung des Dioneo Erzählungen von ähnlicher Thematik. Die Zeiterstreckung

dieser Novellen ist sehr unterschiedlich, die herausgehobenen Einzelphasen dagegen überschreiten selten das Zeitmaß einiger Stunden[33].
— Wir betrachten näher den V. und VI. Tag.

Am V. Tag wird *„von Liebenden gesprochen, die nach Ungemach und
Kümmernis Glückseligkeit gefunden haben"*. Dioneos Geschichte lassen
wir beiseite. — Die Länge der Novellen beträgt 7—10 und einmal
14 Seiten; ihre erzählte Zeit beläuft sich einmal auf Tage, einmal auf
Wochen, dreimal auf Monate, viermal auf Jahre.

Das Bemerkenswerteste am Aufbau dieser Novellen ist, daß sie mit
Ausnahme von zweien — der Nachtigallen-Novelle V, 4 und der
berühmten Falken-Novelle V, 9 — zwei Hauptsituationen besitzen.
V, 3 weist sogar drei Hauptsituationen auf, da das Unglücks-Ereignis
in zwei Parallelereignisse gespalten ist. — Die Nachtigallen-Novelle,
die einzige, die nur Tage durchmißt, sondert sich auch dadurch ab,
daß das „Ungemach" hier nicht sehr ernst genommen wird. Die Falken-Novelle kann deshalb mit einer Hauptsituation auskommen,
weil das ‚Glück' erst in der Nachgeschichte angedeutet wird.

Die Länge der Gesamtgeschichten und vor allem die Zweiteilung
der Hauptsituationen ist unverkennbar durch das angesetzte Rahmenthema intendiert. Durch Ungemach zur Glückseligkeit wird das
Geschick der Liebenden geleitet, beides wird in der Regel gesondert
vorgeführt, und die Epoche des Unglücks ist meist durch lange
Dauer akzentuiert gegenüber dem ‚endlich' eintreffenden Glück.

Das wird noch deutlicher beim Vergleich mit dem VI. Tag. Hier
lautet das Thema: *„Rückgabe einer Neckerei"*. *Gefahrabwendung „durch
eine schlagfertige Antwort oder einen raschen Entschluß"*. Dioneo schließt
sich diesmal dem Rahmenthema an, seine Erzählung ist aber dennoch
mit den anderen dem Aufbau und auch der Vortragsweise nach nicht zu
vergleichen. Die Umschweifigkeit dieser 10. Erzählung hat ihren Grund
sicher auch darin, daß der Dichter die Kürze der anderen Erzählungen
auszugleichen bestrebt ist, um doch noch den Nachmittag zu füllen.

Die Länge der neun Novellen liegt nämlich hier zwischen 2 und
4 Seiten! Und nur die 9. gibt in ihrer ersten Hälfte ein zeitumgreifen-
des Panorama, alle anderen laufen — Einleitungssätze abgerechnet—
in Tagen bzw. an einem Tage ab.

Das Hauptereignis ist hier jeweils *ein* minutiös gegebener, aber
natürlich kurzer Dialog; dieses Ereignis bildet stets den Abschluß
oder doch nahezu das Ende der Erzählung.

Kürze der Erstreckung, Kürze und Präzision einer Hauptphase und
Endstellung dieser Phase finden wir wiederum — und zwar in noch
größerer Einhelligkeit — in der Wahl des Rahmenthemas vorangelegt!

Diese hier nicht weiterzuführende Übersicht mag bekräftigen, daß die Phasenbildung in Erzählungen von der Art der Lebensdarbietung — in weitem Sinne — beeinflußt, wenn auch nicht zwingend bestimmt wird. Daß diese Art des ‚Weltausschnitts‘ nicht vom stofflichen Vorwurf und der speziellen Thematik, sondern eher von menschlichen Grundsituationen abhängt, muß angesichts der ganz disparaten Erzählgegenstände jener Novellen nicht noch bekräftigt werden. Auch besitzen nicht alle Rahmenthemen des „Decamerone" bereits von sich aus eine ähnliche Gestaltungs-Intention, die speziell auf die Erzählphasen Einfluß nimmt. Wiederum behandeln wir hier ja nur *eines* der vielfältigen Gestaltphänomene. Bei der Suche nach typischen Erzählformen aber muß besonders im Bereich der Erzählphasen die Frage nach der ‚Lebensbewandtnis‘ der künstlerischen Gestaltung sich immer wieder aufdrängen.

3. Erzählphasen und äußere Bucheinteilung. Nicht berücksichtigt haben wir in unseren bisherigen Untersuchungen diejenigen Fügungselemente, die sich einer formal-ästhetischen Betrachtung des Kunstwerks eigentlich als erstes darbieten: Die äußere Gliederung nämlich, die der Erzähler seinem Werk angedeihen läßt, jene Unterteilungen, die im Druckbild häufig genug mit fettgedruckten Überschriften oder römischen Ziffern, durch unbedruckte Seiten oder einfache Neuansätze sich augenfällig kundtun.

Diese Einteilung kann sich sehr verschiedenartig zu der — cum grano salis — natürlichen Phasenbildung einer Erzählung verhalten. Sie kann sich deren Gliederung völlig anpassen, wie es in Eichendorffs „Taugenichts" der Fall ist. Sie kann andererseits in deutlicher Analogie zum erzählten Geschehen ein Eigenleben führen — wie in Timmermans „Triptychon von den heiligen drei Königen", wo die Dreiteilung in „Mittelstück, Rechten und Linken Flügel" das dreimalige Christnachtswunder, das dem Hirten, dem Fischer und zuletzt dem Bettler zum Schicksal wird, in eine heilige Ordnung faßt.

Andererseits kann die Großeinteilung eines Buches die Phasenbildung geradezu verdecken wie in Flauberts „Madame Bovary" (s. unten S. 114). Auch die symmetrischen Kapitelzahlen in

Raabe-Romanen, etwa in „Hungerpastor", in „Abu Telfan", in „Schüdderump", stehen zum erzählten Geschehen nur in oberflächlicher Beziehung (dazu Walzel, L. 191, S. 129). Die *schmükkende* Wirkung solcher Arrangements ist nicht zu unterschätzen. Schließlich aber kann die Phasenbildung durch Einsprengung von Kapitelgrenzen durchkreuzt werden, woraus nicht selten Spannungssteigerung, aber auch ironische Wirkungen folgern. Hier ist eines der eindringlichsten Beispiele der „Kater Murr" E. T. A. Hoffmanns. Er zeigt zugleich die Gestaltwirksamkeit der Dialektik von innerer und äußerer Form an: Die kontrastierenden Handlungsstränge sind nicht nur durch die Gegenüberstellung der beiden ‚Helden' und ihrer höchst verschiedenen Welten, sondern gestaltlich auch dadurch gekennzeichnet, daß der fragmentarische Lebenslauf Kreislers an der Interruption sinnfällig wird, während die Autobiographie des Katers in ihrer Akkuratesse auch erzählerisch immer genau dort einsetzt, wo sie vom Dichter verlassen wurde. Hier ist — für die Paradoxie zeichnet Hoffmann — ein „Fragment" durch raffinierte Kunstmittel als solches Gestalt geworden [34].

Auch die *Kapitellänge* darf morphologisch nicht unbeachtet bleiben. Die Sorgfalt, mit der Thomas Mann im „Doktor Faustus" um die Proportionierung seiner Abschnitte bemüht ist — „aus Rücksicht auf den Leser, welcher immer nach Ruhepunkten, Zäsuren und Neubeginn ausschaut" — geht zwar vorab auf formal-ästhetische Wirkungen aus. Aber unter der ordnenden Hand bilden sich auch Phasen und Ereignisse zu ‚vorgeschriebener' Länge aus. — Ungleich einschneidender noch ist die Steuerung des Erzählflusses, die in der *Versepik* durch eine symmetrische oder symbolische Anordnung der Abschnitte ausgeübt wird. In Puschkins Versroman „Eugen Onegin" gliedern und pointieren die Strophen einzelne Beschreibungen, Reflexionen und Handlungsschritte und bemessen deren erzählerischen Umfang durch die vorgegebene Zahl von vierzehn Versen. Bei Wolfram von Eschenbach sind wichtiger noch als die Dreißiger-Abschnitte die darübergewölbten drei-, fünf- und mehrgliedrigen Kompositionsgruppen, die Kienast in seiner Untersuchung des „Willehalm" bestechend klar herausgearbeitet hat. Sie stehen durchweg in enger Beziehung zur Abwicklung einzelner Erzählgegenstände und nehmen damit Einfluß auf die Tektonik einzelner Szenen wie auf die Großeinteilung der Bücher. Der theologische und kunsthistorische Hintergrund dieser Zahlenschemata bedarf noch umfassender Klärung.

Neben der abstrakten Zahl können gegenständliche Ordnungen verschiedenster Art dem Erzählvorgang übergestülpt sein, wobei die nachträgliche Erfüllung des Schemas den Erzähler gelegentlich in Verlegenheit bringt. Vor allem humoristische Erzähler bedienen sich gern einer solchen besonderen ‚Fassung‘ ihres Vorwurfs. Wir führen hier nur Thackerays „Fatal Boots" an, wo das Geschick oder Mißgeschick des abscheulichen Helden den zwölf Monatsnamen und in etwa deren assoziativen Stimmungswerten zugeordnet ist, ohne daß sich doch eine zwingende oder gar vertiefende Kongruenz ergäbe. Daß sich dennoch bei solchem Vorgehen Einzelphasen nach bestimmten Vorgegebenheiten der äußeren Form ausbilden, steht außer Frage.

Insgesamt dienen die Bemühungen um äußere Proportionen oder spiegelbildliche Ordnungen selbst in der schwer überschaubaren Großerzählung zur *Festigung* des Erzählgerüsts. Sie sind eines der Zeugnisse für den *artefaktiellen* Vorgang der Stoffbewältigung; ihr künstlerisches Gelingen hängt von dem Beziehungsreichtum ab, der sich schließlich zwischen Erzählgegenstand und Konstruktionsplan ergibt.

In diesem Sinne hat besonders Herman Meyer sich gegen die Vorstellungen von einem „organischen Wachstum" des Kunstwerks gewandt und seine Stellungnahme auf die These hin zugespitzt, das Kunstwerk werde „gemacht" (L 115, S. 300). Dieser kategoriale Unterschied ist nicht scharf genug hervorzuheben! Läßt man jedoch das Wort „organisch" weg, so schwindet der Unterschied zwischen *wachsen* und *machen* im Produktionsprozeß häufig genug zu einem *wachsen lassen* hin. Gerade das häufige Verschütten anfänglicher Baupläne im Verlauf großer Erzählwerke läßt doch etwas von der Selbststeuerung und Metamorphose des Ganzen bei anschwellenden Stoffmassen ahnen. Die Erzählkunst hat Organisationsformen, die unendliche Erweiterungen, allerdings in vorgegebener Richtung, erlauben; die Anreicherung von Episoden um eine Figur ist nur das einfachste Beispiel, die spontane Gedankenassoziation ein komplizierteres. Andererseits ist der ‚aufgeschwellte' „Zauberberg", der nach Thomas Manns eigenem Bericht wie andere seiner Romane zunächst als Erzählung kleineren Ausmaßes geplant war, nach Meyers Analysen ein Zeugnis dafür, wie sich im Zuge des Schaffens wesendeutende Proportionen noch einplanen lassen.

So dient die Übereinsicht von Erzählphasen und äußerem Bauplan in erster Linie dazu, die Festigkeit oder Lockerheit des Erzählgefüges zu prüfen. Doch ist dies noch kein Wertungsmaßstab schlechthin. Entscheidend ist erst die zweite Frage, ob die äußere — feste oder lockere — Ordnung der erzählten Wirklichkeit tatsächlich zu reinerer Erscheinung verhilft. So ist auch dieses spezielle Problem nur im Hinblick auf die allgemeine *Funktionalität* der Einzelelemente des Erzählkunstwerks zu lösen, für deren Zusammenspiel Meyer den umschließenden Begriff der „Integration" eingeführt hat.

II. Raffungsarten und Erzählweisen

Wir haben das Phänomen der Raffung schon wiederholt dazu benutzt, Umriß und Großgliederung eines Werkes aufzuschließen. Uns interessierte dabei meist die rein quantitative Seite dieses Phänomens: Das jeweilige Verhältnis der gerafften Zeitspannen zur Breite ihrer Darbietung. Die erzählerischen Erscheinungsformen der Raffung ließen wir bislang auf sich beruhen. — Beim Vorstoß der Untersuchung auf die Aufbauformen *innerhalb* der Erzählphasen wird die reine Feststellung der Raffungsintensität unzureichend, und es bedarf nun eines Unterscheidungsverfahrens, das unter anderem auch den zeitlosen Partien des Erzählens Rechnung trägt. Im Verfolg dieser Untersuchungen wird es also zu einer Gegenüberstellung von zeitlich differenten *Raffungsarten* und nach Darbietungsgegenständen geordneten *Erzählweisen* kommen.

1. Raffungsintensität und Raffungsarten. Die erzählerische Wiedergabe von Geschehensverläufen kann deren Zeiterstreckung sowohl unter- als überschreiten. Die Unterschreitung der erzählten durch die Erzählzeit bezeichnet man als eigentliche *Zeitraffung*; sie führt im Grenzfall zu völliger *Aussparung*. Die Überschreitung der erzählten durch die Erzählzeit bedeutet entsprechend *Zeitdehnung*. Zwischen beiden liegt die ideale (praktisch nur dem Drama eignende) *Zeitdeckung* zwischen Geschehen und Wiedergabe.

An der *Aussparung* wird die Raffungstendenz des Erzählens am sinnfälligsten. Minuten ebenso wie Jahre können, ohne den Handlungs- und Sinnzusammenhang zu gefährden, in der erzählerischen Wiedergabe wegfallen; die Paradoxie zwischen Leben und Erzählen besteht nicht zuletzt darin, daß Zeitaussparung das negativ kennzeichnende Prinzip allen Erzählens ist. Sie kann stillschweigend oder mit ausdrücklicher Erwähnung vor sich gehen. Die Grundformel für das letztere ist: „*Einige Zeit später . . .*"

Kann normalerweise Fieldings Wort gelten, daß erzählerisch unwichtige Zeitspannen auf diese Weise übergangen werden, so sind Abbruch und Aussparung vor wichtigen Ereignissen gleichwohl ein häufig gebrauchtes Kunstmittel. In solchen Fällen ist die mehr oder minder verschlüsselte *Andeutung* des ausgesparten Geschehens für die künstlerische Wirkung von großem Belang[35].

Die eigentliche *Zeitraffung*. Hier wie in allen weiteren Formen ist die Raffungsintensität durch einfachen Vergleich von erzählter und Erzählzeit zu ermitteln. Neben dem *Zeitmaß* ist hier jedoch wesentlich die *Art* der Zeitbewältigung. Schon in seinen ersten Entwürfen schied Günther Müller grundsätzlich sukzessive und iterativ-durative Raffung.

a) *Die sukzessive Raffung* ist eine in Richtung der erzählten Zeit fortschreitende Aufreihung von Begebenheiten. Die Grundformel dieser Raffungsart ist das: „*Dann . . . und dann . . .*", das wir bereits weit vorne als Grundformel des Erzählvorgangs herausstellten. Das absolute Fehlen dieser Raffungsart in Erzählungen ist deshalb ausgeschlossen, und im allgemeinen besitzt sie einen hohen Anteil am gesamten Erzählgefüge.

Der Raffungsintensität nach scheiden sich hier *Sprungraffung*, die zeitausgreifend im Stil des „veni, vidi, vici" erzählt, und

Schrittraffung, die dem Geschehen mehr oder minder kontinuierlich folgt und sich dem „zeitdeckenden Erzählen" annähert.

b) *Die iterativ-durative Raffung* faßt einen mehr oder weniger großen Zeitraum durch Angabe einzelner, regelmäßig sich wiederholender Begebenheiten (iterativ) oder allgemeiner, den ganzen Zeitraum überdauernder Gegebenheiten (durativ) zusammen. Beide Formen treten nicht selten eng verflochten auf und haben die gleiche Grundtendenz, ruhende Zuständlichkeit zu veranschaulichen; daher sind sie in einer Kategorie zusammengefaßt. Ihre Grundformeln sind: „*Immer wieder in dieser Zeit...*" oder „*Die ganze Zeit hindurch...*"

Auch das iterativ-durative Raffen ist in allen Intensitätsstufen zwischen Aussparung und Zeitdeckung möglich. Hier lassen sich im Verhältnis zur erzählten Zeit grob zusammenfassendes und stagnierend-verweilendes Erzählen scheiden.

Sukzessive und iterativ-durative Raffung können kombiniert auftreten beim Erzählen von fortschreitenden Einzelereignissen, die als *Beispiel* für das Geschehen in einem im übrigen zuständlich gegebenen Zeitraum gelten sollen. Diese als *eklektisch* zu bezeichnende Raffungsart erzählt nach dem Grundsatz des „pars pro toto"; ihre Grundformeln lauten etwa: „*So geschah es zum Beispiel...*" oder „*In dieser Zeit geschah es einmal...*"

Zeitdeckendes Erzählen bleibt naturgemäß streng sukzessiv. Speziell bei der reinen Wiedergabe der direkten Rede kommt es zur Angleichung von erzählter und Erzählzeit. Da wir diese Erzählform später gesondert behandeln, sei hier nur darauf verwiesen, daß diese Deckung nur als Näherungswert, nicht als exaktes Gleichmaß verstanden werden darf.

Dehnendes Erzählen wird vor allem notwendig bei der zusammenhängenden Wiedergabe von Gedanken und Träumen sowie bei komplizierten Bewußtseinsvorgängen, die einen kurzen Handlungsschritt begleiten. Andererseits ergibt es sich bei Dialogen, denen gleichzeitig verlaufende Handlungen, Gedanken, sowie Beschreibungen und Glossen des Erzählers beigefügt sind. Hier sind sukzessive und durative Elemente auf kleinstem Raum verwoben.

Wo der „Sekundenstil" oder die Gedankenaustiefung nicht als besonderes Stilmittel gesucht werden, beschränken sich zeitdeckendes und -dehnendes Erzählen auf die vergegenwärtigten Hauptszenen. Ihr genaues Maß ist deshalb weniger belangvoll als ihre Unterscheidung von stärker gerafften Formen in ihrer Umgebung.

Gleichzeitig verlaufende Begebenheiten stehen zum Nacheinander des Erzählens in einer besonderen Spannung. Sowohl beim Nachholen von ganzen Handlungsfäden als auch bei der Verknüpfung von Einzelsätzen bedient sich der Erzähler besonderer Techniken, um solche Gleichzeitigkeit wiederherzustellen. Der ausdrückliche Rückschritt des Erzählers ist das eine, Teichoskopie der handelnden Personen im weitesten Sinne das andere Hauptmittel. Als syntaktische Form der Gleichzeitigkeit hat Elisabeth von Hippel (S. 155) die Anknüpfung mit „inzwischen" und „unterdes" nachgeprüft und diese Erscheinung des Ineinandergreifens von Zeitverläufen mit dem Terminus „Zeitkette" belegt. — Die durch solche Erzählweise bei Kleist erreichte Gedrungenheit wird in ihrer gestaltprägenden Wirkung besonders charakterisiert, wenn man sie mit homerischer Erzählweise vergleicht, die bei allem ausschmückenden, rückgreifenden und abschweifenden Vortrag in der Handlungsführung durchaus von ruhiger Sukzession beherrscht ist. Zielinski hat in einer interessanten Studie nachgewiesen, daß in der „Ilias" Ereignisse, die realiter gleichzeitig verlaufen, vom Erzähler in ihrer erzählten Zeit(!) so verschoben wurden, daß „aus dem Nacheinander-erzählen auch noch ein Nacheinandergeschehen wird" (S. 434). Auch Teichoskopien treten stets dann ein, wenn die Vordergrundhandlung in eine gleichförmige Ruhelage übergegangen ist, so daß sie erst nach der Ausschau zeitgerecht wieder aufgenommen zu werden braucht[36].

Natürlich ist die Teichoskopie auf Gleichläufigkeit von Szenen beschränkt, während der „parallele Rückschritt" (darüber unten S. 114ff) beliebige Zeitspannen in beliebiger Raffungsart durchmessen kann.

2. Zeitliche, räumliche, thematische Raffung. An allen, auch den zuletzt erläuterten Sonderformen der Raffung zeigte sich, daß sukzessive und iterativ-durative die eigentlichen Grundarten der Raffung sind. Jede dieser beiden Arten zwingt das erzählte Geschehen in eine besondere Ordnung. Die Ordnungsmacht der sukzessiven Raffung ist die *Zeit* selbst: Sie bestimmt die Reihenfolge der „und dann"-Punkte des Geschehens.

An der Ordnung iterativ-durativ erzählter Vorgänge bzw. Zustände hat dagegen die Zeit nur insofern Anteil, als sie den *Rahmen* abgibt. Innerhalb dieses Rahmens jedoch folgen die Erzählinhalte gerade nicht einer zeitlichen, sondern einer zeitunabhängigen, *räumlichen oder thematischen* Ordnung. So wird in Kellers „Romeo und Julia" nacheinander erzählt, was die Männer in der Stadt, ihre Frauen auf dem Lande und schließlich die Kinder im gleichen Zeitraum erlebten (vgl. Tietgens, S. 41). Stifter zeichnet am Eingang des „Heidedorfs" nach uralter Ordnung Steine, Pflanzen, Tiere und endlich den „Sohn" der Heide in der Folge seines durativen Berichts. — Diese noch nicht genügend beachteten Ordnungen des Erzählens werden dort besonders greifbar, wo die Zeit ausdrücklich aufgeteilt wird auf ihre verschiedenen räumlichen und thematischen Beziehungen hin: Simplicissimus zählt von seinem zweijährigen Aufenthalt beim Einsiedler die Tätigkeiten in Garten, Wald, Haus und sodann die regelmäßigen Beschäftigungen an Sonntagen und an Werktagen getrennt auf (I, 11); und greifbarer noch ist die thematische Ordnung bei dem Bericht von der Erziehungszeit Albanos im „Titan", die kategorisch in Vormittage und Nachmittage und damit gleichzeitig in verschiedene Themenkreise aufgeteilt ist (III, 7).

Hier wirken also bereits außerzeitliche Raffungstendenzen, denen wir erst recht begegnen, wenn wir nach den von der Zeitraffung überhaupt nicht erfaßten Erzählgliedern forschen.

3. Erzählweisen und Erzählerdistanz. Eine Reihe von „Epischen Grundformen" bzw. „Darbietungsmitteln" haben Petsch (L. 142, S. 332 ff), Koskimies (S. 187 ff) und in gedrängter Übersicht Kayser (L. 78, S. 182 ff) zusammengestellt. Beschreibung, Bericht, Bild, Darstellung, Betrachtung und Erörterung, ferner das Gespräch, das wir hier mit guten Gründen ausnehmen (s. u. bes. S. 201), erscheinen dort als Elementarbestandteile des Erzählens. Vielfach, so in der Terminierung von Bild und Szene, weichen die genannten Autoren voneinander ab, und in der Tat ist die Erforschung dieser Erzählweisen zu einer sicheren Systematik noch nicht gediehen.

Ansätze dazu bietet die — auch von Kayser zugrunde gelegte — Generaleinteilung Lubbocks in „scenic" und „panoramic narrative". Auch Petsch spricht gelegentlich (z. B. S. 345) von näherer und fernerer Perspektive des Erzählers gegenüber seinem Gegenstand. Diese Perspektive meint tatsächlich den Zeit- und Ortsausschnitt, der von einer bestimmten Erzählspanne umfaßt wird. Im Anschluß an diese Anregungen wird es möglich sein, auch die zeitlosen Erzählpartien näher zu charakterisieren und dann schrittweise Erzählweisen und Raffungsarten in feste Beziehung zu setzen[37].

Szenische Darstellung von Vorgängen fordert notwendig kleinen Zeitausschnitt und nahe Erzählerperspektive. Sie vermag Details zu geben und versucht in der Nachbildung ‚natürlicher' Sukzession größte Wirklichkeitsnähe zu erreichen. Nicht umsonst haben die Verfechter der ‚objektiven Erzählung' solcher Darstellungsweise eindeutig den Vorzug gegeben[38]. — So strebt sie idealiter nach Zeitdeckung, und deshalb hat auch die direkte Rede an ihr allgemein großen Anteil.

Bericht von Vorgängen hat den weitesten Spielraum zwischen Einlässigkeit und straffer Zusammenfassung großer Zeiträume. Allgemein rafft der Erzähler aus größerem Abstand die Vorgänge stärker, und sein Vortrag tendiert, selbst bis in die indirekte Rede hinein, mehr zur Feststellung als zur tatsächlichen Illusionierung der realen Vorgänge. (So auch Ermatinger, L. 34, S. 344f.) — Der Bericht ist gleicherweise Mittel zur Handlungswiedergabe wie zur sachlich geordneten Zustandsschilderung, und dies kennzeichnet einmal mehr seine zentrale Stellung unter den Erzählweisen, die Petsch so nachdrücklich hervorhebt.

Betrachtungen und Erörterungen über den Verlauf der Dinge stellt der Dichter notwendig aus noch größerer Distanz den Vorgängen gegenüber an. Solche Erzählerreflexion ist ein Gespräch mit dem Leser über die Hintergründe und den Sinn des Geschehens, oder sie führt ihn von den Begebenheiten des Augenblicks aus zu abschweifenden Überlegungen. — Sukzessives

Erzählen tritt hier zugunsten thematischer Bezüge in den Hintergrund, durative und zur Zeitlosigkeit strebende Vortragsweisen gewinnen die Oberhand. Damit weist sich die Betrachtung des Erzählers aber bereits als sekundäre Erzählweise aus[39].

Grenzfälle nach beiden Seiten sind Beschreibung und Sentenz. *Beschreibung* geschieht aus allernächster Perspektive. Hier hält der Erzähler im Zeitablauf inne, der gegenwärtige Augenblick wird in der Darbietung zeitlos, und naturgemäß tritt infolge der Nähe die stärkste Bildwirkung auf den Leser ein. Als *Bild* wird man — im Sinne Kaysers — eine geschlossene und unmittelbar illusionierende Beschreibung auffassen: „Zeitliche Entrücktheit bzw. Statik" (S. 182) sind seine Kennzeichen. Aus diesem Grunde ist es vorzüglicher Symbolträger auch in der erzählenden Dichtung. Was im Fluge der Einzelbegebenheiten vorüberzog, verdichtet und entzeitlicht sich hier in bedeutsamer Spiegelung. (Dazu bes. Burger, L. 19, S. 86.)

Als Übergang zwischen Bildbeschreibung und Darstellung hat Thibaudet den Begriff der „Déscription en mouvement" eingeführt, der — obwohl er einen viel allgemeineren Befund formuliert — in der Regel mit dem Tableau zusammen behandelt wird. Der letztere, von der Bühnenkunst übertragene Begriff meint speziell das personenreiche, bewegte Bild; die Beschreibung in der Bewegung ist darüber hinaus ein bedeutendes Kunstmittel, um verschiedene Aspekte des Objekts oder wechselnde Eindrücke des Betrachters auszumalen. Schließen sich sukzessive Beobachtungen zu kontinuierlichen Verläufen zusammen, so ergibt sich fließend der Übergang zur Szene[40].

Weitet sich die Beschreibung dagegen über den Bereich des sinnlich Wahrnehmbaren aus zur Schilderung einer Stadt, eines Landes, einer Gesellschaftsordnung, so nimmt sie den Charakter eines Zustandsberichtes an.

Sentenzen gibt der Erzähler umgekehrt ganz sub specie aeternitatis, als Quintessenz aller noch zeitgebundenen Reflexion; das Gespräch mit dem Leser wird hier zur reinen Belehrung über zeitlose Thesen und Werte. — Auch diese Erzählweise verleiht dem Ausgesagten statischen Charakter. Im allgemeinen ist sie Resultat oder Anstoß breiterer Erörterung. Doch erscheint sie als Ausruf des Erzählers nicht selten auch an bedeutendem Handlungspunkt als Einsprengung oder Resumee. Wir haben bereits die Reflexion eine sekundäre Erzählweise genannt und müssen diese Bezeichnung erst recht den aufgewiesenen „Grenzfällen" zukommen lassen. Bericht und Darstellung als die eigentlichen Mittel der Vorgangs-Darbietung sind für das Erzählen schlechthin unerläßliche, die übrigen dagegen abrundende und als solche freilich auch integrierende Erzählweisen.

4. Raffung und Funktion der zeitlosen Erzählweisen. Unter den zeitlosen Erzählweisen weist die Sentenz die stärkste Raffung auf. Ein spezielles *Wertgefüge* bzw. ein *Thema* wird hier aus allem umgebenden Geschehen ausgewählt und auf eine abstrakte, mithin zeitlose Aussage hin gerafft. Das trifft für Einzelsätze wie für ganze Abschnitte zu. — Hier ergibt sich der merkwürdige Gegensatz, daß häufig die rein *geistigen* Höhepunkte eines Werkes in diesen Sentenzen zu suchen sind — völlig aller Zeitlichkeit bar —, während die eigentlichen *Erzählhöhepunkte* in jenen Erzählpartien liegen, in denen erzählte Zeit und Erzählzeit nahezu zur Deckung gelangen — Zeit also höchst ‚wirklichkeitsnah' wirkt. Gegenständliche Aussage intensiviert sich eben bei kräftiger Anschaulichkeit, begriffliche Aussage gerade durch stärkste Raffung!

Weniger intensiv rafft bereits die Betrachtung. Sie extrahiert die zeitlichen Vorgänge auf ihre Wirkungen hin und bleibt ihnen so als zeit- und umstandsbedingte Aussage enger verbunden. Gleichwohl ist ihr Raffungsprinzip die thematische Ordnung oder die *Ideenassoziation* und nicht die Chronologie.

Auch die Beschreibung löst zeitliche Ordnung zugunsten eines thematischen bzw. sachlichen Gefüges auf. Jedoch rafft sie nicht konkretes Geschehen auf abstrakte Thesen oder Wirkungen hin, sondern greift die Dinge und Erscheinungen selber. Die Raffungstendenz wird hier bestimmt dadurch, daß an sich wertfreie Dinge durch die *Wahrnehmung* eines Menschen — des Erzählers oder einer Person — ihre spezifische Ordnung und Einschätzung erfahren.

Rein für sich betrachtet besitzen die eben geschilderten Formen Erzählzeit ohne erzählte Zeit. Im Zusammenhang mit den anderen, zeitlichen Raffungsarten, zwischen denen sie in der Erzählung ja stets auftreten, nehmen sich die zeitlosen Erzählweisen jedoch als plötzliche Digression der Erzählzeit innerhalb der erzählten Zeit aus. So im Zusammenhang gesehen, steht die erzählte Zeit zwar still, aber sie ist doch vorhanden als der Augenblick, an dem wir sie verließen, und als der Zeitpunkt ihres Wiedereintretens.

Je unvermittelter solche Digression in den Fortschritt der Handlung eingesprengt wird, desto stärker ist die Stauung des Erzählverlaufs spürbar — eine Stauung, die nicht unbedingt als retardierendes Moment, sondern auch, wie gerade im symbolischen Bild, als Konzentration des Vorganges empfunden werden kann. Andererseits mag solcher Einschub als bewußte Interruption auf drastische Wirkung hin angelegt sein — nicht umsonst versprach Sterne im „Tristram Shandy" (I, 22), seine Erzählweise werde „pro- und digressiv, und immer beides zugleich" sein, und wir nehmen Jean Pauls Versicherung, „Geschichte und Digression strenge auseinanderzuhalten" (Antrittsprogramm des „Titan") nicht ernster als er selbst [41].

Treten solche zeitlosen Erzählpartien dagegen als Einleitung oder als Abschluß vor einem deutlichen Erzähleinschnitt auf — zu ersterem neigt die ausführliche Beschreibung, zu beidem die ausführliche Reflexion —, so wird die Stauung des Handlungsfortschritts weniger spürbar; als Auftakt bzw. Resumé einer ganzen Erzählphase jedoch wird ihre austiefende oder synthetische Wirkung um so ungeteilter sein. — Walzel hat in seinem Aufsatz über „Formeigenheiten des Romans" die Bedeutung solcher Ein- und Ausgänge für die Kapitelstruktur mit reichem Beispielmaterial nachgewiesen (L. 191, S. 136ff).

Wichtig neben dem Platz zeitloser Erwägungen ist auch hier die *Verknüpfungsart*. Zunächst sind Bezogenheit auf den momentanen Stand des Geschehens oder übergreifende Beziehung auf den Gesamtvorgang zu beachten (vgl. Petsch, L. 142, S. 343). Im übrigen sind hier alle die Verknüpfungsprinzipien wirksam, die wir in größerem Zusammenhang bereits behandelt haben. Ob Bild oder Sentenz den Gesamtvorgang gleichnishaft durchleuchten oder ob sie eine bloße Zugabe an Buntheit und Weisheit darstellen, das ist für Erzählstruktur und Wirkungsweise gleichermaßen von Belang. — Auf eine sehr hübsche Weise macht Cipion seinen Gefährten in der Hunde-Novelle des Cervantes darauf aufmerksam, daß er mit seinen vielen Betrachtungen aus seiner Erzählung einen „Seestern" mit immer neuen Schwänzen mache, und es entspinnt sich daraus ein Streit über die Berechtigung zur Umschweifigkeit. — Fielding dagegen schreibt seine völlig abgesonderten Eingangskapitel zu „Tom Jones" „in order to contrast and set off the rest" (V, 1).

Überaus häufig ist die *Korrelation* von Landschaftsbildern, von Sonnenschein oder Gewitterausmalung usw. zur Deutung oder Kontrastierung der Vorgangsstimmung wie auch zur *Förderung* des Vorgangs; wir rufen nur die berühmte Klopstock-Stelle im „Werther" an. Auch ruhendes Bild und dramatische Szene können auf diese Weise in ein strenges, tektonisches Verhältnis treten[41a]. — Bedeutsame Korrelation und gleichzeitig tragische Konsequenz machen die monströse Beschreibung der Haube im „Meier Helmbrecht" zu einem bedeutenden Aufbauelement.

Herman Meyer hat schließlich die engen, fast schematischen Beziehungen der abstrakten Zeit-Reflexionen im „Zauberberg" zur Gestaltung des erzählerischen Vorgangs aufgewiesen und gerade an diesen Partien, die am wenigsten einen „epischen Aggregatzustand" besitzen, den Nachweis der epischen Integration überzeugend geführt.

5. Die zeitlichen Erzählweisen. Der Kreis schließt sich durch einen Rückblick von den Erzählweisen des Berichts und der Darstellung auf die zeitlichen Raffungsarten.

Der Bericht erfüllt durch seine oben erwähnte Elastizität innerhalb der erzählenden Dichtung die gegensätzlichsten Aufgaben. Wir halten uns der Einfachheit halber an die Extreme. — In Erzählungen, die vorwiegend ‚in Szene gesetzt' sind, dient er als notwendiger Behelf, um die Kausalzusammenhänge zwischen den einzelnen Höhepunkten herzustellen (C. F. Meyers „Jürg Jenatsch"). In solchen Fällen wird der Bericht in der Regel bei kurzer Erzählzeit eine große Spanne der erzählten Zeit umgreifen. Also hohe Raffungsintensität, die sich im Fall der *Sukzession* bis zum Berichterstatterstil verkürzt, die im Fall der *durativen* Raffung Hauptereignisse eines Zeitraumes gedrängt und meist ohne eklektische Aufschwellung von Einzelereignissen aneinanderreiht.

In solchen Erzählungen dagegen, in denen der Bericht das eigentliche Erzählmedium ist — hierher gehört einerseits der nüchterne Sachbericht des Chronisten, andererseits die bewußt verhaltene Erzählweise, die etwa die Romane Hesses auszeichnet — bilden kontinuierliche Schrittraffung oder verweilende, panoramische Überblicke den Duktus des Vortrags. Romane, die seelischen Entwicklungen gewidmet sind, neigen dabei zu einer Verschwisterung von iterativ-durativem Bericht und Reflexion. Besonders Ricarda Huch liebt die unmerklichen Übergänge zwischen beiden. Einzelereignisse fallen hier oft nur als Paradigmata aus dem allgemeinen Fluß der Vorgänge aus und erhalten einen eklektischen Charakter; sie sind Nachweis für den Anstoß oder das Endergebnis still sich vollziehender Prozesse[41b]. Entsprechend wird man hier alsbald nach den sachlich-thematischen Raffungsprinzipien suchen müssen.

Szenische Darstellung verhält sich, wie gezeigt, zu den Raffungsarten am eindeutigsten. Wo diese Darbietungsform vorherrscht — natürlich können Szenen wieder Berichte usw. untergeordnet in sich schließen — ist die Sukzession des Erzählens der des Erzählten am meisten angenähert. „Je mehr Darstellung", sagt Hirt (S. 30), „also gleichmäßige Dichte und Stete, desto gefüllter Stunde und Tag, desto kürzer die Handlungszeit." Längere Gesamterstreckung bringt somit notwendig eine durch Aussparungen tief zerklüftete Zeitkontur mit sich. Demgemäß wird hier die Gliederung des Erzählablaufs meist durch abrupten Zeitsprung oder Schauplatzwechsel gekennzeichnet; und der Neueinsatz, wofern er nicht sofort direkte Rede gibt, ist in der Regel durch ausdrückliche Zeit- und Raumangaben fixiert — Fontanes Romane sind dafür beispielhaft, besonders „Jenny Treibel", wo jedes Kapitel und fast jeder Unterabschnitt im ersten Satz mit dem Zeitpunkt, dem Schauplatz und den auftretenden Personen bekanntmacht[42].

Auch bei kontinuierlichem oder knapp gestuftem Geschehensablauf sind — eben der szenischen Einheit wegen — *Ortsver-*

DIE ZEITLICHEN ERZÄHLWEISEN

änderungen oder *Neuauftritte von Personen* die Anlässe zur Kapitelgliederung. Auf diese Weise ‚trippelt‘ Immermann in seinem Roman „Die Epigonen" bis ins II. Buch hinein Schritt vor Schritt von Szene zu Szene und also von Kapitel zu Kapitel. — Und wie jede andere Erzählregel, so hat wiederum Sterne auch diese ad absurdum geführt in Vol. II, 14/15 seines „Tristram Shandy":

> „— for as he opened his mouth to begin the next sentence,
> Chap. 15
> In popp'd Corporal Trim with Stevinus."

Dem Zwang zur Sukzession entsprechend, zeichnen Erzählungen mit durchlaufender szenischer Darstellung vorwiegend konkrete Aktionen nach. Und das herrschende Ordnungsprinzip ist dort am ehesten die Zeit, wie es bereits in Muirs Definitionen unzweideutig zum Ausdruck kommt. Für die Art der Phasenbildung aber ist kennzeichnend, daß sich in solchen Erzählungen das wirklich dargebotene Geschehen vorwiegend in *Einzeltagen* und Tagereihen abspielt. Damit tritt — im Anschluß an frühere Beobachtungen (oben S. 76 f.) — deutlich genug der Zusammenhang auch dieser Erzählweise mit einer bestimmten Raffungsart zutage.

Durch die Übereinsicht von Erzählweisen und Raffungsarten hat sich die Möglichkeit ergeben, bislang umstrittene und allzu biegsame Termini in festen Bezug zu typischen Grundverhältnissen des Erzählens zu setzen. Lassen sich die primären Erzählweisen, also szenische Darstellung und Bericht, durch ihr unterschiedliches Verhältnis zur zeitlichen Raffung genauer definieren, so geben umgekehrt die sekundären Erzählweisen wie Reflexion, Beschreibung, Bild, Sentenz die verschiedenen Arten der Raffung zu erkennen, die außerhalb der Zeitraffung am Aufbau der Erzählung mitwirken.

Wie allenthalben, so stand auch hier die Sonderung der Typen im Vordergrund. Gerade in der konkreten Vergesellschaftung und Mischung dieser Typen sind die künstlerischen Probleme der Einzelinterpretation wie der historischen Deutung zu suchen. — Wir stehen damit am Ende der Betrachtung von Teileinheiten im Erzählablauf. Ein weiteres Vordringen in das Innere der

‚epischen Grundformen', die Begegnung also mit Satzperioden, Einzelsätzen und syntaktischen Ablaufformen, setzt notwendig eine Orientierung an der Sprachstilistik voraus.

Vorstöße in dieser Richtung sind von Rüther unternommen worden, der seine Intensitätsmessungen bis hinunter zu Einzelsätzen durchführte. — Eine in ihren grammatischen Ergebnissen beachtliche Untersuchung über „Aspekt und Aktionsart des Verbs im Aufbau der Erzählungen" liegt von Werner Matz vor. Diese Arbeit begegnet in der grundsätzlichen Scheidung von „vorgänglichem und zuständlichem" Aspekt Günther Müllers Sonderung der Raffungsarten. Am Wechselspiel dieser Aspekte mit den von ihnen nur bedingt abhängigen „perfektiven und imperfektiven" Aktionsarten wird die stets pulsierende, hier vorschnellende, dort verhaltende Bewegung des erzählerischen Vorgangs im Kleinen ersichtlich, die dem Phasenablauf der höheren Schichten durchaus entspricht. Allerdings wird bei jedem Übergreifen in die Sprachstilistik ein systematischer Ansatz insofern problematisch, als damit die Grenze einer *Einzelsprache* bindend wird. Man wird also in dieser Ebene nach „reinen Erzählformen" nicht mehr fragen können, denn mit der Bindung an die Einzelsprache tritt auch die historische Relevanz aller Ergebnisse einer systematischen Typologie kategorisch in den Weg.

DIE SPHÄRISCHE GESCHLOSSENHEIT
DES ERZÄHLWERKS

Die Koexistenz
von Einzelgliedern in der Sprache und im sprachlichen Kunstwerk

Die Analyse des Erzählwerks hat in stufenweisem Absteigen eine Reihe von ‚niederen Einheiten' erschlossen, sie hat zur Aufgliederung der Dichtung in Handlungsstränge und Phasen geführt und als deren Teileinheiten wieder einzelne Erzählpartien erkennen lassen, in denen eine relativ einheitliche Erzählweise jeweils vorwaltet.

Dabei ist offensichtlich, daß das Gebilde einer Dichtung gegenüber einem physischen Objekt nur sehr unvollkommen in seine natürlichen Teile zerlegt werden kann, ja daß selbst ein sehr eingeschränkter Begriff von der ‚Eigenfunktion' eines Teiles in der Dichtung stets fragwürdig bleibt[43]. Wo liegen die Gründe?

Bei Wilhelm von Humboldt findet sich der lapidare Satz: „Es gibt nichts Einzelnes in der Sprache, jedes ihrer Elemente kündigt sich als Teil eines Ganzen an."[44]

Auf den ersten Blick möchte man diesen Satz schlechthin auf alles, was als ‚Gebilde' existiert, ausweiten. Indessen mahnt die Formulierung „Es gibt nichts Einzelnes" zu Vorsicht und feinerer Unterscheidung. Freilich deuten in allen Seinsbereichen Einzelteile auf ein Ganzes hin; dabei ist jedoch der Grad ihrer *Eindeutigkeit* ein sicheres Indiz ihres relativen Eigenwertes.

In einer sprachlichen Äußerung gibt es keine Teilaussage von völlig eindeutigem Charakter. Ein Einzelwort, aus seinem Zusammenhang gelöst, sagt nichts über die Gestalt des Ganzen — einer Rede, eines Gedichts — aus. Das Einzelwort hat faktisch keine vorherbestimmbare Funktion, es gibt „vielleicht kein einziges eindeutiges, einen fest umrissenen Begriff bezeichnendes Wort, sondern jedes Wort kann und muß für sich unübersehbar abgestufte ‚Bedeutungen' haben, wenn es für den Zweck

der Sprache tauglich sein soll" (Stenzel, S. 16). In entsprechender
Beugung wird für den Satzteil, ja den Einzelsatz usw. ähnliches
gelten. Die *Unbestimmtheit* des Einzelteils, im Wesen der Sprache
begründet, und seine erst „nachträgliche, gleichsam rückläufige
Determination . . . . . . im normalen Sprechen" (ebd. S. 16)
rechtfertigen in ganz besonderem Sinne das Wort, daß es hier
„Einzelnes nicht gibt". Nimmt man hinzu, daß sich jedes Wort
und jedes größere Einzelglied kraft seines vielstrahligen Be-
deutungs- und Symbolgehalts bei jedem Aufnehmenden noch
individuell realisiert, so ist damit die Vielfalt der Kombinations-
möglichkeiten ins Unabsehbare geweitet.

Fragen wir nunmehr nach den *einheitsbildenden* Kräften im
sprachlichen Gebilde. Kraft welcher Gesetze „kündigt sich
jedes Element als Teil eines Ganzen an"?

1. Die Übergänglichkeit jedes Sprachelements, seine ‚Fließ-
natur' zwischen einem vorstehenden, durch welches es intendiert, und einem nachstehenden, durch welches es sogleich
umgestaltet wird, hat bereits Günther Müller mit der Untersuchung des Eingangs von Spittelers „Olympischem Früh-
ling"[45] vollgültig für alle Sprachvorgänge dargetan. Die Richtungnahme des Ganzen spricht sich in der geschlossenen Kette
der Einzelelemente aus. Damit ist jedoch zunächst nur ein all-
gemeines Metamorphosegesetz für den Sprachvorgang bestätigt, welches im übrigen allen Zeitgestalten eignet. Immerhin ist
auf diese Weise sichergestellt, daß Art *und* Platz jedes Einzelglie-
des in einem sprachlichen Gebilde dessen Gemeinsinn bestimmen.

2. In der Sprache besteht neben der kontinuierlichen Metamorphose noch eine weitere akontinuierliche Verflechtung der
Einzelglieder. Eine dritte oder zehnte Phase des Sprachgebildes
kann über ihre Nachbarphasen hinweg auf eine frühere Phase
zurückgreifen oder einer weit späteren unmittelbar vorbauen.
Das bedeutet, daß bei jedem Vollzug das Sprachgebilde nicht
allein sukzessiv von Aussage zu Aussage fortschreitet, sondern
daß ein mehr oder minder vielzähliger *Komplex von akontinuier-
lichen Redeanteilen* an einzelnen Stellen einer Rede *zugleich* an-
wesend sein kann — ein Komplex, der freilich durch das allgemeine Werdegesetz ebenfalls insgesamt eine stete Übergänglichkeit besitzt, so daß auch er alsbald hinschwindet, um sich

vielleicht an ferner Stelle umfassender zu regenerieren. Daraus folgert nochmals: Das Einzelglied ist an seiner Stelle aus sich heraus gar nicht erklärbar, aber es ist fähig, durch den Ausblick auf einen ganzen Komplex von Bildevorgängen, einen größeren Bezirk des Ganzen als den, den es selbst darstellt, *anzukündigen*.

Es ließe sich noch eine ganze Reihe anderer Aspekte auftun, von denen aus der Humboldtsche Satz voll ausgeschöpft werden könnte; gut ließen sich an ihm Reichweite und Grenze des Begriffs ‚organische Form' entwickeln. Doch zeigt bereits dieser eine Aspekt, daß ein Großteil der Schwierigkeit, in der Dichtung den Charakter und die Funktion einzelner Teile hinlänglich genau zu bestimmen, in ihrer *sprachlichen* Existenzweise vorangelegt ist. Suchen wir darüber hinaus zu einer Sonderbestimmung der Dichtersprache gegenüber der allgemeinen Sprache zu gelangen, so wird sie zunächst in einer neuen Steigerung der einheitsbildenden Kräfte zu finden sein.

Diese Steigerung resultiert aus einer scheinbaren Paradoxie: Durch die künstlerische Formung der Sprache erhält jede Einzelheit eine besondere Ausprägung, Dichte: eine gewisse Umständlichkeit, die den Leser bzw. Hörer daran hindert, sie nur als Stufe zur folgenden Einzelheit zu betrachten, und sie — sobald diese erreicht ist — als ‚Teil-Erlebnis' aufzugeben. Darüber, daß ein einziges dichterisch geformtes Bild, ja ein Einzelwort solche Kräfte „wohltätiger Hemmung und Haltung"[46] besitzt, wird man sich angesichts einer Klopstockschen Ode oder einer Rilkeschen Elegie leicht verständigen können. Aber selbst eine vornehmlich auf Spannung und Überraschung abzielende story kann dieser Gewichtigkeit der Einzelaussage nicht entraten, wenn sie dichterische Aussage sein will. Der Dichter gebraucht eben das Wort „nicht so wie die gewöhnlich Redenden und Schreibenden die Worte *verbrauchen* müssen, sondern so, daß das Wort erst wahrhaft ein *Wort wird und bleibt*". Auch diese Feststellung Heideggers[47] wird man sinngemäß auf größere Einzelteile der Dichtung, Bild, Strophe, Szene, Erzählphase usw. ausdehnen können.

Dichterische Einzelpartien werden also durch spätere Phasen gerade nicht überwunden, sondern ihre Gewichtigkeit läßt sie gegenüber gewöhnlicher Sprache in erhöhtem Maße bleibend fixiert sein. Und schließlich kann ein herausgelöster Faust-Monolog, ein Lied Mignons, ja eine einzige Stiftersche Natur-beobachtung zu reinem, abgerundetem Kunsterlebnis führen.

Bezeugt das nicht eindeutig genug die zumindest potentielle Autonomie einzelner Teile in der Gesamtheit eines Sprach-kunstwerks — von komplexen Gebilden wie Sonett- und Ro-manzyklen gar nicht zu reden?

Allerdings liegt es in der ,Eigenmächtigkeit' auch kleiner Einzelzüge begründet, daß die Gestalt einer Dichtung gegenüber der einer gewöhnlichen Rede besser greifbare und *entschiedenere Konturen* besitzt. Eben diese kräftigere Prägung des dichterischen Ausdrucks bringt es aber mit sich — und damit löst sich die scheinbare Paradoxie wieder auf — daß Symmetrien und Po-laritäten sowohl äußerer als innerer Art in der Dichtung weit deutlicher angelegt sind und füglich weit stärker ins Auge sprin-gen als in anderen sprachlichen Gebilden. Sobald sich nämlich das Augenmerk das Lesers auf den Gesamtvorgang richtet, wer-den gerade die Einzelzüge mit dem stärksten Beharrungsver-mögen am sichersten ihre zellenhafte Autonomie verlieren und als bleibende und färbende Eindrücke in jede neue Phase mit-verwoben sein. Der „Wald und Höhle"-Monolog, Mignons „Kennst du das Land?", die „Hochwald"-Beschreibung Stifters — sie sind, aufs Ganze gesehen, nichts weniger als autonom, denn gerade sie spiegeln sich mannigfach und bedeutsam in anderen Phasen des inneren Vorgangs; und wir brauchen äußere Hilfen des Dichters, etwa Kehrreim oder Leitmotiv, nur mithin zu erwähnen.

Aber dies alles gilt nicht nur für besonders ,ausgezeichnete' Stellen der Dichtung. Vollzug eines Werkes findet sowohl beim Schaffenden als beim Nachschaffenden erst dann statt, wenn die Aufnahme jeder neuen Einzelheit unter dem Mit-eindruck vergangener und unter dem Voreindruck sich bereits andeutender zukünftiger Teile vor sich geht. Ebenso wirken einzelne Partien in das Kommende weit hinein, andere wieder werfen auf vergangene Einzelheiten plötzlich neues Licht. Er-zählglieder, die an ihrer Stelle noch episodisch wirken, können auf diese Weise in rückfallender Beleuchtung ihre eigentliche Mit-Gliedschaft am Ganzen bekunden[48].

Ein reines Nacheinander klar begrenzbarer Teile gibt es also in der Dichtung nicht, für den Nachschaffenden so wenig wie für den Schaffenden selber.

Der Einzelzug verliert damit seine absolute Punkt- oder Streckenhaftigkeit. Er erhält dazu die Mächtigkeit eines Strahls, der ständig andere kreuzt oder sich mit anderen bündelt. Er wird endlich erst durch dieses verschränkende In-Bezugtreten zu seiner eigentlichen Bedeutsamkeit erhoben und erhält seine volle Realität. In jedem Fall erschließt also eine Ausgliederung und sukzessive Abgrenzung von Einzelteilen diese selbst nur unvollkommen.

Es ist nun nach der *Methode* zu fragen, welche die praktische Untersuchung solcher Phänomene in der erzählenden Dichtung möglich macht. Wir erfaßten die Gestalt von Erzählwerken bislang unter dem Gesichtspunkt ihrer entschiedenen zeitlichen Konsequenz. Gerade diese Konsequenz scheint nun aufgehoben, sobald wir von der Koexistenz der Glieder im Vollzug der Dichtung reden. Aber es wird sich zeigen, daß gerade sie Spannung zwischen dem linearen Erzählablauf und der Vergegenwärtigung vergangener und künftiger Phasen jenes Zusammenspiel ergibt, in dem wir eine ‚Bedeutsamkeit' empfinden.

Doch ist es mit der Empfindung solcher Bedeutsamkeiten nicht getan. Die Frage gilt den Mitteln, mit denen der Erzähler dem beharrlichen Erzählablauf Beziehungsreichtum und Rundung verleiht. — Es gibt Stellen im Erzählwerk, die vor anderen und ausdrücklich solch übergreifendem Zusammenspiel dienen. Das sind die vor- und rückgreifenden Äußerungen des Erzählers und der Personen selbst. Hier hat die Aufhellung synthetischer Kräfte im Werkaufbau anzusetzen, denn nur von der expliziten Textaussage her wird es möglich sein, schrittweise Einsichten in still waltende Gesetzlichkeiten zu gewinnen.

A. DIE RÜCKWENDUNGEN

I. Allgemeine Eigenschaften der Rückwendungen

1. Die Synchronisierung von Zeitabläufen. Jeder Erzähler gibt durch eingefügte Erinnerungen, Urteile, Erklärungen, Vergleiche an gewissen Stellen ausdrücklich Gelegenheit zur Übereinsicht einzelner Geschehensphasen. Verschiedene Begebenheiten und Verläufe werden dabei in ihrer Abhängigkeit voneinander, aber auch in ihrer gemeinsamen Sinnhaltigkeit oder Gegensätzlichkeit direkt beleuchtet.

Diese Überlagerung von Vorgängen kann verschiedene Grade erreichen. Es kann sich um bloße Mitteilungen handeln, die der Gegenwartshandlung erklärend beigefügt werden. Dabei werden Vergangenheit und Gegenwart sachlich aufeinander bezogen, doch bleibt ihre Eigenständigkeit bewahrt.

In höherem Grade macht der Erzähler den Zeitlauf transparent, wenn er im Vergleich gegenwärtiger und vergangener Vorgänge bedeutsame Parallelen oder bestürzende Gegensätze herausarbeitet, durch die das ‚Jetzt‘ eine Erhöhung aus dem Besonderen ins Allgemeine erfährt. Immerhin bleiben auch hier die einzelnen Abläufe noch gesondert, wenngleich Vergangenheit und Gegenwart einander eigentümlich durchdringen.

Vollends zur Verschmelzung der Zeitabläufe kommt es aber dann, wenn der Erzähler nicht mehr einzelne Begebenheiten in Beziehung zueinander bringt, sondern allgemeine reflektierende oder gar sentenzenhafte Bemerkungen über den *Sinn* des Gesamtvorgangs macht. Solche Betrachtungen stehen als zeitlose Erzählpartien (vgl. S. 89 ff) der erzählten Gegenwart genau so fern wie einer bestimmten Phase der Vergangenheit oder Zukunft. Gleichwohl können sie je nach ihrer Stellung im Werk — am Beginn, wie vielfach bei Schiller und Stifter, am Ende, wie häufig in Hebels „Schatzkästlein" oder in der Mitte — den Charakter eines Rückblicks oder einer Vorausdeutung mitbesitzen, also in besonderem Sinne vergangenheits- oder zukunftsträchtig oder beides zugleich sein.

Drei Grade synthetischer Zusammenschau von Vorgängen haben wir aus der Vielzahl der Möglichkeiten herausgehoben. In jedem Fall handelt es sich hier um *Synchronismen*, bei denen mehrere Augenblicke oder Strecken der erzählten Zeit gleichzeitig gegenwärtig sind[49].

Damit ist auch das Phänomen der scheinbaren Zeitauflösung genauer bestimmt. Aufgelöst wird an solchen Stellen der Erzählung in der Tat nur die Einlinigkeit der Sukzession im Zeitablauf; an ihre Stelle jedoch tritt ein — harmonischer oder disharmonischer — Akkord von Geschehensphasen oder deutlicher noch: Eine chorische Vereinigung von verschiedenen Etappen des Geschehens im Augenblick des Erzählens.

Wir haben unsere Überlegungen bisher an die Eingriffe des Erzählers angeknüpft. Die Aussage einer *Person* in der Dichtung wird zwar relativiert durch ihre besondere Ansicht von den Dingen, gleichzeitig aber wird ein solcher Akt zur Gestaltkomponente selbst. Insbesondere die Hauptperson eines Entwicklungsromans wird erst durch solche Akte der Rück- und Vorbeziehung ihrer einzelnen Erlebnisse zum runden Menschen, und für jede Person einer Erzählung gelten letzten Endes das Erinnern und Bewahren, das Planen und Ahnen als integrierende Bestandteile ihres eigentlichen Mensch-Seins.

2. Rückwendung und Vorzeithandlung. Zu einer näheren Definition der Rückwendungen in die Vergangenheit einer Erzählung wird es notwendig, sie von den im ersten Teil unserer Untersuchung behandelten *Vorzeithandlungen* scharf abzusondern.

Der Aufweis von Vorzeithandlungen in einer Erzählung diente zur Absonderung von mehrsträngigen gegenüber einsträngigen Erzählwerken; Vorzeithandlungen kennzeichnen also eine *Gruppe* von Erzählungen, in der mehrere, zeitlich differente Geschehensabläufe am Aufbau des Ganzen *konstituierend* beteiligt sind.

Rückwendungen sind *allen*, also auch einsträngigen Erzählwerken gemein. Sie sind in der Regel *untergeordnete* Bestandteile der Gegenwartshandlung bzw. eines für sie relativ gegenwärtigen Handlungsstranges. Der Erzähler verläßt also hier die Gegenwart nicht, um an zeitlich früherer Stelle einen anderen

Teil seiner Erzählung zu beginnen, sondern er führt ausholend ein Stück Vergangenheit in die Gegenwart ein. Beginn einer Vorzeithandlung bedeutet also Wechsel der Handlungsebene, Beginn einer Rückwendung dagegen Ausweitung der Gegenwartshandlung durch Hineinnahme von Vergangenheit — eben Synchronisierung. Allerdings gibt es Übergänge: Lange Rückwendungen geben mitunter ihren Orientierungspunkt in der Gegenwart auf, und mit der Zunahme ihres ‚Selbstzwecks' schwindet der Eindruck der Doppelseitigkeit streckenweise völlig. Gleichwohl taucht er an gegebener Stelle — und sei es am Ende — wieder auf, wenn die Ereignisse der Gegenwart plötzlich von der Vergangenheit her in neues Licht gerückt worden sind oder das Zukunftsgeschehen durch die Vergangenheit nunmehr seine Richtung erhält.

Ein gutes Beispiel dafür ist der dramatische mitternächtliche Bericht des Olivier in E. T. A. Hoffmanns „Fräulein von Scuderi", in dem er seine fürchterliche Verstrickung in die Untaten des Goldschmieds Cardillac schildert. Diese atemraubenden Vorgänge, die sich durch 23 Jahre bis zu seiner kürzlich erfolgten Verhaftung erstrecken, lassen seitenweise seine augenblickliche Situation verblassen — und der ganze Erzählabschnitt ist beherrscht von den intensiv ausgemalten Szenen der Vergangenheit[50]. Gleichwohl geben diese Schilderungen erst den Blick frei für die eigentliche Tragik, die den gegenwärtigen Vorgängen innewohnt — der Mordanklage, die gegen Olivier ausgesprochen wurde, und der Verzweiflung Madelons; und wichtiger noch: Der Wandel, der sich unterdes gegenwärtig in der zuhörenden Scuderi vollzieht — er ist mit sparsamen, aber höchst eindringlichen Akzenten angedeutet — wird bestimmend für die Wendung des zukünftigen Geschehens: Die Scuderi überzeugt sich von Oliviers Unschuld und leitet ungesäumt seine Befreiung ein.

Hier sind autonome farbensatte Ausgestaltung einer vorzeitigen Erzählpartie und gleichzeitige Überlagerung von Vergangenheit und Gegenwart meisterhaft gelungen. Auch ein solches Beispiel, das beide Möglichkeiten vereinigt, macht aber die jeweiligen Eigentümlichkeiten einer Vorzeithandlung und einer Rückwendung eher besonders deutlich als daß es sie verwischt[51].

Daß rein technisch-formale Kriterien für die Unterscheidung zwischen Vorzeithandlung und Rückwendung nicht zulänglich sind, verdient noch bemerkt zu werden. Der Erzähler hat in beiden Fällen die Möglichkeit, durch geschickte Unterbrechungen die momentane Gegenwart aufleuchten zu lassen. Wenn die Scuderi an einer entscheidenden Stelle des Berichts ein „Entsetzlich!" haucht, und wenn in C. F. Meyers „Hochzeit des Mönchs" ebenso an entscheidendem Ort Dante von einer Zuhörerin mit einem ahnungsvollen Zuruf und „krampfhaftem Gelächter" unterbrochen wird, so ist das technische Mittel der Gegenwartseinführung das gleiche. Dennoch wird kein Zweifel über die verschiedene Natur dieser blitzhaft auftauchenden Gegenwart möglich sein. Im letzteren Fall wechselt der Erzähler sprunghaft die Handlungsebene und kehrt nach der Unterbrechung zu seinem eigentlichen Gegenstand, jener vergangenen Mönchsgeschichte, zurück; Olivier dagegen löst mit seinem Lebensbericht die Rätsel der Handlungsgegenwart — von solch lösender Erkenntnis zeugt eben der Ausruf der Scuderi — und wendet die drohende Zukunft.

Gleichwohl können gewisse Härten einer langen und schwach motivierten Rückwendung durch solche technischen Kunstgriffe weitgehend geglättet werden. Thomas Mann etwa erreicht es sehr oft, über seinen abschweifenden Berichten durch plötzlich eintretende Erzählergegenwart oder durch Gesprächsunterbrechungen und Gebärdenspiel der rückschauenden Personen, die Gegenwart bis ins abseitigste Thema hinein merken zu lassen. Gleichwohl wird die Gegenwart etwa im größten Teil von „Lotte in Weimar" zu einer Art von bloßem Drahtspalier, an dem die eigentlich erzählenswerten, vorzeitigen Vorgänge säuberlich hier und dort angeknüpft und auseinandergebreitet werden können. Hier überschreiten die Rückwendungen also ihre gewöhnliche Funktion: Gegenwart zu spiegeln oder zu begründen.

Wir haben Grenzmöglichkeiten der Rückwendung aufgesucht. Im allgemeinen ist die Rückwendung deutlich einer bestimmten Gegenwartssituation zugeordnet und entfernt sich — was die Erzählzeit angeht — nicht lange von ihr. In dieser Form fehlt sie in keiner Erzählung.

II. Feste Formen der Rückwendung

1. Die aufbauende Rückwendung. Wie das Drama, so bedarf auch jede Erzählung einer „Exposition"[52]. Diese kann freilich auf viel mannigfaltigere Art gegeben werden als die des Dramas, da der Erzähler nicht an ihren Einbau in die gegenwärtig-darstellenden Auftritte gebunden ist. Zwischen diesem Verfahren und seinem Gegenteil, der gemächlich aus der Vergangenheit schrittweise an die Gegenwart heranführenden *Einleitung* aber hat der Erzähler die verschiedensten Möglichkeiten, offener oder mehr verdeckt den Leser mit dem Gegenstand seiner Erzählung und dem Leben der handelnden Personen bekannt zu machen. Überall dort nun, wo er auf eine schrittweise Heranführung an die eigentliche Handlungsgegenwart verzichtet — sei es, daß er gleich mit einer allgemeinen Schilderung der Zustände zur Zeit des Handlungseinsatzes beginnt wie Joseph Conrad in „Lord Jim"; sei es, daß er lapidar von einem Ereignis berichtet oder den Zeitpunkt nennt, aus dem sich die Handlung herausspinnt wie Kleist in „Erdbeben in Chili" oder die Droste in der „Judenbuche"; sei es, daß er mit vergleichsweise dramatischem Einsatz in eine Szene unvermittelt hineinführt, wie es Goethe in den „Lehrjahren" unternimmt — so wird er stets nach Abwicklung dieses unmittelbaren Einsatzes gezwungen sein, die Vorgänge, die zu der gegenwärtigen Situation hinführten, auf irgendeine Weise nachzuholen. Diese nachgeholte Exposition nennen wir *aufbauende* Rückwendung, weil der Erzähler hier *Material* — faktische Vorgänge zumeist, aber auch seelische Entwicklungen — zusammenträgt, welches den isoliert vergegenwärtigten Handlungseinsatz in einen verständlichen Zusammenhang einfügt und gleichzeitig die Entfaltung künftiger Phasen unterbaut. Diese Art von Rückwendung ist demnach eng mit dem Fabel-Gerüst einer Erzählung verknüpft und hat eine sehr durchsichtige, aber begrenzte Bedeutung für ihren Gesamtverlauf.

Ist der Beitrag dieser Rückwendung auch meist in sachlichem Ton gehalten, so erscheint doch unter dem Eindruck der bereits gegebenen Situation die Vergangenheit nun in perspektivischer Austiefung, und dadurch steht von vornherein alles hier Berichtete unter einem bestimmten Akzent und in bestimmten Bezügen.

Besonders dann, wenn eine *Person der Handlung* berichtend oder erinnernd solche Bausteine zusammenträgt, erweckt deren Auswählen, Raffen und Ordnen den Eindruck der Notwendigkeit oder auch Bedeutsamkeit für die weitere Handlung gleich hier, während bei normaler Einleitung den einzelnen Fakten unter Umständen erst viel später überraschend Bedeutung beigegeben wird, oder aber in ruhiger Entwicklung eins aus dem andern sich allmählich entfaltet („Don Quijote", „Nachsommer", „Grüner Heinrich" Spätfassung, usw., aber auch „Aus dem Leben eines Taugenichts"). — Ein Synchronismus der Erzählphasen in vollem Sinne, wie wir ihn am „Fräulein von Scuderi" deutlich machten, wird von der aufbauenden Rückwendung im allgemeinen nicht erreicht und ist nach dem Gesagten auch nicht ihre Aufgabe.

Wohl aber wirkt eine Vorgeschichte, die rückwendend zwischen späteren Begebenheiten angeordnet ist, in ganz besonderer Weise in ihre Umgebung hinein. Das zeigt sich in den „Lehrjahren".

Goethe hat bei der Umarbeitung der „Theatralischen Sendung" das 2. Kapitel, einige Erweiterungen abgerechnet, als einziges in seinem stofflichen Bestand unverändert an seiner Stelle belassen. Es schildert die weihnachtliche Aufführung eines Puppenspiels im Elternhause Wilhelms. Die „Theatralische Sendung" beginnt damit, daß der Vater Wilhelms „einige Tage vor dem Christabend" seine Mutter aufsucht und sie bei der Vorbereitung des Puppenspiels antrifft. Die Aufführung schließt sich im 2. Kapitel unvermittelt an: Eine *Kinderszene*, deren Bedeutsamkeit dem Leser erst durch die weiterhin erzählte anhaltende Beschäftigung Wilhelms mit dem Puppenspiel allmählich bewußt wird.

Die „Lehrjahre" beginnen mit jener Szene, in der der zwölf Jahre ältere Wilhelm in der Wohnung seiner Geliebten erwartet wird nach einem Schauspiel, an dem er als Zuschauer, sie als Spielerin teilgenommen haben[53]. Im 2. Kapitel gibt Wilhelm „des anderen Morgens" seiner Mutter jenes Puppenspiel als *Kindheitserinnerung* wieder, nachdem er seine Eltern — und darin besteht die Erweiterung des Kapitels — über seinen täglichen Besuch des Schauspiels ungehalten findet.

Im Ausspiel gegen diese Theaterleidenschaft Wilhelms erscheint die Kinderszene der „Lehrjahre" bereits fest mit seinem Lebensgang verknüpft. Eine zwölfjährige Entwicklungslinie wird durch ihren Anfangs- und vorläufigen Endpunkt sichtbar; inzwischen stattgehabte und künftige Verwicklungen deuten sich auf dieser Linie an. ‚Schauspiel' als Lebensbereich Wilhelms — im 2. Kapitel der „Theatralischen Sendung" als ‚Puppenspiel' noch einleitendes Motiv — ist hier bereits zum Leitmotiv geworden.

Sowohl durch das *Thema* als auch durch den *zeitlichen Abstand* vollzieht die Rückwendung also den Aufbau eines Entwicklungsganges: Die gegenwärtige Situation ist nicht mehr isoliert, sondern steht in einer Folge.

Goethe hat in den „Lehrjahren" die späteren Phasen von Wilhelms Jugendgeschichte in ähnlicher, wenn auch mehr zusammenhängender Form eingeschoben, nicht ohne sie dabei durch eine entzückende Kontrapunktik zu gliedern, indem Marianne ihren der Vergangenheit hingegebenen Freund hie und da sanftschläfrig ihrer Gegenwart versichert. — Auf die traditionelle Geläufigkeit dieser Nachholtechnik haben wir bereits mehrfach verwiesen[54].

Deshalb sei hier nur — was die Jugenderlebnisse betrifft — an das 2. Kapitel von C. F. Meyers „Jürg Jenatsch" erinnert sowie an das 2. Kapitel der erwähnten Hoffmann-Novelle „Das Fräulein von Scuderi". Schließlich sei der meisterlichen Kunstgriffe gedacht, mit denen Galsworthy im 2. Kapitel der „Forsyte Saga" in den Zigarrenrauch und dann in die Klub- und Theateratmosphäre um den alten Jolyon einzelne Aufbauphasen der Vergangenheit in dessen umschweifende Erinnerungen hineinzaubert.

Wir haben bisher der Einfachheit halber solche Beispiele aufgereiht, an denen die aufbauende Rückwendung einen formal markierten 2. Erzählabschnitt einnimmt. Natürlich ist diese formale Numerierung nicht zwingend. Entscheidend ist, daß sie nach einer ersten Erzählphase mit großer Wahrscheinlichkeit die zweite bildet. Ob die Eingangsszene mehrere oder nur den Teil eines Kapitels ausmacht, stets ist dort ein günstiger Ansatzpunkt für die Rückwendung, wo die bewegte Szene in Ruhe übergeht, oder auch wo neue Personen eingeführt werden.

Davon zeugen kapitellose Erzählungen wie Kafkas „Verwandlung", wo Gregor, seiner fürchterlichen Käfernatur mühsam inne werdend, sich auf der zunehmend angstvollen Suche nach Haltepunkten in seinem bürgerlichen Leben nacheinander seines Berufs, seines Chefs und seiner Eltern vergewissert; oder „Das Urteil", wo Georg Bendemann, am Schreibtisch sitzend, über dem Brief an seinen Freund die beiderseitige Vergangenheit erinnernd aufbaut.

In Rousseaus „La nouvelle Héloïse" berichtet Julie nach mehrfachem Briefwechsel mit Jean in ihrem ersten Brief an eine dritte Person, an Claire, über die Vorgeschichte ihrer Bekanntschaft mit Jean.

Im „Heinrich von Ofterdingen" ist gleich das erste Kapitel zwiegeteilt dadurch, daß in seiner ersten Hälfte Heinrich träumend die blaue Blume erblickt, während am folgenden Morgen sein Vater ihm von einem Traum seiner Jugendzeit erzählt, der überraschend auch bei einer blauen Blume endet. Merkwürdigerweise rückt der „Ofterdingen" mit dieser Einführung eines Leitmotivs in die Nähe der „Lehrjahre", wenngleich hier mit der Rückwendung mehr der *Symbolik* als dem *Handlungsaufbau* gedient wird. Damit tritt übrigens mit der ersten Rückwendung bereits ein entscheidendes Merkmal für den gesamten Erzählcharakter beider Werke in Erscheinung.

Zuletzt muß Kleist erwähnt werden. Er, der den lapidaren Einsatz liebt, beginnt die aufbauende Rückwendung in drei Erzählungen: „Marquise von O...", „Die Verlobung in San Domingo", „Das Erdbeben in Chili" bereits mit dem 2. Satz!

Im „Zweikampf" aber ist sie in der für Kleist höchst bezeichnenden Weise hypotaktisch in den 1. Satz verklammert, dergestalt, daß die einsetzende Handlung den Hauptsatz, die Bausteine der Rückwendung die Nebensätze bilden. Der 2. Satz bringt bereits den Einritt des Herzogs in den Schloßpark und dort seine hinterhältige Ermordung. Vorher aber sind durch die Rückwendung alle Aufbaufaktoren der Handlung bereits an ihren logischen Platz gerückt, und die Spannung der Novelle besteht eigentlich darin, daß der Leser bis zum Schluß über die angedeuteten Zusammenhänge hinweggetäuscht wird. Er erfährt hier, was er *wissen* muß, aber ihm bleibt noch verborgen, in

welcher Richtung das *Bedeutende* der Erzählung liegen wird:
Es handelt sich im vollen, aber auch begrenzenden Wortsinn
um eine *aufbauende* Rückwendung[55].

2. Die auflösende Rückwendung. Die auflösende Rückwendung
ist mit allen ihren Ähnlichkeiten und Kontrasten das Gegenstück
der aufbauenden. Ihrer Stellung nach bildet sie einen Teil des
Erzählungs-Schlusses oder bereitet diesen vor. Durch die Aufdeckung bisher ungekannter Ereignisse oder Zusammenhänge
oder durch die Aufklärung eines bislang in der Erzählung noch
rätselhaft gebliebenen Geschehens löst sie die Knoten der Handlung auf, glättet die Konflikte oder macht sie begreiflich. Ein
entlarvender Charakter kennzeichnet sie zumeist. Von später Warte
aus erkennen die Personen der Handlung die Gründe für glückliche oder unglückliche Verkettungen auf ihrem Wege, sie erkennen auch wohl einander in neuem Sinne: Schuldige werden
entlarvt, Familien vereinigt, schicksalhafte Fügungen erkannt.

Nicht selten finden sich wie auf der Bühne alle oder doch die
Hauptpersonen in einer Schlußszene zusammen, und ein Er-
kennungsakt leitet den Austausch vergangener Erlebnisse ein.

Mit der Aufdeckung aller Zusammenhänge lernen alle Beteiligten und mit ihnen der Leser ihre Vergangenheit verstehen,
und so — allseits ins rechte Licht gerückt — kann die Handlung
geradlinig ihr Ende finden.

Wie bei der aufbauenden Rückwendung, so liegt auch hier
natürlicherweise das Schwergewicht auf rein faktischer Ergänzung des Erzählten. Wohl die meisten Kriminalromane besitzen eine solche Auflösung, aber auch alle auf Überraschung
abzielenden Erzählschlüsse neigen zu solcher Rückwendung mit
nachträglicher Erklärung der Zusammenhänge. Ja, es kann als
eine Faustregel gelten: Je länger ein Spannungsbogen innerhalb
einer Erzählung auf den Schluß hin ausgeweitet wird, d. h.
Rätsel noch ihrer Lösung harren, um so wahrscheinlicher wird
das Eintreten einer auflösenden Rückwendung. Obgleich solche
Rückwendungen im allgemeinen die Erzählspannung auflösen,
heischen sie noch einmal die ganze Anteilnahme des Lesers; ja,
die ‚Rührung‘ des Lesers sowohl wie die der anteilnehmenden
Personen ist nicht selten ihre eigentliche Wirkung. So, wenn

Dickens in „Oliver Twist" im drittletzten Kapitel — vorletztes und letztes bilden zusammen den Ausklang — die Herkunft seines Helden allen Beteiligten zur Kenntnis bringt, Verwandtschaften aufdeckt und endlich nach der Entschleierung aller unheilvollen und glücklichen Verwicklungen ein Liebespaar zusammenführt.

Goldsmith veranstaltet im vorletzten Kapitel des „Vicar of Wakefield" eine große Gefängnisszene, in der alle beteiligten Personen zusammentreffen und in vielfacher Rückwendung alle Knoten sich lösen, so daß Belohnung und Sühne nun nach rechtem Wissen verteilt werden können.

Die überraschend glückliche Wendung sowohl der Gegenwartssituation als auch der bis dahin unverdient ärmlichen Lebensweise seiner Helden ergibt sich auch in Tiecks köstlicher Novelle „Des Lebens Überfluß" aus einer knappen, aber umfassenden rückwendenden Korrektur aller vermeintlichen Verluste und Unbilden, die die bedrohliche Lage des jungen Paares herbeigeführt hatten. Ein guter Freund, just eintreffend, um die Verhaftung der beiden glücklich-unglücklichen Eheleute zu verhindern, wendet mit seinem Bericht alles zum guten Ende. Das ist guter Komödienstil, der auch in der erzählenden Dichtung in allen möglichen Variationen seinen Platz hat.

Blitzartige Erhellung verborgener Tragik; Enthüllung, die bange Ahnung zur Gewißheit macht — damit ist ein anderer, stetig wiederkehrender Wirkbereich auflösender Rückwendungen bezeichnet. Schiller offenbart in seiner „Großmüthigen Handlung" das tragische Verhältnis des Mädchens zu den beiden Brüdern erst am Schluß des vorletzten Abschnittes durch einen halben Satz, der ihr „unglückseligstes Geheimnis" preisgibt: „sie hatte den Entflohenen stärker geliebt".

Dieser einzige Umstand, rückwendend enthüllt, läßt die Großmut der Brüder zum Verhängnis und die Unterwürfigkeit des Mädchens zur schmerzlichsten Entsagung werden — so erkennt auch der Leser nun *hinterher*. Aus der Gegenwart vermag er plötzlich die Vergangenheit mit *anderen Augen* zu sehen — gerade die umgekehrte Blickrichtung bewirkte die aufbauende Rückwendung!

Gleichwohl ist die Zeitverschränkung in der auflösenden Rückwendung in der Regel einen Grad komplizierter: Nicht auf

FESTE FORMEN DER RÜCKWENDUNG

einen mehr oder minder fixierten Einsatzpunkt, sondern auf ein vielfältiges, in Stufen und auf Umwegen sich vollziehendes Geschehen richtet der Erzähler am Reifepunkt einer Handlung den Blick zurück. Nicht nur Gegenwart und Vergangenheit antworten einander, auch einzelne Stadien der Vergangenheit treten zueinander in neuen Wechselbezug; glücklich oder verhängnisvoll erscheinen bisher unzusammenhängende Begebenheiten verkettet, Umwege aus früheren Irrtümern erklärt: Gelebtes Leben in seiner *Fügung* wird nun in des Wortes doppelter Bedeutung überschaubar und offenkundig. —

Natürlich kann auch die auflösende Rückwendung, wenn sie umfassendes und vielfältiges Geschehen nachzutragen hat, an Umfang zunehmen und gestaffelt auftreten. Die einzelnen Etappen sind wiederum meist nicht chronologische, sondern thematische Einheiten; auf diese Weise werden die Geschicke verschiedener Personen von verschiedenen Erzählern getrennt herangeführt oder Ereignisse an verschiedenen Schauplätzen und von verschiedener Bedeutung für sich behandelt.

Fast alle bisher besprochenen Möglichkeiten vereint schließlich Kleist in der schon angeführten Novelle „Der Zweikampf".

Bis hart an den Schluß, den Hinrichtungstag des scheinbar unterlegenen Advokaten und seiner Schutzbefohlenen, bleibt die Spannung unvermindert gestrafft. Das Hinsiechen des Siegers Rotbart hat unheilvolle Ahnungen erweckt.

Plötzlich wird durch eine Rückwendung des Erzählers der krasse Irrtum aufgedeckt, auf den der Rotbart sein Recht zur Anrufung des Gottesurteils gebaut hatte. „Man muß nämlich wissen", sagt Kleist lakonisch — daß der Rotbart unwissentlich mit der Kammerzofe anstatt der Gräfin die fragliche Mordnacht verbracht hatte. Dieser Vorgang mitsamt seiner Vor- und Nachgeschichte wird in allen Einzelheiten auf drei Seiten ausgebreitet. Technisch ist die Nachholung dadurch motiviert, daß ein Ratsherr eben diese Nachricht jetzt dem Grafen überbringt — wodurch der Anschluß an die Gegenwart wiederhergestellt ist.

Der grausam Überraschte läßt sich sterbend vor das Tribunal tragen, wo sich alle beteiligten Personen bereits versammelt haben und bekennt mit einem Rückblick auf den Ausgang des Zweikampfs in knappen Worten der Menge die unglückliche Verkettung der vergangenen Ereignisse: Er erlöst damit das auf dem Scheiterhaufen bereits todgeweihte Paar. Gerührt empfängt der Kaiser die Unschuldigen.

In die allseitige Ergriffenheit aber mischt sich die Erkenntnis einer Tragik: Der Rotbart muß an einer unbedeutenden Wunde sterben, die er, guten Glaubens kämpfend und siegend, beim Gottesgericht empfangen hat. Teilnehmend wendet der Kaiser sich zu ihm zurück. Aber noch harrt ein letztes Rätsel der Lösung, das sich, wie wir früher sahen, bereits an den zweiten Satz der Erzählung knüpfte. — In die bereits sich auflösende Szene hinein wirft der vom Tode Gezeichnete zwei lapidare Sätze: Er hatte den Brudermord von langer Hand vorbereitet und den Mörder gedungen.

Damit ist die eigentliche Tragik der Handlung aufgelöst; der Schuldige wird bestraft, die Geretteten vereinigt, der Kaiser — und der Leser! — haben eine neue Einsicht in göttliche Fügung gewonnen.

Verschiedene Spannungsbögen waren hier aufzulösen, wobei der erste die andern noch übergreift; teils vom Erzähler, teils von der Hauptperson wird die Lösung durch Rückwendungen in drei Stufen bewirkt: Lösung des Irrtums, Befreiung der Unschuldigen, Bestrafung des Schuldigen. Einmal durch Vergegenwärtigung eines Vorgangs mit verschiedenen Einzelszenen, zum zweiten durch Gegenüberstellung zweier vergangener Handlungsphasen, endlich durch knappe Eröffnung eines Tatbestandes. Überraschung, Rührung, Erhellung von Tragik und wiederum ihre Auflösung durch Entlarvung — all das ist hier höchst *sachlich* gestaltet durch auflösende Rückwendungen in einer prall gefüllten Schlußszene. Auf den Willen Gottes aber verweist ausdrücklich der letzte Satz der Erzählung. —

Die Einzelbeobachtungen haben deutlich gemacht, daß feste Wechselwirkungen bestehen zwischen dem Inhalt und der Erzählweise aufbauender und auflösender Rückwendungen, ihrem Verhältnis zur Erzählspannung und endlich ihrem festen Platz im Erzählzusammenhang. Sie tragen vornehmlich Material zusammen zur Exposition bzw. Auflösung der Handlung; das bedingt ihre feste Stellung innerhalb der Fabel. Der Ort ihres Auftretens wird weiter dadurch bestimmt, daß die aufbauende Rückwendung dem ersten Spannungsbogen voran-, die auflösende

Rückwendung allen Spannungsbögen nachgestellt ist bzw. ihre Aufhebung selbst bewerkstelligt.

Der feste Platz dieser Rückwendungen innerhalb einer Erzählung ist damit hinlänglich begründet. Wohl aber treten bei Prüfung dieses Kreises von Abhängigkeiten noch andere Stellen der Erzählung in unseren Gesichtskreis, an denen ähnliche Verhältnisse vorliegen können. Besonders die Bezüge zur Erzählspannung, die ja im Lauf einer Erzählung häufig *partiell* aussetzt und wieder anhebt, lassen darauf schließen, daß auch im Mittel- oder Hauptbereich einer Erzählung die Bereitschaft zu ähnlichen Rückwendungen bald größer, bald geringer sein muß. Wir werden also zunächst Ruhepunkte innerhalb der Erzählung aufsuchen und erwarten, dort Rückwendungen zu finden, die nach gleichen Gesetzen gebaut sind.

III. Eingeschobene Rückwendungen

1. Der Rückschritt. Einschnitte im Erzählfluß, an denen der Erzähler eine neue Richtung nimmt oder mit anderen Mitteln die bisherige fortsetzt, können in mancher Hinsicht eine Neuorientierung des Lesers notwendig machen. Was auf dem neuen Schauplatz bislang geschah, was die neu eingeführte oder wieder auftretende Person bisher erlebte, das mag für den weiteren Verlauf notwendig zu wissen oder doch merkwürdig genug sein, um hier mitgeteilt zu werden. Da eine neue Handlung noch nicht im Fluß, neue Spannung noch nicht erwachsen ist, kann der Erzähler sich hier in Ruhe ‚die Zeit nehmen‘, Wissenswertes oder Kurioses aus der Vergangenheit mitzuteilen.

Er kann dabei zurückgehen bis zu einem Zeitpunkt, der weit vor dem Beginn der Haupthandlung liegt; er erzählt dann die besondere ‚Geschichte‘ eines Gegenstandes oder einer Person bis zu ihrem Eintritt in die Handlung in mehr oder weniger großen Schritten nach — so Storm im „Fest auf Haderslevhuus“, wenn er nach dem Erzählabschnitt, der der Jugend und der Heirat des jungen Lembeck gewidmet ist, mit dem Schauplatzwechsel die Geschichte des Schlosses Haderslevhuus vom dunklen Ursprung an rasch durchmißt und dann ausweitend das

Leben des Ritters Ravenstrupp und seiner Familie bis auf wenige Jahre an den Einsatz der neuen Handlung heranführt. — Oder aber der Erzähler geht an der Linie der Haupthandlung einige Schritte zurück und holt die Ereignisse auf einem anderen Schauplatz bis zum gegenwärtigen Stand der Dinge nach — so Voltaire am Beginn des 4. Kapitels seines „Candide", wo dieser seinen alten Lehrer wiedertrifft und durch ihn von den traurigen Vorgängen erfährt, die sich im Schloß des westfälischen Barons abgespielt haben, seitdem er (am Schluß des 1. Kapitels) von dort verjagt wurde.

Charakter und Funktion der Rückschritte können in naher Verwandtschaft zur aufbauenden Rückwendung stehen: Relativ straffer, ja sprunghafter gegenständlicher Bericht bringt Unterlagen bei für einen künftigen Abschnitt der Handlung. Im „Fest auf Haderslevhuus" ist das offensichtlich, weil hier die *Haupthandlung* dergestalt eingeleitet wird. In „Candide" dagegen, einer Erzählung mit vielfältigen Umschlagpunkten, zeigt sich gut, daß die Rückschritte in der Regel einerseits eine begrenztere Funktion haben — sie bereiten nur einzelne Handlungs*phasen* vor — und daß sie auf der anderen Seite freier gefüllt werden können — sie können selbst Träger von *Nebenhandlungen* sein. Sie sind also, um beim Wort zu bleiben, häufig mehr Anbau- als Aufbauglieder einer Erzählung.

Auf diese Weise stehen die Rückschritte oft eher der *Episode* nahe, indem sie abseitige und vom Blickpunkt der Erzähl-Fabel aus nebensächliche, ja entbehrliche Vorgänge berichten und dadurch Ruhepunkte oder gar Gegengewichte schaffen gegen den fortreißenden Handlungsfluß. Während jedoch die Vorgänge in der reinen Episode im ganzen abseitig und relativ selbständig bleiben, führt der Rückschritt schließlich in die Gegenwartshandlung wieder hinein.

Damit ist der weite Spielraum, der dem Rückschritt zwischen zielstrebig-aufbauendem und abschweifend-bereicherndem Charakter bleibt, zunächst nur umgrenzt. In jedem konkreten Fall entscheidet über den Charakter eines Rückschrittes erst die Feststellung, in welchem Maße er durch eine etwaige Synchronisierung mit der Haupthandlung verflochten ist. Etwaige Synchronisierung! Hier liegt nämlich der Grund für die große Variationsbreite der Rückschritte, und an diesem Symptom lassen sie sich sondern.

a) Der parallele Rückschritt. Flaubert beginnt den dritten Teil seiner „Madame Bovary" mit einem Rückschritt, der gedrängt vom Leben Léons in Paris während seiner dreijährigen Trennung von der Bovary berichtet.

Der Abschied, bei dem beide mehr aus Unbeholfenheit als aus Standhaftigkeit die Offenbarung ihrer Gefühle vermieden hatten, geschah im 6. Kapitel des zweiten Teiles; er beschließt nach Walther von Wartburg die dritte von neun Hauptphasen des Werks. Unser Rückschritt eröffnet die siebente Phase, bildet also das symmetrische Gegenstück zu diesem Abschied[56]. Das Wiedersehn im Theater von Rouen hat bereits im letzten Kapitel des zweiten Teiles stattgefunden; der erste Händedruck hatte in ihr die Erinnerung an jenen Abschied momentan wachgerufen, aber bei weiterlaufender Handlung bleibt diese Begegnung wiederum vordergründig konventionell, und die Vergangenheit scheint abgetan. Erst der Entschluß Bovarys, Emma allein in Rouen zu lassen, legt den Grund zu einer neuen Entwicklungsphase: Emma und Léon sind sich selbst überlassen.

In diesem Augenblick setzt ein neuer Teil des Buches mit jenem Rückschritt ein, der Léons Entwicklung nachträgt: Das Studium in Paris hatte ihn mit mancherlei Vergnügungen bekannt gemacht, die Erinnerung an Emma war allmählich verblaßt, jedoch nie ganz erloschen; andere Frauen hatten seinen Weg gekreuzt, ohne daß er eigentlich ausschweifend geworden wäre; vor allem aber war er selbstsicherer geworden und fühlte sich der Arztfrau jetzt überlegen. — Man sieht, daß der Bericht von drei Jahren vornehmlich auf das Verhältnis zu Emma gerafft ist, wenngleich die sachlichen Vorgänge mit ihr nichts zu tun haben; eine zeitliche Zuordnung zu Erlebnissen Emmas findet nicht statt, zumal der Bericht im wesentlichen durativ gehalten ist. Dennoch sind über die angedeutete Raffung hinaus auch die gehaltlichen Parallelen zum Entwicklungsgang Emmas überraschend: Auch in Emma war mit Léons Entfernung die Liebe nach und nach erloschen, und es bedurfte doch nur eines Funkens, sie wieder zu entzünden; auch sie hatte inzwischen durch die Beziehungen zu dem grob-leichtfertigen Boulanger in neuer Weise Liebesleidenschaft erfahren, und ohne bei aller Hingabe letztlich hemmungslos zu werden, war sie doch erfahrener und wohl auch gewissenloser geworden. Einzig im dritten Punkt war ihre Entwicklung gegenteilig: Sie hatte ihre Selbstsicherheit seit jenem Abschied von Léon durch ihre Liebeserlebnisse weitgehend verloren.

Dieser Abschnitt unserer Rückwendung hat infolgedessen ein entscheidendes Gewicht für die Zukunft des Geschehens: Er kündigt den Umschlag an, der in ihrer neuen Beziehung zueinander notwendig stattfinden wird: Léon wird der Werbende, sie die Getriebene sein.

In diesem Zusammenhang verdient auch die Verknüpfung, die nun zur anschließenden Gegenwartsszene hergestellt wird, besondere Beachtung. Noch im Charakter des Rückschritts wird, wenigstens teilweise, die Zeitspanne durchmessen, die zwischen dem Schluß des zweiten Teiles und der neuen Begegnung der beiden im Hotel liegt. Hier bereits deutet sich die neue Verteilung der Gewichte an: Von dem Augenblick an, da Léon sich von dem Ehepaar Bovary trennt, ist er der Handelnde. *Er* folgt ihnen, um ihr Quartier zu erkunden; *er* überlegt sich in der Nacht einen Plan; *er* betritt anderntags das Hotel. Von Emma wird innerhalb dieser ganzen Spanne von 17½ Stunden — die Zeit ist genau umgrenzt — nichts berichtet: sie handelt nicht mehr, läßt mit sich geschehen — sie wartet.

Flaubert fügt nicht eine einzige Erzählerbemerkung ein, um diesen Umschlag deutlich zu machen. Lediglich durch die überspiegelnden Rückschritte und durch den Wechsel des Handlungsschwerpunktes macht er die Wendungen in überzeugender Weise bewußt[57].

Wir wählten mit Absicht ein Beispiel, in dem keine ausdrücklichen Beziehungen zwischen einzelnen Ereignissen in Haupthandlung und parallelem Rückschritt hergestellt sind. So zeigt sich, daß für solche Überlagerung nicht so sehr die Korrespondenz einzelner Handlungsschritte als vielmehr die *thematische* Beziehung von Belang ist.

Dieser Umstand macht es begreiflich, daß sich in der Gruppe solcher Rückschritte, die ein Bündel von zwei oder mehr Entwicklungszügen zur Synopsis bringen, Einzelformen von ganz verschiedener Erstreckung zusammenfinden: Lange Ereignisketten können mit kurzen und weite Erzählpartien können mit knappen Sätzen konfrontiert werden. Und schließlich kommt es nur auf die Beobachtungsschärfe an, ob man derartige Rückschritte bis in die kleinsten Erzähleinheiten hinein verfolgt.

In Friedrich Halms „Marzipanliese" treten kleine parallele Rückschritte so regelhaft auf, daß sie das Stilgesetz des Erzählens mitbegründen. Hier lassen sich gut die beiden Hauptarten unterscheiden: Entweder werden die Erlebnisse verschiedener Personen in einem Zeitraum nacheinander berichtet und dabei durch Parallelität oder Kontrapunktik in Zusammenhang gebracht — der Weg, den auch Flaubert in unserem Beispiel ging —, oder es werden Erlebnisse *einer* Person in einem bestimmten Zeitraum nach ihrem jeweiligen Sachbereich geordnet. In der Tat erzählen alle kleinen, mittleren und großen parallelen Rückschritte nach denselben Grundformeln:

Entweder: „*In der gleichen Zeit, in der A. dieses erlebte, erlebte B. jenes*".

Oder: „*A. erlebte dies mit X., in der gleichen Zeit auch jenes mit Y.*" — statt um Personen kann es sich bei X. und Y. auch um Sachgebiete handeln.

Der parallele Rückschritt weist sich also aus als eine Darbietungsform, mit welcher der Erzähler die Fäden seiner Handlung einzeln sichtbar machen will: Thematisches Ordnungsbedürfnis setzt sich durch gegen bloße Chronologie.

Einzelne Phasen der erzählten Zeit werden auf diese Weise *extensiviert*, der Fluß des Geschehens verbreitert. Die Sortierung des Geschehens aber wäre wirkungslos, wenn nicht der Leser vergleichend-synoptisch die getrennten Aspekte des *einen* Zeitverlaufs zum Gesamtbild vereinigte. Der Erzähler braucht dabei nicht, wie allgemein bei den festen Formen der Rückwendung, dem Leser mit ausdrücklichen Hinweisen zur Hand zu gehen. Ja, Schaffen und Nachschaffen stehen hier einmal in polarem Verhältnis zueinander: Der Erzähler entwirrt, der Leser muß wieder verflechten, um die Phase der erzählten Zeit in ihrer Gesamtheit zu sehen. Und folglich *intensiviert* sich für den Leser, indem er Beziehungen wiederherstellt, der Gesamteindruck von dieser mehrfach durchmessenen Handlungsspanne.

b) Der abschweifende Rückschritt. Je weniger der Leser in der Lage ist, Bezüge zwischen Haupthandlung und Rückschritt aufzudecken, desto geringer wird auch sein Bestreben sein, die erzählte Zeit des Rückschritts mit einer Spanne der vorher erzählten Zeit ineinszusehen. Die Retardation, die mit der Rückwendung des Erzählers eintritt, läßt in diesem Fall für ihn nur eine Pause in der Haupthandlung eintreten und füllt sie mit einer Abschweifung aus.

Solche bloße Hemmung des erzählten Gegenwartsverlaufs führen alle Rückschritte herbei, die unabhängige Nebenfäden in die Haupthandlung einfügen — das vorzüglichste Beispiel ist die Einführung einer Nebenperson durch eine Rückwendung auf ihren bisherigen Lebenslauf.

Gemächliche Erzähler wie Gottfried Keller dehnen solche Rückschritte zuweilen weit aus und geben den Nebenpersonen auf diese Weise Farbe und Rundung, ohne doch die Haupthandlung dadurch wesentlich zu fördern. Aber auch der rastlose Kleist kommt nicht umhin, in Seitenschritten die Vergangenheit von Nebenpersonen nachzuholen.

Solche Rückschritte machen allenfalls die augenblickliche Situation des Neuhinzutretenden begreiflich oder deuten die Richtung seines künftigen Verhaltens an, oft genug haben sie jedoch nur eine illustrative Bedeutung oder sind kleine, in sich gerundete Erzählperlen am Rande des eigentlichen epischen Vorgangs.

Die Zuordnung von Rückschritten zu der einen oder anderen Gruppe kann in manchen Fällen fraglich sein. Dadurch, daß der Erzähler, wie wir sahen, keine ausdrücklichen Hilfen zu geben braucht, liegt es ganz beim Leser, ob er thematische Überlagerungen feststellt oder nur eine wohltätige oder auch störende Abschweifung von der Gegenwartshandlung registriert. Der subjektive Spielraum, der jeder Interpretation hier rechtens bleibt, macht die Übergänge gleitend.

In dem Maße jedoch, in dem ein Rückschritt für die *Fabel* entbehrlich wird, rückt er überraschend in eine neue Nachbarschaft. Der Erzähler, der eine neue Person auftreten läßt, kann ohne breite Heranziehung ihrer Lebensgeschichte eine ganz ähnliche Retardation im Erzählfluß eintreten lassen, indem er eine umständliche *Beschreibung* ihres Aussehens oder ihres Charakters gibt. Das gleiche gilt von der Einführung in neue Schauplätze — Stifters Erzählweise ist häufig geradezu daraufhin angelegt.

So sehr solche Einschübe den eigentlichen Handlungsverlauf aufhalten, so unentbehrlich sind sie zur Rundung der Personen, zur Ausgestaltung des Raumes, kurz: zur Erstellung einer *epischen Welt*.

Es bleibt die Frage nach dem *Platz*, an dem solche retardierenden Elemente in den Gesamtaufbau einer Erzählung eingefügt werden.

Die Beispiele, die wir bisher für den parallelen Rückschritt beibrachten, standen jedesmal am Beginn einer neuen Handlungsphase. Wo der Auftritt einer neuen Person oder das Betreten eines neuen Schauplatzes Anlaß zu abschweifenden Rückschritten gibt, ist der neue Einsatz ohne weiteres kenntlich. Daß der Rückschritt jedoch auch besonders geeignet ist, spannungsleere Zeiträume im Hauptgeschehen zu überbrücken, also ein tektonisches Bindeglied zwischen zwei Spannungsbögen oder auch Fundament des künftigen Spannungsbogens zu bilden, kann nur durch eine Untersuchung der allgemeinen Anordnung verschiedener Rückschritte im gesamten Ablauf einer Erzählung bekräftigt werden.

Reiches Anschauungsmaterial in erwünschter Übersichtlichkeit bietet dazu Voltaires „Candide", in dessen vielfach gestufter Handlung die Rückschritte ein bedeutsames Gestaltelement bilden.

Da wir das gesamte Material überblicken wollen, seien die Rückschritte hier einzeln skizziert:

1. 4. Kap.: Der schon erwähnte Rückschritt nach dem Wiederauftauchen des Philosophen Pangloss: P. berichtet einen parallelen Handlungsverlauf, der die Zerstörung des schönsten aller Schlösser und — irrtümlich — den Tod Kunigundens enthält. Der Rückschritt *trennt* die Erlebnisse Candides in Holland (3. Kap.) von der Seereise, die die beiden Wiedervereinten noch im gleichen Kapitel antreten.

2. 8. Kap.: Candide hat nach überstandenem Autodafé eben Kunigunde wiedergetroffen. *Das Kapitel beginnt* mit ihrem Erlebnisbericht, der den Irrtum Pangloss' aufklärt und die Etappen ihrer unglücklichen Mätressenzeit durchmißt.

3. 11. Kap.: Die umständliche Flucht Candides mit Kunigunde und ihrer Dienerin auf ein Schiff ist geglückt; sie fahren einer „anderen Welt" entgegen. *Während der Überfahrt* erzählt die Alte ihre Lebensgeschichte, die das 11. u. 12. Kap. bildet. In diesem allgemein abschweifenden Rückschritt tauchen einige Parallelen zum Leben Kunigundens auf.

118

4. Das 15. Kap. *setzt ein* mit dem Lebensbericht des Jesuitenpaters, von dem sich gerade herausgestellt hat, daß er Kunigundens Bruder ist: Ein neuer paralleler Rückschritt zu 1. und 2.

5. 18. Kap.: Die *erste Unternehmung* Candides nach seiner Ankunft in Eldorado ist sein Besuch bei dem gelehrten Greis, der ihn alsbald über die Entwicklung des Landes unterrichtet — ein abschweifender Rückschritt, der mit Beschreibungen durchsetzt ist.

6. Am Ende des 19. Kap. ein knapper abschweifender Rückschritt. Candide hat nach dem Verlust seiner Reichtümer einen neuen Begleiter gewählt, dessen gedrängte Lebensgeschichte der Erzähler als erstes hinzufügt.

7. Anf. 21. Kap.: Frankreichs Küste ist *in Sicht*. Candides Begleiter — ein Gegenstück zu Pangloss — berichtet von seinen Erlebnissen in Paris und schildert das Land: Hier ein Rückschritt, der am Ort abschweifend wirkt, der in den *folgenden* Erlebnissen jedoch Parallelen findet.

8. 24. Kap.: Die *erste Szene* in Venedig bringt die Begegnung mit einem Theatinermönch und Paquette, der ehemaligen Zofe bei Kunigundens Mutter. Prompt knüpft Paquette dort an und erzählt ihre Verführung und die Stationen auf ihrem Weg zur Dirne. Auch der Mönch kommt nicht umhin, einen Abriß seines Lebens zu geben.

9. Im 26. Kap. trifft Candide gleich sechs abgesetzte Herrscher in einem Hotel; jeder berichtet kurz seine Leidensgeschichte. Dieser gleich sechsfach abschweifende Rückschritt schiebt sich zwischen *Entschluß und Ausführung* eines Reiseplanes.

10. 27. Kap.: Candide reist nach Konstantinopel, um Kunigunde zu befreien. *Unterwegs* erzählt der Diener die „Verkettung furchtbarer Umstände", die sie zur Sklavin gemacht haben.

11. 28. Kap.: Auf der letzten *Etappe der Schiffsreise* zu Kunigunde hat Candide deren Bruder und Pangloss wiedergetroffen, beide als Galeerensträflinge. Das Kapitel berichtet von ihren Geschicken, die in mancher Hinsicht analog verliefen.

12. Zum Schluß leben alle in einem kleinen türkischen Landgut. *Vor der letzten Szene der Erzählung* (beim Derwisch) wird die Gesellschaft durch die Ankunft des Theatiners und Paquettes vervollständigt, die kurz ihre Erlebnisse seit der Begegnung in Venedig mitteilen.

Die Haupthandlung hat währenddessen einen Helden durch eine bunte Kette von Abenteuern in aller Herren Länder geführt, in

denen er sich gründlich von der Unbeständigkeit des Glücks über-
zeugen konnte. Sie verläuft streng sukzessiv, ist aber in deutliche
Phasen gegliedert: Nacheinander kreuzen viele Menschen Candides
Weg, und jede dieser Nebenpersonen nimmt teil an einer neuen
Etappe seiner Erlebnisse, meist auf neuem Schauplatz.

Jede dieser Nebenpersonen erzählt aber auch „zu geeigneter Zeit"
ihre Geschichte. Diese Zeit ist entweder der Moment ihres Eintritts
bzw. Wiedereintritts in die Erzählung, der zugleich eine Phase beschlossen hat und eine neue vorbereitet; oder aber ein spannungs-
leerer Zeitraum, wie er vor allem bei längeren Reisen eintritt, die
selbst nicht Schauplätze der Handlung sind, sondern nur Schauplätze
verbinden: Vier Rückschritte, darunter die beiden längsten (R. 3 und
11), werden während einer Seereise eingefügt.

Da Voltaire dem Roman eine sehr übersichtliche Kapitelgliederung
gibt, nimmt es nicht wunder, daß er mit den Rückschritten viermal
unmittelbar und dreimal mittelbar ein neues Kapitel beginnt (Kap. 8,
11, 15, 21; Kap. 4, 18, 28) und damit den Neueinsatz unterstreicht.

Die abschweifenden Rückschritte (R. 3, 5, 6, 7, 9) sind für die
Haupthandlung entbehrlich; ebenso aber die meisten parallelen
Rückschritte (das *Wieder*auftreten bekannter Personen: R. 4, 8,
11, 12); allein diejenigen, die von Kunigundens Schicksalen berichten
(R. 1, 2, 10), sind Anstöße für die Haupthandlung im engeren Sinne,
denn Candides einziger Antrieb zu allen Unternehmungen ist ja der
Wunsch, Kunigunde zu besitzen.

So gibt es auch außer dem einen großen Spannungsbogen zwischen Erwachen und Erfüllung dieses Wunsches, der vom Ende des
ersten bis zum Anfang des letzten Kapitels reicht, nur Spannungsbögen innerhalb einzelner Phasen.

Die Personen erleben im Grunde kein gemeinsames Geschick,
sondern jede das ihre, und dabei kreuzen sich allenfalls einmal ihre
Wege mit dem des Helden. Die Haupthandlung selbst verliert an
keiner Stelle den Held aus den Augen.

Trotzdem hat die Nebenpersonnage insgesamt einen Hauptanteil
an der Konstitution dieses Romans. Spätestens mit dem 3. Rückschritt nämlich beginnt die thematische Überlagerung sichtbar zu
werden: Gemeinsames Ziel der Rückschritte ist es, zu zeigen, wie
unglaublich roh das Schicksal mit den Menschen verfährt; alle Personen wetteifern darin, sich für den wahrhaft unglücklichsten Menschen unter der Sonne auszugeben. Und sie sind es wirklich, jeder auf
seine Weise. Am tollsten verfährt das Schicksal dabei mit dem
optimistischen Philosophen Pangloss (R. 1 und 11): Von der

Syphilis ausgezehrt, gehenkt, als Scheintoter seziert, dann Lakei und schließlich Galeerensträfling, ist er der Harlekin dieses Spottgedichts. Aber Voltaire braucht die *Häufung*, um das Besondere ins Allgemeine zu erheben — um mit seiner Persiflage auf die „Beste aller Welten" wirklich die *Welt* zum Kronzeugen zu gewinnen. Gerade deshalb dürfen die einzelnen Personen bis zum Schluß kein gemeinsames Schicksal haben: Je mehr Einzelschicksale und Episoden, desto größere Welthaltigkeit des Ganzen!

Es tritt hier das Paradoxon ein, daß autonome *Abschweifungen* nachträglich wie ein synchronisiertes Räderwerk ineinandergreifen. Schließlich fügt sich nach Auflösung des großen Spannungsbogens auch die Haupthandlung in dieses Räderwerk ein: Nach zahllosen Rückschlägen heiratet Candide eine verlebte, häßliche Frau.

Zwei wesentliche Gestaltkomponenten hat also der Roman: Die Haupthandlung führt *ein* Leben vor, das in einer Kette von Einzelbegebenheiten Launenhaftigkeit und Trug der Welt genugsam erfährt. Die an den Gelenkstellen der Handlung rückschreitend beigefügten Lebensläufe — für sich jeweils von episodischem Charakter — bilden insgesamt das Weltpanorama für diese Handlung. Die Abschweifungen in den Spannungslücken der Haupthandlung sind überdies durch das Widerspiel von Buntheit im einzelnen und Monotonie im ganzen ein Gegenstück zum Aufbau der Haupthandlung. Dieser präzis gefügte Mechanismus von Kontrasten, die ihrerseits in parallelen Kontrasten (!) ihre Entsprechung finden, wäre an zahlreichen anderen Gestaltzügen des Romans gut noch weiter zu verfolgen. Hier nur noch so viel, daß auch der Schluß mit einer Kontrastierung alles Geschehen seine Lösung findet: Jede Person beweist plötzlich nützliche Fähigkeiten. Alle hausen in einem kleinen Landgut — dem Gegenstück zu dem „schönsten aller Schlösser". Pangloss endlich durchmißt in zwei abschließenden Rückwendungen das eine Mal die ganze Weltgeschichte, um weitere Beispiele für unglückliche Lebensläufe beizubringen — das ist das non plus ultra aller rückschreitend berichteten *Nebenhandlungen* — das andere Mal die Etappen auf dem Wege Candides zum „Glück" — das ist das Konzentrat der *Haupthandlung*; aber was nie geschah, geschieht nun: Candide *unterbricht beide Male* den Rückschweifenden — „Je sais aussi, qu'il faut cultiver notre jardin".

Wir haben einen Roman verfolgt, in dem die Rückschritte eine besondere Wirksamkeit besitzen. Diese ist begründet in der *einen* Gesamtfunktion aller Rückschritte, durch die sie sich einfügen in die mechanische Gleich- bzw. Gegenläufigkeit aller Teile dieses Werks. Für unseren Zweck kommt es jedoch darauf an, die allgemeinen Gesetze von der besonderen Zweckhaftigkeit zu trennen.

a) Das hier beobachtete, regelmäßige Auftreten der Rückschritte an einem Erzähleinschnitt, der meist auch einen Spannungseinschnitt bedeutet und gern durch Einsatz eines neuen Kapitels markiert wird, bekräftigt die vorher an anderen Einzelbeispielen gemachten Beobachtungen: Rückschritte treten mit Vorzug an Gelenkstellen des Erzählens auf und leiten einen Neuansatz ein. Schauplatzwechsel und Personeneinführung unterstützen in der Regel die durch den Rückschritt bewirkte Gliederung.

b) An „Candide" bestätigte und verfeinerte sich unsere Unterscheidung in parallele und abschweifende Rückschritte. Parallele Rückschritte geben die Seitenarme eines verzweigten Handlungsverlaufes wieder, so daß der Leser breitere Einsicht in den Gesamtvorgang erhält. Dabei ist wieder zu unterscheiden, ob der Rückschritt die Haupthandlung vervollständigt bzw. berichtigt oder ob er Nebenhandlungen eingliedert.

Abschweifende Rückschritte geben zusätzliche Handlungsverläufe der Haupthandlung bei; sie verbreitern das Gesamtpanorama der abgeschilderten Welt. Auch derartige Abschweifungen — an ihrem Ort nur Erzähl-Zugabe — können nachträglich ihre Anlage zur Überlagerung untereinander und mit der Haupthandlung offenbaren. So dient selbst dieses sekundäre Erzählmittel unter Umständen der leitmotivischen oder gar symbolischen Überhöhung des gradsinnigen Hauptvorgangs.

2. Der Rückgriff. Auf vielgestaltige Weise können sich auch in den fortschreitenden Handlungsfluß selbst Rückwendungen einschieben, ohne daß dadurch eine merkliche Unterbrechung des Gegenwartsgeschehens stattfände. An beliebiger Stelle der Erzählung holen Erzähler oder handelnde Personen ein Requisit oder ein Erlebnis aus der Vergangenheit bei, um damit die

augenblickliche Situation in Zusammenhänge einzuweisen oder
den augenblicklichen Erzählgegenstand an Ort und Stelle ausholend zu erläutern.

Hier bleibt der gegenwärtige Vorgang durchaus im Blick des
Lesers; und der Erzähler selbst greift nur ‚mit einem Arm‘ zu-
rück auf Ereignisse der Vergangenheit, die zur Gegenwart
Bezug haben, gibt aber die Gegenwart dabei nicht auf.

In besonderem Maße bleibt die Handlungs-Gegenwart natürlich erhalten, wenn eine Person den Rückgriff in direkter Rede
oder in unmittelbarer Erinnerung vornimmt. Dann fließt der
gegenwärtige Vorgang unterdes langsam weiter, und diese Bewegung macht sein stetiges Vorhandensein ohnehin dem Leser
bewußt.

Die schier unübersehbare Vielfalt der rückgreifenden Berichte, Erinnerungen und Erklärungen, deren keine Erzählung
entbehren kann, läßt eine besondere Charakterisierung oder gar
Einteilung dieses Erzählmittels fast müßig erscheinen. Natürlich
gilt auch hier die Unterscheidung zwischen Rückgriffen, die Ab-
seitiges beitragen, und solchen, die aus der Vergangenheit der
erzählten Handlung schöpfen.

Der wesentliche Unterschied zum Rückschritt besteht jedoch
darin, daß der Rückgriff keine eigene *Geschichte* zum Inhalt hat.
Er bleibt ganz dem Gegenwartsgeschehen verbunden und erzählt lediglich beifügend oder vergleichend ein isoliertes Stück
Vergangenheit. Handelt es sich dabei um eine Kette von Vorgängen, so ist sie einseitig auf den gegenwärtigen Aspekt zugeschnitten.

Damit hängt zusammen, daß die Wirkung des Rückgriffs auf
seine Umgebung noch begrenzter ist als die des Rückschritts.
Konnte dieser Einfluß nehmen auf die Konstituierung der Erzählphasen, so wirkt der Rückgriff nur auf die ihm unmittelbar
benachbarten Vorgänge ein, gemäß seiner sachlichen Begrenzung. Dennoch ist in Erzählpartien mit besonderem Reichtum
an Rückgriffen die fortschreitende Handlung gerade in ihren
spannungsärmeren Bereichen von der Vergangenheit regelrecht
überschattet. Aber diese Überschattung bewirkt keine Intensi-
vierung oder gar Spannungssteigerung, sondern vermittelt dem
Ganzen eher den Charakter der Beschaulichkeit und allenfalls

der Sammlung. Das zeigt sich besonders schön in den Eingangs-
partien von Mörikes „Mozart auf der Reise nach Prag", wo
fernab jeder Erzählspannung auf behutsame Weise das Men-
schenbild der Hauptpersonen durch Rückgriffe und Beschreibungen gerundet wird. Dabei werden nie ganze Geschichten,
sondern nur ‚Schaustücke' der Vergangenheit dem gemächlichen Handlungsfluß beigefügt. Die eigentliche Vorgeschichte
trägt Mörike nach der Eingangsszene als zweite Erzählpartie
gesondert nach. —

Der Rückgriff ist also durchaus als *retardierendes* Erzählelement
anzusprechen. Zwar ist er weit anpassungsfähiger und variabler
als der geschlossene Rückschritt, aber er entfaltet sich zu ganzer
Fülle nur abseits von der eigentlichen Erzählspannung, und
sein Platz ist nicht an Höhepunkten einer Phase zu suchen.
Anstatt hier Einzelbelege zu häufen, verfolgen wir das ausführlicher an einer einzigen Erzählung mit sorgfältig gestuften
Spannungsbögen, an Hauptmanns „Ketzer von Soana". Die
Erzählung des Berghirten, welche die Kernhandlung bildet,
ist verhältnismäßig arm an Rückwendungen, wenn man die
aufbauende Jugendgeschichte auf der 2./3. Seite und einige
wenige nachgeholte Bemerkungen zur Jugendzeit des Helden
abrechnet. Um so größere Bedeutung erhalten Art und Platz
der Rückgriffe in der Erzählung. Auch hier sind Textproben
unerläßlich.

Der junge Priester Francesco besteigt zum ersten Mal den Monte
Generoso. Eine neue Welt tut sich ihm äußerlich wie innerlich auf.
Bei der ersten Rast sieht er Kirche und Dorf unter sich bereits als
ein „Miniaturbild". Die zweite gemächlich ausgedehnte Rast gibt
ihm weiteren Fernblick.

„Auf jedem Hügel, an jeder hübschen Wegwende, auf jeder
weithin blickenden Spitze, da und dort an malerischen Felsabstürzen,
nah und fern, über Schlucht und See hatten fromme Jahrhunderte
Gotteshäuser angeklebt, so daß in dieser Beziehung die tiefe und
allgemeine Frömmigkeit des Heidentums noch zu spüren war, die
im Verlauf vergangener Jahrtausende alle diese Punkte ursprünglich
geweiht . . . . . hatte."

Wir schließen gleich einen zweiten Rückgriff an: Francesco hat
ein heidnisches Geschwisterpaar und deren sündig erzeugte Tochter

in einer Kapelle auf dem Gipfel von St. Agata getauft und ist während des Meßopfers dem „kindlich unschuldsvollen Madonnengesicht" des Mädchens stumm verfallen.

„Der Abstieg nach Soana brachte Francesco eine grüblerische Ernüchterung, wie jemandem, der die letzte Hefe aus dem Becher des Rausches getrunken hat ...." — Er überdenkt sein Handeln in der Kapelle und fährt fort: „Auch der Gipfel von Sant' Agata war sicherlich früher eine irgendeinem Abgott geweihte heidnische Kultstätte, was ihn da oben scheinbar mit dem Brausen des Heiligen Geistes ergriffen hatte, vielleicht dämonische Einwirkung jener entthronten Theokratie, die Jesus Christus gestürzt hatte, deren verderbliche Macht aber ... immer noch zugelassen war."

Zwei Rückgriffe in auffällig thematischem Zusammenhang: In Jahrtausende alte heidnische Geschichte greifen die Gedanken des Priesters angesichts christlicher Gotteshäuser zurück.

1. Beim Aufstieg zuerst nur Kirche und Dorf, rastend auf höherem Platz dann die Vision abgrundtiefer Vergangenheit beim Abwärtsblicken. Aber das Heidentum bleibt verbannt in die Vergangenheit, „fromme Jahrhunderte" haben es abgelöst; gleichwohl ist eine Kontinuität „zu spüren".

Der Platz: Ein „Rastplatz" der Erzählung, durch Gegenstandsfülle beschaulich gemacht; weit vor dem ersten Spannungseinsatz.

2. Nach der ersten Begegnung mit dem heidnischen Mädchen: Abstieg. Des Priesters Rückgriff geht hinauf zu der Kapelle. Aber auch die heidnischen Mächte sind jetzt über ihm, und eine viel stärkere Verknüpfung mit der Gegenwart hat statt: Die Mächte der uralten Kultstätte sind vielleicht heute noch „zugelassen". Die zeitliche Zäsur, das Erscheinen Christi ist überbrückt.

Der Platz: Näher an einem Vorgipfel der Spannung, aber durch deutlichen Einschnitt — und durch die „grüblerische Ernüchterung" Francescos — in einen ausschwingenden Bereich der Spannung versetzt.

Meisterhaft in beiden Fällen auch die *räumliche* Veranschaulichung: Beim Aufstieg hat der Priester das Heidentum noch unter sich; mit der Sünde hat sein Abstieg begonnen, er greift nach dem Heidentum, das über ihn Macht gewann.

Träumend und grübelnd verbringt er die nächsten Tage, und „die Tiefen von Francescos Seele erschlossen sich und sandten Bilder herauf von Dingen, die im Abgrund der Jahrmillionen versunken lagen". Er ist nicht mehr imstande, die „unsichtbaren Fesseln zu zerreißen", und es treibt ihn halb unbewußt zu der Alpe hinauf, wo er eines Mädchens ansichtig wird, das auf einem Ziegenbock reitet.

„Francesco war gebannt und dem Bilde verfallen ..." Die naheliegende Erinnerung an einen Hexenritt kommt ihm nicht. „Dagegen belebten sich seine antikischen Eindrücke." Seine Vision greift aus nach „tanzenden Satyrn, ... panthergezogenen Triumphwagen, ... Flötenspielerinnen und Bakchantinnen ......" und ihm ist, „als wäre plötzlich eine der gottbegeisterten Weiber, von dem rasenden Bergkult der Mänaden abgesprengt, überraschend *ins Gegenwartsleben* getreten".

Später erkennt zuerst das Mädchen den Priester, und mit Francescos ersten Worten beginnt ein neuer, markierter Abschnitt. — Es handelt sich hier also um einen vorbereitenden Rückgriff, der die Spannung einer gewissen Höhe entgegentreibt. Er ist aber nicht in die Begegnungsszene, die die Spannung zu vorläufigem Austrag bringt, hineingenommen, sondern bleibt deutlich von ihr getrennt, zumal die Personen sich noch nicht erkannt haben. Er enthält also im Grunde nur eine nochmalige Auseinandersetzung Francescos mit dem Heidentum, das nun mit einem einzigen Griff aus der Antike in die Gegenwart hineingerissen wird. Und alles ist dementsprechend auf engeren Platz zusammengerückt: In wenigen Minuten werden Francesco und Agata — die Verkörperung übermächtigen Heidentums! — Auge in Auge und allein einander gegenübertreten.

Wir müssen dieser Stufenfolge noch eine Beobachtung hinzufügen, um sie dann insgesamt zu überblicken.

Den Gipfelkamm der Spannung erreicht die Erzählung in dem Augenblick, in dem der Priester vor Agata im Pfarrhause in die Knie bricht. Dann fliehen beide, von panischem Rausch getrieben, in eine Talschlucht (!), ihrer Vereinigung entgegen. Auf diesem Wege geht in Francesco die gänzliche Wandlung vor sich:

„Getilgt und entwertet waren alle Dinge in seiner Erinnerung, die ihm bis dahin alles bedeutet hatten. Vater, Mutter sowie seine Lehrer waren wie Gewürm im Staube der alten, verworfenen Welt zurückgeblieben .... Seine Oberen waren die Niederen geworden."

Diese *Negation* jeglicher Rückwendung tut alle Vergangenheit ab; alle ‚Haken' seines Christenglaubens: Eltern, Lehrer, Kirche sind abgebrochen — vom Heidentum aber ist in diesem ‚Anti-Rückgriff' nicht mehr die Rede — es ist in der Handlung selbst volle, ausschließliche Gegenwart geworden.

Die Interpretation der Rückgriffe ist keineswegs in der Lage, die Gesamtentwicklung des „Ketzers von Soana" bloßzulegen, aber sie erläutert sie doch an einem scheinbar abseitigen Erzählphänomen, und darum ist es uns hier zu tun.

Die drei Rückgriffe lassen erkennen, wie sich das Heidentum dem katholischen Priester von tern her aufdrängt, auf ihn zuwächst und sein Gegenwartsleben schließlich überschüttet. Der erste Rückgriff zeigte in einem spannungsarmen Erzählabschnitt Gegenstandsfülle und Beschaulichkeit; der zweite stellt Beziehungen her zwischen der Handlung und einer Vergangenheit, die wirksam zu werden beginnt; der dritte bringt nur Erinnerungsfetzen aus der Antike, ständig überblendet vom Augenblicksgeschehen. Auf dieser Stufe ist die Grenze des Rückgriffs schon teilweise überschritten, denn er hat die spezifische Eigenmächtigkeit eines *retardierenden* Moments fast völlig verloren. Vom spontanen Gegenwartserlebnis trennt ihn allein noch der Griff auf Requisiten einer „*eingebildeten*" Vergangenheit.

Ein offenbarer Zusammenhang zeigt sich zwischen autonomer Eigenmächtigkeit der Vergangenheit und der Intensität gegenwärtiger Erlebnisse. Je näher der Rückgriff an hochgespannte Erzählpartien heranrückt, um so mehr wird er von der Gegenwart *deformiert*: Die Vergangenheit kristallisiert sich nicht mehr mit klaren Kanten und Flächen aus, sondern schießt gewissermaßen verflüssigt in die um so schärfer konturierte Gegenwart ein. Das aber bedeutet zunehmende Einschmelzung des Rückgriffs selbst.

Das vierte Beispiel zeigte schließlich, daß in einer fortdrängenden, randgefüllten Gegenwartshandlung kein Platz mehr für Requisiten der Vergangenheit bleibt. In unserem Fall ist das sogar durch einen ausdrücklich erzählten *Rückstoß* der Vergangenheit noch betont.

Ausnahmen nicht übersehend, kann doch gesagt werden, daß während einer dramatischen Gegenwartsschilderung Rückgriffe in die Vergangenheit selten eine runde Ausprägung erfahren, denn Rückgriff und Erzählspannung stehen in einem polaren Verhältnis zueinander. Freilich muß dabei eine Sonderform, vor allem des modernen Romans, ausgeschieden werden, in der die Vergangenheit als Bewußtseinsschicht die Tonika des gesamten Vorgangs bildet. Hier verkehren nicht selten Gegenwart und Vergangenheit geradezu ihre Rollen, und man könnte füglich von gelegentlichen Rückgriffen in die Gegenwart reden. Doch stellt sich das Problem dort durch die Personenrede bzw. den Monologue intérieur noch besonders.

Ein Erzählen ohne Rückgriff ist jedoch undenkbar, und so gewinnt dieses zeit- und sachverschränkende Erzählmittel auch Gewicht bei einer ontologischen Erhellung der Erzählkunst. Durch die Einstrahlung ausgewählter Sachverhalte der Vergangenheit in das Punkt für Punkt fortschreitende Erzählen ist die ,Gleichgültigkeit' in der Konsequenz der Gegenwartshandlung aufgehoben. Das augenblickliche Geschehen erhält Richtung und Farbe, der Erzähler trägt ihm eine neue Bedeutung zu, mag diese Bedeutung auch nur in einer Erläuterung oder Erklärung des gegenwärtigen Sachverhalts bestehen. Eine Erzählung soll ja durchaus nicht allerorts an ,letzte' Bedeutsamkeiten rühren, aber sie muß ihrem Wesen nach an allen Stellen auf irgendeine Weise bedeutsam sein.

So ist gerade der überaus häufige Rückgriff innerhalb der erzählenden Dichtung eines der sichersten Zeugnisse dafür, daß der Künstler im Gegensatz zur Natur, die keine akontinuierliche Verbindung von Vergangenheit und Gegenwart kennt, ein *bedeutendes* Wesen schafft — wie die bekannte Unterscheidung Goethes es fordert.

3. Der Rückblick. Der dritte, erzählerisch wohl bedeutsamste Typus der eingeschobenen Rückwendungen sondert sich entschieden ab von den schon behandelten Formen. Wir führen ihn gleich an demjenigen Werk vor, an dem wir Rückgriffe studieren konnten, die vielleicht die Bezeichnung „Rückblick" bereits gerechtfertigt hätten. Hier lassen sich die verschiedenen Funktionen sehr einfach zeigen.

Wir haben von den beiden Eckpfeilern der Spannung im „Ketzer von Soana" gesprochen, dem Kniefall Francescos vor Agata und der vielleicht eine Stunde späteren Vereinigung der beiden Liebenden, zwischen denen sich der Gipfelgrat der Erzählung ausspannt. Für den Priester handelt es sich um eine Lebensentscheidung. Der Augenblick, in dem diese Entscheidung fällt, ist akzentuiert dadurch, daß Francesco für einige Sekunden den Blick von Agata abwendet und zum offenen Fenster hinausblickt. ...

„um noch einmal vor der Entscheidung mit sich ins Gericht oder
doch wenigstens zu Rate zu gehen. Es handelte sich dabei um Sekunden, nicht um Minuten: doch in diesen Sekunden wurde ihm nicht
nur, vom ersten Besuche Luchino Scarabotas (Agatas Vater) an, die
ganze Geschichte seiner Verstrickung, sondern *sein ganzes bewußtes
Leben unmittelbar Gegenwart.....*" Francesco erlebt eine „ganze ge-
waltige Vision", in der Gericht über sein Leben gehalten wird.

Hier wird an entscheidendem Punkt der Erzählung mit
einem Blick die Summe eines vergangenen Lebens gezogen,
und diese Summe *ist* die Gegenwart. Es werden keine „Requisiten" der Vergangenheit der Handlung beigefügt, die Haupthandlung selbst schrumpft zurückblickend zusammen zu einem
Augenblick, der den wesentlichen Extrakt aller Vorgänge gibt.
Diesem Rückblick des „Ketzers von Soana" entspricht ein
zweiter unmittelbar nach seiner Liebesnacht mit Agata. Er
kennzeichnet die Tiefe seines Falles. Wir verfolgen ihn nicht
weiter, sondern suchen die Gesetzmäßigkeiten solcher im eigentlichen Sinn *synoptischen* Rückwendungen mit Seitenblicken auf
andere Erzählungen zu entwickeln.
Die visionäre Austiefung des gegenwärtigen Erlebnisses
durch eine *Lebensüberschau* hat ihren Ort an entscheidenden
Begebenheiten und Wendungen des Vorgangs. Weder auf eine
zusätzliche Geschichte noch auf ergänzende Fakten zielen solche
Rückblicke ab. Die Hauptpersonen selbst und mit ihnen der
Leser werden sich ihres Schicksals bewußt und erfahren die
Macht untergründiger Lebensströme und Entwicklungen. Mit
der Vergegenwärtigung wichtigster Lebensstadien werden tief-
greifende Entscheidungen ausgelöst oder besiegelt.
So bezeichnen die Rückblicke geradezu die Höhepunkte des
Erzählens. Der „Tag aus Noltens Jugendleben" in Mörikes
„Maler Nolten" gipfelt in jenem „wundersamen Auftritt", da
Theobald der Zigeunerin Elisabeth zum ersten Mal begegnet
und sein ganzes Leben sich mit Sekundenschnelle auf diese
Begegnung einstimmt.

„Seht", sagte er nach einigem Besinnen mit bewegter Stimme,
„mir war, als wenn ich jählings wie in einen Abgrund in mich selbst
versänke, als schwindelte ich von Tiefe zu Tiefe, durch alle die Nächte
hindurch, wo ich Euch vordem sah in Träumen hundertfältig — es

trug mich im Wirbel hinunter durch alle die Zeiträume meines Lebens, ich sah mich als Knaben und sah mich als Kind neben Eurer Gestalt; ja, denn ich kam bis an die Dunkelheit, wo meine Wiege stand und Eure Hand den Schleier hielt . . . ."

Elisabeth antwortet mit der lösenden Frage: „Liebst Du mich?" Und während ihm das Ja auf den Lippen erstirbt, fallen ihre Worte, die sein Lebensgeschick festlegen: „Wohlan denn: Treu um Treue, Seel um Seele!"

Das vergangene Leben Theobalds erscheint aufs stärkste gerafft auf den einen Bezug zu der leibhaftigen Erscheinung des Augenblicks. Aber wir erfahren darin einen entscheidenden Grundstrom dieses Lebens, und die Gegenwart *inkarniert* in der Gestalt der Zigeunerin nur eine *unvergängliche* Erscheinung und hebt sie ans Licht „des Tages".

Im „Heinrich von Ofterdingen" fällt der entscheidende Rückblick gleichfalls mit dem ersten Liebeserlebnis Heinrichs zusammen. Wie im „Nolten" die Wurzel, so wird hier das Ziel des Gesamtvorgangs ähnlich wundersam aufgedeckt. Heinrich umgreift tief in der Nacht erinnernd die entscheidenden Entwicklungsstadien seines Lebens: Den Traum von der blauen Blume, der das erste, und den Besuch in der Höhle des Einsiedlers, der das letzte Ereignis vor dem Ziel der Reise darstellt. Er erkennt das Gesicht Mathildens in jenen fernen Erlebnissen wieder und *versteht* nun erstmals seinen eigenen Werdegang und den Sinn jener Erscheinungen. Sein Rückblick schlägt um in den Entschluß zu neuem Leben: Die Erinnerung ist also selbst Handlung im höchsten Sinne. Sie begleitet nicht oder unterbricht gar den Handlungsfortgang; vielmehr tragen sich hier Entscheidung und damit Erzählspannung gerade im reflektierenden Rückblick aus. — Die Symbolik von „Reise" und nun erreichtem „Ziel" markiert diesen Höhepunkt der Handlung.

Es wird klar, daß außerordentliche Anstöße dazu gehören, um eine solche Lebensüberschau zu eröffnen. In den drei besprochenen Werken besaß das erste Liebeserlebnis diese Kraft. Ein Motiv von noch stärkerer Gewalt ist die Gewißheit des nahen Todes oder der Entschluß zum Tode. In Stefan Andres' „Wir sind Utopia", dessen erste Hälfte mit Rückgriffen nahezu überladen ist, tauchen dem Gefangenen Paco im Augenblick der Todesgewißheit Bilder, Ereignisse und Erfahrungen seines Lebens aus der Tiefe an die Oberfläche seiner Seele:

„Heuerbüros, Häfen, Schenken, Schiffe, Brotherren, Dirnen, Einöde des Meeres, Ankerspill, Zinkeimer, indische Heizer, Kohlen, Eßnäpfe, weiße Minarette — . . . . . und vor seinen weitgeöffneten Augen kreiste das Vergangene wie Funken und Sterne, *alles hatte sich in Zeichen verwandelt, war eine umenträtselbare Schrift geworden, die sein Leben silbenweise, ohne eine Stunde auszulassen, gesammelt hatte.* . . . . . Ich bin darin, und es gehört mir nicht mehr: meine Vergangenheit ist mir fremd geworden, alles ist fertig."

Neu ist neben dem Reichtum an Einzelvorstellungen in diesem Rückblick der gleichzeitige *Kontrast* zur Gegenwart. Sie ist nicht Erfüllung der Vergangenheit — Paco steht allem Gewesenen fremd gegenüber: Er hat sein Leben bereits verloren! Und doch Erfüllung! Die Prophezeiungen Padre Damianos und der Zigeunerin werden eintreffen, und er erinnert sich ihrer, ja, spricht die letzten Worte laut aus. Auch dieses Leben zerbricht nicht, es rundet sich, nur daß der Anstoß nicht wie in den vorstehenden Beispielen vom Ich aufgenommen wird, sondern eine unbestimmte Schicksalhaftigkeit hier wie in der ganzen Novelle waltet.

Das Beispiel sollte unter anderem zeigen, daß sich auch in Erzählungen mit vorwiegend reflektiv-erinnernden Erzählpartien der Rückblick in unserem engeren Sinne auf wesentliche Wendepunkte der Handlung beschränkt.

Nur mit einem Seitenblick streifen wir die Szene im 52. Kapitel des „Oliver Twist", in der der Jude Fagin — seiner Hinrichtung entgegensehend — von Oliver noch einmal besucht wird. Die Art, in der Fagin in der Vergangenheit wühlt, steht in stärkstem Widerspruch zu der exakt sukzessiven und geordneten auflösenden Rückwendung im 51. Kapitel, die wir oben S. 109 erwähnten.

Fagin, unablässig die Vergangenheit durchschweifend, hält die Erscheinung Olivers für einen Teil seiner Gesichte. Gestalten wirbeln durcheinander; erneut fordert er Sikes zu einem Mord auf, nennt nun aber ein neues Opfer; dazwischen blitzt die Erkenntnis, daß Oliver die Ursache allen Übels sei.

Hier geschieht die Durchdringung von ferner Vergangenheit, eben verflossenem Geschehen (Gerichtsverhandlung) und Gegenwart (Erscheinung Olivers) auf tumultuarische Art und Weise. Aber es bleibt ein Gemenge, wird keine Verbindung, die neue Einsicht schafft. So erreicht diese Rückwendung, wie es im Sinne der Personengestaltung sein muß, nicht die Geschlossenheit des Rückblicks: Das Haschen und Vergegenwärtigen vergangener Verläufe hat keine lebenformende, ja überhaupt keine entscheidende Wirkung — es ist ein verzweifeltes Spiel mit Requisiten der Vergangenheit.

Wenn wir wiederum alle besondere Thematik beiseite lassen, so erhellt vielleicht von hier aus, nach welcher Richtung die bacchantische Vision Francescos im „Ketzer von Soana" ihrerseits die Grenze des Rückgriffs überschritt. Plastische Erscheinungen, die der Vergangenheit angehören, werden dort wie hier ausgelöst durch eine gegenwärtig auftretende, aber *unerkannt* bleibende Person. Die mangelnde Übersicht über den tatsächlichen Vorgang hindert die Erlebenden, Vergangenheit und Gegenwart seherisch zu überhöhen, beide greifen vielmehr in der Vergangenheit wahllos nach Gegenständen bzw. Vorgängen, die die Gegenwart ihnen eingibt. Es handelt sich, um in unserer Terminologie zu bleiben, mehr um einen Zugriff als um eine Übersicht; aber der Zugriff wiederum vermag Gegenwart und Vergangenheit nicht mehr zu trennen: Damit ist ein Zwischen-Raum zwischen Rückgriff und Rückblick bezeichnet, in dem die Dickens-Stelle mehr dem letzteren, die Hauptmannsche mehr dem ersteren nahesteht.

Damit ist nur einmal mehr angedeutet, wie fließend die Grenzen einer jeden systematischen Poetik gehalten werden müssen, um der künstlerischen Gestaltungsfreiheit wirklich gerecht werden zu können. — Immerhin verdient es Erwähnung, daß speziell bei der Schilderung von Rauschzuständen einer Person der Erzähler gern die Vergangenheit in dieser fetzenhaften Weise der Gegenwart unterschiebt.

Der Rückblick, der die Summe eines Lebens zieht, muß natürlich nicht immer von Todesgewißheit erzwungen sein; ebenso kann er am Abschluß einer bedeutenden Lebensphase stehen — so etwa am Ende der Storm-Novelle „Angelika", wo Ehrhard endgültigen Abschied von seiner Liebe nimmt. In „träumerischem Irrgang" durchmißt seine Erinnerung die Stadien seiner Liebe, Bilder ziehen vor seinem inneren Auge vorüber — ein Garten, ein See, ein Zimmer —, und in allen Bildern das Mädchen, zuletzt als Kind. Storm setzt das alles in plastische Szenen um, in weit höherem Grade als Stefan Andres die Vision des Paco. Aber auch hier steht alles als *Zeichen* jener Liebe wieder auf, und die Vergangenheit rundet sich zu einem Ganzen. Hier zeigt sich gut die Erzählnatur Storms, der selbst solche resultativen Erzählpartien bis in alle Einzelheiten hinein mit Stimmungswerten füllen möchte.

Man vergleiche diese Abschlüsse etwa mit der auflösenden Rückwendung gegen Ende von Stifters „Brigitta". Auch hier vergegenwärtigt sich der Erzähler noch einmal die Geschichte einer Liebe, und auch hier erhält alles Gewesene am Ort seinen besonderen Sinn und seine Schicksalhaftigkeit. Und doch: In welch wohlgemessener Sukzession tauchen alle Phasen der Vergangenheit hier selbständig noch einmal auf, um zur Folge verkettet zu werden. Die Erzählspannung ist mit der Vereinigung der Gatten abgeklungen, der Erzähler repetiert noch einmal das Geschehen in abstandnehmender Ruhe. Zu einer Charakterisierung Stifters und Storms könnte dieser Vergleich noch manches beitragen. Er zeigt beispielsweise an ausgeprägten Stellen, wie Stifter mehr der Mittler zwischen Handlung und Leser ist, während Storms Erzählweise den Leser ins Geschehen mitreißen möchte, worüber seine vielfältige Rahmentechnik nicht hinwegtäuschen darf; auch geben diese Stellen gut Art und Grenzen der Realistik beider Erzähler an.

Aber wir halten für unseren Zweck fest, daß der Rückblick hier den Spannungshöhepunkt, die sachliche Rückwendung den Spannungsausklang gestalthaft anzeigt.

Wir beschließen diese Folge mit dem vielleicht eindringlichsten Beleg für die Sonderstellung, die der Rückblick unter den Erscheinungsweisen der Vorvergangenheit einnimmt. Es handelt sich, wie schon einmal, um die verschiedene Ausgestaltung derselben Begebenheit in der „Theatralischen Sendung" und in den „Lehrjahren". Bei ihrer Neufassung hat Goethe, indem er einen Rückschritt ausfallen und an seine Stelle einen Rückblick treten ließ, das Ethos des Vorgangs in bezug auf Wilhelm völlig verwandelt.

Zunächst der Hergang: Der Knabe Friedrich hat in seiner Eifersucht während des Mahls eine Schüssel mit Ragout zwischen Philine und den Stallmeister hineingeworfen und daraufhin einige Ohrfeigen bezogen. Sein Geheul lockt Wilhelm herbei, es kommt zu einer tätlichen Auseinandersetzung zwischen den beiden Nebenbuhlern — in der „Theatralischen Sendung" eine groteske, nächtliche Prügelei, in den „Lehrjahren" ein wohl vorbereitetes und gefällig gelenktes Degenduell. — Aber diese Dämpfung macht nicht den wesentlichen Unterschied beider Fassungen aus. Sie kontrastiert vielmehr nur den Anteil, den Wilhelm an dem ganzen Vorgang nimmt.

In der „Theatralischen Sendung" (IV, 13) war Wilhelm, nachdem man ihm den Unfall bei Tische erklärt hatte und der Knabe „von neuem zu heulen und zu drohen anfing", auf seine Stube geeilt und „vor Langerweile und Unmut zeitig zu Bette" gegangen. — Der nächtliche Kampf unterbricht seinen Schlaf, er eilt hinzu, trennt die Gegner und nimmt Friedrich mit zu sich ins Zimmer. — Das folgende Kapitel bringt die Aufklärung des Vorfalles, indem Friedrich, nachdem er sich beruhigt hat, „Wilhelmen seine Geschichte vertraute, die kürzlich folgende war": Er erzählt anschaulich, wie er als Lehrling einst Philine habe frisieren müssen, wie sie ihn an sich gezogen und ihn so umstrickt habe, daß er ihr ständig nachreisen mußte, usw. — Wilhelm behält ihn die Nacht über bei sich, des andern Morgens empfahl sich Friedrich und eilte seines Wegs. — Damit wechselt das Thema, und das ganze Erlebnis zeitigt auf Wilhelm keine weitere Wirkung.

In den „Lehrjahren" (II, 14) sieht Wilhelm bereits das Malheur bei Tisch und den wütenden Knaben mit ganz anderen Augen: „Wilhelm stand nachdenklich und beschämt vor dieser Szene. Er sah sein eignes Innerstes, mit starken und übertriebenen Zügen dargestellt; auch *er* war von einer unüberwindlichen Eifersucht entzündet; auch *er* . . . würde gern . . . den geliebten Gegenstand verletzt und seinen Nebenbuhler ausgefordert haben . . ."

Wilhelm bleibt, und sogleich wird das Duell anberaumt und zu versöhnlichem Ausgang geführt: Man umarmt sich, es wird Wein herbeigeschafft:

„Der Stallmeister wollte Friedrichs Herkunft und seine Geschichte wissen, der denn ein Märchen erzählte, das er schon oft wiederholt hatte, und mit dem *wir ein andermal unsre Leser bekannt zu machen gedenken.*

134

In Wilhelms Seele vollendete indessen dieser Zweikampf die Darstellung seiner eigenen Gefühle; ..." Nun erst eilt er auf sein Zimmer, „wo sich tausend unangenehme Gedanken auf ihn zudrängten.
Er erinnerte sich der Zeit, in der sein Geist durch ein unbedingtes
hoffnungsreiches Streben emporgehoben wurde.... Es ward ihm
deutlich, wie er jetzt in ein unbestimmtes Schlendern geraten war, in
welchem er nur noch schlürfend kostete, was er sonst mit vollen
Zügen eingesogen hatte....."
Vor seiner Erinnerung passieren die Freundschaft zu Laertes, die
Neigung zu Philinen, der Anteil an Mignon und die geschäftliche
Verkettung mit Melina, die rätselhafte Bekanntschaft mit dem
Harfner — und nun glaubt er, entschlossen zu sein: „Ich muß fort,
rief er aus, ich will fort! Er warf sich in einen Sessel und war sehr
bewegt." — Da tritt Mignon ein, und in einer bewegten Szene, in der
Wilhelm als ihr Beschützer eine neue Aufgabe findet, schließt das
Kapitel und das II. Buch.

Die Gegenüberstellung spricht für sich deutlich genug, und
wir akzentuieren nur die wesentlichen Punkte. Die Handlung
ist in der Frühfassung vordergründig turbulent, Wilhelm unterbricht den Kampf durch sein Erscheinen auf der Treppe. Ein
neues Kapitel (!) bringt die Vorgeschichte Friedrichs — damit
ist das Intermezzo, in dem der Knabe die *Hauptrolle* spielte,
abgetan.

Die Handlung der Spätfassung ist zusammengerafft auf eine
Szene, in der die Tischaffaire und das Duell unmittelbar einander folgen; vordergründig ist sie beinah banalisiert und
ironisch aufgelöst — Wilhelm aber ist *untätig* die *Hauptperson*
des erzählten Vorgangs. Deshalb findet auch Friedrich nach dem
Zweikampf überhaupt keine Erwähnung mehr. Erst bei seinem
Wiederauftauchen im 9. Kapitel des III. Buches wird sein Verschwinden erklärt. — Die ganze Friedrich-Handlung ist nur
unbedeutender Anlaß für den bedeutsamen inneren Vorgang.

Ein Spannungsaustausch zwischen der Handlung und Wilhelms Erlebnis hat stattgefunden, und das eben führt zum Austausch des abschweifenden Rückschritts, zu dem der Erzähler
nun ,keine Zeit' mehr hat, mit einem Rückblick, in dem sich die
Spannung erst austragen kann.

Der Rückblick leitet eine Wendung ein, für die in der Frühfassung ihrer Anlage nach gar kein Platz sein konnte — wenn

auch diese Wendung sich viel später erst wirklich vollzieht[58].
Sein Aufbau, der Einbezug bereits erzählter Lebensstadien
und der Durchbruch zum Entschluß, erinnern an unser Beispiel
aus „Heinrich von Ofterdingen"; andererseits ist hier der
Gegensatz zwischen Vergangenheit und Gegenwart das Movens
zur Synopsis — auch das ist bereits an anderen Beispielen besprochen worden.

Wir können unsere Textuntersuchungen hier beenden und in
einer Überschau die Ergebnisse zusammenfassen.

Die Vergangenheit ist im Rückblick nicht neben oder gar
außer der Gegenwart Gegenstand des Erzählens. Dem Er-
innernden bzw. dem Erzähler geht es nicht darum, leibhaftige
Vorgänge der Vergangenheit dem Gegenwartserlebnis beizufügen — seinem Blick öffnen sich vielmehr die überzeitlichen
Wirkungen der Vergangenheit. Nichts belegt diesen Umstand
besser als die eigentümliche erzählerische *Raffung*, die hier vorwaltet: Ereignisse von gestern und Ereignisse der frühsten
Kindheit werden in willkürlicher Reihenfolge auf *einen* wesentlichen Gehalt ‚zusammengestrichen' — alle Lebensstadien
Erhards (in „Angelika") oder des jungen Nolten künden der
Gegenwart nichts als das Erlebnis der Liebe, alle „Zeichen"
Pacos künden angesichts seines Todes vom „Leben", jeder
Lebensbereich, den Wilhelm durchmißt, zielt auf seinen Ent-
schluß: „Ich will fort!"

Das wirft die Frage auf, ob hier überhaupt Vergangenheit die
Gegenwart überspielt. Ist hier nicht letzten Endes der gegenwärtige Augenblick nur ausgetieft, seine Flächenhaftigkeit
durchschaut, sein Gehalt bis auf den Grund ausgekostet?
Nicht zufällig sind „dunkle Abgründe", „Unendlichkeit und
Tiefe des Meeres", der „Grund der Seele" immer wiederkehrende Metaphern des Rückblicks: Der Punkt des Jetzt öffnet
sich zu einem Schacht, in dem alles zugleich ist und alles von
einem einzigen Lichtstrahl getroffen wird.

Erfüllte Gegenwart ist also der eigentliche Zeitraum des
Rückblicks im Gegensatz zu allen anderen Rückwendungen in
die Vergangenheit, und damit erklärt sich gleichzeitig sein besonderes Verhältnis zur Erzählspannung. Der Akt des Rückblicks gehört meist einem Gipfelpunkt der Handlung und —

sicherer noch — einem markanten Punkt des inneren Vorgangs an[59]. Er kann seine Gespanntheit von einem entscheidenden Ereignis beziehen, das augenblicklich bevorsteht oder eben vor sich ging — dann besitzt er als Gegenschlag gegen die äußere Aktion eine entsprechende innere Dynamik; er kann jedoch auch, wie etwa die „Lehrjahre" zeigen, durch ein nichtiges Ereignis ausgelöst sein und trägt diesem dann noch nachträglich eine unerwartete Bedeutung zu. Der letztere Fall zeigt besonders deutlich, daß der Rückblick die Erzählspannung nicht nur zu begleiten, sondern ganz auf sich abzuziehen in der Lage ist. Er ist also Glied der Haupthandlung im engsten Sinne.

Demnach ist es unangebracht, hier von einem „retardierenden Element" zu sprechen; es handelt sich um eine retrospektive Bewegung in der Handlung selbst. Denn der Rückblick dient keineswegs dazu, die Vorwärtsentwicklung aufzuhalten oder eine Atempause zwischen die Ereignisse zu legen, er hält vielmehr deren Höhepunkt durch intensive *Besinnung* fest.

Damit verdeutlicht sich der reflektive Charakter dieser Erzählform. Unsere Textproben, wenngleich auf das Wesentlichste beschränkt, haben bereits deutlich gemacht, daß der Rückblick fast zwangsläufig mit *zeitlosen Reflexionen*, ja mit *Sentenzen* durchsetzt ist. Das ist nicht verwunderlich, da er schon von sich aus zur Zeitlosigkeit deutlich tendiert. Einen seitenlangen Rückblick leitet z. B. Gottfried Keller im „Grünen Heinrich" (2. Fass., IV, 3, Mitte) mit einer noch weit längeren zeitlosen Betrachtung ein: „Was ist Erwerb und was ist Arbeit? . . . . ." usw. Die Lebenserinnerung ist auf diese Weise häufig genug Ausdruck der Lebensphilosophie einer Person bzw. des Erzählers. Häufig genug stehen denn auch zeitlose Betrachtungen *an Stelle* eines Rückblicks, wie etwa in der entscheidenden Schlußszene der „Lotte in Weimar", so daß wir von einer engen Nachbarschaft reden können, die derjenigen zwischen Rückschritt und gegenständlicher Beschreibung ähnelt. Von dieser reinen Betrachtung unterscheidet den Rückblick nur das Wesentliche, daß er persönliche Entwicklungslinien und -stadien nachzeichnet. Er ist *lebens-* oder doch *erlebnisnäher* als die reine Reflexion.

An den schmerzlichen Rückblick, der Sinclairs Kindheit in Hesses „Demian" beschließt, knüpft der Erzähler die Feststellung: „Aus diesen Erlebnissen, die niemand sieht, besteht die innere, wesentliche Linie unseres Schicksals."

*

Die wichtigste Erkenntnis bei der Überschau über die Formen der Rückwendung ist der Zusammenhang zwischen Platz, Thematik und Aufbauweise der verschiedenen Gruppen. Ist die Funktion der aufbauenden und auflösenden Rückwendungen schon durch ihre regelhafte Stellung als zweites und vorletztes Erzählglied deutlich vorgegeben, so stehen doch auch die eingeschobenen Formen in deutlicher Abhängigkeit zum Aufbau der Erzählphasen und zum Grad der Erzählspannung.

Demgemäß bewirkt auch das retardierende Moment, das jeder Rückwendung anhaftet, keineswegs immer eine Hemmung des Erzählvorgangs. Zwischen einem *Aufschub* des Handlungsverlaufs etwa durch Rückschritte und einem *Auskosten* der Gegenwart durch Rückblicke ist eine scharfe Trennung möglich.

Dieser Einklang, der sich zwischen der thematischen Anlage der Rückwendungen, ihrem Platz und ihrer Erzählstruktur ergibt, ist für unsere Kenntnis vom Werkgefüge des Erzählens von großer Bedeutung. In der scheinbar so unbegrenzten Freizügigkeit, die den Erzähler vor dem Dramatiker und Lyriker auszeichnet, machen sich Ordnungskräfte bemerkbar, die den Erzählcharakter einzelner Stellen mitbestimmen und dem Erzähler dazu bestimmte Mittel nahelegen. Zwar kann der Erzähler die Handlungsstränge, Phasen und Spannungsbögen seiner Erzählung frei anordnen. Bei der erzählerischen Ausformung aber entfaltet diese Anordnung dann eine Eigengesetzlichkeit, der der Erzähler folgen muß, wofern er sie nicht willentlich ad absurdum führt: Das Privileg des Humoristen.

Insbesondere die vergleichenden Betrachtungen ließen erkennen, wie die Veränderung einer Komponente — etwa des Platzes — Veränderungen der Erzählstruktur, der thematischen Verknüpfung usw. für jedes Erzählglied nach sich zieht. Diese *Zugewandtheit* von faktisch greifbarem Gestaltwandel und geistig

offenbarem Bedeutungswandel macht es möglich, mit der Untersuchung von Synchronisationen im Erzählwerk ohne Verzicht
auf Anschauung in Bereiche der Poetik einzudringen, die bislang
impressiver oder spekulativer Interpretation allein zugänglich
schienen.

Das Studium der Vorausdeutungen wird diese Möglichkeiten
in noch größerem Maße bieten.

B. DIE VORAUSDEUTUNGEN

I. *Allgemeine Eigenschaften der Vorausdeutungen*

„So viele den Ausgang anticipirende Vorbedeutungen und
Weissagungen stellen, wie mich dünkt, das Gleichgewicht gegen
die ewige Retardation wieder her." (Goethe an Schiller am
22.4.1797.) Mit dieser Bemerkung charakterisiert Goethe den
epischen Vorgang der „Odyssee". Gleichwohl steht sie im Rahmen allgemeiner „Betrachtungen über das epische Gedicht" und
will paradigmatisch für episches Verhalten schlechthin genommen werden — gesellt sich doch Goethe damit nur den zahllosen
Theoretikern zwischen Batteux und Schadewaldt oder Staiger
bei, die an Homer ihren Begriff vom „Epischen" bilden. —
„Vielleicht funfzigmal" werde in der „Odyssee" der glückliche
Ausgang der Sache im voraus beteuert. Deshalb sieht sich
Goethe veranlaßt, „das Gesetz der Retardation unter ein
höheres unterzuordnen, und da scheint es unter dem zu stehen,
welches gebietet: daß man von einem guten Gedicht den Ausgang wissen könne, ja wissen müsse und daß eigentlich das *Wie*
blos das Interesse machen dürfe. Dadurch erhält die Neugier
gar keinen Antheil an einem solchen Werke..."

Eine Vorausdeutung eröffnet dem Leser also nicht nur den
Sinn und die Richtungnahme der augenblicklichen Situation,
sondern stellt alles künftige Geschehen in ein besonderes Licht.
Sie bewirkt im Gegensatz zu Rückwendung nicht nur eine
einmalige, sondern eine fortlaufende und bei jedem Ereignis

sich neu erstellende Synopsis: Sie erzeugt von sich aus eine Kette synthetischer Einzeleindrücke, indem sie selbst fortlebt bis zu ihrer Auflösung. Dabei kann nun der Umschlag eintreten, daß der Dichter in späteren Stadien seiner Erzählung wiederholt *rückwendend* an die gegebene Vorausdeutung erinnert und dadurch ihre Wirkung ausdrücklich neu belebt. Damit ist bereits einer der Umstände angedeutet, welche die Vorausdeutung zu einem komplizierteren Erzählgebilde machen, ihr aber auch gegenüber der Rückwendung eine noch umfassendere Lebendigkeit und Flüssigkeit eingeben.

Ähnliche Beobachtungen haben den ungarischen Forscher Eugen Gerlötei dazu veranlaßt, in einer wegbahnenden Untersuchung gerade an diesem „sonderbaren Glied" im dichterischen Kunstwerk „Keime einer Anschauung vom Leben der Dichtung" zu entwickeln. Gerlötei stellt bereits im Eingang seiner Abhandlung nachdrücklich fest, daß die „augenblickliche" Phase einer Dichtung durch die „Beiexistenz" früherer und späterer Phasen einen „synthetischen Sinn" erhält (S. 56); speziell in den Vorausdeutungen sieht er ein Mittel, das sowohl dem Dichter beim Schaffen als auch dem aufnehmenden Leser dazu dient, die Dichtung als Totalität zu fassen, während eine konsequent fortschreitende Folge der Phasen von sich aus erst am Schluß „durch ihren vollendeten Wandel" (S. 67) eine Gesamtüberschau ermöglichen würde. Durch „ihren direkten Vorstoß auf den sinnvollen klaren Abschluß" können die Vorausdeutungen „den verborgenen Sinn der Dichtung mit einem Mal hervorholen und im voraus zum Erlebnis vertiefen; sie sind synthetische, weithin blitzende, höchst bewegte und doch nahezu fixe Punkte im allgemein strebenden oder stürmenden Wandel". (S. 68.)

Das alles ist eine zielgerechte Entfaltung jenes Goetheschen Gedankens über die Vorwegnahme des Handlungsausgangs in einem „guten Gedicht"[60]. Die letzte Bemerkung Gerlöteis kennzeichnet zudem außerordentlich scharf die gleichzeitige *Punkt*- und *Strahl*-Natur dieses Erzählgliedes. — Sowohl Goethes einzelstehende Bemerkung als auch Gerlöteis umfassende Betrachtungen bedürfen indes einer systematischen Ergänzung in mehrfacher Hinsicht.

1. Vorausdeutungen nehmen nicht immer das Ende einer Erzählpartie vorweg. Ebensooft geben sie nur eine Strecke weit die Richtung des Handlungsverlaufs an und fallen nach ihrer Auflösung in Vergessenheit. Auf diese Weise aber gewinnen sie nicht selten eine phasenbildende Kraft, und die Abfolge einzelner Vorausdeutungen und ihrer Auflösungen trägt oft wesentlich zur Gliederung des Gesamtvorgangs bei[61].

2. Gewisse Vorausdeutungen ‚spannen‘ nicht, sondern erläutern einfach an Ort und Stelle ein Ereignis von späterer Warte aus‘ oder vermelden den Ausgang in einer Art Seitenausblick, um ihn damit ein für allemal zu erledigen. Diese Vorausdeutungen beseitigen ebenfalls die Neugier des Lesers zugunsten eines höheren Interesses am gegenwärtigen Vorgang, aber sie befriedigen auch dieses Interesse gleich am Ort, haben also einen *abschließenden* Charakter.

3. Nur der kleinere Teil der Vorausdeutungen gibt überhaupt bestimmte Auskünfte über die Zukunft. Unzählige unbestimmte Weisungen, halbe Andeutungen, ja sogar bewußte Fehl-Voraussagen bereiten auf künftige Verwicklungen vor, ohne deren Charakter bereits irgendwie zu kennzeichnen. Solche rätselhaften Andeutungen erwecken eine Art von Spannung, die von der reinen Interessenahme auf das *Wie* des Ablaufs höchst verschieden ist. Denn unmöglich kann man — wie Goethe von seiner Sicht aus — sagen, daß hier der Neugier gesteuert würde: Je geheimnisvoller die Andeutung, um so sicherer reizt sie auf zu der Frage: *Was* wird geschehen?

Seiner Sammlung von Vorausdeutungen in mittelhochdeutschen Texten schickt Gerz eine sehr knappe Einteilung voraus, die sich gerade auf diesen letztgenannten Unterschied zwischen bestimmter und unbestimmter Voraussage stützt. Man braucht nur ein Dutzend Vorausdeutungen nacheinander zu lesen, um vor solcher Einteilung hoffnungslos zu kapitulieren. Unübersehbar sind die Abstufungen, zahllos die Schattierungen zwischen ganz bestimmter und ganz unbestimmter Ankündigung, und gerade in dieser Variabilität liegt ihr Reiz.

Statt dessen bietet sich zur vorbereitenden Gruppierung der Vorausdeutungen ein Kriterium der Darbietungsform an, das sich für die Rückwendungen bald als verhältnismäßig belanglos

erwies: Der *Standort*, den der Erzähler dem Geschehen gegenüber einnimmt. Für den Formenschatz der Vorausdeutungen
in einer Erzählung ist es nämlich von entscheidendem Belang,
ob der Erzähler *mit* seinen Personen voranschreitet und uns die
Welt durch ihre Augen sehen läßt — Pouillons vision „avec" —,
oder ob er aus einer Überschau, d. h. in diesem Fall: einer
späteren Sicht das Geschehen vor dem Leser aufrollt — la vision
„par derrière".

Bei der Behandlung der view-point-Theorien ergab sich bereits,
daß nur der Erzähler, der seinen Standort außerhalb der Handlungsgegenwart nimmt, zukunfts*gewisse* Bemerkungen in die
Erzählung einflechten kann; nur er kann das Ende aufleuchten
lassen, Einzelergebnisse vorwegnehmen und zeitlich vor-
greifende Themen an Ort und Stelle erledigen; nur er kann
sich über die Bedeutung des Geschehens persönlich mit dem
Leser unterhalten. Dabei muß allerdings keineswegs, wie
Pouillon glaubt, der Eindruck einer Geschehens-*Analyse* entstehen (S. 73 u. 102ff.); vielmehr ermöglichen die zukunftsgewissen Voraussagen gerade eine vergleichende oder zusam-
menfassende Überschau über das Geschehen: Der Erzähler
erhebt den Leser über den sukzessiven Ereignisfluß, indem er
ihn zum Mitwisser der Zukunft macht. Er gibt ihm die Möglichkeit eigenen überlegenen Urteils über die Personen und den
Gang der Handlung. Das gleiche gilt naturgemäß für den
fingierten Erzähler; insbesondere aber auch für den Ich-
Erzähler, der selbst an der Handlung teilnimmt, aber seinerseits
die Handlung als vergangen berichtet — mithin für alle Erzählungen, in denen sich durchgehend oder auch nur stellenweise
eine *Erzählergegenwart* über die Handlungsgegenwart schiebt[62].

In *zukunftsgewissen Vorausdeutungen des Erzählers* ist demnach
ein sicheres Kriterium für dessen Stellung über dem gesamten
Vorgang zu sehen. Sie üben eine spezifische Steuerungskraft
innerhalb einer Erzählung aus. Noch einmal muß aber betont
werden, daß zukunftsgewisse Voraussage nicht gleichzeitig
bestimmte Aussage sein muß. Gerade hier ist dem Erzähler der
weiteste Spielraum gegeben zwischen eindeutiger Ansage des
Tatbestandes und dunkel-allgemeiner Ankündigung künftigen
Unheils oder Glücks![63]

Grundverschieden von diesen Vorausdeutungsmöglichkeiten des Erzählers sind diejenigen Zukunftsweisungen, die von den Personen der Handlung oder dem mit-gehenden Erzähler ausgesprochen werden. Bei ihnen herrscht jene echte *Zukunfts-Ungewißheit*, die ihrer Lebenswirklichkeit entspricht. Das Vorgehen *mit* den Personen bedeutet nämlich, daß der Erzähler den Leser über die Zukunft genau so im *ungewissen* läßt, wie es die Personen selbst natürlicherweise sind. Nur so kann der Leser von der „Suggestion" erfaßt werden, die Pouillon umschreibt als „être dans la peau d'un personnage" (S. 80). Hier kann Zukunft nur geahnt werden — selbst dort, wo sich die Weissagung oder die Traumdeutung den Anschein untrüglicher Zukunftsgewißheit gibt.

So erhebt die zukunftsungewisse Vorausdeutung den Leser gerade nicht über die Gegenwart hinaus, sondern spornt ihn vielmehr dazu an, *mit* der Handlung in die unbekannte, aber verheißende Zukunft fortzustreben. Die synthetisierende Wirkung dieser Vorausdeutung entfaltet sich erst in der fortschreitenden Aufhellung von Vorausdeutung und wirklichem Sachverhalt. Allerdings gibt es merkwürdige Kunstgriffe des Erzählens, diese reale Zukunftsungewißheit der Gewißheit der Erzählervoraussage anzunähern. — Doch wenden wir uns zunächst der leichter überschaubaren Gruppe der zukunftsgewissen Vorausdeutungen zu.

ERSTE GRUPPE:

DIE ZUKUNFTSGEWISSEN VORAUSDEUTUNGEN

II. Feste Formen der Vorausdeutung

1. Die einführende Vorausdeutung

a) Titel und Vorwort. Die Hilfen, die der Erzähler dem Leser zum Verständnis der künftigen Vorgänge gibt und mit denen er seine Erwartungen weckt, beginnen bereits mit dem Titel und dem Vorwort. Neben seiner allgemeinen Funktion der Identifizierung und Anpreisung eines Werkes gibt der Titel häufig genug schon direkte Hinweise zur Aufschlüsselung des Geschehens, des Themas oder des Werksinnes, ehe noch eine Aufklärung des Lesers durch den Text stattgefunden hat[64].

Selbst bei Werken, die lediglich einen Personennamen als Titel tragen, ist das dann der Fall, wenn der Erzähler seinen durch den Titel bereits bezeichneten Helden nicht sofort einführt, sondern vorbereitend bei anderen Personen oder bei allgemeinen Erwägungen verweilt.

So beginnt Stifter seine „Brigitta" mit umfänglichen Betrachtungen, führt dann den Leser über verschiedene geheimnisvolle Begegnungen und Ereignisse, bis der Major, genau in der Mitte der Erzählung (!), einen Besuch bei „Brigitta Marosheli" ankündigt. Der Leser, dem dies eine Episode unter anderen sein könnte, wird durch den Titel bedeutet, daß er nun in den Kernbereich der Dichtung eintritt. Die beiden ersten Kapitel erhalten so den Charakter eines sorgfältig aufgestuften Fundaments für die „Geschichte" der Hauptperson, die der Erzähler dann im 3. Kapitel in fast strenger Einfachheit „von vorne an" berichtet.

Der Titel also mit seiner vorausweisenden *Ordnungskraft* gibt dem Erzähler Gelegenheit, mit seiner Einführung umständlich und künstlich den Hauptgegenstand einzukreisen (Schiller: „Der Geisterseher") oder in Stufen auf ihn hinzubauen („Brigitta", „Madame Bovary"); denn er hat nach diesem einen *ein*deutigen Hinweis die Sicherheit, daß die unbestimmten Vor-Andeutungen in den ersten Erzählphasen ihre Wirksamkeit in der gewünschten Richtung entfalten. Entsprechendes gilt für den Titel, der einen Schauplatz, ein Ereignis oder einen Gegenstand vorbenennt: „Hochwald", „Die Judenbuche", „Der Schuß von der Kanzel" (der erst im 9. von 11 Kapiteln erfolgt!), „Die verlorene Handschrift".

Um einen Grad deutlicher sind Überschriften, die gleich auf einen glücklichen oder unglücklichen Verlauf anspielen. Sie beugen einer Täuschung des Lesers durch die ersten Handlungsphasen von vorneherein vor. So sind die ersten glücklichen Briefe des jungen Werther durch den Titel der Erzählung bereits in ein Spannungsfeld einbezogen und kontrastieren von vorneherein ein unbestimmt, aber sicher vorbewußtes tragisches Geschick, dem man — wie das Vorwort überdies versichert — seine „Tränen nicht versagen" kann.

Wir sind mit Absicht von den einfachsten und gewissermaßen unverfänglichen Titeln ausgegangen, um diesen Erwägungen einige Allgemeingültigkeit zu verleihen. Daß Titel von *allegorischem* und *symbolischem* Charakter wie „Ulysses", „Romeo und Julia auf dem Dorfe", „Doktor Faustus", „Das Schweißtuch der Veronika", von vornherein richtungweisend sind, braucht danach nicht ausgeführt zu werden. Eine massive Andeutung des *Kerngehalts* geben sentenzenhafte Titel wie Paul Heyses: „Getreu bis in den Tod" und „Ehre über alles" oder „Seefahrt ist not!", und — zwar vielstrahliger, aber höchst eindringlich — die ‚halbe' Sentenz: „For Whom the Bell tolls". — Voltaire kündigt mit Doppeltiteln den Haupthelden und das Grundthema gleichzeitig an: „Zadig ou la Destinée", „Candide ou l'Optimisme", und bedeutet damit, daß die einzelnen Etappen dieser Erzählungen für sich wie in ihrer Abfolge als exempla eines gemeinsamen Gesetzes zu gelten haben (vgl. oben S. 121). Untertitel tun häufig ähnliche Dienste.

Das Gegenstück zu solchen sinnweisenden Titeln bilden diejenigen Überschriften, die bereits eine Art Inhaltsangabe in sich bergen. Von der lapidaren Summierung, wie „Ein Kampf um Rom", spannt sich hier der Bogen bis zu den vom Volksbuch her lange Zeit üblichen, seitenfüllenden *Stoffanzeigen*. Ein Titelblatt zur „Insel Felsenburg"[65] aus dem Jahre 1749 bereitet den Leser vor auf die

„Wunderliche / FATA / einiger / See-Fahrer / absonderlich / ALBERTI JULII, / eines gebohrenen Sachsens / welcher in seinem 18den Jahre zu Schiffe gegangen, durch Schiff-Bruch selb 4te an eine grausame Klippe gewoffen worden, nach deren Übersteigung das schönste Land entdeckt, sich daselbst mit seiner Gefährtin verheyrathet, aus solcher Ehe eine Familie von mehr als 300 Seelen erzeuget, das Land vortrefflich angebauet, durch besondere Zufälle erstaunens-würdige Schätze gesammlet, seine in Teutschland ausgekundschafteten Freunde glücklich gemacht, am Ende des 1728sten Jahres, als in seinem hunderten Jahre, annoch frisch und gesund gelebt, und vermuthlich noch zu dato lebt, / entworffen / von dessen

Bruders-Sohnes-Sohnes-Sohne, / Mons. Eberhard Julio, / Curieusen Lesern aber zum vermuthlichen Gemüths-Vergnügen ausgefertigt, auch par Commission dem Drucke übergeben/ von/ GISANDERN."

Hier erfahren wir Zeit und Ort, das Ablaufgerippe und den glücklichen Ausgang der Handlung, Namen, Herkunft, und Alter der Hauptperson, und so kann der Erzähler getrost umschweifend beginnen und lange Episoden einschieben — der Leser weiß Kern- und Episodenhandlungen nach dieser Vorwegnahme an Ort und Stelle wohl zu scheiden und ist des Endes bereits gewiß, ohne daß jedoch seine Anteilnahme an den einzelnen Vorgängen im geringsten geschmälert wäre.

Derartig umständliche Einführungen — auch mit dem stereotypen Zusatz, das ganze sei „überaus lustig und männiglich nützlich zu lesen" (Simplizissimus) — sind nicht so zeit- und artbedingt, wie es zunächst scheinen mag. Freilich in äußerlich anderer Aufmachung und oft höchst verfeinert in Gehalt und Sprache, wesensverwandt aber in seinem vorausweisenden Charakter ist das *Proömium*, das der Erzähler häufig genug seinem Werk voranstellt. Unser Anliegen gestattet uns, es zusammenfassend mit dem Titel zu behandeln.

Die ersten 21 Verse der „Odyssee" geben in zwiefachem Ansatz das Handlungsgerüst des Gedichtes. Gekleidet in die berühmte Anrufung der Muse, kündigen die Eingangsverse den Schicksalsweg des Helden und seiner Freunde an, die Irrfahrten seit der Zerstörung Trojas bis zum Untergang der Freunde nach ihrem Frevel an den Rindern des Helios .... „Davon erzähle ein Teil auch uns, o Tochter Kronions"[66]. — Der Eingang umgreift die frühesten Phasen der Kernhandlung, die vor dem Hörer gleichwohl erst im 9.—12. Gesang entfaltet werden.

Neu anhebend preist der Sänger das Glück der heimgekehrten Griechen und verkündet das weitere Geschick des einsamen Helden, seine Gefangenschaft bei Kalypsó, den Ratschluß der Götter über seine Heimkehr und die ihm daheim bevorstehenden Kämpfe; endlich das Erbarmen der Götter und demgegenüber die hartnäckige Feindschaft Poseidons.

Sehr geschmeidig knüpft der Sänger die erste Handlungsphase an die letzte Ankündigung an: „Aber Poseidon besuchte gerad die entlegen behausten Aithiopen ......" — so können die Götter unangefochten die Heimkehr des Odysseus erwägen. — Die nachfolgende „Telemachie" gibt dem Hörer ein Bild von den Zuständen in Ithaka und einen genaueren Begriff von den Kämpfen, die Odysseus daheim zu bestehen haben wird; und erst im 5. Gesang setzt die Haupthandlung an *eben der Stelle* ein, auf welche die zweite Phase der Ankündigung verwies: Wir finden Odysseus bei Kalypso!

Eine scheinbar zwanglos gestufte Präambel, welche aber die chronologische (!) Aufgliederung der Handlung in nuce enthält und dem Sänger die Sicherheit gibt, während der ersten vier Gesänge seitab von den Erlebnissen seines Helden vorzugehen und dann diese Erlebnisse von der Mitte her auszufalten[67]. Die Telemachie jedoch ist durch ihre Nichterwähnung in dieser zugleich differenzierenden und umspannenden Präambel von vornherein als *Begleit*handlung gekennzeichnet!

Nimmt man hinzu, daß in diesem Proömium auch die tragischen Verwicklungen und der versöhnliche Ausgang in wohlgemessenen Andeutungen vorweggenommen werden (z. B. Vers 4, 13, 18, 19), so erweisen sich diese 21 Verse als umfassendes ‚Programm' des Epos im besten Sinne, in dem der Gegenstand des Erzählens in gebotener Kürze expliziert, zugleich aber der Zuhörer auf das Ganze eingestimmt und obendrein noch die Wurzel für den Handlungseinsatz gegeben wird. Dennoch haftet dem Prolog der „Odyssee" nichts Ungewöhnliches an; Erzähler aller Zeiten haben diese Art der Einführung gewählt — Einführungen, deren äußere Form und sprachliche Höhenschicht wie ein Kleid mit den Epochen und den Dichtern sich verändern, deren Funktionen jedoch innerhalb eines bestimmten Rahmens — bald mehr sachlich oder mehr thematisch aufschließend, bald die ersten Phasen, bald die letzte vorwegnehmend — keinem historischen Wandel unterworfen scheinen, sondern eine Grundform des Erzähleingangs bezeichnen.

Durchweg handelt es sich bei solchen Einführungen um ein unmittelbares Zwiegespräch zwischen dem Erzähler und seinen Zuhörern, unmittelbarer jedenfalls als ihre Korrespondenz während des zu erzählenden Handlungsverlaufs. Noch ist keine der handelnden Personen aufgetreten und hat sich zwischen Erzähler und Hörer gestellt, und auch der Vorgang selbst hat noch nicht begonnen, ein ‚Eigenleben' zu führen. Man verständigt sich zunächst *über* die Hauptpersonen, den Vorgang

oder den Sinn des Geschehens, bevor sich in der Handlung deren
Welt vergleichsweise selbständig entfaltet[68].

Auf diese Weise wird der Handlung selbst auch durch eine
ganz offene Aufzählung der Erzählfakten nichts vorweggenommen — dafür stehe das Beispiel der „Insel Felsenburg" —:
Ein „bill of fare to the feast" wird schwerlich das Dinner
überflüssig machen, es erregt vielmehr allenfalls Vorgeschmack
auf die zu erwartende Speisefolge[69].

Damit ist bereits eine bestimmte Funktion des Geleitwortes
geklärt. Gerade im breit angelegten Epos oder Roman gibt es
dem Leser einen ‚roten Faden' an die Hand, an dem er sich
selbst bei verwirrender Vielfalt des Geschehens entlangtasten
kann, weil ihm die Knotenpunkte bereits bezeichnet sind.

Natürlich gibt es auch sehr sublimierte Formen dieses Er-
zählergeleits. An die Stelle der offenen Vorankündigung der
Handlung kann die *Einstimmung* in den inneren Vorgang treten.
Behutsame Einführungen in Milieu und Charaktere sind nicht
selten von entscheidender Bedeutung für den vollen Genuß der
später ausgebreiteten Konflikte. Als Wieland der „Geschichte
des Fräuleins von Sternheim" der Sophie von La Roche zum
Publikumserfolg verhelfen wollte, hat er in einem eigenen
Vorwort den Wert und die Eigenheiten dieser „Menschenseele"
dem Leser „vorempfunden"[70]. Und auch er beteuert schließlich,
daß Sophie von La Roche mit dieser Geschichte „ausgebreiteten
Nutzen" stiften werde.

Ziehen wir das erste Fazit aus diesem Überblick, so ergibt sich,
daß die einführende Vorausdeutung den Ablauf des Geschehens
in seinen Hauptmomenten, den Charakter des Helden in seinen
Hauptzügen und meist mit besonderem Nachdruck den glücklichen oder tragischen Ausgang des Geschehens mitteilt, und
daß *Verheißung* bedeutender Handlungsphasen und *Rechtfertigung* des Ganzen ihr spezielles Anliegen ist.

In höherem Grade noch trifft das letzte bei einer weiteren
Gruppe einführender Vorausdeutungen zu, in denen ohne
Rücksicht auf die Handlung präzis und bündig die *Thematik*
des Werkes bekanntgegeben wird. Hierher gehören vornehmlich alle *Beispiel*-Erzählungen, in denen der Erzähler eingangs
bekanntgibt, er wolle eine Geschichte unwandelbarer Liebe,

denkwürdiger Freundschaft oder beispielhaften Heldentums berichten.

Tieck beginnt seine „Sehr wunderbare Historie von der Melusina": „Wie oftmals durch Gunst der Frauen Männer zu hohem Glück und Ehre gelangt sind, davon findet man in der Geschichte viele Beispiele, unter andern auch in folgender sehr wunderbaren Historie". Ausdrücklich will Schiller mit seinem „Geisterseher" einen „Beitrag zur Geschichte des Betrugs und der Verwirrung des menschlichen Geistes" liefern. „Man wird über die Kühnheit des Zwecks erstaunen, den die Bosheit zu entwerfen und zu verfolgen imstande ist; man wird über die Seltsamkeit der Mittel erstaunen, die sie aufzubieten vermag, um sich dieses Zweckes zu versichern." Stifter schickt seinem „Abdias" eine umfängliche Reflexion über das „Fatum" voraus. Damit ist ein „furchtbar letzter, starrer Grund des Geschehenden" bezeichnet, und der Leser — „in ein düsteres Grübeln hineingelockt über Vorsicht, Schicksal und letzten Grund aller Dinge" — weiß sich nun angesichts des Lebensweges dieses Juden immer wieder zu der Frage „Warum nun dieses?" aufgerufen.

Solche Einführungen verweisen direkt auf das Kernthema der Erzählung, geben sie aus als Präzedenzfall für eine Grunderscheinung des Lebens. Sie spielen dem Leser gleichsam die Formel in die Hand, nach der das künftige Geschehen aufzuschlüsseln sei, und bauen dem rechten Verständnis des Ganzen auf eine eindringliche, ja zuweilen aufdringliche Weise vor. Auch dies natürlich in verschiedener Höhenlage und Wirksamkeit: die Ankündigung Tiecks mit einer allgemeinen Orientierungsphrase, die Einführung Schillers mit einem Hinweis auf den Geschehens-Hintergrund und die eröffnende Reflexion Stifters mit einer fundamentalen Sinn-Erschließung — diese drei Beispiele bezeichnen zugleich drei wichtige und häufige Typen *thematischer* Vorausdeutung. Sicherer noch als mit gegenständlicher Voraussage drängt der Dichter dem Leser mit solcher Vorausdeutung seine eigene Stellungnahme zum Geschehen auf und gibt ihm „die volle Gewißheit, daß die Welt des jeweiligen Werkes nicht amorph und diffus ist und daß sich die volle seelische Teilnahme an den Gestalten und ihren Erlebnissen lohnt." (Kayser, L. 78, S. 206.) Freilich ist auch die Fehlinterpretation mancher Dichtung auf die Suggestivkraft solch offener Themenkundgabe des Dichters zurückzuführen, dem unter der Hand seine spätere Erzählung in ganz andere Bereiche entwuchs.

Wir haben verschiedene Wirkungsbereiche der einführenden Vorausdeutung gesondert und in möglichst reinen Beispielen vorgeführt. Schon das Proömium der „Odyssee" gab jedoch einen Begriff davon, daß diese Einwirkungen sich gegenseitig durchdringen, intensivieren und zu umfassender Ankündigung von Inhalt, Thematik und Sinneinheit runden können.

Insgesamt läuft die Wirkung solcher Vorausdeutungen darauf hinaus, den besonderen Erzählgegenstand von vorneherein einer allgemeinen Grunderfahrung zuzuordnen, nach deren Kenntnis sich aber auch Verlauf und Ausgang des Geschehens bereits vorahnen lassen — eine echte Verlagerung der Spannung auf das *Wie* des Vorgangs!

b) Vorausdeutung und Vorgeschichte. Weniger massiv, aber meist ebenso synthetisch in ihrer Gesamtwirkung sind diejenigen einführenden Vorausdeutungen, die in die *Vorgeschichte* einer Erzählung eingewebt sind. Es ist nicht notwendig, den ganzen Umkreis dieser Formen noch einmal abzuschreiten, da ihre Funktionen den schon beschriebenen entsprechen. Neu stellt sich jedoch die Frage nach der tektonischen Einfügung der einzelnen Voraussagen in die fortschreitende Erzählung.

Die einfachste Form einer derartigen Verbindung ist die parataktische Gegenüberstellung des „Heute" und des „Damals" in den ersten Sätzen der Erzählung.

Ein überaus beliebter Kunstgriff des Erzählers besteht darin, den Leser eingangs an die „historischen" Stätten des Geschehens zu führen und ihm einen Begriff von jener versunkenen Welt zu geben, von deren Schicksalsstunde er nun erfahren soll. Unter Romantikern wie Realisten des 19. Jahrhunderts sind die Trümmerstätten alter Burgen, Schlösser oder Herrensitze ein geradezu konventionelles Eingangsmotiv, das sinnfällig die tragische oder ruhig-gelassene Endphase des Geschehens spiegelt — so in Eichendorffs „Schloß Durande", in Kleists „Bettelweib von Locarno", in Stifters „Hochwald", in Storms „Chronik von Grieshuus" und anderen mehr.

Indessen haben solche Einführungen noch eine andere Funktion. In der Regel knüpft nämlich die *Vorgeschichte* an mit einer Schilderung des Schauplatzes in seiner vormaligen Pracht, Stattlichkeit und Anmut. Oder wir werden gleich in eine lebendige Szene eingeführt, die zu der Einsamkeit und auch wohl Unheimlichkeit der Eingangsschilderung in scharfen Gegensatz tritt: Ein sehr einfaches Kontrastschema, durch welches Anfangs- und Endzustand in einen festen Rahmen eingespannt werden. Dabei muß wiederum der Eigenwilligkeit Kleists gedacht werden, der im ersten Satz des „Bettelweib von Locarno" mit straff relativistischer Bindung den Schauplatz der Handlung und seinen nachmaligen Zustand in einem Zuge beschreibt[71]. Andererseits wachsen solche Eingänge gelegentlich zu ganzen Rahmenszenen aus, wie etwa in Kellers „Züricher Novellen".

Gerade Rahmenhandlungen enthalten in der Regel ein noch präziseres Vorausdeutungsmoment. Sie führen neben den sachlichen Verhältnissen häufig auch die *Personen* der Handlung im Endstadium ihrer Geschichte vor. Wird bei der Vorwegnahme des Schauplatzes nur ein anonymes Geschehen vorbezeichnet, so sind durch den Handlungsrahmen von lebenumspannenden Geschichten wie Raabes „Akten des Vogelsang", Storms „Immensee" oder Timmermans „Adriaan Brouwer" bereits die Fluchtlinien eines Lebensschicksals abgesteckt, ehe die Kernhandlung beginnt. Der Ansatz der Kernhandlung geschieht dann gern in sorgfältigem Gegenzug zum Eingangsrahmen. In den „Akten des Vogelsang" wird der Kindheit Veltens die Nachricht von seinem Tod als Erzählanlaß vorausgeschickt; Storm und Timmermans lassen in den beiden Erzählungen die Kapitelüberschriften bzw. die Eingangssätze von Rahmen- und Kerneinsatz sogar stilistisch gegeneinander spielen.

Die Reihenfolge von Vorgeschichte und Vorausdeutung wird also durch eine evidente oder rudimentäre Rahmentechnik umgekehrt. In solchen Fällen bildet die Vorausdeutung das erste, die Vorgeschichte das zweite Glied der Einleitung. Setzt der Erzähler dagegen ‚planmäßig' mit der Vorgeschichte ein, so ist die Vorausdeutung an die entsprechenden Phasen als Zweitglied angeknüpft. In beiden Fällen dient dieses Verknüp-

FESTE FORMEN DER VORAUSDEUTUNG

fungsprinzip vor allem der Kontrastierung von Anfangs- und Endphase des Geschehens auf engem Raum. Die unmittelbare Nachbarschaft von Vorgeschichte und Endsituation, besonders bei syntaktischer Verkettung, spannt das Gesamtgeschehen in einen festen Rahmen und setzt teleologisch einen Fluchtpunkt für die einsetzende Handlung fest.

Danach ist offensichtlich, daß diese Art der Einführung vor allem denjenigen Erzählungen ansteht, in denen eine scharfe Diskrepanz zwischen Anfangs- und Endsituation herrscht! Erzählwerke von geringem innerem Gefälle werden kaum in dieser Form eingeführt werden. Auch hier gibt es einführende Vorausdeutungen, aber sie beschränken sich meist auf die Intonierung eines Grundakkords, der das Ganze durchschwingen wird, und sind entsprechend mit dem Beginn des Geschehens nicht sonderlich verknüpft. Höchst bezeichnend für diese Art ist der Eingang des „Schulmeisterlein Maria Wuz": Wie eine Aura schmiegt sich der erste Abschnitt dieser „Idylle" um den gesamten Vorgang, erleuchtend und doch gleichsam ohne physische Berührung mit ihm. Und erst nach einer abschweifenden Vorbereitung beginnt Jean Paul im dritten Abschnitt mit der Vorgeschichte.

Fügen wir die Hauptergebnisse zusammen, die sich bei der Sichtung der Vorausdeutungstypen an Titel, Geleitwort und Vorgeschichte ergaben, so erhalten wir bereits ein ziemlich umfassendes Bild von der Wirkungsweise der Vorausdeutungen einführenden Charakters, die uns im *Innern* der Erzählung begegnen werden. Sachweisende und sinnweisende Ankündigungen, Vorwegnahme des allgemeinen oder des Phasenausganges, Stellung am Beginn einer Erzählphase oder als Zweitglied in kontradiktorischer Verknüpfung mit den ersten Ereignissen, vorausdeutende Rechtfertigung einer Erzählpartie und endlich Verklammerung mit dem nächstfolgenden Geschehen — das alles sind Grundfunktionen der Vorausdeutung, die sich am Erzähleingang besonders günstig erschließen lassen, weil sie hier mit besonderer Regelhaftigkeit und in besonders reicher Kombination auftreten. Doch ist die *Ausstrahlungskraft* einführender Vorausdeutungen erst voll zu würdigen, wenn die Stellen innerhalb des Werkgefüges ermittelt sind, an denen die voraus *verkündeten* Umstände sich tatsächlich realisieren.

Nicht von ungefähr nennt Jean Paul in § 74 seiner „Vorschule" das erste Kapitel einer Erzählung das „Allmacht-Kapitel", in dem das Schwert geschliffen werden müsse, das den Knoten des letzten durchschneidet. Speziell auf die Vorausdeutung zielend, ergänzt er wenig später: „Also antizipiere man von der künftigen Vergangenheit, soviel man kann, ohne sie zu verrathen, damit man im letzten Kapitel wenig mehr zu sagen brauche als: hab ich's nicht gesagt, Freunde?"

2. Die abschließende Vorausdeutung. Der sorgsamen Einführung des Lesers am Erzähleingang hält die über den Schluß hinausweisende Ergänzung der Geschichte das Gegengewicht: Eine letzte ‚Ausführung‘, die der Erzähler seinen Personen und ihren Schicksalen vergönnt. Man hat die Meinung vertreten, daß jedes Hinausweisen über die letzte Phase der erzählten Handlung die Abgeschlossenheit der Dichtung sprenge und einen *offenen* Ausgang bewirke.[72] Aber zwischen einer Blicköffnung in die Zukunft, wie sie etwa der darob berühmte Schluß des „Hamlet" gibt, und „offenem Ausgang" gibt es mehr als einen Unterschied.

Abschließende Zukunftsweisungen können weit über das Ende der vergegenwärtigten Handlung hinausgreifen; je bestimmter aber ihre Ankündigung ist, desto runder und ‚schlüssiger‘ wird das Ende einer Erzählung. Offene Ausgänge resultieren in der Tat meist aus dem *Fehlen* solcher Vorausdeutungen![73]

Demgemäß erwarten wir von der abschließenden Vorausdeutung nicht spannende, sondern *lösende* Aussagen. Ihren abschließenden Charakter erhält sie gerade dadurch, daß sie Konflikte der Vergangenheit in der Zukunft der erzählten Handlung zu einer sinnvollen Lösung oder — ebenso sinnvollen — endgültigen Verhärtung bringt.

An die Stelle der Zukunftsspannung, die der einführenden Vorausdeutung zur Ausstrahlung in den Erzählverlauf verhilft, tritt hier die *Rückbeziehung* auf einzelne Phasen oder auf den Gesamtvorgang der Erzählung.

Diese Vorbemerkungen machen bereits deutlich, daß das Problem der Zukunftsweisung in der Erzählung dem der Spannung nicht kurzerhand zuzuordnen ist, mag man diese nun auf das *Was* oder das *Wie* gerichtet finden. Zum anderen ergibt sich der eigenartige Umstand, daß abschließende Vorausdeutungen in jedem Fall unausgesprochene Rückwendungen enthalten! Einige konkrete Beobachtungen werden das verdeutlichen. Wir wenden uns zunächst einer Form des Erzählschlusses zu, die man mit Vorliebe als offen bezeichnet: Der Aussparung des letzten Ereignisses nach seiner gewissen Vorankündigung.

a) Vorausdeutung der Endsituation. Diese Art des Abschlusses hat die zeitgenössische angelsächsische Literatur nachgerade zu einem besonderen Stilmittel erhoben. Wir begegnen ihr in Ernest Hemingways „For Whom the Bell tolls".

Robert Jordan ist auf der Flucht verwundet und auf eigenen Wunsch zurückgelassen worden. Eine einzige Aufgabe kann er noch erfüllen: den Feind mit ein paar Schüssen aufzuhalten. Diese Aufgabe hilft ihm über Schmerzen und Selbstmordgedanken hinweg. In dem Augenblick, da die feindlichen Reiter erscheinen, heißt es lakonisch: „He was completely integrated now ..."
Und dann der letzte Abschnitt der Erzählung:
„Robert Jordan lay behind the tree, holding on to himself very carefully and delicately to keep his hands steady. He was waiting until the officer reached the sunlit place where the first trees of the pine forest joined the green slope of the meadow. He could feel his heart beating against the pine needle floor of the forest."

Ein offener Ausgang? — Was etwa offenbleiben könnte nach diesen letzten Sätzen, ist durch den bisherigen Ablauf der Handlung und durch zahlreiche Reflexionen des Helden so deutlich intendiert, daß es keines lauten Wortes mehr bedarf. Der innere Vorgang ist wie das Leben des Helden zum Abschluß gebracht in diesen letzten, ruhigen Schlägen seines Herzens.
Was jene letzten Sätze an bestimmter Vorankündigung der Endsituation bergen, beziehen sie aus dem Tatsachengehalt und der Stimmung der letzten Szenen, am eindringlichsten aus dem Abschied von Maria und aus den kreisenden Reflexionen des Verwundeten. Der „runde" Abschluß des Gesamtvorgangs

aber ist zu alledem vorangelegt durch ein Selbstgespräch Roberts, das weit vorne, etwa am Beginn des zweiten Drittels der Erzählung, den Schlüssel für den Ausgang bereits sicher an die Hand gegeben hat (Kap. XIII). Es steht an bedeutsamer Stelle, zwischen dem zentralen Liebeserlebnis Roberts mit Maria und den merkwürdigen Prophezeiungen Pilars, auf die wir später noch einmal eingehen werden, und gipfelt nach einer Reflexion über die Brückensprengung und über Maria in dem ahnungsvollen Fazit:

„I suppose it is possible to live as full a life in seventy hours as in seventy years; ..."

Eben diese drei Tage sind am Ende des Buches abgelaufen, und die Gewißheit, daß in ihnen Roberts Leben gerundet ist, bedarf keiner weiteren Stütze durch die Schilderung seines leiblichen Todes. So schließt in dem Augenblick, da der unausweichlich letzte Knoten der Handlung sich zusammenzieht, die Erzählung still — man ist versucht zu sagen: wortlos — ab; denn was gesagt werden mußte, ist längst, ist schon vom Anfang her gesagt: The Bell tolls. —

Die Vorausdeutung des letzten, nicht mehr gestalteten Handlungsabschnitts ist also durch die letzten Sätze sowie durch das selbstverständliche Mitschwingen bestimmter naher und ferner Vorgangsphasen — wir deuteten die wichtigsten an — mit völliger Sicherheit gegeben. Mit eben dieser Vorausdeutung stellt sich die Empfindung eines runden, gefüllten und doch wohltuend leisen Abschlusses ein — ein Glockenschlag, nicht lauter als der Herzschlag, den er ablöst.

Der gleichen Kunst der Abbreviatur, aber einer ungleich härteren Voraussage der Katastrophe begegnen wir am Ende von Graham Greene's „Brighton Rock".

Das Mädchen Rose, das alle Schrecken einer Todsünde an der Seite eines Mörders erlebte, den sie hingegeben liebt, beichtet nach dessen Tode einem Priester ihre Gewissensnot. Dem Greis gelingt das Unerhörte: Er richtet das auf den Tod verzweifelte, junge Menschenkind noch einmal auf. „,,You can't conceive, my child, nor can I or anyone — the ... appalling ... strangeness of the mercy of God. ... If he loved you, surely', the old man said, ,that shows there was some good ...' ,Even love like that?' — ,Yes'."

Als sie die Straße betritt, ist sie dem Leben wiedergewonnen, eine Art Stolz überkommt sie sogar auf ihre Liebe und auf das Kind, das sie vielleicht erwartet. So geht sie nicht zurück zu ihren Eltern, sondern „away from the direction of her home" (!) auf das Haus zu, in dem sie mit Pinkie lebte. Eine kleine Grammophonplatte wartet dort auf sie, mit der Stimme des Toten — dem Zeugnis seiner Liebe, das ihr und dem Kind von nun an Sicherheit geben würde.

Sie ahnt nicht, daß der Junge — ihrer längst überdrüssig — die Platte mit einem zotigen Fluch besprochen hat: Daß die Liebe, die nun ihr einziger, ins Leben geworfener Anker geworden ist, doch Trug und Verblendung — Todsünde in jeder Minute — war.

Von der Entdeckung und ihrer Konsequenz sagt der Text nichts mehr. Er endet:

„She walked rapidly in the thin June sunlight towards the worst horror of all."

Wie das Ende sich äußerlich abspielen wird, bleibt ungesagt und wird bedeutungslos. Daß es ein absolutes Ende sein wird, steht fest. —

Wir fragen nach den Stellen der Erzählung zurück, an denen dieses Ende vorangelegt ist. Es fällt auf, daß sie sich häufen im 2. Kapitel des VI. Teils. In jenen dumpfen und ratlosen Stunden zwischen Standesamt und Hochzeitsnacht hat Rose sich die Platte von ihm als einziges Geschenk erbettelt —

„God damn you, you little bitch, why can't you go back home for ever and let me be?",

war seine Antwort in der verschlossenen Aufnahmezelle.

Gleich darauf kauft er für sie beide ein billiges Zuckerzeug — zwei Stangen „Brighton Rock": Spiegelbild ihres ganzen, armseligen Liebesglücks, eine schroffe und bewußte Antithetik zu jenem „Brighton Rock", der Klippe am Meer, die seine Todesstätte sein wird.

Eine zweite, zentrale Stelle findet sich wenig vorher, in der Begrüßung der beiden vor dem Standesamt. Rose kommt von der Kirche, hat aber im Angesicht der bevorstehenden Todsünde nicht gewagt, zur Beichte zu gehen.

„The boy said, with bitter and unhappy relish: ‚It'll be no good going to confession ever again — as long as we're both alive.'"

Am Erzählungsschluß kreuzen sich nun die Fäden: Der rohe Satz des Mannes, von dem die Stimme allein ‚lebendig' blieb, wird die vollzogene Beichte des Mädchens und die Worte des Priesters illusorisch machen — „It'll be no good to go to confession …", hatte der Junge gesagt. Seine eigene brutale ‚Beichte' jedoch, auf einer Vulkanitplatte, wird des *Mädchens* „Brighton Rock" sein, die Klippe, über die hinweg ihr Dasein in den tödlichen Abgrund stürzt. Ob in den leiblichen Tod, bleibt offen — in den viel tieferen Tod der Seele gewiß: „the worst horror of all". —

Die beiden hier vorgeführten Erzählschlüsse zielen auf eine Szene ab, die nicht mehr gestaltet, aber in Vorausdeutungen einhellig abgesteckt ist. In beiden Fällen geschieht das ohne jegliche Ausmalung, vielmehr durch eine verblüffende Wortkargheit, die allerdings ermöglicht wird nur durch die sorgfältige *Vorbereitung* dieser Szene an bestimmten Stellen im Lauf der Erzählung selbst. Daraus resultiert die lösende bzw. erfüllende Macht dieser letzten Vorausdeutung; nur bei *isolierter* Betrachtung könnte man deshalb von einer Interruption des Vorgangs und demzufolge von einem „offenen" Ende reden.

Gleichwohl bringt das zukunftweisende Moment eines solchen Abschlusses eine spezifische Bewegtheit mit sich, die man füglich als „dramatisch" bezeichnen darf. So nimmt es nicht wunder, daß solche Schlüsse, die mit dem letzten Wort noch eine neue Bewegung ankündigen, bei Dramen noch weit geläufiger sind; Schillers „Räuber" und „Don Carlos" — auch von Reiners zitiert — sind eklatante Beispiele. Mit Reiners hier von einem „Aufklang" zu sprechen, der noch „ein neues Tor aufreiße", steht jedoch nicht an: Der — zweifellos effektvolle — letzte Umschlag, der hier erreicht ist, zielt etwa mit Philipps Worten „… Tun Sie das Ihre." in eben die Richtung, in welcher der totale Abschluß des Gesamtvorgangs längst erwartet wird (vgl. V, 4; 9; 10). So verhindern diese Vorausdeutungen geradezu das etwaige Nachschwingen einer Konfliktspannung; in oft knappster Formulierung geben sie den Anstoß zur endgültigen Konfliktlösung bzw. -verhärtung!

Es wird bei jeder gründlichen Beobachtung einer abschließenden Vorausdeutung insbesondere auf die Freilegung des Netzes von Rückbeziehungen ankommen, aus denen sie ihren Sinn und ihr Gewicht herleitet. Dabei hat allgemein 1. der näheren Umgebung der Textstelle, 2. gewissen Kernpartien oder Schlüsselstellen der Erzählung und 3. betonten Hinweisen des Dichters, wie sie in Titel, Motto, Sentenz oder Leitmotiv gegeben sind, das Hauptaugenmerk zu gelten.

Ebenso wie die vollgültige Interpretation des Erzählungseingangs vom Schluß her zu geschehen hat, so muß die sachgerechte Untersuchung des Schlusses das Werk rückwärtsschreitend auf seine empfindlichsten Stellen abtasten, um das Strahlenbündel zu erschließen, das in jedem Abschluß eines Erzählkunstwerkes zusammenläuft. —

Wir richten unser Augenmerk nunmehr auf einige andere Formen abschließender Vorausdeutung und vergewissern uns dabei lediglich verschiedener, häufig auftretender Schlußformeln in ausgewählten Beispielen.

b) Vorausdeutung des Endzustandes. In den behandelten Erzählungen gehört die ausgesparte, aber angekündigte Endsituation noch zur Erzählhandlung im engeren Sinne. Von grundsätzlich anderer Art sind die Endvoraussagen, die aus der abenteuerlichen oder tragischen Handlung hinausweisen in einen kaum mehr begrenzten, gleichförmigen Endzustand. Als Grundformel mag hier der Märchenschluß gelten, mit dem nach allen überstandenen Prüfungen die glücklich Vereinten in die Zukunft entlassen werden: „Von nun an lebten sie zufrieden und glücklich bis an ihr Ende."

In unzähligen Abwandlungen ist diese Schlußart eine der üblichsten in der Erzählkunst. Sie bedeutet endgültige Beruhigung, definitive Lösung und völlige Entspannung zugleich. Oft ist mit ihr eine Formel verbunden, die rückblickend Summe und Schlußstrich unter das Vergangene setzt; etwa in Gertrud von Le Forts „Kranz der Engel" in *einem* Schlußsatz:

„Der Spruch der Engel war erfüllt, der Kranz in ihren Händen, meines Lebens Kranz, er war auch der seine — auf immerdar gab es nur noch ein Leben für ihn und für mich."

Erfüllungsformel und ausschwingende Zukunftsformel sind hier nur durch einen Gedankenstrich getrennt.

Hingegen kann der Ausklang auch zu seitenfüllendem Schlußbericht erweitert werden, dann aber wechselt die Erzählweise
in einen summarisch-sachlichen Berichtton über, und meist zeigt
bereits das Ausschwingen in weite, unbestimmte Zeiträume den
Übergang in den gleichförmigen Endzustand an.

Natürlich eignen derartig sanfte Schlüsse vorderhand Erzählungen, die einen versöhnlichen Ausgang besitzen, und
insofern sind sie kennzeichnend für eine bestimmte Gesamtkonzeption des Erzählers. Das darf aber nicht zu der Faustregel
verleiten, daß der glückliche Abschluß diese Art von Ausgang,
der unglückliche notwendig eine andere Art erheische. Schon
der Schluß von Stifters „Abdias", der in ruhigem Erzählton
die dreißig Jahre zusammenfaßt, um welche der Greis den tragischen Tod seiner Tochter überlebt, mag hier zur Vorsicht
mahnen; desgleichen der Schluß des „Hochwald". Deutlich
zeigen jedoch Erzählungen wie Schillers „Großmüthige Handlung" oder gar Raabes „Else von der Tanne", daß auch endgültige Resignation oder bitteres Fazit eines tragischen Handlungs-
schlusses solches Ausschwingen in die Ruhelage diktieren
kann.

In „Else von der Tanne" geschieht das in doppelter Weise dadurch, daß im vorletzten Abschnitt der Abzug des Meisters
Konrad lakonisch berichtet und dabei sein baldiger Tod angekündigt wird, während der letzte Abschnitt über Jahrhunderte
hinweg in die Erzählergegenwart einmündet durch einen Blick
auf die „heutigen" geringen Trümmerreste des Dorfes „Wall-
rode im Elend".

Auch hier erwirkt der Erzähler zugleich mit der zeitlichen die
seelische Abstandnahme von dem erschütternden Abschluß der
Handlung und schafft einen Zukunftsraum, in dem auch der
letzte Wogenschlag der erzählten Vorgänge ‚Zeit' hat, auszu-
rollen, sich zu glätten und endlich in völlige Ruhe überzugehen.

Prototypisch zeigt der Schluß von Arnims „Tollem Invali-
den", daß es hier weit weniger auf eine Zutat an neuem Stoff als
eben auf einen Zeitgewinn des Erzählers ankommt, der eine erschütternde Begebenheit ruhig ausschwingen lassen möchte.

„Nach solchem Tage läßt sich in einem Menschenleben selten noch
etwas erleben, was der Mühe des Erzählens wert wäre" — aber der

Erzähler berichtet dennoch mit gutem Grund von der Folgezeit, weil nämlich „die Fluchbefreiten erst *in diesen ruhigeren Jahren* den ganzen Umfang des gewonnenen Glücks erkannten".

Der *zeitliche Abstand* von den erzählten Ereignissen, den auch der Leser durch das weite Ausschwingen in die Handlungszukunft auf indirektem Wege zu guter Letzt gewinnt, trägt zweifellos wesentlich zu dieser Ruhestimmung bei. Deshalb sind derartige Vorausdeutungen als Erzählabschluß für die Gesamtwirkung der Dichtung von einiger Bedeutung[74].

Man höre nur dagegen den schroffen Schluß von Storms „Fest auf Haderslevhuus":

„Die andern? . . . Was liegt daran? Die Geräusche, die ihre Schritte machten, sind seit Jahrhunderten verhallt und werden nimmermehr gehört werden."

Hier bewirkt gerade das Fehlen eines zukunfterhellenden Berichts die ungebrochene Nachwirkung der *Erschütterung*, die der Tod der Liebenden hervorgerufen hat.

Diese Gegenüberstellung bekräftigt, daß der zukunftweisende Schlußbericht nicht *neue* Perspektiven eröffnet, sondern den eigentlich „runden" Abschluß herbeiführt, während sein Fehlen häufig genug einen „harten" Erzählschluß bewirkt. Ein Vergleich zwischen dem Schluß der „Wahlverwandtschaften" und dem des „Werther" würde das gleiche lehren.

Vor allem aber fordert der große vielpersonige Roman häufig eine abschließende Ausführung aller Personen mit Ausblicken in ihr zukünftiges Leben. Diese vielgepflogene Art des Erzählschlusses ist vor allem von Raabe und Dickens zu einer Fülle reizender Genrebilder ausgeweitet worden. Alle Fäden der Erzählhandlung werden dort einzeln „vernäht", so daß auch der wissensdurstige Leser das Buch mit dem befriedigten Aufatmen aus der Hand legt, das ganze vielfältige Gewebe der erzählten Welt in seiner Geschlossenheit zu übersehen[75].

Diese gemächliche Ausführung steht in stärkstem Gegensatz zu der Vorausdeutung auf den effektiven Handlungsausgang jenseits des Erzählschlusses, mit der wir unsere Betrachtung begannen. Doch gibt es einige typische Formen zukunftweisender Erzählschlüsse, die zwischen oder über diesen Extremen stehen.

c) Symbolischer und didaktischer Erzählschluß. Erzähler, die eine pralle Schlußsituation ausmalen und sich damit der Möglichkeit weiterer Zukunftsübersicht zwangsläufig begeben, pflegen, sofern sie den Blick in die Zukunft öffnen wollen, ein *symbolisches* Schlußereignis an deren Stelle zu setzen.

Wohl das beliebteste und wortlos wirksamste Motiv dieser Art ist das Bild des anbrechenden Morgens, eines Sonnenaufgangs, oder einer Wanderung bzw. Fahrt des Helden in den neuen Tag hinein. Nur als Paradigmata seien Eichendorffs „Marmorbild" und „Glücksritter", aber auch Schnitzlers „Leutnant Gustl" genannt. Man hat sehr schnell die Formel vom „optimistischen Ausklang" für solche Schlüsse bereit. Freilich sind sie zuweilen bewußt als Kontrastbild gegen eine schmerzliche und dunkle Vergangenheit gesetzt, aber vielleicht genügt der Hinweis auf „Leutnant Gustl" oder gar auf Kafkas „Verwandlung", um sichtbar zu machen, daß mit diesem Motiv weniger eine lichte Zukunft unbestimmt ausleuchtet, als vielmehr die Begrenzung des Vergangenen durch Anschnitt eines neuen Zeitraums betont werden soll. Nach so bedrückenden Geschehnissen wie denen der „Verwandlung" erscheint der Frühlingsmorgen, an dem die Familie erlöst ihre Zukunftspläne macht, ja gerade nicht als Bild sieghafter Befreiung, sondern als Bild der Niederlage und abschüttelnden Abstandnahme der ‚normalen‘ Menschen vor dem Unbegreiflichen und Ungeheuerlichen[76].

In diesen Zusammenhang gehören auch Erinnerungs- oder Rahmenerzählungen, deren Rahmenhandlung eine einzige *Nacht* durchmißt: Storms „Schimmelreiter", Grillparzers „Kloster von Sendomir", Gerhart Hauptmanns „Spitzhacke". Auch hier versinnlicht der Tagesanbruch den Austritt der Erzählung aus dem Bereich des absonderlichen Erzählgegenstandes in das zukünftig wieder ‚gewöhnliche‘ Leben.

Der szenisch gestaltete *Anbruch* einer neuen Epoche projiziert in solchen Erzählungen einen unbegrenzten Zukunftsraum, in dem die Bewegtheit des Vergangenen zur Ruhe gelangen kann. Deshalb stellt sich auch mit solcher Szene die Empfindung eines runden Abschlusses ein.

Von hier aus läßt sich ein noch viel weiterer Kreis von Erzählschlüssen beleuchten: Schlüsse, in denen die Überwindung des Vergangenen und der Anbruch eines neuen Lebensabschnittes symbolisch oder direkt angedeutet wird.

Hesses „Glasperlenspiel" schließt nicht nur mit jener Sonnenaufgang-Szene, in der Knecht durch den Sprung in den eisigen Bergsee den Tod findet; das Sterben des Meisters erwirkt selbst noch den Beginn einer neuen Lebensepoche seines mitschuldig gewordenen Schülers. So wird die Bewegtheit der Todesszene in ein dauerhaftes Nachklingen des Wesentlich-Bleibenden übergeleitet: Das Leben Knechts hat eine Frucht getragen, die in der Seele des Jungen und in der des Lesers fortkeimen soll[77].

Durch solche Schlüsse, die überaus beliebt sind, kann wieder ebenso die gradlinige *Erfüllung* des in der Erzählung ausgefalteten Ethos als auch der Umschlag in ein neues Ethos angedeutet werden.

Von besonderem stilistischem Interesse sind dabei die *Ring*-Schlüsse, die das Eingangsthema bzw. das Leitmotiv der Erzählung wieder aufgreifen, aber mit wenigen, entscheidenden Verschiebungen das zuvor eröffnete Problem nun lösen, indem sie eine definitive Zukunfts-Wendung herbeiführen. Durch Auswechslung weniger Namen in der gleichlautenden Anfangs- und Schlußszene erreicht Gide in seinem „Paludes" jenen Ring-Schluß, der spiralig auf den Anfang zurückführt, gleichzeitig aber in eine neue Ebene ausmündet, die ohne Durchmessen des gesamten Erzählweges nicht hätte erreicht werden können[78].

Neben den Formen des ruhig ausschwingenden Erzählberichts und der symbolträchtigen Schlußszene kann der Dichter schließlich mit ausdrücklichen, reflektiv-didaktischen Erwägungen oder Mahnungen über die erzählte Zeit hinaus in einen Bereich zeitloser Dauer vorstoßen.

Solch „endehafte maere" des Dichters, wie sie etwa Konrad von Würzburg am Schluß von „Der werelt lôn" gibt, ist seit alters her eine der gebräuchlichsten Schlußarten überhaupt. Das kontemplative oder das mahnende, das moralische oder prophetische Schlußwort begegnet sowohl im Epos als in der Legendendichtung, in der Allegorie und in der Tierfabel, im aufklärerischen so gut wie im realistischen Roman in erstaunlicher Wandlungsfähigkeit. Und die gewichtigen Zukunftsmahnungen, mit denen schlechthin unvergleichbare Werke wie Mörikes

„Mozart", Raabes „Hungerpastor" und Camus' „La Peste"
enden, versinnlichen jeweils auf ihre Weise zu guter Letzt den un-
sichtbar die Darstellung beherrschenden, idealen Zusammenhang des Gesamtvorgangs[79].
Noch schärfer als zuvor zeigt sich an Hand der bunt zusam-
mengestellten Beispiele, daß keineswegs eine bestimmte psychologische oder weltanschauliche, geschweige denn eine historische oder nationale Eigenart des Dichters für die Wahl der
Schlußart oberste Geltung besitzen kann. Man wird nicht so
einfältig sein, Erzähler, die etwa den letztgenannten Schluß
wählen, insgesamt Moralisten zu nennen. Es setzen sich vielmehr einige überpersönliche Grundformen des Erzählungs-
ausgangs in mannigfaltiger Brechung durch die Eigentümlichkeit des Vorwurfs und des dichterischen Temperaments immer
wieder durch. Eben dieser Umstand macht es notwendig, eine
Typologie der Erzählschlüsse unter dem Gesichtspunkt allge-
mein-epischer Grundgesetze zu versuchen. Der Aufriß dieses
Gebietes von der Vorausdeutung her mag *ein* Ansatz dazu sein.

III. Eingeschobene Vorausdeutungen

1. *Die Phasenvorausdeutung.* Die Beobachtungen am Titel, am
Vorwort und am Eingang von Erzählungen haben Vorausdeutungen erschlossen, mit deren Hilfe eine Gliederung der
Handlungsstränge durchgeführt, die Spanne zwischen Einsatz
und Ausgang der gesamten Erzählung abgesteckt oder ohne
sachliche Präzisierung auf das Grundthema bzw. auf den Sinn
des Ganzen hingewiesen werden kann. Für alle diese Möglich-
keiten gibt es entsprechende Vorausdeutungen am *Beginn* ein-
zelner Handlungsstränge bzw. Erzählphasen.
Gliedert eine Erzählung ihre Phasen in einzelne überschriftete
Teile oder Kapitel auf, so tragen deren Titel im allgemeinen die
Teil-Vorausdeutungen für den entsprechenden Erzählabschnitt.
Solche *Teilüberschriften* können sowohl die bunte Aufreihung
der Einzelbegebenheiten (Episoden) dokumentieren — „Don
Quijote", „Simplizissimus" — als auch die Geschlossenheit des
Ganzen durch bewußte Unterordnung unter den Gesamtverlauf

unterstreichen. Stifter erreicht das letztere in vielen seiner Studien sowie im „Nachsommer" auf kunstvolle Weise dadurch, daß die Teilüberschriften *ein* Grundthema variieren; so die Skala von „Waldburg" bis „Waldruine" in „Hochwald", wo auf diese Weise der ‚Lebensbereich' der Erzählung der Breite nach in einzelne Räume, der Länge nach in einzelne Stufen wohlberechnet aufgeteilt ist. Hier und in ähnlichen Fällen soll die Vorbenennung der einzelnen Erzählphasen den Leser auf die Gesamtarchitektur des Werkes ausdrücklich verweisen.

Eine ähnliche Orientierung erstrebt Fielding in „Tom Jones" durch das *Vorwort*, das er jedem Band des Romans jeweils als erstes Kapitel beigibt. Gleich zu Anfang (I, 1) macht er den Leser mit dieser Absicht bekannt: „We ... shall prefix not only a general bill of fare to our whole entertainment, but shall likewise give the reader *particular bills to every course* which is to be served up in this and the ensuing volumes." (Vgl. Anm. 69.)

Auch hier findet ein unmittelbares Zwiegespräch des Erzählers mit dem Leser *über* die Personen und ihre Welt statt, wie es für das Gesamt-Vorwort charakteristisch ist. Thomas Mann bedient sich im „Doktor Faustus" dazu des fingierten Erzählers, den er durch Einblenden der Erzählergegenwart die Einstimmung in die folgende Vorgangsperiode geben läßt.

Solche partiellen Einführungen markieren die einzelnen Erzählphasen und unterstützen so die Gliederung des Ganzen. Dabei bedarf es keineswegs stets eines äußerlich markanten Erzählungseinschnittes; oft genügt ein Wechsel im Erzählton, verbunden mit einer Vorausweisung auf den Inhalt oder das Thema der folgenden Erzählphase, um das Gelenk zwischen zwei Gliedern deutlicher hervortreten zu lassen.

Die letzte Erzählphase in „Regine" („Sinngedicht", 8. Kap.), die von Regines Ende in Amerika berichten soll, trennt Keller lediglich durch einen Wechsel in der Erzählerperspektive und eine lakonische Ausgangsweisung von den unmittelbar geschilderten Ereignissen ab.

Gerade war der Aufbruch Reginens aus Paris geschildert worden. Der Erzähler fährt fort:

„Drei Jahre später, *als Regine längst tot war*, traf ich Erwin Altenauer ... in der gleichen Stadt wieder ... und von ihm erfuhr ich den Abschluß der Geschichte; ... Schon die Seefahrt nach dem Westen muß ein eigenartiger Zustand von Unseligkeit gewesen sein ..." usw.

Ohne Kennzeichnung im Schriftbild ist die Grenzscheide zwischen zwei Erzählphasen hier gleich dreifach markiert: Durch einen Zeitsprung des Berichterstatters, durch einen Schauplatzwechsel, vor allem aber durch die eindeutige Zielsetzung der folgenden Schlußphase. Diese Vorausdeutung ist gleichzeitig für den Berichterton der künftigen Phase von Belang. Denn durch die Beseitigung der *Was*-Spannung kann der Erzähler nun ruhig, den Bericht eines Dritten repetierend, die Ereignisse um Regines Tod auseinanderlegen.

Vorausdeutungen solcher Art, ob sie nun einzelne Etappen des künftigen Vorgangs aufreihen (a) oder — wie die angeführte — den Phasenausgang lapidar vermelden (b) oder auch durch unbestimmte Verheißung künftigen Leides oder Glücks zur Einstimmung des Lesers beitragen (c), lassen sich auf einige Grundformeln zurückführen:

„Die Ereignisse nahmen nun den und den Verlauf (a) *und schließlich diese* (b) *— eine glückliche bzw. tragische* (c) *— Wendung. — Damit verhielt es sich so . . ."*

Die mittelalterliche Epik hat eine Reihe feststehender Redewendungen für solche Phasenansätze. So heißt es im Straßburger „Alexander" des Pfaffen Lamprecht nach dem Mord an Darius (v 3930 f):

„die den mort hêten getân
mit rehte soldiz in irgân,
alse si heten gewurben:
mit scanden si worden
von dem lîbe getân.
nu hôret, wî iz dar zô bequam."

Diese Formel kehrt mehrfach in Veldeckes „Servatius" und vor allem an den Episodeneingängen der „Eneit" nach entsprechenden Voraussetzungen wieder: „nû hôret wie dat dar toe quam", heißt es dort, und stereotyp wiederholt sich Konrad von Würzburgs Wendung „nu merket, wie daz hüebe sich" nach den Vorausdeutungen einzelner Ereignisketten im „Engelhart" wie im „Trojanischen Krieg". (Vgl. Gerz, S. 52 ff., S. 87 ff.) —

Auf ganz ähnliche Weise beginnt Raabe den Hauptbericht vom Tode „Elses von der Tanne", etwa in der Mitte der Erzählung. Diese Verbreitung zeigt, daß es sich keineswegs um eine außergewöhnliche, sondern um eine Vermittlungsweise handelt, die zum Handwerkszeug des Erzählens gehört; vor allem auch dann, wenn ein Rahmen- oder Teilerzähler auftritt.

Innerhalb der folgenden Erzählphase üben diese Vorausdeutungen eine ähnliche *Ordnungskraft* aus wie die einführenden Vorausdeutungen am Beginn der Erzählung für das ganze Werk. Die Voraussage begleitet den Leser durch die Explikation der einzelnen Ereignisse, immer wieder den gegenwärtigen Augenblick durch die vorangekündigte Folge- und Endsituation überdeckend, und so findet in Richtung auf den Phasenausgang hin eine permanente und doch stets sich wandelnde *Synchronisierung* der Handlungsstadien statt.

Jedes Ereignis innerhalb der Erzählphase wird auf diese Weise nicht allein durch seine eigene Substanz, sondern auch durch seine *Richtungnahme* auf den gewissen Ausgang bedeutsam: Es wird als gradlinige Entwicklungsstufe oder als abschweifendes, retardierendes oder kontrastierendes Element innerhalb der Vorgangskette an Ort und Stelle erkannt.

Der *Phasenausgang* aber wird besonders dadurch markiert, daß dort der ‚Schluß' beider Verläufe, der ausstrahlenden Vorausdeutung und der explizierten Ereigniskette, stattfindet. Gerade darin, daß das letzte Ereignis einer Erzählphase kraft der Vorausdeutung einen *Erfüllungscharakter* erhält, zeigt sich am besten die *gliedernde* Kraft der Phasenvorausdeutung. Sie schafft innerhalb der Gesamterzählung, deren Einheit auf der Korrespondez von Anhub und Erfüllung eines Vorgangs beruht, echte *Teileinheiten* mit eigenem Ansatz und eigener Teilerfüllung!

Wie aber die einzelnen Phasenschlüsse mit ihren Teilerfüllungen sich zueinander verhalten, das wird entscheidend für die episodische oder straff kausale Struktur des Gesamtwerkes[80].

2. Die Ausgangsvorausdeutung. In Erzählungen, die konsequent auf ein Ziel hin ausgerichtet sind, und in denen dementsprechend der Hauptakzent des ganzen Geschehens auf dem Gesamtausgang liegt, werden die Phasenvorausdeutungen des Erzählers meist begleitet oder ersetzt durch Vorausdeutungen, die an bestimmten Stellen der Handlung wiederholt und eindringlich an den Ausgang vermahnen. Diese Vorausdeutungen markieren zwar ebenfalls die jeweils erreichte Vorgangsstufe besonders, indem sie eine unmittelbare Brücke von ihr zum Ende schlagen, an der sich der noch zurückzulegende Weg bemessen läßt; sie lassen aber vor allem die Zielstrebigkeit in der Gesamtkonzeption des Erzählers deutlich werden. Hier lohnt es sich, die Einfügungsweise solcher Vorausdeutungen im Innern der Erzählung zu betrachten. Dazu ein Blick auf C. F. Meyers Novelle „Der Heilige".

Bereits in der Rahmenhandlung ist dort der Ausgang unmißverständlich angesagt — aus der Vision der Todesszene des Thomas Becket heraus entwickelt bezeichnenderweise der Armbruster seine Geschichte. Mit dieser Verheißung schließt das II. Kapitel.

In dem Augenblick, in dem seine zunächst scheinbar abschweifende Erzählung dann endgültig auf den Helden einschwenkt, gibt er wieder eine markante Endvorausdeutung auf den Weg und das Ende des Heiligen und setzt dann ein mit der uns schon bekannten Formel: „Ich will nun ganz in der Ordnung, wie es Euch bequem ist, Herr, erzählen..." (III. Kap., Mitte). Und wieder in dem Augenblick, da sich die Geschichte dem tragischen Erregungspunkt zuwendet: dem Verhältnis des Königs zu Beckets Tochter — deutet der Erzähler das Geheimnis an, das die „Grabschaufel" für Thomas und für den König werden soll. Mit dieser Wendung schließt das IV. Kapitel.

Durch die ganze Erzählung hindurch, vornehmlich aber gegen ihr Ende hin, wiederholen sich diese Endvoraussagen; fast regelhaft treten sie an den Kapitelschlüssen und vor markierten Abschnitten auf, und immer beleuchten sie gleichzeitig die gradlinige Richtungnahme oder entlarven die scheinbar gegenläufige Tendenz der unmittelbar folgenden Handlungsphase.

Diese Ankündigungen, mit denen die einzelnen Glieder der Handlung immer wieder unerbittlich in den Gesamtvorgang eingeschlossen werden, sind mitverantwortlich für die unablässige Zielstrebigkeit der Erzählung. In anderen Erzählwerken mögen eine oder zwei solcher Endvoraussagen eine latente

Synopsis von Augenblicks- und Endphase bewirken — im „Heiligen" kann der Leser sich an keiner Stelle der Handlung der Übereinsicht mit dem düsteren Ende entziehen, und er lauscht jeder Tat, jeder Geste und jedem Wort der beiden Gegenspieler die Richtungnahme auf jenes Ende ab.

Es zeigt sich also: Die Endvoraussagen, die eine Erzählhandlung begleiten, *straffen* den Gesamtvorgang, indem sie die Linien der verschiedenen Teilvorgänge nie zur Ruhe, d. h. zu voller Erfüllung in sich, kommen lassen. Sie sind *einheitsbildend* im echten Sinne.

3. Besondere Ansatzpunkte der Vorausdeutungen

a) Der Handlungs-Erregungspunkt. Es hat sich bereits ergeben, daß Phasen- wie Endvorausdeutungen vornehmlich an Gelenkstellen der Handlung auftreten, ja daß sie das Gelenk selbst ausdrücklich hervorheben. Das erste Verwicklungsereignis, der Handlungs-Erregungspunkt, ist in dieser Hinsicht eine besonders empfindliche Stelle. Meist unscheinbar genug, ja abseitig, bedarf es der Vorschau auf die ihm entspringenden Konflikte und deren Ausgang am ehesten.

Wir gaben die Stelle im „Heiligen" an. Überhaupt läßt sich an den Novellen Meyers diese Gepflogenheit besonders gut studieren. Aber auch bei weniger zielstrebigen Erzählungen entwirft die Vorausdeutung am Handlungserregungspunkt den großen Bogen, unter dem der Vorgang bald gradlinig, bald ausschweifend dem gewissen Ende zustrebt[81]. Häufig macht eine Zukunftsmahnung den Erregungspunkt erst kenntlich.

Dem ersten unscheinbaren Verwicklungsereignis in Gottfried Kellers „Romeo und Julia auf dem Dorfe" ist an Stelle des konkreten Hinweises eine dunkelmahnende Sentenz hart nachgestellt:

Nachdem die Bauern ihre eigenen Felder fertig gepflügt haben, kehren sie — jeder auf seiner Seite — noch einmal um und reißen eine Furche in den herrenlosen Acker hinein. „Jeder sah wohl, was der Andere tat, aber keiner schien es zu sehen. . . . So gehen die Weberschiffchen des Geschickes aneinander vorbei und ,was er webt, das weiß kein Weber!'" (Ende der Eingangsszene.)

Gleich im nächsten Satz werden die heranwachsenden Kinder und der schrumpfende Acker einander gegenübergestellt, und durch bald folgende Vorausdeutungen anläßlich des ausbrechenden Streites wird diese Sentenz auf den spezifischen Ausgang hin präzisiert. Aber hier bereits gemahnt sie daran, dieses erste Verschulden als Beweggrund für alles Künftige zu achten.

Der Sprung vom Erregungspunkt der Handlung zum Ausgang ist eines der sichersten Mittel des Erzählers, die Spannung und das anteilnehmende Verständnis des Lesers für den Gesamtablauf zu wecken: ‚Was so beginnt, muß so und so, glücklich oder unheilvoll, enden‘ — das ist der Grundtenor dieser Voraussagen.

Breiten wir unsere Beobachtungen über das gesamte Werkinnere aus, so stellen wir fest: Vorausdeutungen sind allgemein mit konfliktschaffenden oder -fortführenden Ereignissen gekoppelt, von denen aus die Linie zum Ausgang besonders gradlinig gezogen werden kann; oder sie folgen extrem gegenläufigen Ereignissen antithetisch auf dem Fuße und signieren sie eben dadurch als Gegenspiel.

b) Die formale Stellung am Kapitel- oder Abschnittschluß. Wie die Endvorausdeutung, so ist auch die nur phasenumspannende Ankündigung häufig nicht an den Phasenbeginn, sondern an den Schluß der vorhergehenden Phase angeknüpft; und dies vornehmlich dann, wenn die Erzählung in Kapitel und Abschnitte markant gegliedert ist. Mit ihrer einführenden Aufgabe scheint das zunächst schwer verträglich.

Wenn wir die Reihe der Endvorausdeutungen im „Heiligen" weiterverfolgen würden, so würde fast stets der Schluß eines Kapitels oder eines abgesetzten Phasenschlusses zu zitieren sein. In Hesses „Glasperlenspiel" ist die folgende Station im Entwicklungsgang des Josef Knecht jeweils im Schlußsatz eines Kapitels vorangekündigt. — Rund die Hälfte der Aventiurenschlüsse im Nibelungenlied besitzt end- oder phasenvorausdeutenden Charakter. Letzten Endes verdient aber auch die stereotype Stellung der Binnenvorausdeutungen im letzten Vers der Nibelungen- und Kudrunstrophe in diesem Zusammenhang Beachtung.

Die nächstliegende Folgerung ist, daß der Ton der Vorausdeutungen durch die Stellung vor der Erzählpause *beschwert* wird.

Auf der anderen Seite aber stellt die Vorausdeutung gerade den Abschlußcharakter des Kapitel- oder Abschnittsendes in Frage. Sie verhindert, daß der Erzählfluß zum Stillstand kommt, und kennzeichnet, daß dem Leser nur ein Atemholen zur Anteilnahme an neuen Taten und Leiden verstattet ist.

Endlich aber sind vorausdeutende Kapitelschlüsse die *Haken*, durch die das folgende Geschehen mit den gerade vergangenen Begebenheiten verklammert wird; auf diese Weise erreicht der Erzähler am sichersten die thematische Verknüpfung und Überleitung von einer Vorgangsphase zur anderen.

Denkwürdig in dieser Hinsicht ist der Schluß des 1. Buches in Schillers „Geisterseher", wo der Berichterstatter Graf von O.... sich direkt an den Zuhörer wendet, um aus dem bewunderungswürdigen Verhalten des Prinzen das Fazit zu ziehen und es abzuwägen gegen das Verbrechen, in das er im weiteren Verlauf der Handlung hineingetrieben werden soll. Entschieden intendieren diese letzten Worte des Erzählers eine ungeheure Wendung; und fest verklammern sie das bisherige Geschehen als „erste Probe" mit der künftigen Ausführung jenes „schwarzen Anschlages" auf den unglücklichen Prinzen.

In typischer Aufnahme des explizierenden Erzählfadens (vgl. oben S. 165f) beginnt dann das 2. Buch:

„Nicht lange nach diesen letztern Begebenheiten — fährt der Graf von O.... zu *erzählen* fort — fing ich an, in dem Gemüt des Prinzen eine wichtige Veränderung zu bemerken. ....."

Hier sehen wir alle Wirkungsweisen einer solchen Vorausdeutung versammelt. Beachtet man noch das Ineinanderwirken von Vorschau und Rückblick sowie die Korrespondenz zum Vorwort der Erzählung, so wird man der zentralen Stellung dieses Schlußabschnittes in der Fügung des gesamten Vorgangs des „Geistersehers" inne.

Freilich besitzt diese Stelle einen außergewöhnlichen Textumfang und ein rhetorisches Eigengewicht. Viele Erzähler lieben es, in einem einzigen, überraschenden Satz die Wendung auf den nächsten Erzählabschnitt hin vorzunehmen oder sie durch eine vielsagende Schlußwendung im Gespräch der Personen anzudeuten.

Diese besondere Art der Verknüpfung und Neueinführung ist beinahe regelhaft durchgeführt in „Madame Bovary". An zahlreichen Kapitel-Einschnitten, besonders auch an den Nahtstellen der großen Handlungsphasen, den Übergängen etwa vom Verhältnis Emmas mit Léon zu dem mit Rodolphe, von diesem zur Klumpfußoperation, von der wiederum zur zweiten Phase ihrer Liebe zu Rodolphe, wird die Ankündigung des neuen Handlungsabschnitts in einer knappen Schlußwendung des vorigen Kapitels vorgenommen[82]. Dabei macht der Erzähler entweder auf den *Verlauf* des Folgekapitels aufmerksam, oder er gibt schlagwortartig den *Schauplatz* und den *Gegenstand* an, dem sich die Erzählung nun zuwenden soll. Seltener, aber dann in besonders nuancenreicher Sprache, wird der im Folgekapitel auszutragende *Konflikt* vorgemerkt: so etwa vor dem Spaziergang, der Emmas Liebe zu Léon erweckt (II, 5).

> „... et elle fût ainsi demeurée en sa sécurité lorsqu'elle découvrit subitement une lézarde dans le mur.
> 5. Chap.
> Ce fut un dimanche de février, une après-midi ..."

Dieser *Hakenstil* nivelliert zwar die Kapiteleinschnitte zu Überleitungen und strafft auf diese Weise den Gesamtablauf der Erzählung; der offene oder verdeckte Vorausdeutungscharakter jener Anknüpfungssätze markiert jedoch die Gelenk- oder Umschlagstellen der Handlung gleichzeitig mit besonderer Schärfe.

Erzähler, die dieses Mittel der Verknüpfung meistern, machen gerade damit die kausale oder antithetische Schlüssigkeit verschiedener Vorgangsphasen bewußt; anderen dient der Vorweis am Abschnittsschluß häufig nur als Verlegenheitslösung, um der Anhäufung disparater Erzählgegenstände eine scheinbare Ordnung zu verleihen. Wie überall entscheidet auch hier erst die funktionelle Bedeutung über die künstlerische Qualität der angewendeten Mittel.

4. Die ergänzende Vorausdeutung. Gegenüber den Vorausdeutungen, die Bögen von größerer oder geringerer Spannweite in die Handlungszukunft schlagen und dementsprechend eine mehr oder minder anhaltende Koexistenz verschiedener Vorgangsphasen bewirken, stehen wieder jene Zukunftserhellungen, die eine offene Frage an Ort und Stelle beantworten und damit ein Problem oder auch eine Figur der Handlung endgültig *ausführen*. Es sind teil-abschließende Vorschritte und Vorgriffe des Erzählers, die vornehmlich am Schluß größerer Erzählphasen auftreten und diesem Schluß dann eine entsprechende Rundung verleihen, die aber bei kleineren Anlässen, vor allem beim Ausscheiden von Nebenpersonen oder beim endgültigen Verlassen eines Schauplatzes den Fluß der Handlung unterbrechen. Erzählungen von breiter, epischer Anlage scheinen auf solches Ausspinnen der Nebenfäden geradezu angewiesen. So schließt Raabe etwa in „Unseres Herrgotts Kanzlei", in den „Leuten vom Walde" oder im „Hungerpastor" die Lebensgeschichte ausscheidender Nebenpersonen häufig perspektivisch ab, und Gottfried Keller versäumt im „Grünen Heinrich" selten einen Vorschritt über die Handlungsgegenwart hinaus, wenn es gilt, einer Begleitperson den Abschied zu geben[83].

Diese abschließenden Vorausdeutungen im Werkinnern sind ein echtes Pendant der *Rückschritte*, welche die Vorgeschichte einer Nebenperson der Haupthandlung beisteuern. Sie besitzen das gleiche negative Verhältnis zur Gegenwartsspannung, und wie jene allgemein in einem Erzähleinschnitt einsetzen, so haben diese natürlicherweise einen Einschnitt zur Folge. Gleichermaßen lassen auch sie sich in *abschweifende* und *parallele* Vorschritte gliedern, d. h. solche, die bei durchaus eigenständiger Zeit- und Geschehensfügung abseits der Haupthandlung enden, und solche, bei denen das Geschehen mit späteren Phasen der Haupthandlung koordiniert ist und eventuell noch einmal in sie einmündet.

Um die Ich-Perspektive seines Heinrich Lee aufrechtzuerhalten, wählt Keller im „Grünen Heinrich" meist einen Mittelweg. Er erzählt zwar auch abseitige Lebensgeschichten zu Ende; die betreffenden Personen begegnen aber irgendwann noch einmal dem Erzähler, so daß dieser „aus eigener Anschauung" berichten kann[83a].

Bei echter Parallelität dagegen, d. h. bei bedeutsamer Überschneidung mit späteren Phasen der Haupthandlung, tritt zu der abschließenden Eigenschaft des Vorschritts gleichzeitig eine

einführende, und die Begebenheiten des Vorschritts selbst sind
dann meist von sekundärer Wichtigkeit gegenüber ihrer Tendenz, die Haupthandlung *von der Seite* her zu beleuchten.
Außergewöhnlich eindrucksvoll ist ein solcher Vorschritt in
C. F. Meyers „Hochzeit des Mönchs" am Ende der Ringkauf-
szene, also am Handlungserregungspunkt.

Nach der verhängnisvollen Weggabe des Ringes an das Mädchen
ist der Mönch fortgerissen worden. Der unbezahlt gebliebene
Juwelier meldet sich im Palast —
„heute, morgen, übermorgen. Die zwei ersten Male richtete er
nichts aus, weil in der Behausung des Mönches alles drunter und
drüber ging, das dritte Mal fand er die Siegel des Tyrannen an das
verschlossene Thor geheftet. Mit diesem wollte der Feigling nichts
zu schaffen haben und so ging er der Bezahlung verlustig.
Die Frauen aber" (heißt es dann weiter) „schritten in der entgegen-
gesetzten Richtung. . . . . ."

Damit ist die Person des Juweliers ausgeführt — von ihm ist
in der Folge nicht mehr die Rede —: aber auf welch bedeutsame,
unheilverkündende Weise! Bis zum dritten Tage, also über die
gesamte noch abrollende Haupthandlung hin, sind deren Wirren
und die schließliche Katastrophe durch einen zeitlichen Vorschritt angekündigt. Hier ist die Ergänzung der „Juwelier-
Handlung" nur ein feinsinnig gewählter Anlaß zur Anbringung
einer *spannungsregenden* Vorausdeutung auf das Hauptgeschehen.

Es zeigt sich also: Sobald der Vorschritt einer Nebenhandlung
spätere Phasen der Haupthandlung *wesentlich* berührt, treten ab-
schließende und einführende Funktion zusammen; in solchem
Falle aber hat die Wirkungsweise des Vorschritts mit der eines
Rückschritts nichts mehr gemein: der Vorschritt selbst wird zum
Spannungsträger solange, bis die Haupthandlung ihn ‚einholt'.

Erzähler, die ihre Handlung mit ständigen Eingriffen begleiten, interpretieren einzelne Begebenheiten gerne mit ihrem
Vorwissen oder berichtigen gar die Meinungen der handelnden
Personen. Der Ich-Erzähler kritisiert durch seine Zukunftseinsicht bisweilen auch sein eigenes Verhalten in der Handlungsgegenwart und ergänzt so das Wissen des Lesers. Bedächtige
Charakterschilderer wie Huch, Hesse, Le Fort pflegen die Nachwirkung tiefer Erlebnisse durch den Eingriff des Erzählers oder

aus der späteren Erinnerung der handelnden Personen kenntlich zu machen. Die Grundformeln für diese Erzählart sind: „*Erst viel später sollte ihm klarwerden* . . ." oder „*Heute weiß ich, daß* . . .".
So verliert der Leser den Handlungsfaden nicht und erfährt doch mehr als die Handelnden selbst. Der Erzähler macht ihn zum Mitwisser, um ihn desto sicherer in die erwünschte Richtung führen zu können.

Das offenste Mittel zur Führung des Lesers ist schließlich die Vorausdeutung mit Sentenzcharakter, wie wir sie für den Erzählausgang bereits besprochen haben. Auch Phasen und Abschnitte schließen häufig mit solchen Erörterungen, mahnenden Ausrufen oder Wünschen, und es lohnt, solche Stellen des Erzählerraisonnements unter dem Gesichtspunkt ihrer dynamischen Wirkung auf frühere oder spätere Phasen zu beurteilen. Man wird dann gewahr, daß sie außer ihrer zeitlosen Gültigkeit häufig auch ein bestimmtes, auf den zeitlichen Vorgang gerichtetes Deutungsziel besitzen[84].

Nach Durchsicht der prägnantesten Formen der Erzähler-Vorausdeutung im Innern der Erzählung zeigt sich, daß ihr Charakter und auch ihre Stellung innerhalb der Erzählphasen den vorweg beschriebenen einführenden und abschließenden Formen analog sind — selbst dort, wo durch Kombination beider Tendenzen eigenwillige Sonderformen entstehen.

Der besondere Umstand, daß einführende Vorausdeutungen auch an Phasen- oder Abschnittsschlüssen auftreten, beleuchtet die Tatsache, daß jeder Abschluß und jeder Neueinsatz innerhalb der Erzählung zwar einen Einschnitt, gleichzeitig aber eine Überleitung schafft und stets unter diesen beiden Gesichtspunkten betrachtet werden muß.

Warum aber ist allgemein die Stellung der Vorausdeutungen an markierten Einsätzen und Abschlüssen, also an Kapitelgrenzen, so auffallend häufig? — Antwort geben gerade die Vorausdeutungen, die ohne solche äußere Markierung eingerückt sind. Auch sie schaffen nämlich von sich aus Einschnitte und Neuansätze, gliedern Handlungsstränge aus oder bilden Phasenbögen und Überleitungen! Und selbst dort, wo sie mitten im Erzählfluß einem Einzelereignis beigefügt sind, bekunden sie jeweils die Richtungnahme oder den Endpunkt dieser kleinen Erzählpartie. — Platz und Wirkungsweise der Vorausdeutungen sind also gleicherweise bestimmt durch ihre *gliedernde* und *verwebende* Funktion im Aufbau der Erzählung.

So erklärt sich auch, daß die Vorausdeutungen im Gegensatz zur Rückwendung am Anfang und am Schluß der Gesamterzählung bereits alle ihre typischen Eigenschaften, und zwar in besonderer Reichhaltigkeit entfalten: Hier ist für aufgliedernde und umgreifende Bemerkungen des Erzählers der vorgegebene Ort.

Schließlich ist die zukunftsgewisse Vorausdeutung das wichtigste Mittel des Erzählers, den Leser zum Mitwisser und zum Vertrauten zu machen, Freilich trifft es nicht immer zu, daß — um an Goethes Formulierung anzuknüpfen — die Neugierde nun gar keinen Anteil mehr an einem solchen Werke hat, in jedem Fall aber ist des Lesers Blick über den Augenblick hinaus auf den Wandel und Vollzug des größeren Vorgangs gerichtet. Er kann diesen Vorgang nicht allein sukzessiv, sondern synthetisch erleben und sich gerade deshalb auch episodischen Abschweifungen mit Ruhe hingeben; denn er beobachtet gleich dem Erzähler Menschen und Schicksale ,par derrière' mit wägender und wertender Teilnahme.

Wolfram von Eschenbach kennt und ironisiert zugleich diesen Wunsch seiner Zuhörer:

> „ouch erkande ich nie sô wîsen man
> er enmöhte gerne künde hân
> welher stiure disiu maere gernt
> und waz si guoter lêre wernt."
>
> (Parzival 2, 5—8.)

ZWEITE GRUPPE:

DIE ZUKUNFTSUNGEWISSEN VORAUSDEUTUNGEN

Die Zukunft, wie sie sich im Laufe der Erzählung den handelnden Personen darbietet, ist von grundsätzlich anderer Realität als die, welche der Erzähler — bestimmt oder unbestimmt — vorwegnimmt. Der Erzähler handhabt den gesamten

Vorgang als etwas Vergangenes, und in diesem abgeschlossenen Zeitraum ist Zukunft nur relativ zukünftig, nämlich im Medium des *Erzählens*.

In der Sicht der handelnden Personen ist die Zukunft dagegen von jener echten Ungewißheit, die der Realität des *Lebens* entspricht. Alle Vorausdeutungen, die die handelnden Personen selbst geben oder erleben, besitzen also diese Unverbindlichkeit, mit welcher Bestimmtheit sie auch vorgetragen werden mögen.

Daraus ergibt sich die Sonderstellung der ungewissen Vorausdeutung: Sie ist nicht Zutat des Erzählers, sondern selbst Teil des *Erzählgegenstandes*. Zukunftsträume, Weissagungen und Mutmaßungen, aber auch Beschlüsse, Befehle und Pläne handelnder Personen sind normale Bestandteile der Gegenwartshandlung; ihr über diese Gegenwart hinausweisender Inhalt aber tritt zugleich in eine besondere Spannung zur Gegenwart, die von der auf die Explikation gerichteten Spannung der gewissen Vorausdeutungen grundverschieden ist[85]. Die ungewissen Vorausdeutungen verstärken nur jene natürliche Zukunftsspannung, die allem Erzählten so gut wie gelebten Leben innewohnt. — Daß sie dennoch in der Dichtung eine unmittelbare zukunft*erhellende* Funktion besitzen, wird unsere weitere Untersuchung herausstellen.

Die methodische Gliederung dieser Vorausdeutungen kann nicht nach unserem bisherigen Einteilungsprinzip erfolgen, das nach der Art der erzählerischen Vermittlung des Stoffes sonderte. Hier stehen bestimmte Erzählstoffe selbst zur Gliederung an, nämlich Träume, Orakel, Warnungen; Entschlüsse, Gebote, Intrigen und dergleichen. So müssen wir uns vorab ihre motivische Eigenart vergegenwärtigen. Freilich müssen wir für unseren Zweck die interessanten motivgeschichtlichen, mythologischen und psychologischen Sonderprobleme dabei aus dem Spiel lassen.

In der Hauptsache sind es zwei Wege, auf denen der Mensch — und also die Personen einer Dichtung — sich der Zukunft zu versichern suchen: Der Weg der passiven Zukunftseinsicht, und der Weg der aktiven Zukunftsgestaltung.

Der Glaube an mögliche *Einsicht* in eine ‚vorbestimmte‘ Zukunft tut sich kund in der Deutung von Träumen und

Zeichen, in ‚untrüglichen‘ Ahnungen, in Prophetie und Weissagung durch Menschenmund. Das Motiv der Katastrophenvorausdeutung auf einem dieser Wege ist ein Hauptmotiv der Dichtung aller Zeiten (dazu Kayser, L. 78, S. 63). Dieses Einsichtvermögen des Menschen ist von Natur aus fragwürdig. Zwar legt man dem Seher der Zukunft, dem Weissagenden, nicht umsonst übermenschliche Kräfte bei; aber wenn nicht schon seine Verkündigung, so ist doch deren Auslegung menschlichem Irrtum und Mißverständnis stets ausgesetzt — wahre ‚Vorsehung‘ bleibt Gottes Sache. — Die Dichtung bedient sich zur *Beglaubigung* solcher Vorausdeutung bestimmter Mittel, von denen noch zu reden sein wird.

Zu den Mitteln der *Zukunftsgestaltung* zählt in weitestem Sinne alles menschliche Handeln, Sinnen und Trachten. Auf vorausweisende Motive enger eingegrenzt, wären alle Pläne, Entschlüsse, Anordnungen und Verabredungen zu nennen. — Ihre Zukunfts-Ungewißheit liegt auf der Hand. Da es sich hier um die primären Motive jedes Handlungsaufbaues in der Dichtung handelt, scheint ihre besondere Behandlung unter den Vorausdeutungen nicht am Platze. Unter einem anderen Aspekt kommen wir jedoch bei der Behandlung des Dialogs auf sie zurück. Hier lediglich die Bemerkung, daß durch Zauber, Fluch oder Segnung in der Dichtung auch die Zukunftsgestaltung gelegentlich auf außermenschlichem Wege *festgelegt* wird. — Andererseits ergeben sich zahlreiche Spannungsmomente in der Dichtung allein aus dem Widerspiel von Zukunftseinsicht und Zukunftsgestaltung.

Das Mittel zwischen diesen beiden Grundformen menschlichen Verhaltens zur Zukunft bilden *Wunsch* und *Angst*. Beide sind weder Betätigungs- noch Erkenntnisweisen, aber sie resultieren im allgemeinen aus unbestimmter Zukunftseinsicht und sind andererseits Handlungsmotive im initiatorischen Sinne. — Vor allem der Wunsch ist als zukunftsträchtiges Motiv allzeitiger Gegenstand der Dichtung — überwirklich erfüllungssicher in der Wunschwelt des Märchens, die darum entrückt ist in jene „alten Zeiten, wo das Wünschen noch geholfen hat“. — Daß andererseits etwa in einem Zweig der Dichtung unserer Tage die Angst zum beherrschenden Motiv menschlichen Handelns wird, kennzeichnet deutlich deren eigene „Grenzsituation" am Saum der Wirklichkeit.

Wir werden Wunsch und Angst als vorausdeutende Motive im dichterischen Vorgang gelegentlich mit berücksichtigen müssen, wenden uns aber nun insbesondere denjenigen Motiven zu, die den Personen der Dichtung und dem an ihrem Geschick teilnehmenden Leser in bestimmten Phasen des Geschehens *Einsichten* in die Zukunft vermitteln. Denn bei diesen Motiven: Traum, Ahnung, Vorzeichen; Prophetie, Weissagung; bedeutend vorgebrachter Warnung und Verheißung — ist die *Vorbedeutung künftiger Geschicke* das ausdrückliche Anliegen.

Allerdings muß man sofort sorgfältig scheiden zwischen der Wirkung der Zukunftseinsicht auf die handelnden Personen und ihrer erzählerischen Wirkung auf den Leser! Für die Handelnden ergibt sich der weiteste Spielraum zwischen höchster Wirksamkeit oder völliger Unwirksamkeit der Zukunftseinsicht auf ihre weiteren Unternehmungen. Da ist der junge Albano in Jean Pauls „Titan", dessen ganzes Trachten auf die Enthüllung und Erfüllung des ihm vorbedeuteten Schicksals gerichtet ist, und dem gegenüber der junge „Helmbrecht", der die prophetischen Träume seines Vaters hoffärtig in den Wind schlägt; da ist Krimhild, die lange Jahre hindurch bewußt der Weisung des Falkentraumes zu begegnen sucht und schließlich doch zu dessen Erfüllung selbst beiträgt, und auf der anderen Seite das verwunschene Königskind „Dornröschen", das völlig ahnungslos heranwächst und ‚blind' ein vorbestimmtes Geschick erfährt.

Die reale Wirkung der Zukunftseinsicht auf die Personen der Handlung ist also — obgleich einige Grundformen wie tragisches Überhören einer Warnung oder anfängliches Mißverständnis von Träumen und Verheißungen als konflikterregende Motive immer wiederkehren — so individuell verschieden wie die Handlungen selbst.

Nicht so ihre erzählerische Wirkung auf den Leser. Wo Träume, Ahnungen, Prophezeiungen im Laufe des erzählten Geschehens kundgetan werden, da steuern sie merkwürdigerweise trotz ihrer theoretischen Unverbindlichkeit den Leser in einer ähnlichen Weise wie es durch die gewissen Vorausdeutungen des Erzählers geschieht. Und das nicht nur, wenn die handelnde Person die Prophetie selbst ernst nimmt! Hier deutet sich ein höchst eigentümliches und wichtiges Gesetz des Erzählens an. Denn mag der junge Helmbrecht die Träume seines Vaters auch hoffärtig abtun, dem Zuhörer malen sie an Ort und Stelle bereits in dunklem Umriß das schmähliche Ende des Helden aus. Und welcher Hörer erwartete nicht mit Sicherheit das Eintreffen und die Folgen jener Verwünschung, die über der Wiege Dornröschens ausgesprochen wird, und bangte nicht fortan um die Lösung eines Zaubers, der sich viele Jahre später überhaupt erst realisiert?

Auch Vorausdeutungen also, die keine unmittelbare Wirkung auf die Handlung zeitigen, lassen den Leser eine künftige Handlungsphase oder den Gesamtausgang mehr oder minder bestimmt antizipieren und stellen jedenfalls das Folgegeschehen unter den Aspekt eines noch fernen Unglücks oder Glücks.

Diesem Erzählphänomen, das man aus der Erfahrung leicht bestätigen wird und das erst auf den zweiten Blick eigentümlich erscheint, muß unsere weitere Aufmerksamkeit gelten. Denn der Umstand, daß auch „ungewisse" Vorausdeutungen dem Leser einen Blick in die Zukunft der Erzählung gewähren und ihn „vorwissend" an der weiteren Geschehensfolge teilhaben lassen, ist geeignet, die besondere und dem realen Leben nicht gleichermaßen innewohnende *Schlüssigkeit* dichterischer Gefüge von unerwarteter Seite zu beleuchten.

Vorweg aber gilt es, im motivischen Bereich und sodann in der erzählerischen Handhabung solcher Vorausdeutungen diejenigen zu mustern, die von sich aus der sicheren Zukunftseinsicht des Lesers Vorschub leisten.

IV. Die Beglaubigung ungewisser Vorausdeutungen

1. Beglaubigung durch die Art der Verkündigung. In gewissen Bereichen erzählender Dichtkunst verbietet sich jeder Zweifel an der Erfüllung einer Voraussage von vorneherein: Dort nämlich, wo das Walten göttlicher, mythischer oder dämonischer Mächte den eigentlichen Erzählgegenstand ausmacht —; vorab also in

Legende und *Märchen* und in bestimmten Bezirken der *Sage*. Wo in christlicher Dichtung die Stimme Gottes oder die himmlischer Boten unmittelbar vernehmlich wird, ist ihre Weisung letztverbindlich und absolut schlüssig, weil ,Vorsehung' und ,Fügung', d. h. Zukunftseinsicht und -gestaltung, hier eins sind. In der Legende kann es deshalb geschehen, daß nach konkreter göttlicher Verheißung der reale Vollzug der Ereignisse nurmehr schier beiläufig vermeldet wird: Er versteht sich — auch für den Leser — von selbst.

So erscheint Petrus dem Papst „Sylvester" in der Legende Konrads von Würzburg und bezeichnet ihm in allen Einzelheiten die Stätte, da er den Drachen vorfinden, und die Mittel, mit denen er ihn überwinden wird (v. 771—814). — In wenigen Versen erfahren wir dann: Sylvester „gienc darnider in den berc", und —

> er tet ân alle vorhte
> daz im geboten haete
> der zwelf bote staete,
> *als ich dâ vorne hân geseit.*
>
> (v. 827, 830—33.)

Und ohne weiteres schreitet die Erzählung fort. Eben in der Aussparung des Abenteuers und dem didaktischen Rückverweis an seiner Statt liegt hier die stärkste Bekräftigung der himmlischen Verheißung[86].

Wo die Stimme Gottes oder seiner Sendboten unmittelbare Zukunftsweisungen gibt, tragen diese ihre Erfüllung in sich — womöglich sicherer noch als die des „second maker", des Dichters selbst. Freilich können diese Weisungen ganz im Unbestimmten bleiben und dann die reale Zukunftsspannung unvermindert bestehen lassen. Aber wenn der Held einer Erzählung in höchster Bedrängnis nur die göttliche Weisung erhält, auszuharren, da seine Errettung beschlossen sei, so rücken für den Leser alle künftigen Ereignisse damit unter den sicheren Aspekt dieser Wendung.

In der XXIV. Aventiure der „Kudrun" erscheint ein Engel in Gestalt eines Vogels und verkündet der gefangenen Heldin mit geheimnisvollen Andeutungen die nahe Rettung. Obwohl sich die Not Kudruns danach noch verschärft, wertet der Leser alle Grausamkeiten Gerlinds von jenem Zeitpunkt ab als

ohnmächtige Unternehmungen. — Aber erst der christliche
Dichter des Liedes läßt in dem weissagenden Vogel einen
„gotes engel hêre" verborgen sein. Die ältere Sage mag
sich zur Prophetie einer Meerfrau bedient haben, die mit ihrem
Schwanenhemd Vogelgestalt angenommen hatte[87]. Das heid-
nisch-mythische Motiv wäre dann durch ein gleichsinniges christ-
liches ersetzt, das dessen Funktionen getreulich wiedergibt.

So läßt sich verallgemeinern: Wo eine überirdische oder
dämonische Macht ausdrücklich in der Erzählung als Künder
der Zukunft deklariert wird oder wo sie die Erfüllung eines
menschlichen Wunsches sicher zusagt, da ist die Zukunft der
Handlung sicher festgelegt, und alle gegenläufigen Ereignisse
werden als ‚Kontraststufen', als Hürden auf dem Wege gewertet[88]

Damit stünden wir beim Märchen, in dessen Wunderwelt das
Eingreifen überirdischer Mächte alltäglich und die Erfüllung
von Wünschen ganz in der Ordnung ist. In der Welt des
Märchens ist der Gegensatz zwischen menschlicher und überirdischer Wirklichkeit, der in der Legende scharf und in der
Sage noch mehr oder minder deutlich ausgespielt wird, vielfach vollends aufgehoben; das Wunderbare wird nicht mehr als
theologisch oder mythisch Glaubhaftes, sondern als poetisches
Faktum dargeboten: Das skeptische Verlangen nach „Beglaubigung" der Vorgänge — und also der Vorausdeutungen — ist
hier überhaupt irrelevant. Niemand, weder Held noch Leser,
verwundert sich über seltsame Gesichte und Eingebungen
(im Gegensatz zu Sage und Legende!). Sie treten dann auch
lapidar am zweckmäßigen Ort in Erscheinung, und ihre Erfüllung bedarf dann keiner weiteren Begründung[89]. Wo also
hier geweissagt oder geträumt, verheißen oder verwünscht
wird, handelt es sich um Ereignisse von unfehlbarer Bedeutung
für das künftige Geschehen.

Allerdings mit einer Einschränkung: Im Märchen ist nicht
eine Wundermacht, sondern im allgemeinen sind mehrere
oder viele solcher Mächte am Werk. Es kann also geschehen,
daß eine Verheißung die andere zwar nicht entkräftet, aber im
Endeffekt überspielt. Eine Verwünschung ruft andere Wunder-
kräfte auf den Plan — wie es ja in unserem Dornröschen-Bei-

spiel der Fall ist —, und so setzt auch hier die Zukunftsspannung keineswegs aus, sondern wird gerade auf das Widerspiel dieser Kräfte durch Vorausdeutungen von vorneherein ausgerichtet.

2. Beglaubigung durch die Umstände der Verkündigung. Auch Vorausdeutungen aus Menschenmund können durch gewisse Darbietungsregeln eine besondere Bekräftigung erfahren. Kehren bestimmte Ahnungen oder Prophetien vor wichtigen Handlungsphasen wieder, so mehrt sich mit jedem Eintreffen einer Vorausdeutung das Vertrauen des Lesers zu diesem Ritus von Weissagung und Erfüllung. Ebenso verstärken wiederholte Prophezeiungen *eines* Ereignisses die Zukunftserwartung des Lesers. Es gibt Erzählungen, deren Konflikte regelmäßig durch ungewisse Vorausdeutungen anvisiert werden. In Stifters „Witiko" verzahnen gar die Weissagungen Huldriks die einzelnen Vorgangsphasen dadurch, daß jeweils, wenn die eine nahezu erfüllt ist, die nächste ausgesprochen wird. Ähnlich untrüglich sind alsbald die „trüben Ahnungen der Zukunft", die den „Michael Kohlhaas" vor jedem Mißgeschick überkommen[90].

Eng damit verbunden ist auch die poetische Beglaubigung einer Vorausdeutung durch wiederholte *Erinnerung* der handelnden Personen an eine anfangs dunkle Vorbestimmung. So regeneriert gerade der Rückblick die Wirkkraft einer ungewissen Vorausdeutung und wirft sie weiter in die Zukunft hinein — ein eindringlicher Beweis für die Strahl-Natur dieser Erzählglieder und für das komplizierte, aber höchst gesetzmäßige Ineinanderspiel der Einzelglieder im Gewebe der Erzählung.

Sobald also mehrere Zukunftsweisungen — sei es durch Einheit der Person oder Einheit der Sache — sich zu einem Vorausdeutungskomplex oder gar zu einer *Leitmotiv*-Kette zusammenschließen, ist ihre Funktion im poetischen Vorgang der Fragwürdigkeit realer Zukunftseinsichten zunehmend enthoben. Das Gesetz der Wiederholung entfaltet hier wie allenthalben in der Kunst seine autonome Wirksamkeit.

Schließlich gibt es noch eine besondere, mehr spielerische Form der Beglaubigung. Eine bedeutungsschwere Weissagung kann dadurch bekräftigt werden, daß sie mit einer relativ unbedeutenden, aber demonstrativ eintreffenden Voraussage gekoppelt wird.

Zum Beweise dafür, daß ihre wichtigen Prophezeiungen von Belang sind, fordert der Kurfürst von Preußen im „Michael Kohlhaas" von der Zigeunerin „ein Zeichen, das sich heute noch erproben ließe". Sie sagt voraus, der Rehbock aus dem Gatter seines Gärtners werde ihm alsbald hier auf dem Markte entgegenkommen. Allen sogleich ergriffenen Gegenmaßnahmen zum Trotz geht diese Weissagung prompt in Erfüllung.

Der Kurfürst ist aufs höchste betroffen, die bedeutsame Zukunftsweisung für sein Herrscherhaus ist an Ort und Stelle ‚beglaubigt'. Aber auch die übrigen Weissagungen der Zigeunerin in späteren Situationen der Erzahlung sind nun „so gut wie sicher".

Hemingway bedient sich in „For Whom the Bell tolls" des gleichen Mittels, um die Weissagungskraft der Zigeunerin Pilar zu bezeugen. Ihre dunkle Voraussage über das Schicksal der beiden Liebenden ist gekoppelt mit einer simplen aber unwahrscheinlichen Wettervorhersage: es werde jetzt, Ende Mai, Schnee geben (Kap. 13). Der skeptische Amerikaner nimmt die Schicksalsvorhersage als „gipsy stuff", als Zigeunergefasel, und beharrt auch darauf: „It can't be snow", he said, „it *can't* snow." Auf derselben Seite noch heißt es: „By the time they reached the camp it was snowing...."

An bedeutsamer Stelle ist das dunkle Zukunftswissen der Zigeunerin einmal von der Seite her bestätigt, und die unmittelbare Korrelation des Beiläufigen mit dem Bedeutenden übt einen unleugbaren Druck auch auf die Zukunftserwartung des Lesers aus.

Der psychologischen Einstimmung auf künftige Vorgänge dienen keineswegs nur beiläufige Vorausdeutungen. Sie gehören zusammen mit zeichenhaften Bagatellen verschiedenster Art in den weiten Bereich der mittelbaren Handlungsmotive, denen bereits Petsch die besondere Funktion zumaß, die „Mehr-Dimensionalität des Gesamtvorgangs fühlbar zu machen" (L. 142; S. 133).

3. Beglaubigung durch Eingriff des Erzählers. Das direkte und unverblümte Mittel schließlich, eine ungewisse Vorausdeutung an Ort und Stelle zu beglaubigen, ist ihre vorwegnehmende oder gleichzeitige Bestätigung durch den Erzähler: Ihre Verkoppelung also mit einer zukunftsgewissen Voraussage. Der Erzähler, der konsequent seine Allwissenheit hervorkehrt, wird nicht versäumen, gerade die geheimnisvoll zukunftsträchtigen Begebenheiten mit einem ausdrücklichen Fingerzeig zu versehen. Auch einleitende Erzähler-Vorausdeutungen beglaubigen spätere gleichsinnige Zeichen und Weissagungen. Wenn einmal der Tod einer Person gewiß angekündigt ist, dann weiß der Leser um den Sinn aller Zeichen und halben Andeutungen in der Handlung, deutet und bewahrt sie sicher, und gerade an der Diskrepanz zwischen seiner eigenen Einsicht und der Unwissenheit der betroffenen Person entzündet sich seine Anteilnahme.

In Hauffs „Sage vom Hirschgulden" (in: „Das Wirtshaus im Spessart") erzählt in dem Augenblick, da die beiden Brüder ihren häßlichen Charakter voll offenbaren, der eine von einer Prophezeiung, in der zum ersten Mal in der Erzählung der „Hirschgulden" auftaucht, verlacht sie aber gleichzeitig: Durch den *Titel* der Erzählung ist diese Stelle sofort als sichere Endvoraussage gezeichnet.

Es bedarf hier keiner weiteren Prüfung: Wo die ungewissen Vorausdeutungen in eine bereits gewiß vorgezeichnete Richtung weisen, sind sie nicht Frage-, sondern Ausrufezeichen in der Syntax des Geschehens!

V. Die Verkleidung ungewisser Vorausdeutungen

1. Die gleichnishafte Vorausdeutung. Durch überwirkliche Beglaubigung, durch künstliche Darbietungsmittel und schließlich durch direkte Bestätigung des Erzählers geben ungewisse Vorausdeutungen deutlich genug zu erkennen, daß sie auf eine Zukunft angelegt sind, die der erzählten Gegenwart *antwortet.*

Gilt diese poetische Antwortregel aber auch für jene Vorausdeutungen, die vom Erzähler selbst an Ort und Stelle ganz im Ungewissen gehalten oder nur beiläufig berichtet werden, für jene doppelzüngigen Andeutungen endlich, mit denen bewußt eine *trügerische* Zukunftserwartung ausgelöst wird?

Konstatieren wir zunächst — wobei die humoristische oder ironische Erzählung noch aus dem Spiel bleibt —, daß ebenso wie die poetische Beglaubigung auch die poetische *Verkleidung* einer Vorausdeutung in die Macht des Dichters gestellt ist. Hier entfaltet sich eine Fülle von dichterischen Darbietungsmöglichkeiten, denn zu den Mitteln der Verkleidung gehören alle still nachwirkenden Begleitmotive von der kurzen lyrischen Einlage bis zur ausgedehnten Parallelhandlung. Sehr häufig erweisen sich nämlich eingefügte Erzähleinlagen, Beschreibungen und Lyrismen als vorbedeutend in unserem engeren Sinne. Eingeschobene Geschichten wie „Die wunderlichen Nachbarskinder" in den „Wahlverwandtschaften", Berichte wie die von einem Irrsinnigen im Liebeswahn und einem Mörder aus Eifersucht im „Werther" (2. Buch, Mitte), Reimsprüche und Lieder, wie sie Achim von Arnim und andere Dichter seiner Zeit in ihre Novellen einflechten, tragen neben ihrer Eigenbedeutung in sich ein gleichnishaft-vorweisendes Element, das je nach der Stellung des Erzählgliedes im ganzen entweder unbestimmt auf künftige Verwicklungen vorbereitet oder aber an den Ausgang der bereits ausreifenden Haupthandlung gemahnt. Gerade Werthers Verteidigung jenes liebestollen Mörders führt zu dem ahnungsschweren Wort: „Du bist nicht zu retten, Unglücklicher! Ich sehe wohl, daß wir nicht zu retten sind."

Womöglich noch vielgestaltiger sind die suggestiv einstimmenden Erzählpartien, etwa die „Wetter-Parallelismen" an Szeneneingängen (vgl. ob. S. 91), die einen bedrückenden Schatten oder verheißungsvolles Licht auf das zu erzählende Geschehen vorauswerfen, oder gar ungewisse Vorstimmungen der handelnden Personen selbst. Alle diese verkleideten Hinweise entdecken dem Leser die Zukunft freilich nicht in dem Sinne, daß er ihnen sachliche Auskünfte über das fernere Geschehen abgewinnen könnte, aber sie schließen ihn auf für die künftigen Erlebnisse, die er dann mit einem lösenden „Ja, so mußte es kommen!" quittiert; kurz, sie bauen einem *Erfüllungserlebnis* vor[91].

So mag deutlich werden, in welch großem Maße jede Dichtung der pragmatischen Gattungen — denn die ungewissen Vorausdeutungen beherrschen das Drama noch mehr als die Erzählung — durchwoben ist von Elementen, die sichtbar oder verdeckt die Vorgangsphasen indizieren und damit Anteilnahme in eigentlichem Sinne, nämlich synthetischen Mitvollzug des Lesers, ermöglichen. Damit erkennen wir in der Vorausdeutung tatsächlich „nahezu ein Prinzip der Gestaltung" dichterischer Gebilde (Gerlötei, S. 58).

2. *Die trügerische Vorspiegelung.* In diesen Kreis gehören schließlich auch die Vorspiegelungen der Zukunft, mit denen der Dichter absichtlich verschleiern oder trügerische Erwartung und schließlich Überraschung auslösen will: ein vor allem in der Hand des humoristischen Erzählers und in der Detektivgeschichte ganz elementares Erzählmittel. Auf der Erweckung falscher Hoffnungen oder falscher Besorgnisse im Leser baut sich ein Großteil aller witzigen Effekte auf. Von der ironisch-bagatellisierten Auflösung dunkler Vorausdeutungen lebt geradezu die romantische Schauernovelle[92]. Und die Anbringung trügerischer Indizien für den Fortgang der Handlung verbürgt eben die überraschende Auflösung des Detektiv-Romans.

Übersieht man diese Dichtungen vom Ausgang her, so bekunden auch die irreleitenden Vorausdeutungen klar ihre erzählerische Funktion. Auch sie beweisen eine Steuerkraft, indem sie gerade *die* Zukunftserwartung des Lesers erwecken, die zur erstrebten komischen oder sensationellen Wirkung des Phasen- oder Gesamtausgangs notwendig ist. Recht besehen, haben also auch diese Vorausdeutungen ein erzählerisches bzw. dramatisches ‚Deutungsziel', das in der Richtung einer poetischen *Antwort* liegt. Nur daß die Erfüllung hier auf der Erkenntnis eines Umwegs oder Umschlages in dem *vorgespiegelten* Zusammenhang des Vorgangs beruht! Sie ergibt sich beim plötzlichen Aufriß des *anderen* Zusammenhanges, und gerade den Treffpunkt beider, den Umsturz einer vorgespiegelten Lösungshypothese durch eine andere, überraschende Lösung bezeichnen wir füglich als Pointe eines Vorgangs. Die erstrebte Reaktion des Lesers muß hier im Gegensatz zu dem „Ja, so mußte es kommen!" — „Nein, *gerade das* hatte ich *nicht* erwartet!" lauten, womit vielleicht am deutlichsten gesagt ist, daß auch die schillernde oder täuschende Vor-Spiegelung zur Integration bestimmter pragmatischer Dichtungen, zu ihrer ‚Erfüllung' also, wesentlich beiträgt.

In der Verlaufsrichtung betrachtet, sind solche Trug-Deutungen wesentlich zur Spannungs- und Konflikterregung bestimmt; jedoch wirkt sich diese Spannung häufig gerade nicht am Ort ihrer Anbringung, sondern erst dort aus, wo vorbedeutetes und tatsächliches Geschehen in Gegensatz zueinander treten.

Weiten wir unseren Blickkreis über die auf humoristische oder sensationelle Wirkung zielende Dichtung hinaus wieder ins Allgemeine, so begegnen wir in der katastrophenschürzenden Novelle, aber gerade auch im großen Epos oder Roman den gleichen Vordeutungsformen. Zukunftsandeutungen, die gerade in ihrer Beiläufigkeit Aufbauelemente zur Endkatastrophe sind, finden sich in der Einführung von Mérimées Novelle „La Venus d'Ille":

Zweimal wird dort die bevorstehende Hochzeit erwähnt: Zuerst aus der Perspektive des einfachen Katalanen, der sich auf ein ‚feines Fest' freut, sodann aus der Perspektive von Alfons' Vater, der mit einem Blick auf den Sohn leichthin von der Bagatelle redet, die man übermorgen erledigen werde. — Beide Male springt die Unterhaltung alsbald auf das Venusbild über.

Die Hochzeit wird ein unpersönliches und sogar abstoßendes Fest; und sie bringt für Alfons das erschütternde und schließlich todbringende Erlebnis mit dem Venusbild.

Durch die Eingangsbemerkungen, die aus der ‚Normallage' der Personen gegeben sind und die den Leser auf ein ‚normales' Ereignis vorbereiten, profiliert sich bereits der *Eintritt* des Ungewöhnlichen schärfer heraus — ein überaus häufiges Mittel erzählerischer Exposition.

Tragische Umschläge werden auch bei währendem Handlungsfluß durch Ausblick auf die scheinbar verheißungsvolle Zukunft vorbereitet. Auf ein solches Gelenk in der Handlung verweist in Balzac's „Père Goriot" die Stelle, an der Goriot verkündet, daß am folgenden Tage sein glückliches Leben beginnen werde; eben dieser Tag wird Auftakt seines Endes (darüber G. Müller, L. 128). Gegenläufige Hoffnungen und Projekte vermögen auf eine besonders eindringliche Weise den tatsächlichen, menschlichen Wünschen spottenden Lauf des Schicksal zu akzentuieren.

So legt der Dichter des „Nibelungenliedes" auf die Warnungen Hagens vor Etzels Werbung um Krimhild Gernot die Antwort in den Mund:

„ez mag alsô belîben unz an ir beider tôt,
daz wir gerîten nimmer in Etzelen lant."
(Str. B, 1211; gemeint sind Etzels und Krimhilds Tod.)

Solche sichere Formulierung und ebenso Hagens dringende Warnungen in dieser Szene sind — wie Werner Richter (L 150, S. 23) ausführt — vom Ausgang bzw. von späteren Ereignissen her konzipiert und eben mit Berechnung auf die folgende Katastrophe hier angebracht. Denn wie käme Gernot dazu, eine Fahrt zu erwähnen, die bislang noch gar nicht in Betracht steht? Werner Richter verweist gerade auf diese, der tatsächlichen Zukunft zuwiderlaufenden Worte Gernots, um zu zeigen, daß „hier Zukunft antizipiert" ist! Und das Argument Gernots ist selbst ein Glied in der Kette der Beschlüsse, die zur Entsendung Krimhilds und damit auf die Katastrophe hinführen. Gerade das aber bestätigt, daß auch hier die vorhin herausgestellte „Antwortregel" wirksam ist. Gegenwart und Zukunft spielen sich hier wie Gegengewichte aufeinander ein.

Über eine lange Strecke hin ist die Dialektik zwischen Zukunftsvorstellung und zukünftiger Entwicklung in Tolstoi's „Krieg und Frieden" zu verfolgen. Die beiden Paare, die im Kap. I, 13 einander versprechen und in einem Falle sogar die Zeit der Vermählung über vier Jahre hin festlegen, verlieren einander in der Folgezeit, wobei gesellschaftliche und kriegsbedingte Umstände eine gewichtige Rolle spielen. Eben um diese Umstände und ihre Wirkkraft — vor allem auch die ökonomischen Hindernisse — zu akzentuieren, braucht Tolstoi diese vorherige Zukunftsbindung! Die ‚falsche' Zukunftsweisung ist hier wesentlich zur Konfliktsetzung.

Mittel einer Überraschungstechnik, die in verschiedenster Höhenlage der Abenteuererzählung von jeher eignen, sind die beiden Hinweise auf den unmittelbar bevorstehenden Tod des Fürsten Andrei, von denen nur die letzte — aber auch diese erst nach unvorhergesehener Retardation — sich schließlich erfüllt. (Vgl. Abschluß des III. Teils und Abschluß des Kap. X, 37.)

Solche Ankündigungen und Gefahrbeschwörungen ähnlicher Art, die sich unschwer häufen lassen, führen uns wieder in die Nähe der sensationellen Wirkung. Auch sie machen aber kenntlich, daß der Dichter nicht ohne ein bestimmtes Deutungsziel seine Personen falsch in die Zukunft weisen läßt. Die Beziehung der Trug-Vorausdeutung zum epischen Vorgang unterscheidet sich zwar wesentlich von den gestaltbildenden Kräften der gradsinnigen Vorausdeutung und selbst von deren verkleideten Formen; nicht weniger als jene trägt sie jedoch zur Gliederung und Profilierung des Vorgangs bei und mehr noch als jene zur Demonstration menschlicher Ohnmacht vor übermächtigem Geschick.

VI. Absolute oder relative Ungewißheit?

Es haben sich bereits einige Zweifel daran ergeben, daß die Ungewißheit der Zukunftseinsichten in der Erzählung mit der tatsächlichen Unverbindlichkeit menschlicher Zukunftserwartung identisch ist. Diese Zweifel werden zu Gewißheit, wenn man die erzählerische Funktion und die Anordnung ungewisser Vorausdeutungen im Erzählfluß mit den Formen der Erzählervorausdeutung vergleicht. Wie weit man die Nachprüfung auch treibt, nirgends finden sich grundsätzliche Abweichungen von den Verhältnissen, die wir bereits am Erzählereingriff studieren konnten, und es wäre geradezu langweilig, jene Kapitel hier zu wiederholen[93].

Besondere Spielarten ergeben sich allenfalls dadurch, daß die ungewissen Vorausdeutungen selbst Glieder des erzählten Geschehens sind. Dadurch geht ihre Einfügung in den Erzählfluß oft unauffälliger vonstatten, und gelegentlich muß man sie aus Splittern zusammenfügen. Andererseits können sie von sich aus den Mittelpunkt einer Szene oder gar den Erregungspunkt der Handlung bilden, während der Erzähler mit seinen Eingriffen solche Ereignisse nur begleiten kann. Schließlich können sie sich sogar ausweiten zu ganzen Handlungen mit eigenem Verlauf und Ziel. Das gilt vor allem für die verkleideten Vorausdeutungen in Gestalt eingefügter *Parallelgeschichten*, die spätere Phasen der Haupthandlung von der Seite her projizieren oder konfrontieren[94]. Die eigentümliche

Doppelwertigkeit solcher Erzählpartien als eine an sich interessierende Handlung und als einführende Vorausdeutung auf das Hauptgeschehen stellt der Interpretation oft reizvolle Probleme.

Alle diese gegenständlichen Einführungen in die Erzählzukunft bestätigen aber nur auf eigene Weise das feste Beziehungssystem, daß auch zwischen ungewisser Vorausdeutung und erzählter Zukunft waltet.

Ein letztes Problem stellen die *abschließenden* Formen der ungewissen Vorausdeutungen. Hier könnte wirklich eine reale Ungewißheit über die Zukunft verbleiben, da von dieser Zukunft ja nicht mehr erzählt wird, als die Personen darüber wissen. Nur der Erzähler selbst kann über die Handlung hinaus verbindlich Fakten und Tendenzen der Zukunft bekanntgeben; die Personen vermögen ihrerseits nur *Wünsche* oder *Erwartungen* zu äußern. Muß die Erfüllung solcher Erwartungen nicht grundsätzlich ungewiß bleiben, da ihnen doch keine Antwort mehr folgt?

Tatsächlich gibt es Erzählungen, die auf kunstvolle Weise dem Leser die Wahl zwischen mehreren möglichen Lösungen lassen. Aber schon darin liegt ein Unterschied zur realen Unverbindlichkeit der Zukunft, die eine unbegrenzte Zahl von Lösungen jederzeit bereithält. Auch ein offener, oder gar absichtlich fragmentarischer Schluß ist nur dann gelungen, wenn er dem Leser bestimmte Erfüllungsmöglichkeiten zur Auswahl stellt!

Weit bedeutsamer aber ist, daß mit abschließenden Wünschen oder Erwartungen der handelnden Personen auch *eine* ganz bestimmte Lösung herbeigeführt werden kann. Wieder begegnen wir hier einem poetischen Gesetz, daß die reale Zukunftsungewißheit überspielt.

Die kleine, meisterhafte Erzählung aus Johann Peter Hebels „Schatzkästlein": „Unverhofftes Wiedersehen", schildert die lebenslange Treue einer Frau, die ihren Verlobten acht Tage vor der Hochzeit durch ein Bergwerksunglück verlor. Fünfzig Jahre sind wie acht Tage für diese Treue.... Nach dieser Zeit findet man die unversehrte Leiche des Bräutigams, und die Greisin geleitet ihn zum Grab.

„,Schlafe nun wohl, noch einen Tag oder zehn im kühlen Hoch-
zeitsbett, und laß dir die Zeit nicht lang werden. Ich habe nur noch
wenig zu tun und komme bald, und bald wird's wieder Tag. Was
die Erde einmal wiedergegeben hat, wird sie zum zweiten Male auch
nicht behalten' sagte sie, als sie fortging und noch einmal umschaute."
(Ende)
Niemand, und am wenigsten der Dichter selbst, wird die grad-
sinnige Erfüllung dieser Zukunftserwartung noch mit einem Frage-
zeichen versehen wollen. Die Erwartung der endlichen Vereinigung
im Grab nach „einem Tag oder zehn" und vor allem das gemeinsame
Erwachen im ewigen „Tag" öffnet erst das Tor zum sinngerechten
Schluß des Ganzen. Diese Zukunft ist das poetische Siegel dieses
Gedichtes von menschlicher Treue, und deshalb liegt sie bereits in
den ausgesprochenen Wünschen vor dem Leser offen und endgültig
ausgebreitet.

Die gedrängte Interpretation soll nur eines verdeutlichen:
Diese Zukunftserwartung entbehrt innerhalb der Dichtung
völlig jener Relativität, die menschlichen Wünschen in der
realen Wirklichkeit eignet; ihr haftet nicht ‚Konjunktivisches‘
an, sie ist auf Grund des poetischen Zusammenhangs ‚erfüllungssicher‘!
Sofort erinnert diese Abschlußart an die symbolisch verkürzten Erzählungsausgänge, die eine neue Epoche nur entwerfen,
aber nicht mehr ausführen — hier besonders an das Motiv des
„Tagesanbruchs" als Erzählschluß. In der Tat ist auch den
ungewissen Zukunftsentwürfen der Personen am Erzählschluß
eine poetische Antwort eingegeben. Diese Erfüllung muß natürlich nicht, wie in Hebels Erzählung, im „Jenseits" liegen,
womit sie letzlich auch auf einer religiösen Gewißheit beruht.
Die Zukunftspläne etwa, die Manon am Ende der „Poggenpuhls" äußert, zielen durchaus ins Alltagsleben und haben
ihre besondere ‚Schlüssigkeit‘ gar darin, daß diese Zukunft
um keinen Deut anders sein wird als die erzählte Vergangenheit
und Gegenwart. Eben in dem realistischen Ausblick auf die
Wandlungslosigkeit der „Poggenpuhl'schen Welt" liegt dort
der ideale Nexus des Vorgangs beschlossen.
Auch in den abschließenden Formen ungewisser Vorausdeutung rundet sich also der Vorgang, stößt auf ein abschließen-
des Ereignis vor oder schwingt in eine Ruhelage aus[95].

Nur wird das dem Leser hier nicht mehr gesagt, sondern als Ergänzung von ihm gefordert, und wenn irgend das Wort Lubbock's „the critical reader — is himself a novellist" (S. 17) Gültigkeit besitzt, dann hier, wo er sich überdenkend oder nachfühlend den eigentlichen Schluß selbst aus einem ‚Entwurf' erstellt. Er kann es deshalb, weil er eben nur *nach*zuspüren hat, auf welche Erfüllung dieser Entwurf angelegt ist.

Kunst: eine andere Natur

Alles kreatürliche Leben kommt aus einer entschiedenen Vergangenheit und geht einer offenen Zukunft entgegen. Daß in der Dichtung nicht nur die allwissenden Vorausdeutungen des Erzählers, sondern auch die Zukunftweisungen im Geschehen selbst regelhaft eine poetische ‚Antwort' nach sich ziehen, widerstreitet jener realen Lebenswahrheit.

Das Leben kann nicht nur anders als gedacht, sondern muß überhaupt nicht auf die Zukunftseinsicht eines Menschen reagieren; es kann gleichgültig über Weissagungen und Ahnungen, über Wünsche und Absichten hinweggehen. — Die Personen einer Dichtung erleben die Zukunft nicht anders, außer sie befinden sich in einem wunderbaren Einvernehmen mit der Überwelt, das sich als dichterische Fiktion bereits offen kundtut. Aber auch dort, wo im dichterischen Vorgang keinerlei Wundergläubigkeit herrscht, wo die Menschen nur mit normalem Erkenntnisvermögen ausgestattet sind und also der Zukunft unwissend und machtlos gegenüberstehen, auch dort stehen die Vorausdeutungen, die ihnen widerfahren, stehen ihre eigenen Zukunftsträume, Ahnungen und Trugbilder — gewissermaßen über ihren Kopf hinweg — in Korrespondenz mit künftigen Erzählpartien. Das Geschehen kann zunächst an diesen Vorzeichen vorbeigehen, auch der Leser kann zu Mißverständnissen verleitet werden, bis seine Fehlerwartung plötzlich eine tragische oder komische oder nur sensationelle Auflösung erfährt — in jedem Fall antwortet die Zukunft in der Dichtung auf dieses Vorzeichen und bestätigt damit seinen Sinn oder auch Hintersinn. Vergangenheit und Zukunft sind in der Dichtung aufeinander zugeschnitten, wobei keineswegs Kausalität, jedenfalls aber Finalität das ontologische Kriterium dieses Zusammenspiels ist. Diese aber kann dem Leben durchaus fehlen oder doch menschlicher Anschauung und Erkenntnis verborgen bleiben. Hier nun erschließt sich an einem besonderen Phänomen der Dichtung, nämlich an den ungewissen Vorausdeutungen positiv das Gesetz von der ‚endlichen‘ und darum stets auf *Bedeutung* angelegten Struktur dichterischer Vorgänge, die durchaus verschieden sein muß von den allseitig offenen und für den Menschen keineswegs grundsätzlich ‚bedeutsamen‘ Vorgängen in der realen Wirklichkeit. Auch erzählende Dichtung — das erweist sich hier auf induktivem Wege — stellt eine durchaus geschlossene Welt dar, in Anhub und Lösung selbstgenügsam sich vollendend. In diesem künstlichen Gebilde, das sich stets mit der realen Welt ‚auseinandersetzt‘, hat eigenem Gesetz zufolge nur das Platz, was nach der Intention des Dichters[96] zu dieser Auseinandersetzung beiträgt.

Diese Umgrenzung der dichterischen Intention ist freilich von sphärischer Art und hat nichts mit der vieldiskutierten ‚Einheit der Handlung‘ zu tun. Sie umgreift wuchernde Erzähllaune ebenso wie ausschweifende Stoff-Freudigkeit. Begründet ist sie letztlich darin, daß die Kunst ihrer Natur nach dem *personalen Verstande* und nicht dem unendlichen Kosmos unmittelbar entspringt — wie es schon die bekannte Maxime Goethes begreiflich zu machen sucht[97].

Die Umgrenzung der poetischen Welt mag geheim und gerade im umfangreichen Roman weithin verdeckt sein, so daß es immer wieder der besonderen Interpretation bedarf, um sie ans Licht zu heben. Daß auch assoziativ bereichernde, trügerische und verrätselnde Motive in diesen Bereich gehören, haben wir wiederholt festgestellt. Auch das Auftreten sogenannter *blinder Motive* stellt diese besondere ‚Natur‘ des Kunstwerks nicht in Frage; es wirft vielmehr nur ein besonderes Licht auf die begrenzte Bewältigung aller andrängenden Möglichkeiten durch den personalen Verstand. Denn so wenig ein Erzählwerk ganz ohne Motivverbund zu denken ist, so wenig hebt ein unerfülltes Motiv das Beziehungssystem der übrigen auf. Es macht eher die isolierte Welt des künstlerisch tragenden Motivkomplexes besonders deutlich. Und gerade weil der Leser diese Begrenzung mindestens unbewußt akzeptiert, findet er die Nicht-Erfüllung spannungserregender Motive unbefriedigend oder peinlich, und der Interpret sucht sie allenfalls mit ihrer besonderen örtlichen Wirksamkeit zu entschuldigen[97a]. Das bezeugt schon, daß dem wirklich blinden und nicht bloß trügerischen Motiv ein Schlakkenrest anhaftet: daß es nicht in vollem Sinne künstlerisch ‚verarbeitet‘ ist. Nicht allein unmittelbare Handlungsmotive, sondern auch atmosphärische und ornamentale Motive werden tatsächlich erst dadurch *wesentlich*, daß sie von späterer Stelle oder vom Abschluß her ihre Einordnung in den Gesamtvorgang erkennen lassen. In diese Umgrenzung gehören auch die wesentlichen ungewiß vorausdeutenden Motive. Und gerade die übergreifenden Beziehungen, die der Dichter über die Einzelzüge seines Werkes hinweg immer wieder herzustellen bestrebt ist, dokumentieren besonders nachdrücklich diese alle Werkdimensionen umgreifende sphärische Geschlossenheit.

Das von Günther Müller aufgezeigte Raffungsgesetz der Dichtung, das gerade auf dieser Diskrepanz zwischen der Unbegrenztheit natürlicher Vorgänge und ihrer begrenzten Aufnahme und Verwertung durch den Künstler beruht, erfährt damit eine komplementäre Erweiterung. Hier handelt es sich nicht um die negative Feststellung ‚weggeraffter‘ Geschehenszüge, sondern um den positiven Gebrauch bestimmter Erzählmittel, die zur Geschlossenheit der poetischen Welt beitragen. Der Dichter wählt an gegebenem Ort das Mittel der Rückwendung, um bestimmte Vorgänge der Vergangenheit ‚aufzuheben‘ und weiterwirken zu lassen, und er wählt ebenso das Mittel der Vorausdeutung, um den Vorgang auf bestimmte künftige Antworten hinzuspielen. Und selbst der Inhalt ungewisser Vorausdeutungen ist auf eine Zukunft zugeschnitten, die in einem bestimmten, wenn auch noch geheimen Sinne zu ihr ‚paßt‘!

Hier handelt es sich also um eine Auswahlregel, die zumindest auf die sachliche Bedeutung eines Erzählgliedes direkter anspielt als das Zeitraffungsgesetz. Eine Auswahlregel, die überdies — was die ungewissen, handlungsimmanenten Zukunftsweisungen angeht — auch für das Drama verbindlich ist.

DIE DIMENSIONEN DER REDE
IM ERZÄHLVORGANG

Die Mehrschichtigkeit erzählter Gegenwart

Einer Kuppel gleich spannt sich das Gewebe der Rückbeziehungen und Zukunftsverweise über den sukzessiven Vorgang der Begebenheiten. Mit den besonderen Formen der Rückwendung und Vorausdeutung macht der Autor übergreifende Zusammenhänge eigens kenntlich. Schon haben sich aber gelegentlich Ausblicke auf weitere Symptome der Vorgangsverflechtung ergeben. Die Beschäftigung mit Begleitmotiven, Allegorien, Symbolen und schließlich mit dem Wechselspiel zwischen äußeren und inneren Vorgängen im Nacheinander des Erzählens würde die Anschauung von diesem Gewebe bereichern. Letzten Endes kommt es nur auf die Feinfühligkeit des Beobachters an, um an jedem Punkt des fortschreitenden Erzählens die mitschwingenden Gehalte aus der näheren und ferneren Umgebung aufzudecken. Jede Einzelinterpretation einer Textstelle zielt auf solche Beziehungen. Doch widerspräche es gerade der Unberechenbarkeit dieser mitschwingenden Erlebniskorrelate, wollte man sie insgesamt als Anhalt für den Nachweis bestimmter synthetischer Aufbaukräfte nutzen. Spezielle Vorarbeiten, wie sie gerade für den Bereich des Symbols zunehmend unternommen werden, haben hier zunächst Abgrenzungen zu schaffen und Wege zu bahnen[98]. Darüber mehr am Schluß dieser Betrachtungen.

In einem bestimmten Bereich können wir jedoch der Durchdringung der gradsinnig fortschreitenden Erzählhandlung mit zusätzlichen Gehalten auf gegenständlichem Wege ansichtig werden. In jeder Gegenwarthandlung gibt es bestimmte Partien, die von Natur aus zweischichtig angelegt sind, in denen also außer dem als gegenwärtig erzählten Moment andere zeitliche, räumliche und geistige Bezirke offen „mitsprechen". Das geschieht stets dann, wenn die Begebenheiten oder Zustände *durch die Personen* der Handlung vermittelt oder gar offen gedeutet werden. Nicht nur, daß zwischen der Meinung der Personen und der „wahren" Meinung des Erzählers oft eine Spannung besteht, die zur Analyse reizt — auch zwischen der Aussage der Person und dem Fortgang des Geschehens besteht eine natürliche Spannung.

In der direkten Personenrede tritt diese Spannung am offensten zutage. Der Erzähler erzählt den Gesprächsakt wie ein anderes Geschehen des äußeren Vorgangs. Die Aussage der Personen aber vermag sich vom Fortschritt der Handlung zu lösen, ohne den Bezug zur erzählten Gegenwart zu verlieren. Diese Spannung zwischen der *Aktstruktur* und der *Aussagestruktur* des gesprochenen Wortes bewirkt die Mehrschichtigkeit des Erzählvorgangs in allen Bereichen der Personenrede.

Um diese Verhältnisse zu beleuchten, müssen wir auf Grundgegebenheiten der Rede in der realen Lebenswirklichkeit zurückgehen und der künstlerischen eine allgemeinsprachliche Betrachtung voranschicken.

I. Allgemeine Spannungen zwischen Aktion und Rede

Natürliche Spannungen zwischen Aktion und Rede, zwischen Tat und Wort bestehen bereits vor aller künstlerischen Handhabe und Wiedergabe.

Jede Tat ist ,aktuell' nur im Augenblick ihres Vollzuges. Sie steht eindeutig unter dem Gesetz des Zeitablaufs, das sie als absolut zukünftig, als absolut gegenwärtig und dann als unwiederholbar vergangen fixiert. Zwar können Taten sich über eine längere Zeitspanne hinziehen und gleiche Taten sich wiederholen, dieselbe Tat ist aber durchaus einmalig und bleibt an die plane Sukzession der Zeit gebunden[99].

Die Rede ist als *Sprechakt* in derselben Weise festgelegt wie andere wortlose Aktionen. Der Inhalt der Rede jedoch, die *Aussage*, ist keineswegs an eine zeitliche Sukzession gebunden. Sie umgreift Gegebenheiten, die durchaus fern und außerhalb des gelebten Moments liegen können, und konstelliert sie auf eine aktuelle Bedeutung hin. Man kann speziell über Aktionen reden, bevor, während und nachdem sie vollzogen sind, die Rede nimmt vorweg, bewahrt und spiegelt sie, und das in einer eigenmächtigen Reihenfolge.

Und eben auf diese Weise, nämlich durch *reflektierendes* Sprechen und Denken, vermag der Mensch im fortschreitenden Handeln die Vergangenheit zu ‚verwerten‘ und dumpfen Drang nach künftiger Betätigung in klares, artikuliertes Wollen zu verwandeln.

Reine Ausprägungen dieser Redeform sind der *Bericht* und die *Planung*. Doch bedient sich ein weit größerer Teil der Gespräche, als man zunächst zu glauben geneigt ist, der Verwertung des Vergangenen und der Artikulation künftiger Absichten. Wo die Rede sich dabei des Präteritums oder des Futurs bedient, ist dieser Sachverhalt ohne weiteres klar. Aber selbst solchen Augenblicksäußerungen wie „Es donnert!“, „Mir schwindelt!“ müssen Donner oder Schwindelgefühl vorangegangen sein, und auf den Ruf „Stirb!“ oder „Verzeih!“ folgen Angriff und mögliche Verzeihung erst in der Zukunft. Absichtlich sind hier die Zeitspannen möglichst kurz gewählt, so kurz, daß sie im praktischen Vollzug zu *einem* Gegenwartserlebnis verschmelzen. Überwiegend bewältigt aber die auf Ereignisse gerichtete Rede größere Zeitspannen, und es ist deutlich zu trennen zwischen dem außer der Gegenwart liegenden Faktum und seiner aktuell gegenwärtigen Bedeutung.

Neben dieser Wechselbeziehung zwischen Handlung und Rede, die für einen Großteil der Gespräche die Grundlage darstellt, gibt es jedoch noch eine andere, innigere und erregendere, in der sich die Mächtigkeit des Wortes noch entschiedener kundtut. — Wir haben unter Aktion bislang stillschweigend Taten, besser noch: ‚Manipulationen‘, verstanden. Neben derlei handgreiflichen Taten gibt es aber solche, die unmittelbar und allein bestehen in einem Wort, einem Gespräch, ja einem Denkvorgang. Diese geistig-schöpferische Form des Handelns — ein philosophisches und auch theologisches Problem ersten Ranges[100] — ist an Aktualität und Entschiedenheit der ‚Hand-Tat‘ durchaus ebenbürtig, ja in bestimmter Weise überlegen. Sie ist, in unserer Fragestellung, *gegenwärtiger* Vollzug, und auch ihre Aussage besitzt den Charakter des Momentanen und Spontanen. Dabei steht sie freilich nicht unbedingt beziehungslos neben der reflektierenden Rede- und Denkweise; vielmehr springt sie häufig aus solchen Rede- und Denkvorgängen als reife Frucht heraus oder ist als präfixe Entscheidung die Saat zu weitläufiger, ausbuchtender Reflexion. Denn sie ist, wie der Begriff ‚geistige Entscheidung‘ bereits sagt, als Akt kurzfristig, und jede längere Rede wird notwendig solche Entscheidung vorbereitend oder auskostend umspielen. — Zur Konstituierung und Wandlung menschlicher Beziehungen sind solche Entscheidungen unerläßlich, und gerade sie bezeichnen im Leben wie im Kunstwerk in der Regel die Wendepunkte in der Flucht geistiger Vorgänge.

Als dritte Möglichkeit neben der handlungsbezogenen und der handelnden Aussage ergeben sich die vorganglosen Formen der konkreten Beschreibung und der abstrakten Feststellung oder Erörterung. Sie — nicht die handlungsreflektierenden — sind die eigentlich kontemplativen Formen des Redens bzw. Denkens. Auch sie benutzen das Präsens, aber diese Zeitform hat hier rein logischen Charakter[101]. Sie drückt durative oder zeitlose Gegebenheiten aus und macht allenfalls kenntlich, daß ein überzeitlicher Inhalt in gegenwärtig-momentanem Erkenntnisakt ins Wort fixiert wird. Die einfachen Feststellungen „Glas ist zerbrechlich" oder „Geben ist seliger als Nehmen" erschöpfen sich nicht und gelten nicht allein im Augenblick der Kundgabe, sondern wollen zeitlos wahr sein. Hier stehen also Sprech- bzw. Denkvorgang und vorganglose Aussage einander gegenüber.

Nicht jede Aussage weist nun ihre Zugehörigkeit zu einer dieser drei Kategorien ohne weiteres aus. Oft kann sie nur aus dem jeweiligen Rede-Anlaß hergeleitet werden. Der Ausruf „Du bist gut!" kann sich etwa auf eine konkrete Handlung des anderen beziehen; er kann den momentanen Entschluß zur Freundschaft ausdrücken; schließlich kann er — wie bei Liebenden — ohne Bezug zu einem bestimmten Vorgang auf das *Sein* des anderen gerichtet sein. Allerdings bemerken wir hier noch eine Grenze zur reinen Kontemplation, die erst überschritten werden kann, wenn sich die Aussage auch vom konkreten Gegenüber ganz ablöst. Zeitlos und rein betrachtend wäre erst die allgemeine Aussage: „Wer liebt, ist gut".

Selbst in solcher Äußerung können aber, je nach Anlaß, Anspielungen auf konkrete Vorgänge oder momentane Entscheidungen mitschwingen. Längere Gespräche alternieren überdies in der Regel zwischen diesen Möglichkeiten, und gerade dieser Wechsel trägt, wie später zu zeigen ist, zur Strukturierung des Gespräches bei.

Diese zunächst nicht auf das Kunstwerk bezogenen Erwägungen waren notwendig, um der Tatsache inne zu werden, daß die Personenrede, wofern sie zum Gegenstand des Erzählens wird, bereits mit komplizierten Spannungen vorbelastet ist. Drei grundlegende Formen dieser Spannung zwischen Geschehen und Aussage haben wir bezeichnet: Im gegenwärtig-momentanen Sprechakt kann die Aussage 1. andere Aktionen verwerten und vorbereiten, 2. selbst Aktion ausdrücken, 3. sich zur zeitlosen Feststellung erheben.

Im Erzählvorgang, der ja als Ganzes schon Rede ist, verdoppelt also die Personenrede die Möglichkeiten zur Zeitverschränkung. Zugleich bleiben aber im Gegensatz zum Drama hier *beide* Ebenen der Rede zugleich im Spiel.

II. Die besondere Spannung in der „Mischform" Erzählkunst

Gegenüber der dramatischen und der lyrischen Dichtkunst ist die erzählende oft als eine Mischform beklagt oder gerühmt worden[102]. Ihren Grund hat diese Einschätzung in erster Linie darin, daß in den beiden erstgenannten Dichtungsformen eine einheitliche Sprachdimension herrscht. Die reine Dramatik beschränkt sich ganz auf die Rede der Personen, die reine Lyrik auf das Dichterwort oder ebenfalls auf die geschlossene „Rollenrede", zu der auch der „Wechsel" gehören kann. Der Nachteil oder Vorteil der Erzählkunst, der ihre Einordnung in poetische Systeme als eine ‚reine' Form immer wieder hintertrieben hat, liegt eben darin, daß Dichter und Personen abwechselnd und scheinbar willkürlich zu Wort kommen können. Diesen Bruch hat auch Petsch nicht ganz verwinden können, wenngleich er sich auf den „Erzählerbericht" als die Grundform „epischer" Dichtung zurückzog und alle anderen Formen für akzidentiell

hielt (L. 142; S. 333f). Aber es hieße die Terminologie über-
spitzen, wollte man solche Erzählungen, die nahezu oder gar
ausschließlich aus Briefen oder Gesprächen bestehen, wegen des
fehlenden Erzählerberichts aus der Epik ausschließen oder sie
für pervertierte Formen halten.

Ein legitimer Ausweg fand sich, indem man das Personengespräch in die Ebene der Erzählweisen einwies und es den Begriffen Bericht — Beschreibung — Darstellung — Bild —
Szene einmal neben-, einmal unterordnete, je nachdem, ob etwa
der Begriff Szene enger (Petsch) oder weiter (Kayser) gefaßt
wurde[103].

In der Tat gibt es kaum eine längere Partie szenischer Darstellung ohne Rede — als Dialog oder Monolog, in direkter
oder indirekter Wiedergabe. Und gerade mit dem Mittel der
direkten Rede erreicht das Erzählen den höchsten Grad ablauf-
treuer Wiedergabe des Geschehens. Auch das ist oft bemerkt
worden[104].

Allerdings darf man schon dieses annähernd ‚objektive' Zeit-
gefälle nicht unbesehen voraussetzen. Nicht nur der Erzähler,
sondern gerade auch der Dramatiker lassen merkwürdigerweise
unter einem Gespräch oft weit mehr Zeit verstreichen, als der
Sprecher oder Vorleser zum Vortrag benötigen. Es kann Abend
und Nacht werden im Laufe eines Zehn-Minuten-Dialogs. Und
nicht nur idealisierende Erzähler, sondern auch Realisten wie
Fontane, der frühe Hauptmann oder gar Schnitzler lassen über
drei Gesprächsseiten ohne zeitfüllende Wendungen unbedenk-
lich halbe Stunden vergehen[105]. — Andererseits erfordert die Erzählung noch unbedingter als das Drama, daß das Ineinander
der Stimmen beim vielpersonigen Gespräch zu einem Nacheinander ausgefaltet wird. Stifter gibt dafür im „Witiko" die
reinsten Beispiele.

Diese dichterische Freiheit deutet schon darauf hin, daß es mit
der Gleichsetzung von Gespräch und „wirklichem" Geschehensablauf seine Schwierigkeiten hat. Der Wirklichkeits-
raum der Erzählung hat eben ein eigenes und grundsätzlich mit
der realen Wirklichkeit nicht verwechselbares Gefüge, und so
erhalten wir auch hier nur eine mehr oder minder wirklichkeits-
nahe Fiktion objektiver Verläufe. Immerhin bleibt aber die Ge-

sprächsdarbietung in der Erzählung im Vergleich mit anderen Erzählweisen die *relativ* unmittelbarste, d. h. wirklichkeitsnächste Form der Geschehenswiedergabe.

Diese ganze Einordnung unter die Erzählweisen trifft aber nur die *Aktstruktur* des Gesprächs. Sie charakterisiert lediglich seine Äußerungsbedingung, sagen wir ruhig: seine Außenseite. Auch das Problem der „Mischform" Erzählkunst ist damit noch nicht durchleuchtet.

Im Gegensatz zur dramatischen Dichtung treten in der Epik Erzählerwort und Personenrede als zwei verschiedene Dimensionen der *Aussage* einander gegenüber. Das wird sofort klar, wenn man beachtet, daß in der Personenrede alle Erzählweisen die szenische Darstellung des Gesprächsaktes noch einmal unterlaufen: Berichte sukzessiver wie iterativ-durativer Art, Beschreibungen, Bilder, Reflexionen, Sentenzen, selbst noch einmal szenische Darstellung mitsamt Redewiedergaben können in einer insgesamt vergegenwärtigten Szene durch das *Medium* der Personenrede erzählt werden.

Der mediale Charakter der Personenrede im Erzählwerk wird dadurch besonders sinnfällig, daß der Erzähler sie auf verschiedenste Weise, nicht nur durch direkte Anführung, hervorbringen und begleiten kann. Er hat seine Personen stets insgeheim an der Hand. Spielt er sie gelegentlich in Rede und Widerrede scheinbar selbsthandelnd an die Rampe des Geschehens, so vermag er doch ohne harten Übergang die Zügel wieder an sich zu nehmen. Er kann ihre Aussagen und ihre Erscheinung aus seiner Sicht jederzeit ergänzen; durch Übergang in die indirekte Rede kann er sich selbst an ihrer Stelle zum Sprecher machen. Das Verhältnis des Dichters zu den dargestellten Personen ist in der Erzählkunst also besonders schmiegsam. Es läßt alle Variationen zu, während in den anderen Dichtungsformen dieses Verhältnis nur durch Bruch der Illusion, d. h. der reinen Form geändert werden kann[106].

Demgemäß sind die Spannungen zwischen Personenwort und Dichterwort für die Erzählung von besonderem Belang. Der Erzähler „mischt" nicht nur diese beiden Dimensionen des Vortrags, er schafft durch die Einfügung der Personenrede eine echte Zweidimensionalität des Vorgangs.

Natürlich ist es viel zu grob, die Dimension des Erzählers als die objektive, die der Personen als die subjektive zu bezeichnen. Man könnte unter anderem Gesichtspunkt diese Etiketten vertauschen[107]. Zu Unrecht setzt man auch die Sonde an der psychologischen Seite dieses Problems zuerst an. Für den künstlerischen Gebrauch beider Erzählmöglichkeiten ist entscheidend, daß ihre Wahl die Struktur des Erzählvorgangs weitgehend bestimmt. Man könnte sich den Stoff von Conrads „Lord Jim" vom Dichter selbst anstatt von Marlowe erzählen lassen, man könnte sich die Vorgänge in Rousseaus „Nouvelle Héloïse" und selbst in Schnitzlers „Fräulein Else" als Vorwurf für Erzählungen denken, in denen vornehmlich der Erzähler selbst das Wort führt. Wie anders müßten diese Erzählungen schon äußerlich gebaut sein! Erst mit der Prüfung der eigentümlichen Erzählmöglichkeiten, die mit dem Gebrauch der unmittelbaren Personenrede verbunden sind, wird der Blick frei für die *kunstgemäße* Beurteilung der Personengestaltung und der psychologischen Effekte dieses Erzählmediums.

III. Die direkte Rede als Erzählmedium

1. Der Vorgang in der Rede und der unmittelbare Vorgang. Wir setzen die Frage nach der Verschiedenheit der so oder so erzählten Vorgänge am besten dort an, wo beide stilistisch ganz übereinstimmen: am lakonischen Vortrag einer Ereigniskette.

„Unterm vorigen König sollten auf einmal die Prügel bei der französischen Armee eingeführt werden. Der Befehl des Kriegsministers wurde zu Straßburg bei einer großen Parade bekanntgemacht, und die Truppen hörten in Reih und Glied die Bekanntmachung mit stillem Grimm an. Da aber noch am Schluß der Parade ein Gemeiner einen Exzeß machte, wurde sein Unteroffizier vorkommandiert, ihm zwölf Hiebe zu geben. Es wurde ihm mit Strenge befohlen, und er mußte es tun. Als er aber fertig war, nahm er das Gewehr des Mannes, den er geschlagen hatte, stellte es vor sich an die Erde und drückte mit dem Fuße los, daß ihm die Kugel durch den Kopf fuhr und er tot niedersank. Das wurde an den König berichtet, und der Befehl, Prügel zu geben, ward gleich zurückgenommen."

Eine umschweiflos durcherzählte Anekdote mit einer straff geschürzten Geschehensfolge und einem in diesem Ablauf sich rundenden inneren Vorgang. Allein der Eingang „Unterm vorigen König" könnte darauf schließen lassen, daß jemand in einer bestimmten Situation diese Anekdote vorgetragen haben muß. Aber es folgt keine weitere Akzentuierung. — Hören wir die nächsten Sätze:

„. . . ward gleich zurückgenommen. Seht, Vater, das war ein Kerl, der Ehre im Leib hatte! —
‚Ein Narr war es‘, sprach der Bruder. ‚Freß Deine Ehre, wenn Du Hunger hast!‘ brummte der Vater."

Die vorgebrachte Anekdote weist sich als Teil eines Streitgespräches aus. Eine *zweite* Handlung überspannt also jenen erzählten Vorgang, und diese Handlung hat nun freilich einen ganz anderen Verlaufscharakter: Es ist eine Situation, eine ablaufgetreu dargebotene Szene, in der der Erzähler eine der handelnden Personen jene Anekdote berichten läßt. Der soeben noch als geschlossen empfundene Anekdoten-Vorgang ist augenblicklich ein rasch aufblitzender und ebenso rasch überspielter Pol im Primär-Vorgang. Denn unmittelbar wendet sich mit dem Fazit jener vergangenen Geschichte der Sohn an den Bruder und den Vater, heischt deren Stellungnahme und wird mit zwei kurzen Sätzen auf *seine* Position zurückgewiesen.

Zunächst halten wir die grundsätzliche *Zwiefältigkeit* der Vorgänge in diesem kurzen Erzählabschnitt fest. Der plane Zeit- und Handlungsablauf der vergegenwärtigten Redeszene wird vorübergehend überspielt durch einen Redeinhalt, der einen Vorgang aus anderem Zeitbereich und mit eigener Handlungsfügung ebenfalls vergegenwärtigt. In ihrem Zusammenspiel erst kommen der praktische Betreff und das Ethos der Gegenwartshandlung zum Austrag: Behauptung eines persönlichen, an der ‚Historie‘ gefestigten Ehrbegriffs in einer herausfordernden Situation.

Betrachten wir noch, wie die ‚Widersprecher die zugeworfenen Bälle sogleich aufnehmen: Der Bruder antwortet dem „Narren" der Anekdote, der Vater spricht direkt den an, der

diesen Ehrbegriff vorträgt. Beides also, die Anekdote selbst und
ihre Verwertung in der konkreten Situation, wirkt seinerseits
herausfordernd im Augenblick der Hervorbringung und führt
dazu, daß Sprecher und Widersprecher ihre persönliche Stellung, in diesem Fall eine ausgesprochene Kampfstellung, sich
und dem Zuhörer entdecken.
Damit richtet sich unser Augenmerk auf die handelnden
Personen.

2. Die Rede als Mittel der Personengestaltung. Es ist kein Zufall,
daß jene Erzählungen, die auf Charakterdarstellung angelegt
sind, sich eben durch ihren besonders großen Redeanteil von der
‚fabulierenden‘ Epik absondern. Andreas Heusler hat das in
seinem wichtigen Aufsatz über den „Dialog in der altgermanischen Dichtung“ überzeugend nachgewiesen durch die Gegenüberstellung der „heroisch-psychologischen“ Edda-Lieder
(S. 227) mit ihrer überaus dialogreichen oder gar völlig in direkte Rede eingekleideten Handlungsführung und der dialog-
losen Skaldendichtung wie auch dem frühen „fabulierenden“
Ritterroman[108].
Freilich sagt die Quantität der Rede nichts aus über die Art und
die Subtilität der Personencharakterisierung. Die Rede kann
ebenso zur Dokumentierung allgemein-typischer Seelenhaltun-
gen des Menschen wie zu individueller Personencharakteristik
genutzt werden[109]. So mag für Homer die Meinung Diltheys
gelten, daß sein ausgedehnter Gebrauch der direkten Rede „der
natürliche Ausdruck einer ungebrochenen Einheit und Gewalt
des Lebensgefühls“ ist. Die Gegenbeleuchtung des Problems
gibt etwa eine Äußerung Oppels über den Dialogreichtum in
den Spätwerken Dickens’ und seiner Nachfolger: „Es sind
typische Zeichen des Epigonentums, wenn sich solcherart einmal das Kunstmittel der Dialogführung (bei Reade), das andere
Mal das Kunstmittel der Situation (bei Collins) verselbständigen
kann.“[110] Überblickt man gleichzeitig die späthöfische Alle-
gorien- und Legendendichtung mit ihrer wortreichen Dialektik,
den Dialogroman des 18. Jahrhunderts mit seinen empfind-
samen Charakteren und endlich die real- oder auch tiefenpsycho-
logische Wendung in verschiedenen Erzählzweigen seit dem

Ende des letzten Jahrhunderts, die einhergeht mit einer extremen Anreicherung und Emanzipation der Redegestaltung bis
zu unverblümter Seelen-Entblößung im Monologue intérieur,
so stellt sich sofort heraus, daß Dilthey und Oppel in eigener
Sache sprechen und dabei die besonderen Leistungen der Rede
in bestimmten Epochen treffen. So läßt der Redereichtum einer
Erzählung an sich nur die eine allgemeine Feststellung zu, in der
sich in der Tat alle die angeführten Dichtungen verschiedenster
Epochen begegnen: Die Vorstellung *menschlicher Reaktion* dominiert bei ihnen gegenüber der Kundgabe bloßer Aktionen und
Begebenheiten. Freilich darf diese Hervorkehrung menschlicher
Reaktionen nicht schlechthin als das Mittel verstanden werden,
schicksalhafte Bezüge zwischen Mensch und Welt dichterisch
auszudrücken. Doch ist jeweils die Art und Weise bezeichnend,
in der Mensch und Welt gebannt werden. Ein Blick auf gewisse aktionsgedrängte und redearme Kleist-Novellen zeigt, daß
solche Dichtungen auf eine besondere, metapsychische Weise
Tragik oder auch Komik des Menschenschicksals gestalten. In
derartigen Werken ist der Vollzug des Handelns und Leidens selbst
das Entscheidende, während wir bei redereichen Erzählungen
immer wieder in Verlegenheit geraten, wenn wir durch die
Wiedergabe des Handlungsablaufs die ‚Welt' der Dichtung
wiederzugeben versuchen.

Durch das Medium der Person erfährt die erzählte Welt eine
spezifische Brechung, und eben diese Brechung der Außenwelt
dient dem Erzähler gleichzeitig zur Anreicherung eines typischen
oder individuellen Charakterbildes. Das geschieht freilich nicht
durch jedes Gespräch in gleichem Maße. Zur Nachprüfung des
Personengefüges muß vielmehr die Gesamtkonstellation der
Gespräche in einer Erzählung untersucht und dann die besondere
Haltung eines jeden Sprechers zu jedem anderen sowohl in
Querschnitten durch einzelne Erzählphasen als auch im Längs-
schnitt, im Wandel von Phase zu Phase bestimmt werden[111].

Hat sich bei der Interpretation unseres Textes ein solcher
Querschnitt ergeben, so sei nun am gleichen Objekt der Längs-
weg einer derartigen Untersuchung über eine kleine Verlaufs-
spanne hin abgeschritten und im größeren Zusammenhang
wenigstens angedeutet. — An unserer Stelle heißt es weiter:

„. . . brummte der Vater. Da nahm mein Enkel seinen Säbel und ging aus dem Haus und kam zu mir in mein Häuschen und erzählte mir alles und weinte die bittern Tränen. Ich konnte ihm nicht helfen; die Geschichte, die er mir auch erzählte, konnte ich zwar nicht ganz verwerfen, aber ich sagte ihm doch immer zuletzt: ‚Gib Gott allein die Ehre!‘ "

Man bemerkt, daß auch der Erzähler selbst zum Kreis der handelnden Personen gehört und daß das ‚erzählende Ich' im Gespräch mit dem Enkel selbst handelnd seine Stellung bezieht. Erneut, aber nun von ganz anderer Seite, wird der Ehrbegriff des Enkels auf seine Person eingegrenzt; gleichweit ist die neue Stellungnahme des Erzählers entfernt von dem leichtfertigen Verwerfen menschlicher Ehre und von ihrer kategorischen Hervorkehrung, hinter der ein verkappter Ehr-Geiz lauert! Der junge Sprecher wird von der absoluten Höhe, auf der er bisher über seinen Widersprechern stand, herabgesetzt. Seine Selbstsicherheit wird gebrochen: „er weinte" und „Ich konnte ihm nicht helfen". Zugleich aber kündet sich schon in dem geduldigen Zuhören des älteren Erzählers eine bergende, umfangende Großherzigkeit an, die sich über die zuvor geschilderten Charaktere erhebt. —

Beachten wir nun die Aussagefolge: „Immer zuletzt" lautet die Antwort dieses übergeordneten Erzählers: „Gib Gott allein die Ehre!" Zuletzt — es ist der höchste, umfangende Begriff von Ehre, der ausgespielt werden kann, *nachdem* zwei andere sich in ihrer Begrenzung herausgestellt haben. In der äußeren Handlungsfolge zweier kurzer Szenen kündet sich der stufenweise Aufbau der Charaktere durch wenige lapidare Aussagen an. Dadurch, daß der Dichter den Verfechter des letzten umfassenden Ehrbegriffs gleichzeitig zum übergeordneten Erzähler macht, fassen wir als Zuhörer gerade zu dieser Person besonderes Zutrauen, indem wir glauben, daß sie die Personen, von denen sie erzählt, wirklich ‚übersieht'.

In der Tat ist die Erzählerin, die „Alte" in Brentanos „Geschichte vom braven Kasperl und dem schönen Annerl", die würdigste Person der Handlung. Aber nicht nur das: Sie ist im Gesamtgeschehen genauso die Übersehende und Überdauernde, die hilflos Bergende und Versöhnende, als die sie hier in einer kleinen Erzählpartie selbst erzählend und handelnd gegeben ist. Und ebenso überdauert und versöhnt ihr Wort: „Gib Gott allein die Ehre!" den beiderseits zugrunderichtenden Kampf der Ehrsucht mit der Ehrlosigkeit in einer höheren Ebene des Vorgangs[112]. Das spätere Geschehen ist konsequente Fortentwicklung aus dieser Personenkonstellation. — Die gleiche Konstellation wiederholt sich, meisterhaft verschlungen, in der Stufe zwischen *Grossinger* und dem an ihrer Ehre schuldig werdenden *Annerl*, die äußerlich und innerlich das Patenkind der *Alten* ist! Dazwischen die das Geschehen, nicht das Ethos (!) tragende Brücke Kasper : Annerl — und noch ein anderes, erzähltechnisches Bindeglied, auf das wir alsbald zu sprechen kommen.

Zwei in ihren Begebenheiten nur hier und da verknüpfte, in ihrer personalen Struktur jedoch bedeutsam gleichgestellte Handlungsstränge laufen in der Person der Alten zusammen, und mit großem künstlerischen Feinsinn, der weit über die Gepflogenheit der Rahmentechnik sich erhebt, macht Brentano die übersehende und überdauernde Person zur Erzählerin der gesamten Vorhandlungen.

Blicken wir nach dieser Überschau auf den eingangs zitierten Text und auf die dort nacheinander vorgeführten Personen zurück:

In zwei Gesprächen, die insgesamt noch einen Rückschritt der Erzählerin aus der Handlungsgegenwart darstellen — in zwei perspektivisch noch verkürzten, minutiösen Geschehensabläufen also — enthüllt das gesprochene Wort: „Das war ein Kerl, der Ehre im Leibe hatte!" — „Freß Deine Ehre, wenn du Hunger hast!" — „Gib Gott allein die Ehre!" die Struktur der Charaktere *und* die Struktur des Vorgangs!

3. Die Rede als Mittel zur Ordnung und Schürzung erzählter Abläufe. Wir nehmen noch einen anderen Weg am gleichen, bereits aufgeschlossenen Gegenstand, um weitere, grundsätzliche Eigenschaften des Gesprächs — nun wieder mit besonderem Bezug auf die erzählten Verläufe aufzuzeigen. Wir gehen aus von der bereits erkannten Zwiefältigkeit des Vorgangs bei der Einbringung der Anekdote in das Gespräch Kaspars mit Vater und Bruder. Ein Geschehen in unbestimmter Vergangenheit wird dort durch die Rede aktualisiert. Dieses gleiche Gesetz spielt sich in dieser Dichtung noch einmal auf höherer Ebene aus dadurch, daß die Großmutter nun diese gesamte Gesprächsszene neben vielem längst und gerade Vergangenem ihrerseits aktualisiert in ihrem nächtlichen Gespräch mit dem ‚eigentlichen Erzähler‘ der Geschichte, der seinerseits das Ganze als Ich-Erlebnis gibt. Wiederum liegen darin gestaffelte persönliche Eingrenzungen begründet, die bei der Gesamtinterpretation zu verfolgen wären. Aber es zeigt sich darin noch anderes: Der Hauptteil der Geschichte ist nicht als autonomer Ablauf, sondern ‚durchtönend‘ durch die sehr kurze Ablaufzeit einer Nacht gegeben, die mit ihren markanten Stundenschlägen in der Tat das Gerüst des Geschehens darstellt. Diese Technik — um eine solche, zeitgenössisch sehr beliebte, handelt es sich zunächst — ermöglicht die Einbringung von Begebenheiten, die bis zu siebzig Jahren auseinanderliegen, in eine Ereigniskette von wenigen Stunden, die Nachgeschichte abgerechnet. Sie ermöglicht weiterhin die *Ordnung* der Begebenheiten, d. h. eine Auseinanderlegung und neue eigentümliche Verschlingung zweier Handlungsstränge (Kaspars Geschichte : Annerls Geschichte). Das alles wird nun seinerseits ‚aktuell‘ durch den Anruf einer sich drohend schürzenden Gegenwartshandlung, an deren Verlauf alle Redner der verschiedenen Ebenen, sogar der Ich-Erzähler, noch indirekt oder direkt handelnd beteiligt sind. Beginnt die Alte ihre Erzählung schon aus konkretem Anlaß, so bricht an ihrem Ende die Katastrophe wie eine reife Frucht aus der Schale der bis an die Gegenwart herangeführten Verläufe aus — wir bemerkten das schon in anderem Zusammenhang (oben S. 58f). Die Erzählung der Alten ist also — nun auch als Gegenwartsgeschehen gewertet! — von einer eigenständigen Stoßkraft, die hinein in die nächste Zukunft des Erzählten und hindurch bis zur Lösung des Geschehens real wirksam ist. Die Intensität der ganzen Erzählung entspringt aus dem *Ineinanderspiel* von redend angerufener, erregender Vergangenheit und dem unerbittlichen Ablauf dieser einen Nacht, die auf Annerls Hinrichtung zuwächst!

Dieses Ineinanderspiel ist die eigentliche Leistung der Rede im Erzählvorgang. Sie *komprimiert* das mehrfältige Geschehen, indem sie es im gegenwärtigen Sprechakt sammelt und mit dem übrigen Gegenwartsgeschehen zur einzügigen Handlung verkettet.

Und die Kehrseite: Das Gespräch *expandiert* die einzügige Handlung; es gibt den gegenwärtigen Konflikten eine besondere Vehemenz durch die Ausweitung ihres Anlaufweges[113]. In unserem Beispiel holt der Dichter die Ansätze zur Katastrophe geradezu angelegentlich von fern her, wie die nochmalige Gesprächs-Expansion innerhalb der Rede der Alten: Kaspars Anekdote vom „vorigen König" und seinen Soldaten, zeigt[114].

Damit erweist sich die erzähltechnische Bedeutung des Widerspiels zwischen Redeaussage und Redeakt. Der Erzähler kann durch Vermittlung einer Person weitausgedehnte, vielgliedrige Begebenheiten, fernabliegende Zustände und Schicksale *als* momentane Handlungen hervorbringen lassen: Die Rede *gibt* Erzählgegenstände und *ist* mit dieser Wiedergabe selbst gegenwärtiges Geschehen.

Diese ontologische Sonderheit des gesprochenen Wortes in der Erzählung hat eine ganze Reihe spezieller Konsequenzen, die zum Teil nur für das erzählende, zum Teil gemeinsam für dieses und das Bühnenkunstwerk von Belang sind.

Wir handeln zunächst diejenigen ab, die ohne neue Textbelege mit der gegebenen Interpretation zu beleuchten sind.

4. Die Verselbständigung der Rede zum Stilmittel des äußeren Aufbaus. Geht man den Bericht der Alten in Brentanos Geschichte von der rein technischen Seite an, so wird man sagen, daß die ganze, umfangreiche Vorgeschichte der gegenwärtigen Situation in langen Sprechpartien in die äußere Handlung *eingeschachtelt* ist. Der Begriff „Rahmentechnik" ist dafür in aller Munde; wir werden, nach dem Vorgang von Tietgens (S. 115), hier eher von Staffeltechnik reden.

Beide aber, Staffel- wie Rahmentechnik, bedienen sich nun in den allermeisten Fällen eben des *gesprochenen Wortes* zur Wiedergabe der nächsttieferen Staffel bzw. des Erzählungskernes. Die Dichter suchen immer wieder durch fingierte Erzähler, die ihre Position in der nächsthöheren Schicht haben, die aus dem planen Zeitgefüge herausspringenden Vorgänge doch wieder hineinzunehmen in den momentanen Ablauf. Zyklische Erzählungsgruppen werden an fingierten Tischrunden, in einem Kreise von zehn charmanten, florentinischen Mädchen und jungen Männern, im Kreise von Auswanderern, in einem Wirtshaus im Spessart oder wo immer zusammengetragen und — erzählerisch zusammengehalten. Man sieht, von einem ‚naturgegebenen‘ oder durch den besonderen Vorgang erzwungenen Gebrauch des *geschehen-verbindenden Mediums ‚Gesprochenes Wort‘* zum kunstgefälligen Stilmittel ist nur ein Schritt, sicherlich ein seit je bekannter[116].

Man kann viele historische und soziologische Gründe für den Gebrauch dieses Stilmittels beibringen. Die Runderzählung etwa läßt sich unschwer auf bestimmte Geselligkeitsformen zuzückführen. Umgekehrt läßt sich aber sagen: Die Geselligkeitsform rief gerade nach dieser Stilart der direkten Rede auch für geschriebene Werke, sie sonderte sie aus den im Werkzeug „Gesprochenes Wort" schlummernden Möglichkeiten aus — so wie unsere Zeit ihm den Monologue intérieur, der gleichfalls eine seiner ‚naturgegebenen‘ Möglichkeiten ist, als durchwaltendes Stilmittel abgewonnen hat, um der Vereinzelung des Menschen Ausdruck zu geben, oder wie das 18. Jahrhundert ihm den Brief-Roman, eine Metamorphose des gesprochenen Wortes, abgewann. Allen diesen Stilmitteln liegt die mediale Macht des gesprochenen Wortes zugrunde, disparate Vorgänge dem Erzählfluß einzuverleiben, Fernabliegendes zu aktualisieren und gleichzeitig mit der Vorgangswiedergabe die Charakterzeichnung zu verbinden.

Es wäre gewiß ein reizvolles Unternehmen, historisch bedingte und konventionell ausgefeilte Stilmittel aller Art auf ihre in den Naturgegebenheiten des Erzählens angelegten Urformen zurückzuverfolgen. Gerade die Prüfung ausgefallener Formspielereien und Manierismen könnte vielleicht erhellen, welche extremen künstlerischen Valenzen in erzählerischen (und allgemein-sprachlichen!) Grundelementen ruhen.

5. Die Beihilfe der Rede zum inneren Aufbau. — Ausblick auf die Vorgangbildung im Drama. Beherrscht das gesprochene Wort eine Erzählung völlig, so ist ihr äußerer Ablauf notwendigerweise dem realen Zeitablauf angenähert; in extremen Fällen ist die sogenannte „Einheit der Zeit" gewonnen. Cipion und Berganza, die Hunde des Auferstehungshospitals in Valladolid, unterhalten sich, ein kleines Nachspiel abgerechnet, just solange, wie die Erzählung von ihnen dauert. Wir hören: Die ganze, bunte Lebensgeschichte des einen, hören vom Handeln und Reden Dritter und werden entführt in ironisch verwehrte und doch kräftig ausblühende, zeitlose Hundephilosophie über Mensch und Welt. Dies alles läuft ab in der einen Nacht, in der Cervantes den beiden die köstliche Gabe der Rede verliehen hat. Die Einheit der Zeit: das ist hier die starre Ordnung der äußeren Gegebenheit eines ununterbrochenen „Colloquiums"[117]. Freilich ist diese Einheit in Erzählungen selten durchlaufend der realen Zeit gleich. Das ist aber auch im Drama nur selten, etwa in Strindbergs „Fräulein Julie", der Fall. Im allgemeinen ist diese Einheit nur über Szenen hin gewahrt, wobei dann der Erzähler, ungleich dem Dramatiker, die Möglichkeit hat, Lücken zu stopfen und Raumverwandlungen ‚eigenhändig' vorzunehmen.

Man mag sich über die Einheiten des Aristoteles streiten, selbst die Frage, ob denn Einheit von Zeit und Raum von ihm überhaupt so scharf gefordert wurden, mag berechtigt sein: Es ist nicht zufällig, daß die Stilmittel ‚Einheit der Zeit' und ‚Einheit des Raumes' sich eben in der dramatischen Dichtung verselbständigt haben. Dem Dramatiker ist der zeitliche Brückenbau erschwert, die Anzahl der vorführbaren Räume ist zumindest durch die Anzahl der Szenen begrenzt; die ‚reine Form' des Dramas widersetzt sich sogar weiten Zeit- und Raumsprüngen: denn die reine *Sprech*-Dichtung *normt* die äußere Zeit und den äußeren Raum des Vorgangs.

Aber das ist wieder nur die eine Seite. Jene Normung, die zur Folge hat, daß im Drama eine der Polarität „erzählte Zeit : Erzählzeit" entsprechende Spannung auf der Ebene des äußeren Ablaufs gar nicht aufkommt, wird desto sicherer unterspielt von der bereits bezeichneten Spannung der *gesprochenen* und der *besprochenen* Zeit. Die äußere Zeitnorm bedingt hier, daß alles zeitlich wie räumlich Außenliegende der Gegenwart untergeschoben werden *muß* und damit freilich grundsätzlich unter einer besonderen Spiegelung in Erscheinung tritt.

Dazu bedient sich der dramatische Dichter all der Darbietungsmittel, die auch dem Epiker an die Hand gegeben sind. Dieser noch nicht genügend ausgewertete Umstand zieht Konsequenzen nach sich, die geeignet sind, beispielsweise das ganze System, nach dem Hirt und noch Petsch die poetischen Hauptgruppen Epik und Dramatik sondern, in Frage zu stellen.

Gattungskriterien sind dort die Begriffe „Bericht" und „Darstellung"; Hirt und der Schwarm seiner Vorgänger und Nachfolger bezeichnen die Mischung von beiden als das Gesetz der erzählenden, die „reine" Darstellung als das Gesetz der Bühnendichtung. Dabei soll nicht gesagt werden, daß diese Scheidung essentiell neu sei (vgl. Anm. 102); aber sie ist dort zum ersten Mal konsequent auf diese Grundbegriffe zurückgeführt.

Der Verfolg unserer Untersuchung zeigt, daß mit den Begriffen „Bericht" und „Darstellung" eine ähnliche Sonderung und Doppelung vorzunehmen sein wird, wie sie Staiger mit den Begriffspaaren „Epik : Dramatik" und „episch : dramatisch" vorgenommen hat. Allerdings werden etwa die Termini „darstellend" und „dramatisch" dabei nicht mehr zur Deckung gelangen!

Jedenfalls haben berichtende und darstellende Darbietungsformen an *beiden* pragmatischen Gattungen Anteil. Nur ist im Drama die Ebene ihres Alternierens ganz in eine zweite Dimension, in den inneren Bereich der Rede verlegt, während die erste Dimension der äußeren Abläufe durchaus unter dem Druck der Zeitnorm steht. Vermutlich ist das Problem der grundsätzlich stärkeren Gespanntheit dramatischer Dichtung gerade von dieser Seite neu zu begreifen.

Praktische Beobachtungen über die Verwendung entsprechender Darbietungsformen, die hier freilich nur anzudeuten sind, ergeben nun, daß die beiden pragmatischen Gattungen bei aller spezifischen Eigenart an gewissen Gesetzen des Vorgangs-Aufbaues gemeinsamen Anteil haben. Aufbauende *Rückwendungen* beispielsweise als Zweitglied und auflösende als vorletztes Glied des Vorgangs erscheinen im Drama notwendiger noch als in der Erzählung; nur daß sie hier vielfach dialogisch gebrochen und feiner aufgegliedert sind, weil sie eben in ständigem Bezug zur sprechenden Person und zum jeweiligen

Moment der Handlungsgegenwart eingebracht werden müssen[118]. — Große Monologe entsprechen weitgehend den zentralen *Rückblicken;* allerdings zeigen sie in der Regel eine noch intensivere Umschlägigkeit in die Zukunft hinein. Otto Ludwig hat das Widerspiel zwischen momentanem Affekt und austiefender Rede an den Monologen Shakespeares trefflich studiert: Der „affizierte" Sprecher „malt aus, was geschah und was er tun will, und kommt von den Nebenvorstellungen wieder auf die Sache zurück; die Rede bellt den Moment von allen Seiten an, rennt voraus, kommt zurück und bellt wieder an, bleibt zurück und eilt wieder nach". (L. 99, IV, S. 96.) — Ungewisse *Vorausdeutungen* entsprechen in Ort und Funktion ganz den Parallelformen im Erzählwerk. Ihre Hakenfunktion am Szenenschluß ist hier womöglich noch deutlicher ausgeprägt.

Am leichtesten wird jedoch bei der Bericht-Rede im Drama, von der wir ja auch im Bereich der Erzählkunst den Ausgang nahmen, ein abwägender Vergleich der Fügung der Vórgänge in erzählender und dramatischer Dichtung anzusetzen sein. Wir konnten bereits (Anm. 59) auf den Bericht vom Untergang der Flotte in den „Persern" hinweisen. Gerade der Bericht dient im Drama in erster Linie der Schürzung größerer Handlungszusammenhänge. — In engem Zusammenhang mit dieser Tendenz der Schürzung steht die Teichoskopie, die gleichzeitige, aber *räumlich* außenliegende Ereignisse in den Gegenwartsablauf hineinträgt; endlich die „Vorinterpretation" künftiger Ereignisse durch den Redebericht[119].

Von hier aus ist dann das Phänomen der „verdeckten Handlung" einzubeziehen, das ja nicht *nur* aus den Bedürfnissen der Bühne herzuleiten ist. Die verdeckte Handlung wird „in der Hand des Dichters zu einem richtigen Mittel der sphärischen Rundung (!) oder Profilierung des Ganzen" und beseitigt den „rein linearen Eindruck, der ja doch dem Wesen der dramatischen Handlung nicht entsprechen würde", zugunsten des „Eindrucks einer durchgehenden geheimnisvollen Gefügtheit."[120]

Wir haben diesen Seitenblick auf wenige Regeln der Vorgangbildung in der gesprochenen, dramatischen Dichtung unternommen, weil alle diese Phänomene des einbeziehenden

Redeberichts, der Teichoskopie und der verdeckten Handlung auch in der Erzählung, freilich in einer charakteristischen Auflockerung, ihren Ort und ihre Bedeutung haben. In der Erzählung können sich alle diese Formen in weit größerem Maße verselbständigen; im Drama unterstehen sie alle dem unmittelbaren Vortrieb der szenischen Handlung, und das begrenzt ihre Ausdehnung so gut wie ihre Eigenständigkeit! Der Erzähler kann zudem die zweite Dimension der Rede durch Zusammenfassungen steuern oder sie in *durative* Darbietungsweisen einbetten; der Dramatiker muß alle Zuständlichkeiten in Handlung, d. h. szenische Rede auflösen. Die Wirkungen der Zwiefältigkeit des Vorgangs bei der Rede sind demgemäß in Erzählung und Drama verschieden. Dennoch zeigen die Berührungspunkte eindringlich genug, daß eine ‚Allgemeine Theorie des pragmatischen Vorgangs' ihres Entwurfes harrt!

IV. Das Gespräch

1. Die Überschneidung von Rede und Widerrede. Haben wir uns Klarheit verschafft über einige allgemeine Eigenschaften des gesprochenen Wortes, so muß nun des besonderen Umstandes gedacht werden, daß die Rede stets auf ein persönliches Gegenüber zielt, daß sie — als Ansprache an eine Runde so gut wie als Selbstgespräch, erst recht aber im gewöhnlichen Gebrauch — *Zwiesprache* ist[121].

Als Textfolie dieser Überlegungen wählen wir ein entscheidendes und mit aller erdenklichen Kunstfertigkeit — sowohl im Aufbau als in der Personencharakterisierung — ausgestattetes Zwiegespräch aus Thomas Manns Josephroman: Die Liebeswerbung Mut-em-enets, der Gattin des Potiphar, um Joseph, den Hausverwalter[121a].

Wie gewohnt, hat Thomas Mann auf zweifachem Wege diese große Szene vorbereitet: Einmal durch die voraufgehende Handlung selbst, in der zahlreiche kleinere, über Monate verteilte und zum Teil iterativ gegebene Gespräche und „Deuthandlungen" — sein eigenes Wort — bis zu der Übersendung des „Süßen Billets" auf diese Auseinandersetzung hinführen; zum anderen durch eine umfängliche

Abhandlung über Josephs Keuschheit, die aus sieben Gründen hergeleitet wird. Der Zuhörer tritt also wohlversehen in dieses Kapitel: „Die schmerzliche Zunge. (Spiel und Nachspiel)" ein[122].

Mut muß lispeln in diesem Gespräch, denn sie hat sich vorher in die Zunge gebissen — Mann verwendet dieses Motiv meisterhaft zu ihrer Charakterisierung auch während des Redens. — Anlaß ist ein zwischen den beiden ganz verwirrt ausgegangenes Schachspiel, die letzte der „Deuthandlungen": „Ja, ja, nicht weiter . . . . . uns bleibt nichts als die Niederlage zu zweien" — mit diesen Worten beginnt Mut ihre Werbung und treibt sie in *einer* rasend-inbrünstigen Stammelrede hin auf das Wort: „Schlafe bei mir".

In einem einzigen Rede-Anlauf bricht aus der verborgen gekeimten Leidenschaft das unverhüllte Begehren aus, und damit ist dem Gespräch bereits zu Beginn ein Gipfelpunkt gesetzt mit einer prall-gegenwärtigen Forderung. —

Dieser Einsatz des Gesprächs ist entscheidend für seine weitere Entwicklung. Er steht im Gegensatz zu einem anderen, noch zu behandelnden Gesprächs-Typus, wo man sich in Zug und Gegenzug zu einer Entscheidung hin „freispricht"; wo folglich nur ein Endgipfel praller Gegenwärtigkeit oder zeitloser Höhe erreicht wird.

Hier dagegen ist die Anlage des Gesprächs weit komplizierter. — Auf die Worte Muts gibt es — der Sache nach — drei Möglichkeiten der Antwort: Zustimmung, Ablehnung, Ausweichen. Die beiden ersten Möglichkeiten würden, da es sich nicht um eine Forderung zur Streitrede, sondern zur *Tat* handelt, nach einem solchen Gipfelpunkt das rasche Ende des Gesprächs herbeiführen. Trotz seiner Kürze wäre das Ganze dann eine Zwiesprache der bezeichneten Art mit Endgipfel.

Die dritte Möglichkeit, die hier ergriffen wird, macht uns mit einem weiteren Gesetz des Gesprächs bekannt: dem Gesetz der Ausbuchtung. Jedes Gespräch, soll es nach einer Entscheidungsfrage noch länger fortgesetzt werden, bedarf dieser Erweiterung und Erweichung seiner Intention.

Joseph antwortet nicht als der Mann mit seinen sieben Gründen, wenngleich er sie vorwärts und rückwärts überdenkt: Er antwortet als der Hausverwalter, als der um die Sicherheit und den Gemütszustand seiner Herrin Besorgte. Er mahnt zur Rückkehr aus ihrer

Verstörung, zur Vorsicht vor den Lauschern draußen — der Entscheidung hier im Raume und jetzt im Augenblick weicht er aus. Seine Rede aber trifft die Angeredete gar nicht, Mut „überredet" sie, kaum daß sie gesprochen ist! Auch sie muß aber nach ihrer unverhüllten Forderung nun ausschweifen, um weiterreden zu können: Flammender Hohn, der seine Besorgtheit entwaffnet: „Sie mögen ja kommen von draußen und sehen" — wechselt mit brünstigem Schmeicheln, das an das süße Billet und an die vielen Nächte ihrer Zweifelqual anknüpft und nun auch Joseph zur Sprache drängt über das, was in ihm sich zutrug in der Zeit schweigsamen Werbungsspiels.

An dieser Stelle hat das Gespräch eine wichtige, stilistische Zäsur: Die Einführung der Redenden durch den Erzähler, und ihre Unterbrechung durch kleine Handlungsschritte, hören auf, es gibt hinfort nur die beiden lapidaren Ankündigungen „Joseph:" „Die Frau:". Dies und der Umstand, daß von nun an das Gespräch ausgewogen wird, während bisher Mut die Führerin der Rede auch äußerlich ($^4/_5$ des Redeteils!) war, bezeichnet die Wandlung in der menschlichen Konstellation: Joseph wird als Mann hineingezwungen in die Auseinandersetzung und bezieht die Stellung des Widerparts.

Das ausgewogene Gespräch — das sei nun hier eingefügt — besitzt durchaus andere Merkmale als das ‚überredende'; Wort und Antwort zahnen ineinander. Steht die Überredung unter dem Gesetz der Häufung der Argumente, so korrespondieren hier Grund und Gegengrund oder — beim Unisono der Meinungen — Aspekt und Aspekt[123]. Dies wiederum in verschiedener Weise dort, wo Satz auf Satz, und dort, wo Gedankenreihe auf Gedankenreihe trifft. Diese zunächst rein äußere Verschiedenheit der Periodenlänge hat wesentlichen Einfluß auf die thematische und charakterisierende Komponente des Gespräches in der Dichtung. — Wir haben es hier, trotz der aufs äußerste gespannten Situation, mit wohl stilisierten, halb- bis ganzseitigen Gedankenreihen zu tun. Das bedeutet, daß das Gespräch weiterhin ausgreifend bleibt, daß es die Gegenwart ‚umspielt'.

Joseph beginnt mit einer Bitte um Schonung für sie beide (!) und fügt das Gleichnis von einem treuen Diener an, zielt aber damit nun nicht auf sie als Herrin, sondern auf Potiphar als ihren *gemeinsamen* Herrn! Er bleibt also wohl der Hofmeister, aber so deutlich klingt das „wir" aus seinen Worten, daß Mut es aufnimmt und umdeutet: Wollen und Tat sind „unser" Geheimnis. Schon ist aber Joseph so seiner sicher, daß er sie „Liebes Kind ..." anredet. Gegenüber ihren glühenden Verheißungen und schwelgerischen Ausmalungen des „nahen Genusses" — des Augenblicks, für den sie sich „aus aller Vergangenheit" für ihn aufgehoben habe — greift er jedesmal aus in die fernere Zukunft und beschwört neu die Folgen solchen Tuns: denn des Menschen „Vorzug und Ehrenmitgift ist gerade, daß er hinausdenke über den Augenblick und überlege, was danach kommt."

Die Beschwörung der Vergangenheit einerseits, die Mahnung an zukünftige Folgen auf der anderen Seite geben dem Dialog hier seine Spannkraft und eröffnen gleichzeitig die grundverschiedenen Lebenshaltungen der beiden Widersacher.

Mit dem letzten Zitat nimmt das Gespräch eine neue, stilistische Wendung. Der Erzähler tritt wieder selbst hervor, führt die Personen — aber nun in nachgesetztem „sagte er", „schmeichelte sie" — ein und interpretiert Mimik und Gestik *während* des Redens, ja er unterbricht bei währender Rede, um den Augenblick zu ‚dehnen'. Bemerkenswert ist nun, daß gerade mit diesen interrumpierenden Eingriffen das Gespräch einen hastigen flackernden Duktus erhält. Gerade durch die gewaltsame Dehnung wird jetzt der reißende Ablauf des Geschehens fast schmerzlich spürbar!

Dem entspricht eine neue Aufgipfelung des Gesprächs, die die erste an Schroffheit noch übertrifft: Mut greift hinüber in die von Joseph dräuend gezeichnete Zukunft und glaubt, sie umgestalten und damit seine Haltung stürzen zu können durch die ungeheuerliche Eröffnung, sie könne ihren Mann ja töten und ihm dessen Platz einräumen. Erneut folgt diesem zweiten Brennpunkt des Dialogs eine Expansion. Erregt malt Mut den Plan und ihrer beider Glück nach dem „unschuldigen" Morde in Einzelheiten aus. Joseph aber ist ihr ferner denn je gerückt mit seinen eindringlichen Mahnungen an die spätere „Geschichte", die diese Sünde „für alle Zukunft" aufzeichnen werde, und er ist es nun, der Mut „überredet" und beschwört, von ihren Wünschen abzusehen.

Da schließlich zieht sich Mut, noch keineswegs überwunden, zurück wie auf eine uneinnehmbare Stammburg: auf ihr zeitlos großes Weibtum. „Das Weib ist die Mutter der Welt. . . . Isis bin ich, die große Mutter . . . . Mut ist mein Muttername." Und Joseph, sie unterbrechend, bezieht gegen diese letzte „pandorische" Forderung seine endgültige Mannesstellung: „Der Vater der Welt ist kein Muttersohn. . . . Ihm gehöre und vor ihm wandle ich, ein Vatersohn. . . ." — Hier bricht das Gespräch auseinander, Joseph verläßt die Weinende.

Dieses Gespräch hat also einerseits eine elliptische Struktur mit zwei Brennpunkten, die der Dichter noch durch den Hinweis markiert, daß Mut sich eben dieser beiden Sätze wegen: „Slafe bei mir!" und „Is tann ihn doch töten!" vorher die Zunge zerbissen habe. Der Mittelteil ist in seiner stilistischen Hervorhebung nicht „Gipfelflur", sondern ausgewogenes Kräftespiel mit einer Fixierung der Fronten. Das Gespräch hat aber daneben eine durchaus progressive Erregtheit, die im Bezug der beiden letztgültigen und zeitlosen Stellungen Weib : Mann ihren Zielpunkt hat. Gleichzeitig bedeutet diese Verhärtung den Sieg Josephs, der im Laufe des Gesprächs und erst recht in seinem langen Schlußwort die Oberhand gewinnt. — Vom Stoff her könnte man freilich einwenden, das Ganze sei ein Überredungsversuch Muts, der schließlich nur abgewehrt sei. Die Struktur des Dialoges und genauer betrachtet auch sein Gehalt lehren anders: Joseph wird gegen Schluß zunehmend der „Überredende", der Muts Haltung immer wieder entwurzelt und sie schließlich auf ihre freilich unbezwingbare Burg zurückwirft.
Auch die stilistische Betrachtung der Redeeinführungen[124] und der Eingriffe des Erzählers bekunden deutlich die stufenweise Steigerung, die diesem Gespräch trotz seines Gipfelpunktes am Anfang noch eingegeben ist.
Es kam bei der Durchsicht dieses komplizierten Dialoges, der einen Höhepunkt in einem großen Roman bildet, darauf an, etwas von der Vielfalt der Abwandlungen einzufangen, unter denen die Grundgesetze der Dialogstruktur: Polarität und progressive Steigerung sowie Verengung und Ausbuchtung; ferner die verschiedenen Dialogtypen: Überredung und ausgewogenes Gespräch, in Erscheinung treten.

Auch das Handlungsgespräch ist in seinem Zeitablauf ein Einzelvorgang mit Korrespondenz von Anhub und Vollzug[125]; auf andere Weise als in der berichtenden Rede, die mehr oder minder geschlossene Verläufe referiert, kommt es jedoch auch hier zur Verwesentlichung größerer, ja weitgespannter Vorgänge. Persönliche Haltungen, orientiert an fernliegenden Begebenheiten oder allzeitigen Prinzipien, stellen sich einander, und die Leitlinien jener Beweggründe zeichnen sich ab in der Argumentation. Diese textlich zu analysierenden Linien nun kommen als Rede und Widerrede in der Gegenwart, im konkreten Anlaß, zum Schnitt. Dieses *Schnitt-Mal* wandelt sich fortlaufend im Zuge der Aussagen, festigt sich aber zugleich in den bezogenen persönlichen Haltungen und wird im schließlichen Vollzug des Gesprächs zu einem „Mal menschlicher Begegnungen" (Ipsen, S. 74). — Das Gespräch zwischen Joseph und Mut gestaltet gerade dies letzte in Wort und Sinn.

2. Individuelle Schnittformen — konstante Strukturelemente. Gewisse „Schnitt-Typen" von der äußeren Gestalt der Dialoge abzuleiten, wäre, soweit wir sehen, ein aussichtsloses Unterfangen. Allenfalls läßt sich das letzte von uns beobachtete Moment, das Hinausdrängen auf feste, allgemeingültige Grundhaltungen als gemeinsame Tendenz einer großen Gruppe von Handlungs- und Erörterungsdialogen begreifen. Im übrigen aber ist das Profil der Hin- und Widerrede in jedem Dialog ein durchaus individuelles und muß es sein, tut sich doch in ihm gerade die Individualität der sprechenden Personen kund. Es ist darum reizvoll, Gespräche von annähernd gleicher Motivation und gleicher Konfliktanlage zu vergleichen, um eine Anschauung dieser Individualität zu gewinnen. — An das Thema der abgewehrten Liebeswerbung anknüpfend, wählen wir ein Gespräch aus dem „Erec" des Hartmann von Aue, um an ihm die erarbeiteten Kriterien zu prüfen und zu vermehren[125a].

An der Seite ihres totgewähnten Gatten und bereit, ihr Leben durch sein Schwert zu endigen, wird Enite von dem Grafen Oringles aufgefunden. Hier, am Ort ihres Unglückes, beginnt der Graf um die Trauernde zu werben. Scheinbar ihre Klage gutheißend, schmäht er bald offen ihren Mann und malt ihr ein glänzendes Leben an seiner Seite aus. Enite vermag nichts zu antworten, als: Ihr erster Mann werde ihr letzter sein; nie werde sie eines anderen Weib. (Oringles: 66 Verse; Enite: 15 Verse.)

Der Graf läßt eine Bahre bereiten und führt die Widerstrebende an der Seite ihres gefallenen Gatten in seine Burg. Dort rüstet er ein Fest, auf dem Enite noch vor der Nacht zu seinem Weibe werden soll. — Der Dichter unterläßt nicht, auch dem Zuhörer zu sagen: „swiez doch dûhte schande / alle sîne dienestman"

Enite verweigert das Mahl. Boten, die sie von der Seite ihres Gatten holen sollen, kehren unverrichteter Sache zurück. Der Graf geht selbst. Zum zweiten Mal dringt er in sie, der Trauer zu entsagen, setzt den Toten herab und verheißt ihr sich, sein Land und „kreftigez guot". Ihre Einwilligung in das gemeinsame Mahl (eine wichtige Deuthandlung!) ist seine letzte Forderung. — Schroff wie zuvor, beharrt sie darauf: „ich habe immer manne rât (=Verzicht) / sît mir in got benomen hât." (Enite: 6 Verse; Oringles: 24 Verse; Enite: 8 Verse; Oringles: 4 Verse).

Nach vergeblichen Bitten zwingt er sie zu Tisch. Auf die Weinende hinab schleudert er seine dritte Rede. Er wiederholt seine sämtlichen Vorwürfe und Verheißungen, und der Dichter spitzt nun seine Worte aufs schärfste zu:

„hiute wider gester
sô stêt doch iwer dinc ungelîch.
ê wârt ir arm, nû sît ir rîch:
ê enwârt ir niemen wert,
nû hât iuch got êren gwert:
ê wârt ir vil unerkant,
nû sît ir gwaltic über ein lant:
ê in swacher schouwe,
nû ein rîchiu frouwe:
ê muost ir ûz der ahte sîn,
nû ein mechtic graevîn:
ê fuorent ir wîselôs,
unz iuwer saelde mich erkôs:
ê wârt ir aller gnâden bar
nû habt ir die êre gar:
ê litent ir michel arbeit,
dâ von hât iuch got geleit:
ê hetet ir ein swachez leben,
nû hât iu got wunsch gegeben: usw.

Er versteigt sich schließlich bis zu dem Ausruf:
>   ich riete ez *allen* wîben ...
>   daz sî einen rîchen herren
>   naemen für ein solhen man."

Und dann mündet seine Rede wieder aus in den Befehl: „nû ezzent durch den willen mîn."
>   „vil kurze ich iu antwurten wil", beharrt Enite zum drittenmal;
>   „in mînen munt kumt nimmer maz,
>   mîn tôter man enezze ê."

Der Graf springt auf, und mit dem einzigen Fluch „ir ezzent, übel hût!" schlägt er Enite in „grôzer tôrheite", so daß sie blutet. — (Oringles: 60 Verse; Enite: 7 Verse; Oringles: 1 Vers.)

Wir brechen hier ab; die turbulente Szene, in der der Graf nun seine Leute niederschreit und Enite ihrerseits durch Klagen und Schreien (das nur zum geringsten Teil wörtlich gegeben ist!) den Wütenden reizt, sie zu erschlagen, damit sie den erwünschten Tod fände — bis schließlich der Totgeglaubte erscheint und in besonderem Sinne ‚tabula rasa' macht — das alles bleibe außerhalb unserer Betrachtungen.

Die Kontur des Gesprächs zeigt eine Dreigliederung, gegeben durch Schauplatzwechsel und relativ große Handlungsschritte. Im ersten Teil eine, im zweiten zwei, im dritten wieder nur eine Wechselrede. Wechselrede? Die beigegebenen Zahlen bezeugen, daß das Gespräch insgesamt zu gut drei Vierteln, im letzten Teil gar zu neun Zehnteln vom Grafen bestritten ist, und der Text gibt zu erkennen, daß seine Rede allein die andringende, umspielende, vorspiegelnde, fordernde ist; Enite hält unbewegt ihre vorgewählte Stellung inne, von der aus sie nur *antwortet*. Dem entspricht durchaus die Personen-Konstellation: Ohne sich der Situation anzugleichen, ist sie in seine Gewalt gegeben, ihm preisgegeben. Allerdings geht seine Gewaltnahme stufenweise vor sich — aber doch nur physisch und deshalb allein in der Zwischen-*Handlung* sich austragend: Von der *Kampfstätte* wird Enite in die *Burg* und dort schließlich an die *Tafel* des Grafen gezwungen.

Das Gespräch bleibt demgegenüber von einer eigentümlichen Statik. Allenfalls die Rede des Grafen entfaltet sich, indem sie sich verdeutlicht, überbietet und schließlich in Schlagsätzen präzisiert. — Aber vom ersten Anhub bis zum Schluß der dritten großen Rede die Wiederholung gleicher Argumente; Häufung, Paraphrase bis hinein in die Syntax, doch keine Progression. — Und gar Enite: Die ‚Standhaftigkeit‘ ihrer Worte geht so weit, daß man sie vertauschen könnte (vgl. v. 6293—6300 mit den zitierten 6418 9; v. 6382—6387 mit den zitierten 6513 4). — Progression ist hier allein durch die Handlung gegeben, und konsequent trägt sich die Entscheidung des Gesprächs aus in handgreiflich-turbulenter Szene.

Sind die Redepartien der beiden äußerlich von gleicher Starre, so zeigen sich doch im *Widerspiel der Gesamtaussagen* deutliche Fixpunkte, Spannungsbögen und Überschneidungslinien. Der erste, für beide Sprecher verbindliche Fixpunkt ist der ‚Todesfall‘ Erecs. Von hier aus holt der Graf seine Argumente, an diesem Punkt bezieht Enite ihre Stellung. Wie verschieden aber die von hier ausgehenden Linien der Redeführung, die Linien der persönlichen Konsequenz! Der Graf sieht in der Begegnung mit Enite den Umbruchpunkt, von dem aus eine *neue*, veränderte, ja gegensätzliche Zukunft zu entwerfen ist. Und er wird nicht müde, Vergangenheit und nächste Zukunft gegeneinander auszuspielen, sein geradezu reißendes Verlangen ist darauf gerichtet, das „ê“ durch das „nû“ zu entwurzeln; das „hiute“, das ist seine nahe Vereinigung mit ihr, wird das „gester“ ausräumen können, glaubt er, denn: „iuwer dinc ist *ungelîch*.“ Dem entspricht durchaus der sachliche Kern der Argumente, die Wiederkehr der Antithesen „arm: rîch“, „aht: maht“; und die „Gottesgnade“, auf die er schließlich anspielt, ist eine ungeheuerliche Projektion seines realen physischen Verlangens in eine vermeintliche Weltordnung, ebenso sein Wort, daß er diesen Tausch „allen wîben“ rate; alles aber bezogen auf die nächste Zukunft „vor der Nacht“ und auf die noch nähere Deuthandlung ihrer Umstellung, das „ezzen“.

Dagegen Enite: Der Tod des Mannes, der ihre Haltung als seine Gattin keineswegs ändert, vielmehr nur zur Bewahrung und Bewährung festigt, bedingt ihren Entschluß, „nimmer“ — „über kurz ode lanc“ — jemandes anderen Weib zu werden, auf „immer“ zu entsagen, „nimmer“ Speise zu sich zu nehmen.

Die Worte „immer, ie, nimmer", u. ä. häufen sich in ihrer Rede, Grundsätze verkündend, die ganz auf die Ewigkeit oder doch über ihr Leben hin gespannt sind. Von der dreifachen Überredung des Grafen bleibt sie dreifach unberührt, ungewandelt, stet.

Die Frage erhebt sich, ob mit diesen Formeln tatsächlich der erzählerische Sinn dieses Dialogs herausgehoben ist. Ist das Ganze nicht einfach ein wortreicher, abenteuerlicher Verführungsversuch? — Erinnern wir uns, daß die Reden nur aus der Aufeinandertürmung von Argumenten bestehen, daß der ‚Vorgang' dagegen lediglich durch die zwischenliegenden Handlungsschritte gegeben wird. Die Redeführung schmiegt sich dem Abenteuer nicht an. In den drei Gesprächen stehen sich vielmehr zwei persönliche Haltungen nicht als situationsbedingte, sondern als vorganglos statuierte Prinzipien gegenüber: Das Prinzip des „ê : nû", wir sagen nun des *wandels*, wirft sich überredend gegen das Prinzip des „immer", das heißt gegen die *staete*.

Der „wandel", mit einer Vielfalt von irdischen Vorteilen lockend, die rasch eintreten würden, bedarf vieler Worte zu seiner Verdeutlichung; die „staete", auf dauernde und unverrückbare Satzungen bauend, bedarf ihrer nicht. Enite bleibt unberührt von jener Überredung, sie nimmt nicht eines der vielen Argumente auf — wie es doch Joseph in seinem Gespräch mit Mut dauernd tat — etwa daß sie sagte: „Ich will lieber arm bleiben", „Mir liegt nichts daran, über dein Land zu regieren", „Ich könnte nicht an deiner Seite leben": Sie reagiert nicht individuell, sondern als ‚die Tugendhafte' mit den immer gleichen Formeln ‚der Treue'.

Vergleichen wir weiter mit dem Gespräch aus dem Joseph-Roman: Dort ein Ansturm und sein allmähliches, stufenweises Überwinden, ein Held, der sich zunehmend auf sein ‚persönliches' Gesetz besinnt, und der nach Kampf (wie übrigens im ganzen Roman!) den Weg zur ‚Besonderheit' gewinnt; hier zwei Figuren, die von Anfang an zwei gegensätzliche Prinzipien vertreten, eine Tugend, die sich in drei Proben gleichermaßen bewährt. Dort Handlung *als* Dialog, deshalb Progression während des Sprechens; hier Handlung *und* Dialog, und

Progression nur in der ersteren. Dort Verengung und Ausbuchtung in der Abfolge der Reden; hier Verengung nur durch Handlungsschritte, Ausbuchtung als Prinzip des Gesprochenen schlechthin. Wir erkennen, warum dieses Gespräch durch Handlungspartien *unterbrochen* werden muß, um am Erzählverlauf haften zu bleiben, wir erkennen auch die Notwendigkeit der steten Endanheftung der Reden an das „Essen", ohne die sie vollends die Tendenz des *Vorgangs* verlören.

Es verdeutlicht sich aber andererseits, nun von der Erkenntnis des Prinzipienstreites her, warum dieses Gespräch quasi vertikal im Zeitablauf des erzählten Geschehens steht: Es bezeichnet eine andere Welt noch neben der im Erec reich zur Geltung kommenden Welt bunter Ereignisse und Abenteuer: Die Figuren stehen *in ihrer Rede* als Vertreter einer zeitlosen, moralischen Ordnung, in der wandel und staete — jener mit der nimmermüden Verheißung schneller Freuden, diese gegründet auf ewigen Trost — ihren festen Platz als Laster und Tugend besitzen. Freilich stellt auch die Handlung in ihrem Vollzug letztlich immer diese Ordnung her, aber es gehört zum primitivsten Gesetz der Spannung, daß sie dies nicht an jedem Punkt, sondern gerade nur durch Umwege und Umschläge erreichen kann. Die Rede jedoch bricht hier (nicht allerorts, wenn auch häufig![126]) aus dem Ablauf aus und erstellt dem Zuhörer an Ort und Stelle diese Ordnung in ihrer vollen Klarheit.

Die beiden verglichenen Gesprächshandlungen erzählen jeweils von der Abwehr eines Verführungsversuchs. Die elliptisch schmiegsame Organisation des Dialogs aus dem „Joseph" und die blockartig geschichtete Dreierformel des „Erec"-Dialogs bringen jedoch völlig verschiedene menschliche Haltungen und ein völlig verschiedenes Ethos des Vorgangs zum Ausdruck. In der Analyse von Gesprächsakt und Aussagestruktur läßt sich diese Verschiedenheit nicht nur bestimmen — das wäre auch auf anderem Wege möglich — sondern es lassen sich die konkreten erzählerischen Mittel aufweisen, mit denen der Künstler seine ideellen Absichten ins Werk setzt.

Das Aussageprofil jedes einzelnen Gesprächs ist nicht von ungefähr. Es wandelt die Vorgegebenheiten des gesprochenen Wortes in unendlicher Vielfalt ab, wobei zweifellos eine Fülle von Komponenten, nicht zuletzt auch historische, mit im Spiel sind. — Andererseits aber hat sich ergeben, daß gewisse Strukturelemente des Gesprächs: Progression und Steigerung, Verengung und Ausbuchtung, Fixpunkte und Überschneidungslinien der Aussage sich unter verschiedensten Äußerungsbedingungen durchsetzen. Ebenso kehren in jedem Aussageprofil die Elemente der Handlungsverwertung und -steuerung, der aktuellen Entscheidung und der prinzipienhaften Erörterung auf besondere Weise rein oder vermischt wieder.

Die zuvor entwickelten Beispiele wären zu ergänzen durch eine Betrachtung des zeitlosen, rein erörternden Gesprächs. Wie sich schon weit vorne bei der Behandlung von „Betrachtung" und „Sentenz" herausstellte, muß auch hier an die Stelle der Analyse gegenständlicher Bezüge die Prüfung des Widerspiels der „Werte" bzw. der abstrakten Themen treten. Dabei lassen sich jene genannten Strukturelemente ebenso ermitteln wie bestimmte Grundformen des berichtenden Vortrags, der Überredung und des ausgewogenen Gesprächs, der Schichtung oder Verzahnung der Meinungen usw. Auch in solchen Gesprächen erweist sich schließlich die allgemeine Fähigkeit des gesprochenen Wortes, durch eine Person und in einer besonderen Situation um- und abliegende Seinsbereiche in den minutiösen Erzählablauf einzubringen, kurz: sein medialer Charakter.

Auch die Verknüpfung rein erörternder Dialoge mit dem erzählten Vorgang stellt keine grundsätzlich neuen Probleme. Allenfalls kann man in Betracht ziehen, daß das Gespräch an sich schon ein Verknüpfungsmittel ist, um die sekundären Erzählweisen der Beschreibung und Erörterung an den Handlungsfortschritt zu binden[126a]. Aber diese Verknüpfung bleibt oft eine rein technische Maßnahme und gerät häufig genug während der Lektüre langer Erörterungsgespräche in Vergessenheit. Wichtiger ist es hier wiederum, die integrierenden Kräfte in der Aussage selbst aufzudecken und darin die wesentlichen Bindungen an den Gesamtvorgang zu sehen. Herman Meyer hat in seiner Untersuchung zum „Problem der epischen Integration" dazu die wesentlichen Anleitungen gegeben. Beachtung verdient freilich der bei Meyer nicht eigens erwähnte Umstand, daß theoretische Erörterungen — z. B. bei

Sterne — auch absichtlich als ‚Fremdkörper‘ in die Erzählung eingebracht werden können. Damit soll nur betont sein, daß „Integration" nicht das ‚Ineinsschmelzen‘ aller Werkfaktoren bedeuten muß, sondern daß ein Kunstwerk auch daraufhin angelegt sein kann, ‚erratische Blöcke‘ und Frakturen als solche sichtbar zu erhalten.

3. Die Gesamtfunktion der Gespräche in einer redereichen Erzählung. Die Betrachtung einzelner Dialoge ergab, daß bestimmte übergreifende Strukturelemente bei jeder Konkretion zu individueller und unverwechselbarer Ausformung gelangen. Im Erzählwerk sind jedoch die Einzeldialoge ihrer Unverwechselbarkeit zum Trotz nie autonom. Sie besitzen wie alle Erzählglieder neben ihrer Eigenmächtigkeit in wechselnder Deutlichkeit Funktionscharakter.

Diese funktionale Aufgabe erwächst den Dialogen gerade dann, wenn sich ein Erzählvorgang vorwiegend im Personengespräch abspielt. Dann muß der Dialog alles das mitleisten, was sonst der unmittelbare Handlungsbericht leistet. Und dennoch darf er diesen Funktionscharakter nicht so offen zur Schau tragen, daß der Leser auf den Gedanken käme: ‚Das sagt die Person jetzt nur, damit ich über den logischen Zusammenhang der Handlung orientiert bin.‘ Man kennt diese peinlichen „Aufbaudialoge" vor allem aus schlechtgemachten Dramenexpositionen und Operetten-Librettos. Auch in dialogreichen Erzählungen können jedoch größere Zusammenhänge allein durch umfangreiche Vor- und Rückbezüge und seitliche Ausgriffe in den Gesprächen gewahrt werden. Nur auf diesem indirekten Wege kann der Erzähler die in Szenen zerhackte Handlungsschnur zum durchlaufenden ‚roten Faden‘ verbinden oder zu Strängen verflechten, wenn er nicht zu summarischen Hilfsberichten greift.

Wie diese Gegebenheiten das Zeit- und Raumgerüst, aber auch die ‚Weltansicht‘ eines Romans bestimmen, sei an einem besonders duchsichtigen Beispiel, dem Fontane-Roman: „Die Poggenpuhls" verdeutlicht.

Dieser Roman besteht zu nahezu 60% aus Dialogen. Nimmt man noch den Anteil an Briefen mit 18% dazu, so zeigt sich, daß

der Erzähler sich nur ein knappes Viertel der Erzählzeit zur
Wiedergabe von Geschehensschritten und zur ‚Inszenierung‘
der Gespräche vorbehält. Mehr als der dritte Teil dieses ver-
bleibenden Viertels wiederum ist der statischen Beschreibung
des Milieus gewidmet, so daß schließlich nur 15% der gesamten
Erzählbreite für die äußeren Aktionen und Vorfälle verbleiben.
Nun sagt diese Aufrechnung noch nichts weiter, als daß —
bei derartigem Vorherrschen des gesprochenen und ge-
schriebenen Wortes — die Kette der direkten Handlung entweder im ganzen kurz sein muß oder daß in ihr mehr oder
minder weite Lücken auftreten, die allenfalls durch summarischen Bericht gefüllt sein können. — In der Tat ist der Hauptteil der Erzählung zwei Tagereihen gewidmet, während die
Zwischenzeit nun nicht durch Berichte kontinuierlich, sondern
durch die Briefe *sprungweise* überbrückt ist.
Aber die Handlung ist nicht nur formal kurz und sprunghaft,
sie ist es auch der Sache nach:

Da rüsten drei Schwestern den Geburtstag ihrer Mutter, der
verarmten Majorswitwe von Poggenpuhl, zu, und der etwas leicht-
lebige Bruder Leo aus der westpreußischen Garnison und der
patriarchalische Onkel Eberhard von seinem schlesischen Gute
kommen, um diesen Tag zu feiern, ein Theater zu besuchen und dann
wieder auseinanderzugehen. — Eine der Schwestern begleitet den
Onkel; Briefe überbrücken die Entfernung von Schlesien nach
Berlin und von Thorn nach Berlin, ebben allmählich ab — bis der Onkel
unerwartet erkrankt und binnen einer Woche stirbt. Der Todesfall
führt die Familie erneut zusammen, eine Erbschaft kommt ihren
kleinen Wünschen zustatten. — Das ist alles.

Ein Geburtstag also ist der Anlaß, der die Personen dieser
Erzählung zusammenführt — ein Todesfall löst die nur ganz
locker geschürzten Knoten wieder auf. Das Ganze spielt über
ein Dreivierteljahr hin. Einlässig vergegenwärtigt werden davon
zweieinhalb Tage im Januar, denen die ersten drei Fünftel der
Erzählung gewidmet sind, und einige Septembertage, denen
das letzte Fünftel gehört. Die gesamte übrige Zeit spiegelt sich
im vierten Fünftel der Erzählung nur in Briefen ab.
Diese Zeitkontur, ebenso wie die oben referierte Handlung,
ist zwar auf ihre Weise für Fontanes Erzählweise typisch —

über die eigentliche Welt des Romans aber sagt sie uns noch sehr wenig. Sie kann es deshalb nicht, weil eben nicht die Handlung, sondern die Gesprächs- und Briefinhalte dieser Erzählung ihr eigentliches Gesicht geben. Fontane selbst nimmt das Handlungsgerüst so leicht, daß er einen offensichtlichen Lapsus in der Zeitrechnung nicht einmal zu korrigieren braucht[127]. Denn es geht hier nicht um entscheidende Tage, nicht um ein Dreivierteljahr, es geht um die Generationsgeschichte und um das Leben der Nachkömmlinge einer vordem stolzen preußischen Offiziersfamilie. Es geht weiterhin um das Garnisonsleben, das Gutsleben, das Leben der verarmten und das der neureichen Großstädter, um einen Traum von Übersee und um echte „Berliner Luft"; es geht ein bißchen um Kunst und Geschichte, angelegentlich um Konservatismus und Fortschritt — und endlich um die Charaktere, die all das verkörpern, vertreten und: verplaudern.

Sogar die Handlung jener ausgewählten Tage ist nicht direkt und in natürlicher Folge erzählt, sondern nur entworfen und gespiegelt in den einzelnen, minutiösen Gesprächspartien. Wir schneiden das kürzeste dieser Gespräche — sie werden vorwiegend als Tischgespräche geführt[128] — heraus; es gibt das Kompositionsgesetz des Romans in seinen wesentlichen Zügen so gut wie jedes andere, längere wieder, denn dieses Fügungsprinzip ist von einer durchwaltenden Einförmigkeit. Lediglich die Konstellation der Personen wechselt häufig, so daß die Personen nach allen Seiten ihres im übrigen wandellosen Charakters ausgeleuchtet werden. In unserem Gespräch ist Leo Mittelpunkt, aber seine Partner beziehen ihre typischen Randpositionen.

Aus dem 6. Kapitel:

Man blieb wohl eine Stunde beim Kaffee. Leo hatte von seinem Thorner Leben zu berichten, am meisten von seinen Besuchen auf dem Lande, sowohl bei den deutschen wie den polnischen Edelleuten.

„Und macht ihr bei diesen moralische Eroberungen?", fragte Therese. „Gewinnt ihr Terrain?"

„Terrain? Ich bitte dich, Therese, wir sind froh, wenn wir im Skat gewinnen. Aber auch damit hat's gute Wege. Diese Polen, ich sage dir, das sind verdammt pfiffige Kerle, lauter Schlauberger …"

„Du hast so viel berlinische Ausdrücke, Leo."

„Hab' ich. Und weil man nie genug davon haben kann, denk ich, wir brechen so bald wie möglich auf und gehen in die Stadt auf weitere Suche. Wer Augen und Ohren hat, findet immer was. Ich möchte ‚mal wieder eine Litfaßsäule studieren'. ‚Wer dreihundert Mark sparen will', oder die ‚Goldene Hundertzehn' oder ‚Mittel gegen den Bandwurm'. Ich lese so was ungeheuer gern. Wer kommt mit? Wer hat Zeit und Lust?"

Therese schwieg und wandte sich ab.

„Hm, Therese läßt mich im Stich, und Sophie hat die Wirtschaft. Aber Manon, auf dich, denk' ich, ist Verlaß. Wir sehen uns das Rezonvillepanorama an — so was verstehn die Franzosen — und sind um zwölf Unter den Linden und sehen die Wache aufziehen mit voller Musik, und wenn wir Glück haben, steht der alte Kaiser am Fenster und grüßt uns. Oder wir können's uns wenigstens einbilden."

Unter diesen Worten hatten sich Leo und Manon erhoben. „Kommt nicht zu spät; zwei Uhr", mahnte Sophie, was denn auch versprochen wurde.

* *
*

Leo und Manon hielten Zeit, und Punkt zwei ging man zu Tisch. usw.

Der erste Satz gibt nach Fontanes Gepflogenheit Zeit und Ort der Szene. Die Kaffestunde ist zum größten Teil bereits durchmessen durch den zweiten Satz, der nur den Extrakt einer umschweifigen Milieuschilderung enthält. Man muß aber wissen, daß Leos Leben in Thorn bereits umfangreicher Gesprächsgegenstand der Schwestern mit ihrer Mutter beim Erhalt von Leos Ankunftstelegramm im 2. Kapitel war. Hier kommt es vornehmlich auf Thereses Reaktion an. Sie verkörpert wie allerorts das „alte Poggenpuhlsche", die Standesetikette und den schon verblichenen Glanz einer ehrwürdigen Vergangenheit. Empfindlich korrigiert sie — so auch hier — die Ausfälle ihrer Familie in Jargon und bourgeoise Gesinnung, und ihre stumme Ablehnung charakterisiert sie genau so wie anderorts ihre philiströsen Mahnungen an die „große" Vergangenheit.

Leo, nachdem er seine kurz zurückliegenden Erlebnisse ‚ausgepackt' hat, schwenkt auf ihren, freilich unfreiwilligen, Anstoß hin gleich auf die unmittelbare Zukunft und das nahe Milieu ein — meisterhaft übrigens hier wie allerorts Fontanes Technik der zwanglosen Gesprächswendung! Er malt das Berlin seines Herzens, das farbiges Treiben und Treibenlassen liebt, das ein wenig für Kunst und viel für Vergnügungen übrig hat und das irgendwo in einem Winkel ein Quäntchen Sentimentalitäten verbirgt. Und er entwirft damit aufs anschaulichste *seinen* Spaziergang durch die Stadt, auf dem ihm bezeichnenderweise die jüngste, „flotteste" der Schwestern begleiten wird, während Sophie, ebenso typisch für sie, an die Essenszeit vorausmahnt. Manons Einwilligung steckt bereits in seiner Rede, unter seinen Worten haben sich die beiden erhoben und — der Leser begegnet ihnen wieder am Mittagstisch.

Der Spaziergang selbst ist ausgespart! Sein Vorentwurf im Gespräch hat den Handlungsschritt erzählerisch bereits erledigt. — So geschieht es vorher und nachher mit allen Handlungsschritten in diesen Tagen. Wir hören von ihnen nur durch ihre Planung oder durch nachträgliche Berichterstattung; der Erzähler verzichtet darauf, sie als Ereignisse auszumalen oder ihnen irgendeine besondere Bedeutung beizulegen. Alles äußere Geschehen in diesem Roman, die Geburtstagsfeier, der Theaterbesuch, das Begräbnis und so fort, hat überhaupt nur insofern Bedeutung, als die Personen in seiner Planung und späteren Glossierung ein Stück ihrer Welt entfalten. Es genügt aber gleichzeitig, um die Gegenwartshandlung in Gang zu halten und den dünnen Faden der Handlung fortzuspinnen!

Auf dieses eigentümliche Doppelspiel haben wir zu achten. Die Plaudereien dieses Buches sind zweifellos nicht Handlungsdialoge in dem Sinne, daß sich in ihnen Entscheidungen austrügen — es gibt ja kaum Entscheidungen in diesem Buch, alles bleibt beim Gewesenen. — Gleichwohl ist die Plauderei selten über längere Strecken hin handlungslos, weil sie sich immer wieder am Tageslauf und an kleinen Augenblicks-Begebenheiten entlangrankt und in einer eigentümlichen Sprunghaftigkeit zwischen nächsten und fernen Zeiten, Räumen, Gegenständen, Themen wechselt. Nur an gewissen ausgezeichneten Stellen kommen eigentliche Zwiesprachen mit einiger thematischer Konsequenz in Gang und gedeihen zu einem mäßigen Gipfelpunkt (Leos Nachtgespräch mit der Mutter, 8. Kap.); aber auch hier geht das Gespräch aus von unmittelbaren Anlässen und springt, gleichsam die unversehens erreichte Höhe entschuldigend, rasch ab auf einen Entwurf der unmittelbar nächsten, alltäglichen Handlungsschritte.

Aber — wie unser Text schon zeigte — gerade in der Sphäre alltäglicher Résumés oder Planungen verwirklichen sich die Charaktere und ihre zuhandene Welt aufs trefflichste. Thomas Mann hat in seinen Fontane-Aufsätzen eben jene Leichtigkeit gewürdigt, mit der in solchen Gesprächen eine „das Menschliche auf eine nie vernommene, entzückende Art umspielende Lebensmusik" zum Erklingen gebracht wird[129]. Die stete Verquickung ausgreifender Gedanken mit den nächsten realen Lebensbedingungen verhindert auf der einen Seite die Entfaltung einer frei ins Geistige gespannten „Diskussion" und verhindert ebenso ein straff in den realen Vorgang gespanntes und darin vorstoßendes „Handlungsgespräch". Bezeichnend ist dieser leichtfüßig sprunghafte Wechsel für den Gesamtcharakter von Personnage und Milieu in diesem Roman — bezeichnender womöglich noch für die Machart des Werkes. Denn blicken wir nun von den Gesprächen auf die Generallinie der Handlung zurück:

1. Schnitte man einen dieser nichts weniger als ‚entscheidenden‘ Dialoge aus dem Roman heraus, so würde damit nicht nur etwas von der ‚Welt‘ der Poggenpuhls unausgesprochen bleiben, es würde stets auch ein logisches Bindeglied im äußeren Vorgang fehlen; denn selbst jener schmächtige äußere Vorgang existiert nicht *neben*, sondern großenteils *in* den Gesprächen. Das Zeitgerüst verzeichnet deshalb auch von den ausführlich erzählten Tagen nur minutiöse, allenfalls halbstündige Partikel. Die viel beträchtlicheren Lücken sind wortlos übersprungen. Diese Gliederung ließe von außen her auf eine sich sprunghaft fortbewegende Handlung schließen. — Keine Bezeichnung wäre nun für den Duktus des realen Vorgangs in diesem Werk unangemessener als die der sprunghaften Fortbewegung. Der reale Vorgang in den „Poggenpuhls" ist völlig eingeebnet und geglättet durch die handlungsbezogenen Gesprächsinhalte, die die benachbarten ‚leeren‘ Zeiträume ausleuchten und gleichfalls beinhalten: Der expansive Charakter der Gespräche hebt die ‚en bloc‘-Kontur der äußerlich erzählten Zeitspannen innerlich wieder auf!

2. Das gleiche wiederholt sich im großen. Das erzählte Dreivierteljahr der äußeren Ereigniskette, in dem ein Geburtstag und ein Todesfall ‚passieren‘, ist sicherlich insofern bedeutsam, als sich damit von vorneherein eine Alters-Wandlung der einzelnen Personen verbietet. An ihre Stelle tritt der statische Aufweis einer jungen und einer alten Poggenpuhl'schen Generation. Aber eine ganze, generationenlange Familiengeschichte trägt sich in diesem Roman aus, und wir blicken weit in die Zukunft der Geschwister hinein! Über die Ereignisse der Erzählung wölben also die Dialoge eine weithin gedehnte Kuppel *vergegenwärtigter* Familiengeschichte, auf der markante Epochen preußischer Geschichte mitunter aufleuchten.

Die Entwicklung des stolzen preußischen Offiziersgeschlechts zur adeligen Poverté erfüllt sich in diesem Roman gültig und unzweideutig. Das erzählte Dreivierteljahr aber hat zu diesem *Weg* so gut wie nichts beigetragen: Es ist ein Weg, der nur in Generationen gemessen werden kann.

Auch hier also völlige Einebnung des doch so zerklüfteten Ereignisgerüsts durch die Macht der darin ‚besprochenen‘ Epochen!

3. Die dritte Expansionskraft der Dialoge wirkt gewissermaßen quer zu diesen Klein- und Großabläufen, sie zielt ins Statisch-räumliche einerseits, auf einen soziologischen Querschnitt durch die Gegenwart andererseits. Es sind die Grundanliegen des späten Fontane: Zeichnung stilechter Milieus, Gesellschaftskritik und durch beides hindurch Bildungskritik. Vielleicht ist das Wort Kritik schon zu hart, verstehen wir es hier im einfachen Sinne der ‚Sonderung‘! Diese nun leistet das Gespräch kraft seines medialen Charakters mit besonderer Eindringlichkeit. Wie plastisch wird das Bild Berlins, das wir aus den Perspektiven Leos, des Onkels, Klessentins, Manons, Thereses und des Pförtners sehen! Wie rundet sich das Bild des Offiziersstandes jener Zeit in den Worten und in dem Gebaren aller Beteiligten! Wie schließt sich der Umkreis künstlerischer Interessen und geistigen Besitzes aller Sprecher durch zwanglose Details nimmermüder Konversation! Und wie runden sich endlich die Figuren selbst mit allen ihren liebenswerten und bedenklichen Eigenschaften in wechselnder Konfrontation zu

Menschen von Fleisch und Blut — und repräsentieren doch wieder ihre Gesellschafts- und Bildungsschicht! So erweist sich gerade die Aufspaltung der Erzählerperspektive in persönliche Perspektiven als ein Mittel zur *Rundung* eines Gesamtbildes. Die Dialoge schaffen auch hier jeweils polare Spannungen, und erst in ihrer Gesamtheit entwerfen sie ein einheitliches Weltbild des Romans. Brechung und Spiegelung sind hier allein verantwortlich für die *Vorgangssteigerung*, zu der es im planen Ablauf sowohl der einzelnen Partien als auch der Gesamthandlung gar nicht kommt.

Es zeigt sich, daß die an anderen Gesprächen erarbeiteten Grundstrukturen auch hier in Erscheinung treten, sobald man die Gesprächsführung und den Plauderton des ganzen Werkes als Einheit faßt. Freilich muß hier wie in allen Dichtungen, in denen Charakterbilder entworfen werden, die Analyse des Kunstmittels ‚Gespräch' ergänzt werden durch ein sorgfältiges Studium der sprachstilistischen Eigentümlichkeiten der einzelnen Sprecher, auf deren Beherrschung sich gerade Fontane so viel zugute tat. Gerade die individuelle Bildungswelt Fontanescher Personen wird man erst auf diesem Wege recht fassen können.

Was hier aber gezeigt werden konnte: Die Welt unseres Romans kommt zum Austrag erst in der Innenarchitektur der Gespräche. Menschen, mit denen kaum etwas vorgeht, werden Gestalt durch ihr eigenes Wort. Dabei werden uns ihre Ansichten und Taten, ihre Erinnerungen und Absichten nicht kompakt gegeben, sondern stets übergängig, umschweifend, beiläufig, unter anderem. — Aber aufs Ganze, eben durch nimmermüde Sorgfalt im Wechsel, verdichtet der so leichthin parlierende Dichter seine Skizzen zum Gemälde, und skizzenhaft bleibt zum Schluß nur dasjenige, ohne das kein Erzähler auskommt, das aber dem Alternden zu kaum unterschreitbarer Nebensächlichkeit neben der großen Kunst ‚sprechender' Menschenschilderung herabgesunken ist — das dürftige Gerüst der Ereignisse.

V. *Ausblick auf die verschiedenen Redeweisen — Einblick in die Grundstruktur des Gesprächs*

Unsere Textuntersuchungen haben sich auf die direkte Rede beschränkt. Die einhellig szenische Ablaufstruktur dieser Redeweise bot die sicherste Basis zu Vergleichen mit der wechselnden Aussagestruktur. Das Drama konstituiert sich ausschließlich mit Hilfe dieser Redeweise auf engem Raum und in kurzen Szenen. Das Verhältnis des Erzählers zur Personenrede und zur Redeszene ist aber auch deshalb besonders geschmeidig, weil ihm neben der direkten Rede eine Reihe weiterer Möglichkeiten zur Verfügung stehen, das Personenwort seinem eigenen Bericht einzufügen. Wir ergänzen unsere Betrachtungen durch einen Ausblick auf diese anderen Redeweisen. Ihre grammatikalischen und stilistischen Sonderheiten sind oft genug behandelt. Aber auch in der Erzählkunst hat jede ihre eigene Art, die Spannung zwischen Erzähler und Redner auszutragen, und schon in ihrer Aktstruktur stellt sich ihr Verhältnis zur Außenwelt des Geschehens verschieden dar.

Die indirekte Rede hebt die Personenaussage in den Erzählervortrag hinein. Dadurch schmiegt sich die Rede einerseits dem durcherzählten Geschehen widerstandsloser an; andererseits greift der Erzähler nun selbst über in das Bereich ‚besprochener‘ Vorgänge und ‚teilt mit‘, wie sich die Personen zu den unmittelbaren Vorgängen redend verhalten.

Im allgemeinen neigt der mitteilende Erzähler zu einer stärkeren Raffung der Personenaussage; schon Günther stellt das ausdrücklich fest (S. 54 ff.). Doch gilt diese Feststellung nur für einen überwiegenden Teil, nicht grundsätzlich für alle indirekten Reden. Auch die Folgerung, daß der Erzähler hier straffer auswähle auf das Wichtige hin, trifft mehr die Übergangsformen der indirekten Rede zum Redebericht.

Jedenfalls aber befreit der Erzähler durch indirekte Wiedergabe den Gesprächsakt von seiner strengen Bindung an den Zeitablauf. Iterative Züge können die Sukzession zusammenfassen; die notwendige Einführung der Reden durch den Erzähler kann durch mannigfache Mittel gedehnt werden. Die Aussage selbst ist keineswegs grundsätzlich verkürzt. Aber ebenso wie zwischen Gleichlauf und Verkürzung kann der Erzähler auch den Grad der Verkürzung dauernd wechseln. Mit wachsender Verkürzung schwindet auch die Illusion des szenischen Ablaufs der Gesprächspartie. Immer mehr kommt es dann zur bloßen Vermeldung des Gesprächsaktes durch den Erzähler, und damit verlieren sich die spezifischen Spannungsformen zwischen Erzähler- und Personenwort. — Auf oft unmerkliche Weise geht die indirekte Rede bei abnehmender Ausführlichkeit über in den Redebericht.

Im Redebericht ist die Rede selbst einseitig als Geschehen gegeben. Von der Aussage bleibt hier nur das faktische Resultat übrig. Der Erzähler resümiert und kehrt sich so als Vermittler und Ordner noch deutlicher hervor. Wegen seiner starken Raffungstendenz wird der Redebericht häufig dazu verwendet, schon bekannte Tatbestände anzuführen oder notwendige, aber nur dem logischen Aufbau dienende Mitteilungen der Personen wiederzugeben. Kleine Redeberichte werden aber auch gerne der direkten wie der indirekten Rede zwischengefügt, um einzelne Gesprächspartien abzuteilen, vor allem aber, um eine längere Gesprächsdauer wahrscheinlich zu machen.

Diese Einfügung ist bei der direkten Rede abrupt, bei der indirekten jedoch sind gleitende Übergänge zwischen wörtlicher und resultativer Wiedergabe möglich.

Bei aller Raffung ist aber auch der Redebericht noch expansiv und vermag wenigstens blockhaft summarisch eine zweite Dimension erzählter Vorgänge zu vergegenwärtigen — und sei es in einem kategorischen Einzelsatz: „Er berichtete kurz, was geschehen war."

Der Style indirect libre[130] befreit die Personenaussage von der offenen Regie des Erzählers. Gegenüber dem Monologue intérieur, von dem diese Redeweise nicht immer scharf getrennt wurde, bleibt jedoch der Erzähler hier ausdrücklich das ‚mitteilende' Organ; die Wiedergabe der Rede im Präteritum und in der dritten Person dokumentiert diesen Mitteilungscharakter. Eben darum gehört diese Redeweise auf die Seite der indirekten Rede. Sie übersteigert deren mediale Möglichkeiten, indem sie die Unmittelbarkeit der Aussage vorspiegelt und andererseits die Mitteilungsfähigkeit des Erzählers auf das Innenleben der

Personen ausdehnt. Aber sie steht keineswegs, wie Lorck glaubt, als dritte Form zwischen direkter und indirekter Rede. Nimmt der Erzählervortrag in der indirekten Rede und gar im Redebericht die Personenaussagen in sich auf, so tritt in dieser freien Form der Rede- und Gedankenvermittlung eine echte Verschmelzung zwischen beiden ein. Der Leser wird stets gehalten, dem Erzähler selbst zu lauschen, aber der Erzähler fungiert nicht als Mittler-*Person*, sondern allenfalls als modulierendes Sprachrohr der von ihm geführten Personen[131].

Die Befreiung vom ausdrücklichen Eingriff des Erzählers bewirkt, daß die Person selbst in voller Gegenwärtigkeit vor dem Leser steht. Er verfolgt den Bewußtseins- und Redevorgang Schritt für Schritt. Dennoch macht gerade der Aufschluß ‚verschwiegener‘ seelischer Vorgänge die Aktstruktur dieser Redeweise kompliziert. Vielschichtige Bewußtseinsvorgänge werden in der Erzählzeit ins Nacheinander ausgefaltet und nicht selten überdehnt. Gleichzeitige Vorgänge in der Außenwelt werden in ungleicher Ausführlichkeit gespiegelt. Schließlich können äußere Vorgänge von unbestimmter Erstreckung nur durch die mitläufig „erlebten Eindrücke“ der Person zur Darstellung gelangen[132].

Der Ersatz des äußeren Vorgangs durch den erlebten Eindruck bringt die medialen Fähigkeiten dieses Redestils zu voller Entfaltung. Alle unterlegten Erzählgegenstände treten auf diese Weise nur im Medium der Personenaussage zutage, wie denn auch die Durchdringung einer Erzählung mit diesem Redestil zu einer durchwaltenden Psychisierung des Vorgangs führt. Im äußersten Falle findet die außerpersönliche Wirklichkeit überhaupt keine erzählerische Gestaltung mehr[133].

Im Monologue intérieur mischen sich gleichfalls Rede- und Gedankenäußerung bis zur Unkenntlichkeit. Während aber im Style indirect libre Erzählerwort und Personenwort verschmelzen, emanzipiert sich der Monologue intérieur völlig vom mitteilenden Erzähler. Hier sind die Spannungen zwischen normaler *direkter Rede* und Erzählerwort, die wir ausführlich würdigten, noch übersteigert: Die Person macht sich mit ihren Gedanken selbständig und — kennzeichnend für die betreffenden Dichtungen — *isoliert* sich, und man muß sich geradezu gewaltsam darauf zurückbesinnen, daß sie vom Erzähler ,gemacht' ist — denn man hört den Erzähler nicht mehr![134]

Die Aktstruktur des Monologue intérieur zeichnet sich zwar gemäß der Verwandschaft mit der direkten Rede durch *Kontinuität* aus; das Ablauftempo ist jedoch dabei genau so variabel und meist unbestimmbar wie das des Style indirect libre. Da der Bewußtseinsakt schneller als das gesprochene Wort abläuft, könnte man sich darauf festlegen, daß die erzählerische Wiedergabe den Vorgang überdehnt. Ganz gleich liegen die Verhältnisse ja bei der *Traumgestaltung*, von der Gerhart Hauptmann in der Erzählung „Die Spitzhacke" sehr bezeichnend sagt: „Nun, ich bin Epiker. Zugegeben, daß im Traum alles schneller ging. Die schriftliche Mitteilung, die ich nun einmal gewählt habe, entwickelt sich nur langsam in Raum und Zeit."

Aber auch diese rationale Überlegung hält der Praxis nicht immer stand. Schnitzler läßt seinen „Leutnant Gustl" eine Nacht lang pausenlos denk-sprechen; dem Leser hingegen widerfährt im Abstand von oft wenigen Seiten die Angabe einer neuen Stunde, und er müßte das Buch fünfmal lesen, um eine Nacht darüber zu verbringen. Die Freiheit der epischen *Zeit-Vorstellung* waltet hier in unbeschränktem Maße[135].

Desto vorteilhafter ist eine „Aussage-Diagnose" des Monologue intérieur. Zwar ist er gewöhnlich ungleich sprunghafter und fetzenhafter in seinen einzelnen Bezügen als die direkte Rede. Aber er kehrt — und das hängt mit seiner Einpersonigkeit eng zusammen — in auffälligen Perioden zu gewissen Gegenständen und Themen zurück, er kreist und strudelt um ganz bestimmte Komplexe immer wieder, sie zwar wandelnd, aber nie verlierend. Von hier aus fällt auf den spiraligen Vorgang monologischer Erzählungen und auf ihren wiederholungsreichen, aber symmetriearmen Aufbau neues Licht: Dieses penetrant wiederholende Ausbohren eines Gedankenkanals in den Selbstgesprächen der Mrs. Bloom, der Mrs. Dalloway, des Negers Christmas ist zum Teil vorangelegt (oder spielt sich eben stilistisch aus) in der a priori monomanischen Tendenz dieser Redeart! — Gerade sie ist deshalb geeignet, das nüchtern-objektive „und dann" des Erzählerberichts zu überspielen, ja bis zur Unkenntlichkeit zu verschütten[136].

Zum Briefroman nur wenige Bemerkungen. Echte erzählerische Abläufe des äußeren Vorgangs gibt es im reinen Briefroman nicht. Die erzählte Zeit in der Dimension des äußeren Vorgangs besteht nur aus den Daten am Briefkopf. Die Entfaltung des einzelnen Schreibaktes in der Zeit spielt kaum je eine Rolle. Man findet also einen Zeitrahmen und etwelche Termine, aber keine Zeitfüllung: Kein Zeitgerüst, sondern nur Zeitpunkte, die freilich bedeutsam sein können. Bedeutsam aber nur im Hinblick auf den ausschließlich in der Dimension der Briefaussage sich entfaltenden Vorgang! Dieser Vorgang im Briefroman kann allein durch Rück- und Vorverweise in Gang gebracht oder durch durative, die Schreibzeit beidseitig übergreifende Briefinhalte im Fluß gehalten werden.

Wir haben den Briefteil des „Poggenpuhl"-Romans zuvor unbeachtet gelassen. Die Briefe, die Sophie von Gut Adamsdorf nach Berlin schreibt, zeigen bei sehr ungleicher Länge eine bemerkenswerte Gleichförmigkeit in ihrer Struktur: Sie beginnen mit einem Referat der jüngstvergangenen Ereignisse, sind im Mittelfeld durativ gegenwartsbeschreibend oder weit rückgreifend (Familien-, Kunstgeschichte usw.) gehalten und entwerfen schließlich Pläne für die Zukunft. Auf diese Weise wird — ganz ähnlich wie in dem auf S. 228 f. zitierten Gespräch, nur über viel weitere Zeitspannen — ein Kontinuum des Vorgangs vom Dichter künstlich erstellt, ohne daß er doch verpflichtet wäre, jede neue Situation aus einer früheren herzuleiten. Was hier auf eine relativ simple Art geschieht, schimmert doch auch noch als gewissermaßen chthonische Notwendigkeit durch die hochstilisierten und in lyrische Bezirke hinaufgewölbten Hyperionbriefe hindurch. Allenthalben entfaltet sich im Brief der Vorgang wie aus einem Kelch zur spreitenden Blüte und berührt die Nachbarblüten an der Ähre oder Rispe der Erzählung. Daneben wird ihm aber das geistige Übergreifen der Vorgangsbezüge durch weitgespannte Erinnerung oder Hoffnung stets besonders leicht.

Die Möglichkeit, Persönlichstes dem Gegenüber zu sagen und von ihm zu empfangen, macht den Reiz dieser Form aus und erhellt ihren *Gesprächscharakter*, während die Tagebuch-Form gleichermaßen eine Ableitung des *Selbstgespräches* oder der

Rede an die Welt ist, wie sie uns der Held der „Nachtwachen" von Bonaventura hält.

Vor der Ich-Erzählung zeichnet sich der Briefroman häufig — d. h. wenn es sich nicht um einen durchgängigen Erinnerungs- bericht handelt (Le Fort „Die Letzte am Schafott") — durch das Fehlen zukunftsgewisser Vorausdeutungen aus: Der Schrei- ber blickt von seinem Schreibtag aus in die echte Zukunft; sein Standort in der Zeit wandelt sich von Brief zu Brief und wird dazu noch abgelöst durch die Stellungnahmen der Briefpartner[137]. Damit ist die Spannung zwischen Schreibtermin und Geschrie- benem in der gleichen Weise evident wie die zwischen dem Be- sprochenen und der Sprechsituation. Und sobald sich ein echter Gedankenaustausch im Briefwechsel ergibt, ist die Form der langperiodischen Wechselrede gewonnen; bereichert und kompliziert allerdings durch den zeitlichen und räumlichen Abstand und durch die individuelle Umwelt der Schreiber, ge- modelt endlich durch die stilistischen Spezifika des Briefes! Bezieht man diese wichtigen Faktoren in die Untersuchung ein, so kann der Briefwechselroman ohne weiteres nach den Gesichtspunkten der Gesprächsanalyse aufgeschlossen werden.

Den Bauformen des *Gesprächs* galt der zweite Teil unserer Rede-Untersuchungen. Es ergaben sich bei der Durchsicht ver- schiedener Texte gewisse wiederkehrende Strukturformen, die freilich jedesmal durchaus individuell ins Spiel gesetzt waren. Zunächst äußerlich: Es erschien die Form der relativ einseitigen Berichtrede, die Form der andringenden Überredung und Ant- wort, des ausgewogenen Gesprächs, die Form des mehrper- sonigen Parlierens; angedeutet wurden im Anschluß an Fontane der Überkreuzwechsel von Gesprächen und die Aufspaltung von Polylogen in Detail-Dialoge. Aber diese Reihe ließe sich mehren, so daß wir es hier — angesichts der zahlreichen Unter- suchungen (vgl. u. a. Anm. 121, 123, 128) — nicht auf Voll- ständigkeit anlegen wollen. — Wichtiger sind uns die relativ konstanten Strukturelemente im inneren Aufbau der Gespräche: Das Gesetz der Verengung und Ausbuchtung, das sich bei Thomas Mann als Prinzip der elliptischen Anlage der Rede- partien, bei Hartmann von Aue als das Prinzip des Wechsels der

Handlung und Rede äußerte. Jedem Gespräch von einiger Länge ist dieses Gesetz in irgendeiner Form aufgegeben. — Ferner das Gesetz von Polarität und Steigerung, bzw. Antithetik und Erfüllung. Wir sahen es verwirklicht in den relativen Polen der beiden Ehrbegriffe Kaspars und seines Vaters und ihrer Überspielung durch den dritten, größeren Begriff der Alten; in der kunstvoll übersteigernden Progression bei der Auseinandersetzung zwischen Mut und Joseph; in der dreitaktigen Häufung im „Erec". Endlich bei Fontane die flachwellige Fortbewegung der Einzeldialoge, ihre insgesamte Steigerung und Rundung aber durch wiederholte, wechselseitige Spiegelung der Personen und der Erzählgegenstände.

Doch der Beispiele sind zu wenige, um hier empirisch beweisen zu wollen. Wir müssen uns vielmehr der Ursituation menschlicher Wechselrede erinnern, des Spiels von Anwurf und Widerspruch, erneutem Anwurf, modifiziertem Widerspruch und schließlicher Vereinigung auf einem oder Verschanzung hinter zwei unvereinbaren Standpunkten. Eine dritte Schlußmöglichkeit ist der Vollzug der Synthese durch den dritten, übergeordneten Schiedsmann: Die Ursituation des Rechtsspruchs! Alle Künste des Redens bis hin zur dichterischen Verwendung leiten sich aus diesen Ursituationen ab[138].

Das Gespräch in der Dichtung kann künstlich kompliziert oder interrumpiert, ironisch verkehrt oder künstlich banalisiert werden, so daß sein Typus erst nach Erkenntnis eben dieser Kunstgriffe am Einzelgespräch oder gar seiner Umbildung in eine Gesprächsreihe wiederzuerkennen ist. Vielleicht sind aber auch in der Kunst diejenigen Gespräche die unmittelbar ergreifenden, die diesen Grundtypus noch relativ klar durchscheinen lassen. Gespräche, die ebenso weit vom rein pragmatischen Orientierungsdialog, der nur der Geschehenserklärung dient, wie auch vom selbstzweckhaft ausladenden und pointenreich zugeschliffenen Rededuell entfernt sind; Gespräche, die bedachtsam, aber konsequent ihrem Ziel zustreben.

Hier wird sich die Regel der Ausbuchtung und Verengung auf natürliche Weise den Gesetzen der Polarität, der Progression und der Erfüllung anpassen: *Ausbuchtung am Anfang und Verengung am Ende fallen zusammen mit der umsichtigen Anbahnung, Kon-*

*frontierung und Korrespondenz der Argumente bis zur Fixierung fester
Standpunkte. Dieser Endstandpunkt wird erreicht durch eine situations-
gebotene Entscheidung, die in ihrer Besonderheit womöglich den Blick
auf Grundregeln menschlicher Entzweiung oder Verständigung freigibt.*

Wir sagten zuvor, daß sich nach der Aussagestruktur allenfalls
eine Gruppe von Gesprächen abheben lasse, die mit ausgreifender Sachorientierung beginnt und zuletzt in Erträgen kulminiert,
deren Verbindlichkeit über die Gesprächssituation hinausreichen.
Das eben ist die ‚typusnahe' Gesprächsanordnung, in der zugleich der reale Zweck eines Redeaustausches am besten greifbar
wird. Ein derartiges Gespräch, in dessen Verlauf die Rede-
partner Erfahrungen und Einsichten so auszuformulieren wissen, daß konkrete Konsequenzen für ihr ferneres Denken und
Handeln daraus hervorgehen, kann kunstreich und mit über-
raschendem Effekt arrangiert werden; es kann sich, angebahnt
durch den Gang der Geschichte und die Entwicklung der Personen, am gehörigen Ort aus der Sache geradewegs ergeben.
Unsere Untersuchung hat sich vorwiegend an kunstvoll komplizierten Gesprächen orientiert, um den eigentümlichen erzählerischen Valenzen der menschenbildenden und menschenbinden-
den Wechselrede nachzuspüren. Deshalb mag zum Schluß die
kritische Bemühung zur Ruhe gelangen in der Begegnung mit
einem Gespräch von jener einfachen und darum in seiner Kunst
unübertrefflichen Art.

„Wo seid Ihr hergekommen?" fragte Klingsohr. „Über jenen
Hügel herunter", erwiderte Heinrich. „In jene Ferne verliert sich
unser Weg!" — „Ihr müßt schöne Gegenden gesehen haben." —
„Fast ununterbrochen sind wir durch reizende Landschaften ge-
reiset." — „Auch Eure Vaterstadt hat wohl eine anmutige Lage?" —
„Die Gegend ist abwechselnd genug; doch ist sie noch wild, und ein
großer Fluß fehlt ihr. Die Ströme sind die Augen einer Landschaft."
— „Die Erzählung Eurer Reise", sagte Klingsohr, „hat mir gestern
abend eine angenehme Unterhaltung gewährt. Ich habe wohl ge-
merkt, daß der Geist der Dichtkunst Euer freundlicher Begleiter ist.
Eure Gefährten sind unbemerkt seine Stimmen geworden. In der
Nähe des Dichters bricht die Poesie überall aus. Das Land der
Poesie, das romantische Morgenland, hat Euch mit seiner süßen
Wehmut begrüßt; der Krieg hat Euch in seiner wilden Herrlichkeit

angeredet, und die Natur und Geschichte sind Euch unter der Gestalt eines Bergmannes und eines Einsiedlers begegnet."

„Ihr vergeßt das Beste, lieber Meister, die himmlische Erscheinung der Liebe. Es hängt nur von Euch ab, diese Erscheinung mir auf ewig festzuhalten." — „Was meinst du", rief Klingsohr, indem er sich zu Mathilden wandte, die eben auf ihn zukam. „Hast du Lust, Heinrichs unzertrennliche Gefährtin zu sein? Wo du bleibst, bleibe ich auch." Mathilde erschrak, sie flog in die Arme ihres Vaters, Heinrich zitterte in unendlicher Freude. „Wird er mich denn ewig geleiten wollen, lieber Vater?" „Frage ihn selbst", sagte Klingsohr gerührt. Sie sah Heinrichen mit der innigsten Zärtlichkeit an. „Meine Ewigkeit ist ja dein Werk", rief Heinrich, indem ihm die Tränen über die blühenden Wangen stürzten. Sie umschlangen sich zugleich. Klingsohr faßte sie in seine Arme. „Meine Kinder", rief er, „seid einander treu bis in den Tod! Liebe und Treue werden euer Leben zur ewigen Poesie machen."

SCHLUSS

Probleme der strukturellen und der historischen Integration

Auf systematisch vergleichendem Wege erschloß unsere Untersuchung drei Grundbedingungen für die Bildung des Erzählvorgangs und prüfte sie an ihren konkreten Äußerungsformen.
Die erste Grundbedingung für die Bauformen des Erzählens ist die phasenartige Entfaltung und Bewältigung der Geschichte im Erzählvorgang. Hatte schon Herder im sukzessiven Aufbau des darzubietenden Stoffes ein spezifisches Merkmal der Epik gesehen, so legte der Versuch Günther Müllers, Erzählgegenstand und Erzählvorgang in Beziehung zu setzen, das charakteristische *Zeitgerüst* des Erzählwerks frei. Dieser Ansatz öffnet den Blick auf die Kontur des Einzelwerks und ebenso auf typische Bauelemente des Erzählens und ihre Verknüpfung im Gesamtvorgang.
Neben der zeitlichen Entfaltung, aber unter ihrer ständigen Miteinwirkung, kommen im Erzählvorgang synthetische Kräfte zum Austrag, die sich über den sukzessiven Ablauf hinwegsetzen und *wesentliche*, d. h. real oder ideal bedeutsame Zusammenhänge herstellen.
Wir unterschieden zwei Arten der außerlinearen Verwirklichung des Erzählvorgangs: 1. Die zeit- und gegenstandsübergreifende Bildung einer *Vorgangs-Sphäre*, in der eine spezifisch geistige Kommunikation bestimmter Einzelglieder des Vorgangs insgesamt zu einer ‚begrenzten Totalität‘ des Kunstwerks führt.
2. Die *Durchtönung des erzählten Augenblicks* mit bestimmten, außer ihm liegenden Beständen des Gesamtvorgangs, die ihm seine eigentliche und aktuelle Bedeutung verleihen. Der Terminus ‚Durchtönung‘ spielt bereits darauf an, daß gerade auf diesem Wege das plan sich entfaltende Geschehen zu persönlichen Erlebnissen und Schicksalen geprägt wird.
Eine Begrenzung auf zwei konkrete Einzelphänomene der außerlinearen Vorgangsbildung, auf die Rück- und Vorverweise

und auf die Personenrede, erwies sich als notwendig, weil nur auf diese Weise in einem erst angeschnittenen, außerordentlich weitläufigen Bereich der Dichtungstheorie neben Entwürfen auch einige abschließende Feststellungen unter eingehender empirischer Kontrolle getroffen werden konnten. Indessen ließe sich gerade von der Beobachtung der Rück- und Vorverweise aus eine systematische Erschließung der Zusammenhänge in die Wege leiten, die zwischen einzelnen Symbolen, Leit- und Begleitmotiven, ornamentalen und allegorischen Bildern und dem eigentlichen Erzählvorgang bestehen. Solche Erzählglieder besitzen eine spezifische künstlerische Eigenmächtigkeit und charakterisieren die Erzählweise in hohem Maße. Sie haben ihren — oft durch Wiederholung noch markierten — *Stellenwert* im Ablauf; darüber hinaus ist aber ihre energetische Wirkung auf die Vorgangsbildung und ist vor allem ihre sinnverbindende und vertiefende Tendenz im Augenblick ihrer Darbietung von entscheidender Bedeutung. Häufig genug, aber ohne systematische Klärung ihrer Aufbaufunktionen, hat man auf die rück- und vordeutende und sinnvertiefende Wirkung von Leitmotiven und Symbolen aufmerksam gemacht (so ausführlich Walzel, L. 191; S. 152 ff.; vgl. auch Ermatinger, L. 34; S. 256 ff.). Einen methodischen Ansatz zur Erschließung des „Sinnbildes" hat vor nicht langer Zeit Heinz Otto Burger (L. 19) vorgelegt, und gerade der Ansatz Burgers gründet sich wesentlich auf die Feststellung „konjunktiver" Kräfte des dichterischen Vorgangs, die das Nach- und Nebeneinander der Dinge „ineinsbildend" überwinden und so eine „restitutio in integrum" herbeiführen (S. 83 ff.). Nach Burger liegt im Aufweise solcher Konjunktionen die eigentliche Aufgabe der Interpretation, sofern sie auf das spezifisch Dichterische und darüber hinaus auf eine „Poetologie" ausgeht (S. 92). Wilhelm Emrich, der auf diesem Wege bereits zu beachtlichen Ergebnissen gekommen ist, betont ebenfalls mehrfach den „Verweisungscharakter" und den „funktionalen" Sinn des Symbols im engeren wie der Sinnbildlichkeit des Dichtungsgefüges im weiteren Sinne. Auch hebt er den Stellenwert einzelner Symbole nachdrücklich hervor[139].

Hier ergeben sich also wichtige Berührungspunkte zu unseren Untersuchungen. Eine Werkbetrachtung, die nicht nur auf die dichterischen Gehalte selbst, sondern auch auf ihre konkreten Äußerungsformen gewendet ist, muß der erzählerischen Funktion von Sinnbildern die gleiche Bedeutung beimessen, die sie den vordergründigen Bauformen des Vorgangs widmet. Unter dem Aspekt der Synchronisierung werden sich dabei ähnlich phasenumspannende, brückenschlagende, kontrastierende und summarisch überhöhende Aufbaufunktionen — um hier nur einige zu nennen — scheiden lassen. Eine morphologische Betrachtung wird gerade an diesen Dichtungsformen weitere spezifische Bedingungen der *Kunstgestalt* ermitteln können. Eine stilkritische Betrachtungsweise wird die interessanten Probleme aufgreifen können, die aus der Einblendung lyrischer und didaktischer Wendungen in den Vortrag der Begebenheiten erwachsen; dabei wird die eigentümliche Doppelwertigkeit bedeutsam, die Lyrismen in der Epik dadurch erhalten, daß sie als eigenmächtige poetische Ausdrucksmittel gleichzeitig dem epischen Vorgang sekundieren. Die Toposforschung wird genauer differenzieren können, wieweit Topoi dem Vorgang beigemischt oder echt verbunden sind oder wieweit sie ihn gar steuern. Schließlich wäre nach den Anregungen Willoughby's zu prüfen, wieweit mit dem Goetheschen Terminus der „Widerspiegelung" auch reale Aufbauphänomene des Erzählwerks getroffen werden können.

Von der Untersuchung der Personenrede in der Erzählung und dem dabei herausgestellten Moment der „Durchtönung" aus öffnen sich ebenfalls nach Erweiterung und Neuorientierung des methodischen Ansatzes Wege zu einer Ontologie des dichterischen Kunstwerks. Dessen eingedenk, daß sich die eigentliche Konkretion einer Dichtung insgesamt im „Gespräch" des Dichters mit dem Zuhörer bzw. Leser vollzieht — einem zwar phonetisch oder graphisch, nicht aber geistig einseitigen Gespräch — ist die scheinbare Autonomie und Selbstgenügsamkeit sprachlich fixierter Gebilde neu zu prüfen.

Die Korrespondenz von Dichter und Zuhörer erst verhilft der Dichtung zum Leben. Die autonome Gestalt des Kunstwerks wandelt sich dabei in Energie, die sich der Zuhörer wiederum individuell ein-bildet. Zug um Zug wird die Dichtung auf diese Weise vom Zuhörer individuell „durchtönt", und so erscheint ein und dasselbe in unzähligen Brechungen — eben in jener Brechung, die wir bei der Analyse von Gesprächen konstatierten und die uns Entfaltung und Vollzug des Dialogs als ein stets im Wandel begriffenes „Schnittmal menschlicher Begegnung" deuten ließ.

Mit der Verallgemeinerung der beiden Begriffe der Sphäre und der Durchtönung spaltet sich schließlich das Problem der *Integration* des Kunstwerks, das wir in unseren Einzeluntersuchungen bewußt seitab ließen, in zwei verschiedene und irreduzible Probleme auf:

1. Das Zusammenwirken aller Einzelglieder der Dichtung und ihre Ganzheit selbst kann grundsätzlich nur *umschrieben* werden. Auch eine synthetische Werkbetrachtung muß zwischen zwei Blickpunkten wechseln: Sie muß alle analysierten Einzelformen in Bezug zum Gesamtvorgang setzen und umgekehrt die Einstrahlung des Gesamtvorgangs auf die verschiedenen Glieder und Schichten des Werkes verfolgen. Dieser Blickpunktwechsel, den wir auch bei Einzeluntersuchungen wiederholt vornehmen mußten, zieht keine tautologischen Ergebnisse nach sich. Er garantiert vielmehr eine dynamische Betrachtungsweise, schützt vor Vereinfachungen und verhindert einseitige Kausalschlüsse, die gerade bei der Überbewertung *eines* Charakteristikums so häufig sind.

Von schwerwiegenden Folgen ist dabei eine Verwechslung des literarischen *Einheits-* und des *Ganzheits*-Begriffs, wie sie leider bei der synthetischen Abschlußbetrachtung von Dichtungswerken in praxi häufig unterläuft. Beeindruckt von Dichtungstheorien, die in der einheitlichen „Weltanschauung" bzw. im „Lebensverständnis" des Dichters die Einheit der „Idee" seines Kunstwerks begründet sehen oder die sein „Grundproblem" als Werk-Idee ansprechen, und beeindruckt auch von der mindestens seit Lessing nicht mehr verstummten Forderung nach Einheit und Geschlossenheit der Handlung, ist man auch bei der abschließenden Einschätzung der Dichtungs-Gestalt immer wieder bemüht, ihr Eidos auf eine präzis-begriffliche, kurze Formel zu bringen. Zweifellos ist es didaktisch notwendig, die Vielzahl der Einzelbeobachtungen schließlich aufeinander abzustimmen und ihr Gemeinsames herauszustellen.

Dabei muß man aber dessen eingedenk bleiben, daß die Ganzheit des Werkes dem Betrachter als *Sphäre* und nicht als summarischer Oberbegriff erscheint. Die Werksynthese hat die eigentümliche *Konfiguration* aller beobachteten Gestaltglieder und -schichten zu erschließen, ihre spezifische Ordnung zu verdeutlichen; nur selten ist aber diese Ordnung so einfach, daß sie sich in einen Satz prägen ließe! Und grundsätzlich gilt, daß die Ganzheit der Dichtung um so weniger wirklich umrissen ist, je kürzer die Einheitsformel wird, auf die die Synthese schließlich einlenkt[140].

Auch der andere, häufig begangene Weg, der dieser Formel ausweicht und statt dessen zu einer allgemeinen Feststellung der „organischer Abgestimmtheit" aller Werkglieder gelangt und daraus ihre Wertung ableitet, ist inspiriert durch die in der Literaturwissenschaft schon seit Jahrzehnten verbreitete Auffassung von Dichtung als „organischer Einheit". Hier werden deshalb in der Regel Prämisse und Ergebnis zirkelschließend ineinander übergeführt. Unterstellt man nämlich von vorneherein, daß das Kunstwerk einen Organismus darstelle und als solcher zu betrachten sei, so hat man damit den heuristischen Ansatzpunkt gewonnen, der in der Tat für die Gestaltbetrachtung unerläßlich ist. Die abschließende Feststellung jedoch und gar die rühmende Hervorhebung, daß in der untersuchten Dichtung tatsächlich alles organisch ineinanderspiele, verliert notwendig jede kennzeichnende und artbestimmende Aussagekraft. Der leider durch solche Handhabung mittlerweile zwangsläufig verwaschene Begriff „organisch" sollte deshalb in der synthetischen Betrachtung grundsätzlich vermieden werden; an seine Stelle ist die präzise Bezeichnung der jeweiligen, unverwechselbaren Ordnungsprinzipien der untersuchten Dichtung zu setzen, die — wie sich schon in einigen unserer Einzelinterpretationen abzeichnete — durchaus nicht immer im engeren Sinne „organisch" sein müssen.

2. Eine entscheidende Frage, die auch bei dieser Art der Synthese noch offen bleibt, ist die abschließende *Wertung* der Dichtung. Und eben vor dieser Frage spaltet sich das Problem der poetischen Integration. Denn der künstlerische Wert ist auf der einen Seite der in sich beschlossenen Werkgestalt abzufragen;

auf der anderen Seite ist die Wertung ihrem Wesen nach bedingt durch die individuelle Antwort des einzelnen, aber auch einer Generation usw., auf die konkrete *Ansprache* der Dichtung. Gerade die Einschätzung der Dichtung als *Gespräch* erhellt also die grundsätzliche und oft bemerkte Spannung, die zwischen der autonomen und *gewordenen* Ganzheit eines Werkes und der bei seiner Verwirklichung stets neu in Frage gestellten und neu sich vollziehenden *aktuellen* Integration besteht! Denn der von der Dichtung konkret Angesprochene „ergänzt" das Aufgenommene stets auf seine besondere Art, und im Widerspiel von potentieller Bedeutsamkeit des Gedichts und individueller Reaktion gewinnt das literarische Kunstwerk nicht nur seine eigentliche Realität, sondern auch seine spezifische, aktuelle Bedeutung.

Hier liegt der Grund für den nie auszuräumenden Hiatus zwischen Struktur und Bedeutung eines Kunstwerks. Dieser Hiatus ist nur nicht so zu verstehen, als ob die Werkstruktur an sich bedeutungs*frei* wäre. Strukturuntersuchung muß sich auf die Gewißheit stützen können, daß das Zusammenspiel der vielzähligen Glieder und Schichten in einer Dichtung von bestimmten künstlerischen Bildegesetzen Zeugnis ablegt, die ihrerseits auf allgemeine Lebensgesetze und menschliche Grundsituationen zurückverweisen. Eine Freilegung der positiven Strukturmerkmale ermittelt also die *potentielle* Aussagefähigkeit des Werkgefüges, die die poetische Bedeutung seiner Einzelzüge immerhin *eingrenzt.* — Unsere Untersuchungen dienten im einzelnen wie im ganzen der Erschließung solcher Potenzen des Erzählkunstwerks.

Die *konkrete und aktuelle Bedeutung* einer Dichtung und ihrer Einzelzüge dagegen steht bei solcher Betrachtung überhaupt nicht in Frage und kann daher von hier aus auch nicht beurteilt werden. Denn diese Bedeutung ist unlösbar verknüpft mit dem Verhältnis des Kunstwerks zu seiner *Umwelt* vor wie nach seiner Entstehung. Wir erkennen darin unschwer die grundsätzliche Eigenart *historischer* Objekte und begegnen somit der zweiten Komponente der literarischen Wertung.

Die Dichtung, die ihrerseits bereits als künstlerische Antwort auf den *Zuspruch* menschlicher Gesellschaft und ihrer Kultur gelten muß, erhält ihre aktuelle Bedeutung sowohl im großen, geschichtlichen Rahmen als auch im Einzelfall dadurch, daß der Zuhörer und Leser auf ihre einmal festgelegte Aussage stets individuell *anspricht*.

Dieser immer sich wandelnde ,Anspruch' der Umwelt entlockt der Dichtung stets neue und andere Bedeutungen. So ist das Kunstwerk neben seiner einhelligen, strukturellen Integration, und stets in Spannung zu ihr, historischen Ergänzungs- und Verwertungsprozessen ausgesetzt, und erst diese aktualisieren die potentialen Bedeutungen des Werkes in individueller Brechung. Diese ,Ergänzung' der Dichtung ist im Gegensatz zur ersten *nie abgeschlossen* und in sich vollendet; sie wird vielmehr in jeder Epoche und realiter jeder Einzelbegegnung neu vollzogen und bleibt damit stets neuem Gelingen oder Mißlingen ausgesetzt — ein Umstand, der für die historische Wertung ganz entscheidend ist[141]. — Gerade die Einschätzung der Literatur als „Gespräch" führt also notwendig zu einem Ausblick auf ihre historischen Gegebenheiten und Wirkungen. Und der Umstand, daß die Gestalt der Dichtung historisch entsteht und wiederum erst bei der konkreten Begegnung mit der Umwelt zu voller Realität gelangt, macht darauf aufmerksam, daß das umfassende Verständnis des Einzelwerks wie auch die Frage nach der Ontologie der Dichtung die Doppelheit von immanenter künstlerischer Potenz und geschichtlich bzw. individuell realisierter, künstlerischer Bedeutung stets in Betracht zu ziehen hat.

Die wissenschaftliche Erschließung einer Dichtung muß also bei der Frage nach ihrer ,Ganzheit' beide Wege — nicht unbedingt auf einmal — einschlagen.

Unsere Untersuchungen waren ganz dem ersten Weg gewidmet; wir sahen in dieser Beschränkung die Vorbedingung systematisch-vergleichender Arbeitsweise. Auf diesem Wege konnten typische Erzählformen erschlossen werden, die im Aufbau des Vorgangs bestimmte, allgemeine Funktionen durchgängig besitzen, ohne damit in ihrer konkreten Wirkung und Bedeutung im Einzelfall bereits festgelegt zu sein.

Als Grundlagenforschung hat dieses Vorgehen zwar eine autonome Berechtigung, insbesondere aber eine Dienstfunktion gegenüber der Strukturuntersuchung an Einzelwerken.

Aber auch gegenüber dem zweiten wissenschaftlichen Weg hat eine solche systematische Untersuchung des Erzählwerkes Dienst-Obliegenheiten. Zwar nivelliert sie von sich aus historische Besonderheiten oder vermeidet jedenfalls ihre Kennzeichnung. Sofern aber historische Forschung ihr Augenmerk nicht nur auf das ‚Was‘, sondern auch auf das ‚Wie‘ der künstlerischen Aussprache richtet, gerät sie notwendig in Kontakt mit einer Poetik, die die grundsätzlichen Möglichkeiten dichterischer Aussage ausgebreitet hat. Solche Blicknahme auf außerhistorische Sachgesetzlichkeiten gibt dem historischen Betrachter kunstimmanente *Maßstäbe* an die Hand und begünstigt auf diese Weise auch die historische Beurteilung einzelner Werke und ganzer Literaturströmungen nach ihrer ästhetischen Eigenart. Dies muß vor allem der qualitativen Erschließung von Stileigenheiten zeitlich fernliegender Epochen zugute kommen, denen der Betrachter mit eigener ästhetischer Einfühlung kaum mehr begegnen kann.

Unabhängig davon bleibt allerdings die eigentliche Entstehungs- und Wirkungsgeschichte der Dichtung. Sie hat es durchaus mit den Kunstbegriffen der jeweiligen Epoche zu tun, und sie sichtet auch das Einzelwerk vorab auf seine ‚historischen‘ Aussagen hin. — Wenn wir hier einen letzten Vorstoß zur Erweiterung der Betrachtungsweise unternehmen, die uns bei der systematischen Erschließung des Erzählkunstwerkes dienlich war, so geschieht das nicht ohne ausdrücklichen Vermerk der sachlichen Unterschiede, gleichwohl aber im Hinblick auf Anregungen, die von der historischen Forschung selbst unserem Vorgehen entgegenkommen.

Wir gründen diese Überlegung auf den besonderen Umstand, daß die Analyse des Erzählkunstwerks mit *zeitlichen* Vorgängen zu tun hat, die sich sowohl in seinem sukzessiven Fortschreiten und dessen Rhythmisierung als auch in der Herstellung zeitübergreifender, aber doch nicht zeitunabhängiger Beziehungen äußern. Diese Erscheinungen sind mehr als technische Regeln, denen das Erzählen unterworfen ist. Es handelt sich dabei um grundsätzliche Erscheinungsformen der Zeit, die in der Erzählung so gut wie im Leben selbst und gerade in seiner geschichtlichen Verwirklichung ihre Rolle spielen.

Max Wehrli hat in seiner Studie über die „Historie in der Literaturwissenschaft" den Schritt gewagt, die Methodik der Kunstgeschichtsschreibung in Analogie zu setzen zur Methodik der Einzelinterpretation. Er spricht vom Gegenstand der Literaturgeschichte als von einem „Überkunstwerk", ihre einzelnen Epochen nennt er „überindividuelle Einheiten"; denn: „wie das Einzelwerk seine Akte, Strophen, Kapitel hat und über dem mathematisch-indifferenten Ablauf der Uhrzeit seinen Rhythmus prägt, so hat die Literaturgeschichte ihre Abschnitte, ihre Perioden, Generationen, ihren Rhythmus, ihr wechselndes Tempo. Das Problem der Periodisierung gewinnt im Licht ästhetischer Kategorien neue Bedeutung" (S. 56). Die einzelne Dichtung stehe im Sinnzusammenhang chronologischer Reihen und sei darin kein geschlossenes Ding, sondern ein Beziehungs- und Strahlungszentrum, das rückgreifende, simultanisierende und zukunftsmächtige Kräfte in sich berge (S. 47 ff.). Gleichwohl besitze sie im Strom der Geschichte einen spezifischen Stellenwert (S. 56)!

Wehrli verkennt nicht die Verschiedenheit in der sachlichen Zielsetzung und auch im Gegenstandsbereich beider Forschungsrichtungen; aber er hält den Brückenschlag der Methodik — der übrigens allein von den zeitlichen Künsten aus möglich wird! — für unerläßlich zum Ausbau einer wirklichen Kunstgeschichte der Literatur, die freilich über die Stilerforschung hinaus auch außerästhetische Gesichtspunkte einzunehmen habe (S. 58 f.)[142].

Von vielen Seiten werden — mehr andeutungsweise — ähnliche Argumente zu einer Neuorientierung der Literaturgeschichtsschreibung eingebracht, so von Wolfgang Schadewaldt (S. 36), der sich eine Förderung der Homerforschung durch eine „energische" Geschichtsschreibung verspricht. Diese Geschichtsauffassung vermag das dynamische Wechselspiel zwischen der Dichtung und der in ihr gebannten vergangenen wie gegenwärtigen Wirklichkeit und vor allem die Relationen zwischen ihrer Entstehungszeit und ihrem Nachwirken bis in die Gegenwart aufzudecken. — Auch Schadewaldt nimmt von der Methodik der Einzelinterpretation aus diese Blickwendung vor.

Die Argumentation Schadewaldts, die sich auf das „Element des Geschichtlichen im Gegenwärtigen" stützt, liegt sehr nahe bei der um zehn Jahre älteren Feststellung Werner Richters, daß die „Wirksamkeit" der Geschichte, die sich in fortgesetzter „Er-innerung" belebe, ihre eigentliche Wirklichkeit, und zwar im realen und ontologischen Sinne, sei (L. 152; S. 14). — Wir zitierten ausführlich und merkten die allgemeine Fundierung dieser literaturgeschichtlichen Problemstellung an, weil sich von unseren eigenen Untersuchungen aus diese Konsequenzen nicht notwendig ergeben. Nun aber wird es möglich, die von uns erarbeiteten Kriterien der Vorgangsbildung im Erzählkunstwerk übereinzusehen mit jenen Anregungen zur Betrachtung literarhistorischer Vorgänge.

Dabei wird allerdings eine scharfe Begriffsscheidung notwendig, durch die auch die Ansätze Wehrlis bereits eingeschränkt werden. Es erscheint uns sachlich nicht vertretbar, von einer Gliederung der Geschichte in Analogie zu der Gliederung eines Einzelwerkes zu sprechen. Denn das Einzelwerk ist, wie wir wiederholt unterstrichen haben, eine *isolierte* Totalität mit Korrespondenz von Anhub und Vollzug — nach Dilthey eine „dichterische Abstraktion und Simplifizierung" der sich durchkreuzenden Mannigfaltigkeit der wirklichen Welt (L. 26; S. 59 f. u. 196). Demgegenüber ist die Geschichte und, wie wir sahen, auch die geschichtliche Wirksamkeit der Dichtung von einer ständigen Offenheit. „Epochen" schließen nur partiell ab, Übergangszeiten erhalten unter anderen Gesichtspunkten u. U. selbst epochalen Charakter oder lassen den Begriff der Epoche überhaupt fragwürdig erscheinen —: Es gibt also weder konkret einhellige ‚Phasen' der Geschichte noch gar Zäsuren von der Art der „Kapitel- oder Strophenbildung" (Wehrli, S. 56).

Wohl aber sind die *grundsätzlichen Zeitbezüge* der Geschichte: die Sukzession der Entwicklung und darüber hinweg die „Sphäre" — etwa einer Dichterschule, einer geistigen, gesellschaftlichen oder auch stilistischen Gruppenbildung, einer Generation —, und darin wiederum die individuelle „Durchtönung" des Einzelwerks mit um- und abliegenden historischen Wirkungen, verwandt den Vorgangsbezügen im Zeitkunstwerk und speziell der Vorgangsbildung in der Erzählung, die selbst zeitliches Geschehen zum Vorwurf hat. Dieser Vergleich führt keineswegs zu irgendwelchen Korrelationen sachlicher Art, wohl aber zu einer Besinnung auf die allgemeine Methodik, nach der Zeitgestalten im Bereich der Literaturwissenschaft und -geschichte erschließbar sind. En-ergische Betrachtung der geschichtlichen Verläufe, insbesondere auch auf ihre Kommunikation mit der jeweiligen, historischen Situation des *Betrachters* und der ihn umgebenden, zeitgenössischen Kunst gewendet, vermag in der Tat der *Wirklichkeit* geschichtlicher Vorgänge in concreto ebenso gerecht zu werden, wie sie Ansätze zu einer Systematik literaturgeschichtlicher Vollzüge gibt. Dies letzte Fernziel besteht freilich nicht in einer schimären literarhistorischen Zyklenlehre; wohl aber besteht die Möglichkeit, das „antwortartige" Auftreten bestimmter literarischer Revolten oder das alle Epochen beschließende „rückbeziehende" Epigonentum nach genügender Einzelforschung prinzipiell zu durchleuchten.

*

Wir haben um der sachlichen Arbeit willen einleitend eine scharfe Trennung zwischen systematischer und real-historischer Untersuchung vorgenommen und sind weiter der Überzeugung, daß eine Verwischung der Gesichtspunkte bei der Behandlung eines ausgewählten literarischen Objekts untunlich sei. Die mögliche Abstimmung der Ansätze konnte allein in einem wissenschaftstheoretischen Ausblick angedeutet werden.

Dabei gibt allerdings der mehrfach angedeutete Kardinalunterschied zwischen der begrenzten Totalität des einzelnen Kunstgebildes und der grundsätzlichen Offenheit der Geschichte neue schwierige Probleme auf. Dieser Unterschied ruht nicht zuletzt darin, daß die Kunstschöpfung Werk von Menschenhand und Menschengeist ist, während die geschichtliche Wirklichkeit von Menschen nur mitgebildet wird. Indessen sind diese letzten Probleme der literaturwissenschaftlichen Kritik entzogen und sind von ihr ebenso hinzunehmen wie die Tatsache, daß auch durch die einzelne Dichtung nicht nur der *Mensch* zum Menschen spricht.

ANMERKUNGEN UND EXKURSE

Bibliographische Ergänzung abgekürzter Titel und Auflösung der „L"-Zahlen im Literaturverzeichnis (S. 284)

1 Vgl. allg. ROTHACKER „Logik und Systematik der Geisteswiss.", S. 101 ff., über die stete Auseinandersetzung systematisch-vergleichender Methoden mit der historischen Wirklichkeit; auf diesem Wege schon E. TROELTSCH „Ges. Schr." 1912ff., Bd. III, S. 62 über die „Regel- und Analogiehaftigkeit alles Geschehens" als Vorwurf für die „gesetz- und typenbildenden Wissenschaften". — Zum Fachgebiet vgl. MAHRHOLZ „Literaturgeschichte und Literaturwiss.", S. 54ff., sowie das Nachwort von FR. SCHULTZ, S. 201ff. W. RICHTER „Von der Lit.wiss. zur Lit.gesch.", bes. S. 9 u. 12—14; „Strömungen und Stimmungen", S. 111. WEHRLI „Allg. Literaturwiss." S. 25ff., 53ff. BURGER „Method. Probleme". Gesamtüberblicke geben OPPEL „Methodenlehre" und MARTINI „Poetik" in STAMMLERS „Aufriß" I.
Langerwünschte terminologische Klärung der Forschungsbereiche brachte KLUCKHOHN „Lit.wiss., Lit.gesch. und Dichtungswiss." L 85.

2 Dazu allg. B. CROCE „Ästhetik", S. 40: „Jedes wahre Kunstwerk hat eine festgelegte Gattung verletzt und auf diese Weise die Ideen der Kritiker verwirrt, die dadurch gezwungen wurden, die Gattung zu erweitern", bis auch der neue Gattungs-Begriff zu eng wurde, weil neue Kunstwerke auftauchten, „denen natürlich neue Skandale, neue Verwirrungen und — neue Erweiterungen der Gattung folgten". Deshalb sei jede systematische Definition der Gattung ein „grundsätzlicher Irrtum"! (S. 41). Vgl. KOSKIMIES L 87, S. 55; VIËTOR L 185, S. 440, und bes. VOSSLER L 187, S. 292f.! — Überblick bei WEHRLI L 175, S. 73ff.
Speziell für die Novelle hält J. KLEIN noch heute (L 84, S. 5f.) an den schon 1936 vorgebrachten „gattungsbestimmenden Merkmalen": „Mittelpunktsereignis, Leitmotiv, Idee" fest (L 83, S. 81ff.). — Die Problematik der theoretischen Gattungsbestimmung ist dargeboten im Forschungsbericht von W. PABST „Die Theorie der Novelle in Deutschland 1920—1940", wo grundsätzliche Bedenken gegen eine Normierung des Gattungsbegriffs ausgesprochen werden; bes. S. 119ff. Dort die einschl. Lit. Aufs klarste tritt die stete Spannung zwischen systematischem Anspruch und historischer Relativität des Gattungsbegriffs zutage in PABSTS Buch „Novellentheorie und Novellendichtung. Zur Gesch. ihrer Antinomie in den roman. Literaturen", 1953.

3 Auch wenn G. MÜLLER in seinen „Bemerkungen zur Gattungspoetik", S. 143ff., den scheinbar vermittelnden Begriff der „Gattungshaftigkeit" einführt, so ist damit nur die historische Betrachtungsweise auf einen jeweils

historischen Hauptnenner vorgeschoben. Dieser Begriff gibt gerade die Möglichkeit, für jede Epoche etwa die Grundzüge des „Romanhaften" besonders zu formulieren und damit der Fragwürdigkeit allgemeiner Normierung aus dem Wege zu gehen. Solche Besinnung auf gewisse Grundzüge kann insbesondere bei der Erarbeitung einzelner literaturgeschichtlicher Querschnitte wertvolle Dienste leisten. — Eine konsequent historische Einschätzung des Gattungsbegriffs zeigt F. BEISSNERS „Geschichte der deutschen Elegie", 1941; Vgl. bes. S. X.

4 Die „lehrende Poesie" läßt HERDER anschließend im wesentlichen, insofern sie nämlich ihres Namens Poesie wirklich wert sein wolle, in den anderen wieder aufgehen, wobei er allerdings der nicht „modulierenden", d. h. der Spruch-Lyrik besonders gedenkt. Auch heute ist die Definition der Lyrik immer noch die schwierigste. — Im übrigen kommt seine Umschreibung von Epik, Lyrik, Dramatik im Anschluß an unser Zitat der GOETHE'schen Formulierung der Naturformen recht nahe. (Werke XV, S. 538.)

5 Der Begriff „Typus" umgreift im Gegensatz zum Gattungsbegriff nicht konkrete Gestaltungen, sondern bezeichnet durchwaltende *Tendenzen*, und tatsächlich spielen die bereits zitierten Einteilungen auf solche Tendenzen an. Sie können sich weder auf „klassische" noch gar auf reine, sondern allenfalls auf instruktive Beispiele stützen; andererseits kann aber jeder beliebige Text auf diese Typen hin befragt und somit vergleichend interpretiert werden. — Zur Anwendung des Typusbegriffs vgl. ROTHACKER L 154, S. 167. WEHRLI, der im Kapitel „Typen und Gattungen" (L 195, S. 71ff.) die Hauptanwendungsgebiete der Begriffe in der Literaturwissenschaft anführt, trennt deutlich das Problem der Typologie an sich von der Frage nach konkreten Typen; doch greifen bei der Behandlung der Einzelprobleme — gemäß der Lage der Forschung — Typus- und Gattungsbegriffe ineinander. Zurecht wendet WEHRLI sich mit STAIGER gegen eine allzu detaillierte Typen-Sonderung, die zwangsläufig historischen Einzelheiten verfiele (S. 77). Tatsächlich kann dieser Gefahr nur durch Beschränkung auf elementare Gruppenmerkmale oder auf *Reihen* entgangen werden. Dazu bes. das Kapitel über „Grundtypen", unten S. 35.

5a Darüber jetzt G. WEYDT in der Einleitung zu „Der deutsche Roman", Sp. 2065ff. — Vgl. schon die schönen Bemerkungen von KÄTE FRIEDEMANN (1910) in L 40, S. 15f.

6 Vgl. MARTINI über das gleiche Problem bei PETSCH L 106, S. 290f. — Grundsätzliches bei SPOERRI L 168, S. 73ff.

7 Vgl. den programmatischen Aufsatz von K. MAY über „J. E. Schlegels ,Canut'", die Einleitung zu BÖCKMANNS „Formgeschichte" und BÖCKMANNS Bemerkungen zu PETSCHS „Lehre von Wesen und Formen der Dichtung" in dessen Gedächtnisschrift. MARTINI „Poetik" Sp. 217 u. 219—223. KLUCK-HOHN L 85, S. 117.

8 Vgl. BÖCKMANN „Die Interpretation der literarischen Formensprache", S. 343.

9 Aus dieser Prämisse zieht bereits MEDICUS in seiner „Vergleichenden Geschichte der Künste" beachtliche Folgerungen zum Formproblem (vgl. bes. S. 194ff., 205, 213), während WALZEL diese Unterscheidungen gegenüber der bildenden Kunst verschiedentlich nivelliert (L 190).

10 Intentional ist die Wirklichkeitsform des Sprachkunstwerks deshalb, weil sie auf ein transliterarisch-wirkliches Wesen hindeutet! Zur Intentionalität ausf. INGARDEN „Das literarische Kunstwerk". — STENZEL „Philos. d. Sprache", bes. S. 35ff. — Neuerlich verschärft K. HAMBURGER die Unterscheidung zwischen realer und literarischer Wirklichkeit durch ihre gründlichen Untersuchungen über den Fiktionscharakter des Erzählwerks (L 55).

11 Zur „Andeutung" FLEMMING L 36, S. 9f. Zur „Auswahl" schon LUGOWSKI L 100, S. 185; spezieller G. MÜLLER L 122 u. 123.

12 Mit den Begriffen der „idealen Zeit" (Handlungszeit) und der „realen Zeit" (Redezeit) hat HEUSLER bereits 1902 über den „Dialog in der altgerm. erzählenden Dichtung" praktisch gearbeitet, und gleichzeitig hat ZIELINSKI (1901) das Problem der „homerischen Succession" differenziert, indem er die Spannung zwischen Geschehens-Verlauf und -Vortrag beleuchtete. Weit älter als diese wissenschaftlichen Ansätze und älter selbst als die Untersuchungen LESSINGS und HERDERS sind die Bemerkungen über die spezielle Zeitproblematik der Erzählkunst, die von Romandichtern selbst, etwa von FIELDING, STERNE, dann von JEAN PAUL reflektierend in den „Tom Jones", den „Tristram Shandy", den „Titan" eingestreut wurden. Soweit wir sehen, ist HIRT der erste, der die Begriffe der „Erzählzeit" und der „Handlungszeit" wörtlich einander gegenüberstellt (L 66, S. 10), ihre spezifische Spannung jedoch durch eine abschätzende Blickwendung auf die Zeiteinheit des Dramas noch ganz übersieht. — In einer für alle Phänome der Zeit empfindlich gewordenen Epoche werden dann die Zeitverhältnisse im Erzählwerk einer der wichtigsten Interpretationsaspekte bei MUIR und E. M. FORSTER und einer größeren Reihe von Spezialarbeiten, die größtenteils von JEAN POUILLON in „Temps et Roman" angeführt sind, der seinerseits den philosophischen Prämissen der Zeitphänomene nachgeht. Zur Kritik wichtig: GAËTAN PICON (L 145). In der Theorie des Dramas hat die ‚Zeit' natürlich seit jeher weit mehr im Brennpunkt des Interesses gestanden. Eine Übersicht bietet hier die Arbeit von JUNGHANS „Zeit im Drama", der dort die Begriffe „Zeiterstreckung" und „Zeitbewältigung" zugrunde legt, dabei aber trotz vorzüglicher Einzelbeobachtungen im Verlauf seiner Darstellung zunehmend seinen *literarischen* Gegenstand um seiner philosophischen und psychologischen Theoreme willen verkennt. — Von diesem Buch ist unter anderem die Gliederung der Zeit-Kapitel bei PETSCH in W.u.F.Erz. und W.u.F.Dr. sichtbar beeinflußt. Zwar war PETSCH schon früher auf die Spannungen zwischen der Zeiterstreckung des „Erzählvorgangs" und des „erzählten Vorgangs" (!) aufmerksam geworden

257

(L 139, S. 266, vgl. dann L 142, S. 163), aber auch er macht die Wendung auf das „Zeiterlebnis" und insbesondere auf die Psychologie der „Dauer" mit — eben die Wendung, die wir im folgenden durchaus vermeiden wollen. Daß in dieser Richtung interessante literarhistorische Aufgaben liegen, zeigt etwa die Studie THIEBERGERS „Der Begriff der Zeit bei Thomas Mann", wo mit noch deutlicherem Bezug auf BERGSON die geistesgeschichtlichen Hintergründe für dessen Erzählformen erschlossen werden.

„Die Bedeutung der Zeit in der Erzählkunst" als Indikator für Aufbauverhältnisse und Erzählweisen hat G. MÜLLER seit einem Jahrzehnt in einer von allen Vorgängern unabhängigen Weise neu bewußt gemacht, und von ihm sind auch jene beiden, der Rede und dem Geschehen abgewonnenen Begriffe „Erzählzeit" und „erzählte Zeit" als heuristische Ausgangsbegriffe für eine Wesensdeutung erzählender Dichtung erst eigentlich aufbereitet worden. (L 122—129; weitere Lit. bes. in L 126 u. 128.) Neuerdings erfahren diese methodischen Richtlinien durch H. MEYER eine Ausweitung auf das Gebiet der Raumdarbietung und — gestützt auf Reflexionen TH. MANNS — auch auf das Problem der Ideenkonstellation im Erzählwerk (L 115 u. 116). Dabei wird besonders die artefaktielle Seite der Strukturphänomene ins Licht gerückt.

13 Es ist hier nicht der Ort, über das Drama zu handeln. Daß vom Begriff der Handlung her eine klare Scheidung zwischen Epik und Dramatik nicht möglich ist, liegt auf der Hand. Schon ARISTOTELES hält die *Fabel* in beiden Bereichen für das begründende Element (vgl. „Poetik" Kap. 5/6). Ebenso bezeichnet HERDERS knappe Definition der beiden Hauptgruppen beide Male die „Handlung" — hier die erzählte, dort die vorgeführte — als das tragende Gerüst. („Über Bild, Dichtung und Fabel", Werke XV, S. 538, und bes. „X. Adrastea", Werke XXIV, S. 298.) Auch JEAN PAUL, der in seiner „Vorschule" § 62, S. 213 f. an HERDER Kritik übt und zumindest für das Drama den Charakter an Wichtigkeit der Handlung voransetzt — ein Streit, der bis heute nicht voll entschieden ist —, lenkt an anderer Stelle, § 65, S. 220, auf die Handlung ein.

Eine andere geläufige Unterscheidung, die den Begriff ‚Handlung' für die Dramatik reserviert und in der Epik kategorisch von ‚Begebenheit' spricht, steht in der Tradition der Gegenüberstellung von Mimen und Rhapsoden und ist in den letzten Jahrzehnten besonders nachdrücklich von FLEMMING (L 36, S. 49ff.) aufgenommen worden. Sie betrifft im Grunde nicht die Existenz der Handlung selbst, sondern nur den Modus ihrer Darbietung und Aufnahme.

WESTON hat 1934 in „Form in Literature" eine Theorie vorgelegt, derzufolge die Grundbedingung *allen* Dichtens mit Ausnahme der reinsten Lyrik eine „story" sei, und er nimmt folgerichtig zwischen Epik und Dramatik nur stufenweise Unterschiede an. — Auf diese Fragen und insbesondere auf die notwendige, subtile Scheidung der Vorgänge in den beiden pragmatischen Hauptgruppen gehen wir bei der Behandlung des Dialogs ausführlich ein.

14 So in anderem Zusammenhang auch MUIR: „The only thing which can tell us about the novel is the novel." (L 104, S. 17.)

15 G. MÜLLER L 126, S. 11 ff., P. BÖCKMANN L 12, S. 464 f. — Als den Ertrag einer Betrachtung des „Historischen Romans" (L 193) legt WEHRLI eine Gruppenaufteilung vor, die — vornehmlich nach kultur- und religionsgeschichtlichen Gesichtspunkten geordnet — gleichwohl die verschiedene Bindung des Erzählers an die historischen Tatsachen mit in den Blick nimmt und sie als ein entscheidendes Kriterium zur Wesensbestimmung der jeweiligen Dichtung wertet (S. 108). Vorher wird auf C. F. MEYERS Entwertung der „historischen Richtigkeit" eigens Bezug genommen (S. 106).

16 G. MÜLLERS Untersuchung über BALZACS „Père Goriot" und G. ELIOT's „Silas Marner" (L 128) steuert zur Klärung dieses Problems Wesentliches bei. — Vgl. dazu auch PETSCH über „Langformen" L 142, S. 464 f.

17 Vgl. die namentliche Aufzählung der meistgenannten Grundtypen oben S. 15. Muirs „dramatic novel" und den oben nicht genannten Typus der „period novel" lassen wir hier außer Betracht: Den ersteren, weil die Spezifika der „dramatic novel", in der Handlung und Charakter einander wechselseitig voranreißen (vgl. Anm. 13), erst bei der Behandlung der Fabelverknüpfung, der Vorausdeutung und des Dialogs dargelegt werden können; den letzteren, weil es sich um einen Typus auf anderer Ebene handelt. — Zu den im folgenden erwähnten, neueren Typen G. MÜLLERS vgl. L 129, S. 6 ff.

18 Die grundsätzliche Warnung MARTINIS vor diesen „Oberbegriffen" (L 107, Sp. 249) verdient Beachtung, weil sie die Gruppenbildung konkreter Erzählwerke durch solche Typen mit Recht in Zweifel zieht. Diese Warnung gilt also demjenigen, der unter Typen gattungsähnliche Gruppen versteht. MARTINI beweist diese Auffassung selbst dadurch, daß er die Gattungen des Romans und der Novelle als Typen bezeichnet. — Auch H. MEYER billigt den „Grundtypen" in ihrer jetzigen, allgemeinen Form nur geringen heuristischen Wert zu (L 116, S. 238 f.) und zweifelt ihren gruppenbildenden Charakter an. — Die Gefahr liegt in der Tat dort, wo MARTINI sie aufzeigte: In dem Bestreben, typische Tendenzen zu „Gattungen" zu formieren, wie es KAYSER terminologisch und sachlich versucht (L 78, S. 356 ff.). Denn die typischen Tendenzen selbst, die in den genannten Einteilungen zum Ausdruck kommen, werden von keiner Seite in Frage gestellt. — Das alles ein neuer Beweis für die Notwendigkeit, sich über den Gebrauch des Gattungs- und des Typusbegriffs in der Literaturwissenschaft zu verständigen! (Vgl. oben S. 9—16.)

18a Daß die Einsträngigkeit bzw. Vielgleisigkeit des Erzählens nicht nur für Einzelwerke, sondern für historische Gruppen maßgebend sein kann, zeigt bereits die konventionelle Doppelung und Kreuzung der Erzählstränge im spätantiken Liebesroman, etwa bei HELIODOR oder dem ephesischen XENOPHON; solche Doppelung ergibt sich zwangsläufig aus der getrennten Bewährung zweier gleichgewichtiger Hauptpersonen. — Noch deutlicher wird das bei einer Gegenüberstellung der Bauformen des einsträngigen pikarischen und des heroisch-galanten Romans im 17. Jh., wie sie ALEWYN (L 1, S. 151ff.) durchführt. WEYDTS anschauliche Interpretation der Romane ANTON ULRICH's (L 197, Sp. 2112ff.) läßt die Schachtelung und Verschränkung, die sich notwendig aus dem Verfolg zahlreicher Einzel- und Gruppenschicksale ergibt, besonders scharf heraustreten und gibt auch in Gegenüberstellung mit anderen Formen einen guten Begriff von der Eigenart dieser Erzählweise. Dort auch die einschlägige Lit.; dazu die Aufbauanalyse der „Octavia" von HANNA WIPPERMANN, Diss., Bonn 1948.

19 Zu STERNE vgl. VOGELREICH L 186. — Zu JEAN PAUL vgl. H. H. BORCHERDT L 15, S. 330. KOMMERELL L 86, S. 225ff. W. KAYSER L 78, S. 190!

20 Das erinnert an die aristotelische Unterscheidung zwischen Historie und epischer Dichtung (vgl. „Poetik" Kap. 23), die in den Romantheorien des 17. u. 18. Jhrh. eine bedeutende Rolle spielt. Sie wird u. a. von STERNE's Zeitgenossen BATTEUX in „Cours de belles lettres" (1765; „Tristram Shandy" 1760/7) getreulich wiederholt. (Vgl. L 5, S. 13f.).

20a Vgl. dazu die treffende Interpretation von BERGENGRUENS „Spanischem Rosenstock" in PFEIFFER's „Wegen zur Erzählkunst", S. 131—135.

21 Vgl. PETSCH L 142, S. 34ff. — Die für unsere Untersuchung an sich vorzüglich sich darbietenden Termini „Beiordnung, Zuordnung, Unterordnung" sind leider von PETSCH zu sehr auf weltanschaulich-sittliche Kriterien ausgerichtet und zu sehr wertbelastet, so daß ihre Verwendung hier leicht zu Mißverständnissen hätte führen können.

22 PETERSEN (L 137, S. 154) zitiert und bespricht diese Forderung JEAN PAULS (vgl. „Vorschule" § 74) unter Beifügung ähnlicher Zitate Fritz REUTERS und Angabe von Beispielen. Schärfer übrigens als bei JEAN PAUL ist diese Forderung bei BATTEUX formuliert: „Man fängt eine Erzählung ganz nah beim Ende der Handlung an und wartet mit der Erklärung der *Ursachen* auf eine bequemere Gelegenheit, die der Poet zu seiner Zeit entstehen läßt". (Kap. XVII, S. 120, zit. nach der Übersetzung RAMLERS L 5.) Hier ist der Zusammenhang mit dramatischen Theorien noch greifbarer.

23 O. LUDWIG L 99, Bd. IV, S. 61. — Über die Parallel- und Kontrastschemata bei G. FREYTAG ausführlich SEUFFERT (L 163, bes. S. 605); WALZEL (L 191, S. 133f.). — Auf Grund von Charakteranalysen, die auch bei SEUFFERT im Vordergrund stehen, zeigt E. M. FORSTER (L 37, 8. Chap.) eine Reihe von Symmetrieformen auf, die auf Parallelismus und Kontrast beruhen. KOSKIMIES verfolgt in „Anna Karenina" den „parallelen Dualismus und Kontrast" der beiden Hauptmotive (S. 211). Auf solche komplizierteren parallelen Kontrastschemata gehen wir noch bei der Behandlung des „Candide" ein.

24 Weitgehend herrscht in literarischer Terminologie Unsicherheit im Gebrauch des Begriffes *Episode*. Vielfach versteht man darunter einfach eine Etappe der Handlung, andererorts das kurze Verweilen einer Person an einem bestimm-

ten Ort, in einer bestimmten Lebenslage u. ä. — Im Hinblick auf unsere vorstehenden Scheidungen möchten wir Handlungspartien mit vorwiegend kau-
sal-konsequenter Verknüpfung von dieser Bezeichnung ausschließen, auch
wenn sie zeit-räumlich eine Insel oder eine Enklave im Erzählgefüge bilden.
Andererseits wäre es unzweckmäßig, den Begriff Episode ganz auf die additiv
verknüpften Stränge zu beschränken. Wir berufen uns dabei auf zwei Definitionen BATTEUX', der klarer als zum guten Teil die spätere Literaturkritik die
‚Episode‘ in einem besonderen Kapitel umriß: „Man versteht unter Episoden
gewisse kleine Handlungen, die ... den Leser durch eine Mannigfaltigkeit er-
götzen, die nicht zur Mannigfaltigkeit der Materie selbst (= der Haupthandlung) gehört.“ (S. 24). Wenig später heißt es, daß jedoch auch „Verknüpfungen“ zwischen Episode und Haupthandlung „sichtbar gemacht“ werden
müßten (S. 26). Nimmt man beides zusammen, so kann es sich nur um additive bzw. korrelative Verknüpfungen handeln — freilich u. U. ergänzt durch
eine kausale Anknüpfungstechnik (z. B. Aufforderung zum Bericht in einer
bestimmten Situation). — Mit diesen Definitionen werden Eigenständigkeit
und eventuelle Zeichenhaftigkeit der Episode vorzüglich beleuchtet. — Schließlich beherzigen wir auch BATTEUX' Hinweis auf kleine Handlungen insofern, als
die Ausdehnung einer einzelnen Episode, bezogen auf die Gesamtausdehnung
eines Erzählwerks, deren Charakter als Nebenstrang mit ausdrücken muß. Das
schließt freilich nicht aus, daß gehäufte Episoden insgesamt einen Großteil der
Gesamterzählung beanspruchen können.
Vgl. ALEWYN über die parataktische Episodenfügung und ihre Bindung durch
sekundäre Handlungsmotive im Pikaro-Roman (L 1, S. 151f.); AUERBACHS
Studien über die „Narbenepisode“ der „Odyssee“ (L 3, S. 7f.) und STAIGER
über homerische Episoden (L 174, S. 124).

25 Von TROJAN L 183, S. 98. — Zu TIECK vgl. oben S. 42. — Interessant und
sicherlich richtig ist von TROJANS Bemerkung, daß die Form der Schwingung
einem „rationalen Stil“ zuzuordnen sei (S. 111). Gegenüber seiner Interpretation der „Ilias“ vgl. aber STAIGER L 172, S. 146.

26 Eine Bewertung dieser Kategorien und der von ihnen jeweils vorwiegend
beherrschten Werke wird nur unter historischen Aspekten möglich sein. Die
Feststellung, aus welchen Gründen und nach welchen Regeln bestimmte
Epochen ihre erzählerischen Großleistungen mehr auf dem einen oder anderen
Wege entfalten, wird über die poetische Bewältigung hinaus auf die allgemein
geistige Bewältigung andrängender Lebensfragen einer Zeit und einer Nation
Rückschlüsse zulassen. Andeutungen in dieser Richtung geben die Unter-
suchungen BÖCKMANNS zur Korrelation in mittelalterlicher ‚Sinnbild‘-
Dichtung (L 12, bes. S. 79f., 97f.); vgl. die Bemerkungen VOSSLERS zum spa-
nischen Roman des 16. Jh. (L 187, S. 314ff.), WALZELS über den englischen
Roman von DEFOE bis SCOTT (L 191, S. 132) und insbesondere den Essay von
E. R. CURTIUS über den französischen Roman des 19. Jh. (L 23, S. 387f.), sowie
GMELINS Untersuchungen über den frz. Zyklenroman seit 1900.

26a Vgl. nun MARTINI „Das Wagnis der Sprache. Interpretationen deutscher Prosa von Nietzsche bis Benn" 1954.

27 Zur zeitlichen Einschätzung der Erzählergegenwart vgl. K. HAMBURGER (L 55, S. 336 ff., 355 ff.). — Zum Erzählereingriff grundlegend auch heute noch K. FRIEDEMANN L 40. Die bislang klarste motivische Unterscheidung der Erzählereingriffe in Werken seit dem 18. Jh. gibt H. MEYER L 115, S. 309 f.: Er trennt 1. Gefühlsteilnahme durch emphatischen Ausruf, 2. Sentenzen, die u. U. eine spezielle Situation verallgemeinern, 3. Regiebemerkungen. Bei TH. MANN analysiert er zusätzlich dessen Gewohnheit, durch Unterstreichen des selbst Erzählten aus der Erz.ggw. heraus abwägend und intensivierend in den Handlungsverlauf einzugreifen. Dem stünde anderorts die Kritik und das Besserwissen des ggw. Erzählers als Motiv zur Seite (GIDE oder HESSE). Ähnl. Beobachtungen zu TH. MANN bei MARTINI (L 105, S. 186). Weiteres bei WALZEL L 191, S. 187 bis 197. HIRT L 66, S. 34. PETSCH L 142, S. 111, 284, 333. AUERBACH L 3, S. 432. STANZEL L 176. — Wir hätten der Reihe MEYERS die Beglaubigung des Erzählten, die Captatio benevolentiae an den Leser bzw. an die Muse und die gelehrsame Wissenausbreitung als weitere Motive in älterer Dichtung beizufügen. — Über die bedeutsame Wandlung des Erz.eingriffs in der Gesch. des Romans seit dem 18. Jh. nun KAYSER L 79, S. 425 ff. Sep. S. 13 ff.

28 Ähnlich LUBBOCK's Bemerkungen zu THACKERAY in Gegenüberstellung mit MAUPASSANT (L 97, S. 113 f.); BÜHLER über FIELDING (L 18, S. 53); KERRINNIS über O. LUDWIG im Kap. „Erzählergegenwart".

28a Dazu sehr klare Bemerkungen bei K. FRIEDEMANN, S. 25 f. und 40 f.! — KAYSER regt an, diese Überlegungen auch auf den fiktiven Leser auszudehnen (L 79, Sep. S. 18).

29 Nachweise: O. LUDWIG L 98, VI, S. 304 ff. SPIELHAGEN L 165, S. 67 ff. und L 166, S. 55. WALZEL „Objektive Erzählung" in L 191, S. 182 ff. SPRANGER L 169, S. 74 ff. — Zur Kritik SPIELHAGENS: FRIEDEMANN L 40, passim. Zu SPRANGERS und KOLBENHEYERS Theorien ausführlich H. DOHMS L 28, S. 88—102.

30 HAMBURGERS interessante Bemerkungen zur Ich-Erzählung (L 55, S. 355 ff.), die sich durch ihre „existentiale" Seinsweise von der fiktiven der sonstigen pragmatischen Dichtungsgruppen unterscheide, verdient eine weitergehende Prüfung. 1. Es wäre festzustellen, wieweit es wirklich gleichgültig ist, ob der Ich-Erzähler eine reale oder eine fiktive Person ist — ob nicht die fingierte Erzählerfigur bereits zur epischen Fiktion gehört und damit die ihr ausschließlich zustehenden „realen" Berichtmittel auch nur dieser Fiktion dienen. 2. Diese realen Berichtmittel wären durch den begrenzten view-point des handelnden Ichs zu erklären. 3. Die Handhabung der erzählten Zeit läßt in jeder Ich-Erzählung den ‚mitgehenden' vom ‚übersehenden' Erzählerstandort scheiden. Der Umstand gestalterischen Mitgehens bezeichnet wahrscheinlich schon an sich den Übergang aus dem realen Bericht in die Erzählfiktion. Es

ist also eher umgekehrt so, daß auch die Ich-Berichte im realen Leben zu mündlichen „Erzählungen" im dichtungs-theoretischen Sinne werden, wenn sie eine Vergangenheit als gegenwärtig gestalten durch das ‚Mitgehen‘ mit der vergangenen Zeit. — Nicht HAMBURGERS Ergebnisse, sondern nur ihre Folgerungen werden demnach revisionsbedürftig. Vielleicht muß doch dem Modus der ‚Vorstellung‘, den H. gegenüber ihrem früheren Aufsatz selbstkritisch eingrenzt, hier eine eigene Bedeutung beigemessen werden. — Zur Kritik vgl. nun auch KAYSER L 79, S. 429. Sep. S. 17 f.

31 Ausführlich behandelt LOHNER (L 95, S. 109 ff.) die Beziehungen zwischen „shifting view-point" und Zeit-Verhältnissen in FAULKNER's Romanen. Auch POUILLON widmet das Kernkapitel seines Buches „Temps et Roman" FAULKNER. — Zu V. WOOLF vgl. STANZEL L 176, S. 198 ff. — Weiteres unter „Monologue intérieur", unten S. 236 f.

32 G. MÜLLER geht auf solche Erzählformen in seinem Aufsatz L 128 ein, so daß wir uns hier mit einigen beitragenden Bemerkungen begnügen.

33 Zum Anhalt einige statistische Daten:
a) Neben 21 Novellen von unbestimmter Zeiterstreckung verlaufen 17 über ein oder mehrere Jahre, 17 über Monate, 19 über Wochen, 26 über Tage hin oder ganz innerhalb eines Tages.
b) 82 Novellen weisen eine oder mehrere Hauptsituationen *innerhalb eines Tages* auf, davon 25 innerhalb einer Nacht und 57 gar innerhalb einer Stunde; dies letzte meist Dialogsituationen.
c) Die *Ausdehnung der Hauptereignisse* im Gesamtablauf ist ebenso wie die Gesamterzählzeit der Novellen sehr unterschiedlich. In kurzen, 1—3-seitigen Novellen nimmt das Hauptereignis meist auch die Haupt-Erzählzeit in Anspruch. Im Gesamtdurchschnitt nimmt es ein Drittel der Erzählzeit ein. 9 Novellen sind allerdings im wesentlichen durchgehend erzählt.
d) Die *Stellung der Hauptereignisse* im Gesamtablauf ist mit ganz wenigen Ausnahmen auf die zweite Hälfte der Erzählungen beschränkt; in 35 Novellen reichen sie — etwaige Nachsätze abgerechnet — bis ans Ende der Erzählungen, in weiteren 26 nahezu bis ans Ende (= ins 9. Zehntel hinein).
Wir geben diese Zahlen, um die folgenden Bemerkungen zu profilieren.

34 Dazu MEDICUS S. 194. — Auch W. KAYSER weist L 78, S. 177 ff. darauf hin, daß formale Glieder zugleich Teile des inneren Aufbaues sein können und gibt Beispiele.

35 Gründlich und feinsinnig sind die Formen der Andeutung von KANDLER untersucht. Die dort sprachwissenschaftlich orientierte Problemstellung bietet auch zur Erschließung künstlerischer Formen fruchtbare Neuansätze. Auf Andeutungen von ausgesparten Ereignissen wird speziell S. 27 hingewiesen. (Vgl. auch unten Anm. 64.) —

36 Weiter bemerkt ZIELINSKI in seinem Aufsatz über „Gleichzeitige Ereignisse", daß in der „Ilias" *Episoden* dann eingeschoben werden, wenn *gleichförmige*

Vorgänge, von denen nur Anfang und Ende zu berichten sind, die Entwicklung der Handlung ablösen. Dies alles weise auf einen „ästhetischen horror vacui', des Erzählers dem Zeitablauf gegenüber hin (S. 422) und verdeutliche andererseits das homerische Gesetz der Sukzession. In späterer, antiker Literatur, z. T. schon in der „Odyssee", sei mit diesen Regeln gebrochen. — In seiner Einleitung gibt Z. eine recht brauchbare Systematik der Nachholmöglichkeiten des Erzählers bei Gleichzeitigkeit des Erzählten.

37 Vgl. dazu auch E. SCHATZ, S. 62 ff.; TIETGENS, S. 111, sowie die Beobachtungen von PFEIFFER L 144a, S. 40 f.

38 Vgl. besonders den Meinungsstreit zwischen E. BEREND und A. SCHAEFFER in den G. R. M. 1926—1928. SCHAEFFER fordert für die Darstellung dort u. a. „Stetigkeit des zeitlichen Fortschreitens" und „perspektivische Einheit" (XV, S. 13 ff.).

39 Die Reflexionen handelnder Personen lassen sich erst unter Berücksichtigung von Rückwendungen und Vorausdeutungen eingehend charakterisieren. Schon die Behandlung der Erzählerreflexion bleibt aus dem gleichen Grunde hier unvollständig.

40 Dazu ausführlich THIBAUDET „Gustave Flaubert", 1922; S. 321 f., und KOSKIMIES, S. 190 f. KAYSER, L 78, S. 185 f.

41 Nicht ganz zu Recht biegen deshalb JUNGHANS (S. 52) und KERKHOFF (S. 53) diese Antithese schlechthin auf die Formel „Progression: Analyse" um. Wie sehr dies für ‚psychologische' Dramen und Romane auch zutrifft, so ist doch die Abschweifung und — wie im Falle des Symbols — die Synthese ein ebenso gewichtiges Anliegen der Digression aus dem Handlungsfortschritt.

41a Besonders zahlreich und typisch ausgeprägt sind die ausmalenden und gleichzeitig vorgangsteuernden Erzählmittel, deren sich der „Schauerroman" bedient. GARTE, der das Phänomen der „Ausdruckslandschaft" in dieser Romanform des 18. Jh. ausgiebig behandelt, widmet u. a. auch Gewittern, Erdbeben und feurigen Zeichen eigene Abschnitte (S. 45—50).

41b OVERBERG zeigt eindringliche Beispiele in HESSES „Demian"; vgl. bes. S. 79.

42 Vgl. dazu SPIELHAGENS Forderungen L 165, S. 22 f.

43 Vgl. ERMATINGER L 33, S. 370 ff., besonders aber STAIGER L 173, S. 255 ff.

44 W. v. HUMBOLDT, Ges. Schriften, IV, S. 14 f. — Vgl. auch SCHELLING: „In der inneren Konstruktion der Sprache selbst ist alles Einzelne bestimmt durch das Ganze; es ist nicht eine Form oder einzelne Rede möglich, die nicht das Ganze forderte." Philosophie der Kunst § 73; Werke I, V, S. 482. — Die folgenden Ausführungen lehnen sich in Einzelheiten J. STENZELS „Philosophie der Sprache" an. Über den synthetischen und dynamischen Aspekt des Begriffs „Innere Sprachform" bei W. v. HUMBOLDT vgl. R. SCHWINGER L 162, bes. S. 52 ff.

45 Vgl. L 123, S. 39 f.

46 J. STENZEL über den „Dichterischen Stil", S. 102. — Ähnlich August BRUN-
NER „Der Stufenbau der Welt. Ontol. Unters. über Person, Leben, Stoff",
1950, S. 24.

47 „Holzwege", S. 36. — Scheinbar hebt HEIDEGGER später den Unterschied
zwischen allgemeiner Sprache und Dichtung wieder auf, wenn er von der
Sprache als Urpoesie und als der Bewahrerin des Wesens von Dichtung
spricht (S. 61). An unserer Stelle ist von Dichtung im engeren, geläufigen
Sinn, später jedoch von der „Poesie" als dem ursprünglichen Prinzip aller
Kunst die Rede, die im ganzen erst durch die Sprache ermöglicht wird.

48 PETSCH erläutert in ganz ähnlicher Weise das Wesen des „inneren Vorgangs"
im Dichtwerk (L 139, S. 265/6): Dadurch, daß die Teileindrücke in ihrer Abfolge stets auch nach rückwärts und vorwärts wirken, baut sich der ganze
Eindruck auf, der gleichwohl den Charakter des Werdens, des „Geschehens
in der Zeit" nie verliert. — RÜTSCH weist gleichfalls auf den „Vollzug der Zeit"
hin, der es mit sich bringe, daß die Einzelteile in Konnex zu einer stets ver-
schobenen Mitte stehen (S. 1). — Wesentliche Vorarbeit hat hier GERLÖTEI
geleistet, auf dessen Abhandlung wir uns später (S. 131 ff.) ausführlich beziehen.

49 Auf die Zweigleisigkeit der erzählten Zeit ist man in der Literaturwissenschaft
erst durch die zeitaustiefende Erzählweise bei JOYCE, PROUST und deren
Nachfolgern aufmerksam geworden. Von diesem Standort aus interpretiert
etwa KERKHOFF ausführlich die „Simultaneität der Zeiten" in GRIESES
„Weißköpfe" als „Erinnerungszeit" (L 80, S. 46—55). Hier wie bei POUILLON
spielt gerade die „conscience" im Gegensatz zur „connaissance" im Verhalten
der Personen zur Welt die Hauptrolle: So wird Vergangenheit zur eigentlichen Lebensrealität (L 147, bes. S. 248). — Wir gehen im folgenden bewußt
nicht auf derartige Romane ein, weil es uns auf das allgemeine Phänomen,
nicht auf seine komplizierteste Sonderform ankommt.
In größeren Zusammenhängen wird das Phänomen der Synchronisierung und
Simultaneität von V. v. WEIZSÄCKER (L 195, S. 25) und O. J. HARTMANN
(L 58, S. 110) behandelt; doch geht bes. O. J. HARTMANN mit seinen philosophischen Folgerungen Wege, denen wir nicht zu folgen vermögen.

50 Bezeichnenderweise sind in meiner illustrierten Ausgabe diesem Vorgang, der
dort 21 Seiten umfaßt, zwei Bilder gewidmet, die beide nicht die ggw. Szene
darstellen, in der Olivier mitternächtlich die Begegnung mit der Scuderi hat;
vielmehr ist die Hauptperson der Vergangenheit, der Goldschmied Cardillac,
in zwei entscheidenden Momenten festgehalten.

51 Eine derartige Mittelstellung nehmen vorzüglich solche Rückwendungen ein,
die — wie hier — dramatische Szenen zum Gegenstand haben. Wir sind versucht, auf das vielleicht großartigste Beispiel dieser Art, auf den Bericht vom
Untergang der Flotte in den „Persern" des AISCHYLOS zu verweisen. Damit

ist angedeutet, daß bestimmte Rückwendungen im Drama, zu denen u. a.
der Botenbericht, aber auch exponierende Berichte gehören, mit den hier behandelten Erzählformen durchaus verwandte Züge aufweisen. Dazu ausführlicher unten S. 212.

52 Bei der Behandlung der „Exposition" unterscheidet PETSCH „Eingang" und
„Einsatz". W.u.F.Erz., S. 157.

53 BORCHERDT bemerkt in „Roman der Goethezeit" S. 308, daß der Einsatz der
Handlung hier im „furchtbarsten Moment" geschehe. Obwohl in weiterem
Sinne gemeint, trifft dies bereits für den ersten Satz der Erzählung und ebenso
für den ersten Satz des aufbauenden 2. Kap. ausgezeichnet zu: In beiden
Fällen fällt sogleich das Wort „Schauspiel".

54 Vgl. oben S. 63 und Anm. 22. — Unser Beispiel zeigt, daß die Unterscheidung
PETSCHS zwischen Eingang und Einsatz nicht immer zureicht. Beide Fassungen
setzen unmittelbar mit einer Szene ein. Erst der *Zeitpunkt* dieses Einsatzes
innerhalb der Gesamthandlung wird entscheidend für die Struktur des 2.
und auch der folgenden Kapitel. — Vielleicht ist dennoch bemerkenswert,
daß auch die szenisch einsetzende „Theatralische Sendung" einer kleinen aufbauenden Rückwendung nicht entraten kann — hier im 2. (!) Absatz.

55 ELISABETH V. HIPPEL, die diesen Satz ausführlich analysiert, dabei aber mehr
die Entfaltung des Handlungs-Ablaufs im Auge hat (S. 89), weist später einleuchtend nach, daß die breit angelegte Littegarde-Handlung, die hier *keine*
Einführung findet, nur zum Unterbau, nicht zum Kern der Novelle gehört.

56 Unsere Phasenaufteilung der „Madame Bovary" schließt sich der Untersuchung W. v. WARTBURGS: „Flaubert als Gestalter" (L 192, S. 208ff.) an.
Hier wird der erstaunlich symmetrische Gesamtaufbau des Romans aufgedeckt und die Formkraft Flauberts auch an der Tektonik seiner Werke nachgewiesen, während THIBAUDET Flaubert in seiner Biographie nur in der
stilistischen Kleinarbeit solche Formkraft zubilligen wollte. — Die Ergebnisse unserer speziellen Analyse sind zugleich in der Lage, v. WARTBURGS
Gliederung zu unterstützen.

57 Daß diese „reale" Gestaltung weit davon entfernt ist, naturalistisch zu sein,
geht aus dem Gesagten ohne weiteres hervor. — In diese Richtung zielt auch
AUERBACHS Beurteilung der „Madame Bovary". Er hebt die Ordnung und
Paradigmatik in den Einzelerlebnissen der Personen hervor (!), die natura-
listischer Gestaltungsweise widersprechen. Vgl. „Mimesis", S. 430.

58 Daß die Wendung nicht hier bereits stattfindet, hat mancherlei Gründe.
Mignons Dazwischentreten schiebt sie auf oder gibt ihr doch vorläufig eine
andere Richtung. Der Rückblick selbst wie auch diese letztere Hemmung
kennzeichnen im übrigen gut den Charakter der „Lehrjahre": Wilhelm
wohnt dem Zweikampf nur bei und empfängt *Eindrücke* von ihm — ein
äußerer Anstoß macht ihm seine innere Weiterbildung bewußt. Die Tat,

die daraus folgen soll, wird aber wiederum *gehemmt*. Beides ist die treue Verwirklichung dessen, was GOETHE im 7. Kap. des V. Buches für den Roman fordert: ,,Der Roman muß langsam gehen, und die Gesinnungen der Hauptfigur müssen . . . das Vordringen des Ganzen zur Entwicklung aufhalten . . . Der Romanheld muß leidend, wenigstens nicht im hohen Grade wirkend sein . . ." — So wird der Held hier durch äußere und innere Fügung von einer Lebensphase zur nächsten umgebildet, während der Wilhelm der ,,Theatralischen Sendung" noch unverwandt ein *Ziel* anstrebt.

Die ,,Theatralische Sendung" hat ihren entscheidenden Rückblick bezeichnenderweise im letzten Kapitel — eben angesichts des Ziels!

Zu den ,,Lehrjahren" vgl. G. MÜLLER: ,,Gestaltung. Umgestaltung", bes. S. 75.

59 PETSCH hat auch dieses Phänomen bereits aufgespürt, ohne es indessen systematisch zu ergründen und einzugliedern. Vgl. L 142, S. 177. Seine Meinung, daß hier eine besonders starke ,,Zeitraffung" walte, trifft das Phänomen nur oberflächlich. Auch verhindert der unklare Begriff der ,,Dichte" eine präzise Bestimmung dieses Erzählmittels. Die Termini ,,Dauer" und ,,Dichte" stammen deutlich von JUNGHANS; vgl. Anm. 12.

60 Es nimmt deshalb Wunder und zeugt von der noch zu engen Handhabung des Begriffs ,,Vorausdeutung" bei GERLÖTEI, daß er in GOETHES Romanen eine Abneigung gegenüber Vorausdeutungen erkennen will, die er dessen Neigung zu ruhiger ,,Entwicklung" zuschreibt. GOETHE verwendet in der Tat nur den offenen Erzähler-Vorgriff weniger häufig. — Auf wichtige Vorausdeutungen in den ,,Lehrjahren" macht bereits G. MÜLLER aufmerksam (L 125, Anm. 38, S. 98; Verweise auf ,,Lj." I, 16 und VII, 1). Auf Vd. des ,,Werther" und der ,,Wahlverwandtschaften" weisen wir später noch hin.

61 W. KAYSER, dessen Bemerkungen zur Vd. außer GERLÖTEI auch HIRT sehr nahestehen (vgl. L 66, S. 31), macht bereits nachdrücklich auf die phasengliedernde Wirkung dieses ,,Darbietungsmittels ' aufmerksam, ohne jedoch mangels vorliegender Einzelforschung praktische Belege für diese Art der Vorgangssteuerung anzugeben (L 78, S. 206).

62 Stellenweise: Damit ist angedeutet daß einzelne Partien einer Erzählung, die im Ganzen in der ,,vision avec" voranschreiten, durchaus ,,par derrière" gesehen und erzählt werden können, wie es oben bei der Kritik der Viewpoint-Theorie unter dem Aspekt der Erzählergegenwart ausgeführt wurde (s. oben S. 72). — Die Handhabung der Vd. ist ein besonders sicheres Indiz der jeweiligen Situation des Erzählers als ,,erlebendes" oder ,,erzählendes" Ich!

63 GERZ unterscheidet hier antithetisch zwischen ,,geschlossener Vorwegnahme" späterer Ereignisse und ihrer ,,offenen Andeutung" (S. 10). — Damit sind nicht nur die vielfältigen Schattierungen zwischen klarer und dunkler Vd. übersehen, sondern auch das Problem der Vd. mit dem der Vorwegnahme

ganzer Handlungsstränge vermischt, das in den ganz anderen Zusammenhang der Großgliederung einer Erzählung gehört — entsprechend der Unterscheidung zwischen Vorzeithandlung und Rückwendung. — Im übrigen bietet die GERZ'sche Sammlung uns wertvolles Vergleichsmaterial und unterstützt wesentlich unsere ferneren Einzeluntersuchungen im Bereich der zukunftsgewissen Vd.

64 Der Abschnitt „Zweitsinn in Literaturtiteln" in KANDLERS Abhandlung L 77, S. 70 ff. beschäftigt sich eingehender als die allgemeinen Stilistiken mit dieser Funktion des Titels. Seine „suggestive Beeinflussung, die in den Leser um so stärker eindringt, wie sie als Bevormundung nicht anfällt", wird psychologisch analysiert; mit drastischen, meist der Presse entnommenen Beispielen wird die spannungserregende Wirkung des Titels demonstriert. Auch in anderen Bereichen ist diese sprachwiss. Untersuchung aufschlußreich für das Studium dichterischer Vd., denn häufig genug trägt in der Dichtung der mitanklingende Hintersinn der Worte das vorausdeutende Moment. — Indem wir auf KANDLERS Beispiele verweisen, wählen wir für unseren Zweck zunächst ganz eindeutige Titel.

65 Diesen summarischen Titel prägte erst LUDWIG TIECK in seiner Ausgabe des Werkes 1828. — Das im folgenden zitierte Titelblatt ist ein unveränderter Abdruck der Erstausgabe von 1731. Die Aussage umgreift, was für das spätere *anhangförmige* Fortspinnen des Romans bezeichnend ist, mit ihren Stoffhinweisen nur das erste Buch! — In seinem launigen Vorwort geht SCHNABEL überdies eigens auf die „Praejudiciis" ein, die der geneigte Leser auf Grund des Titelblattes sich gebildet haben könnte, und glossiert die Unterscheidung zwischen Fiktion und Historie (vgl. dazu Anm. 20).

66 Zit. nach der Übertragung THASSILO VON SCHEFFERS, Sammlung Dieterich, Bd. 14, Leipzig 1933.

67 Freilich ist diese Sicherheit in einer großen Zahl weiterer Vd. auf das Schicksal des Helden — schon in der ersten Götterversammlung — mitbegründet, doch würde deren Betrachtung uns zu einem an dieser Stelle unwillkommenen Exkurs nötigen.
Wichtig ist dagegen, daß der zweite, *vorwegnehmende* Teil des Proömiums (v. 11—21) einer späteren Bearbeitung zugesprochen werden muß. Vgl. R. MERKELBACH: „Untersuchungen zur Odyssee" Mch. 1951, S. 158; dort weitere Lit.
Ähnlich liegen die Verhältnisse im Nibelungenlied, wo gerade die 1., 13. und 19. Strophe mit ziemlicher Übereinstimmung für jung gehalten werden. Gelegentlich können kompakte Endvorausdeutungen im Verein mit anderen Indizien zum Nachweis späterer Bearbeitungen angeführt werden. — Zur allg. Funktion des Proömiums vgl. W. PABST L 136, S. 239.

68 Diesen besonderen Charakter der Erzählereinführung hat kürzlich KÄTE HAMBURGER dahingehend präzisiert, daß die Erzählgegenstände hier noch auf

das Jetzt-Hier-Ich-System des Erzählers, nicht auf die fiktiven Personen und den fiktiven Handlungsraum bezogen sind (L 55, S. 334ff.). Die Stufung zwischen Autor und Erzähler müßte allerdings noch beleuchtet werden.

69 Die Bezeichnung derartiger Einführungen als „Küchenzettel" ist durch FIELDINGS „Tom Jones" (I, 1: „Bill of fare to the feast") in die Literatur eingegangen. REINERS (L 149, S. 606) bezeichnet danach eine bestimmte Art der Titelgebung, zu welchen etwa unser Felsenburg-Beispiel zu rechnen wäre. Er meint, gute Buchtitel hätten die Mitte einzuhalten „zwischen dem Küchenzettelverfahren und der Anlockmethode": „Sie nennen den Gegenstand des Buches, nicht den Inhalt." Wir übernehmen in etwa die Unterscheidung, ohne uns jedoch auf die damit verknüpfte Wertung einzulassen.
Erwähnung verdienen in diesem Zusammenhang auch die Hinweise des Autors auf kompositionelle Besonderheiten seines Werks. FIELDING verspricht etwa eingangs, vor jedem seiner „Gänge" ein besonderes Einleitungskapitel zu servieren. TH. WILDER lenkt im Vorwort zu „The Ides of March" die Aufmerksamkeit des Lesers ausdrücklich auf den kuppelförmigen Aufbau seines Werkes und den damit erstrebten Zweck. — Dort, wo die Komposition der Entschuldigung bedarf (auch der Hinweis auf „verworrene" oder „lückenhafte" Quellen gehört hierher) oder in ihrer Eigenwilligkeit auffallen soll, da greift der Erzähler fast mit Sicherheit zu dem Mittel der Vorbemerkung — bis auf JEAN PAUL, dem wir nicht übelnehmen, daß er sein „Antrittsprogramm" erst an den Schluß der ersten Jobelperiode im „Titan" setzt; auch dies nicht ohne Einfluß des „Tristram Shandy". Sind solche Hinweise auch Grenzfälle der Vd., so sind sie doch wie diese für die künstlerische Wirkung späterer Erzählpartien nicht ohne Belang.

70 Vgl. GOETHES Rezension des Werkes in den „Frankfurter Gelehrten Anzeigen" Nr. XIII, 14. 2. 1772, wo die Einführung WIELANDS u. a. mit diesen Worten gewürdigt ist.

71 Vgl. auch PETSCHS Interpretation des Eingangs von „Michael Kohlhaas" L 142, S. 155. Sowohl die Diskrepanz zwischen der Ruhelage der Vorgeschichte und den umspannenden Vd. als auch deren Ineinandergreifen ist dort knapp, aber einleuchtend dargetan. Hinzuzufügen wäre eine Beobachtung der stilistischen Präzision, die auch in dieser Einführung KLEISTS waltet: Die Einknüpfung der Vd. in den 2. Teil des ersten und die anderthalb letzten Sätze der Vorgeschichte, also eine doppelte Zweitstellung; der Neueinsatz nach der ersten Vd.; die statisch-appositionelle Diktion der ersten und die dynamisch-progressive Diktion der zweiten Vd., die bereits die Klammer zur Handlung darstellt; endlich die kontradiktorische Wortwahl — all das entspricht allgemeinen, aber bei KLEIST in fast unnatürlicher Schärfe hervortretenden Strukturmerkmalen bei der Verknüpfung von Vorgeschichte und einführender Vorausdeutung.
Zum „Bettelweib von Locarno" vgl. STAIGER L 171, bes. S. 115. Weiteres zum Verknüpfungsstil KLEISTS oben S. 107.

72 So etwa REINERS L 149, S. 624.

73 Von einer Behandlung des zeitlich geschlossenen, bündigen Ausgangs, wie ihn etwa der „Werther" bietet, sehen wir ab in Anbetracht unseres besonderen Themas. Vgl. dazu PETSCH L 142, S. 159. REINERS L 149, S. 623. RANG L 148, S. 120.

74 PETSCH charakterisiert die Schlußformeln des orientalischen Märchens ganz in gleichem Sinne, wenn er bemerkt, daß sie, „während sie eine Brücke zwischen dem ,Hier-Jetzt' und dem ,Fern-Einst' zu schlagen scheinen, den abgrundtiefen Gegensatz zwischen beiden Welten nur noch betonen" (L 142, S. 56). Sehr zu Recht hat er mit dem zeitlichen Sprung auch den räumlichen gekoppelt.

75 Vgl. dazu den Ausgang des „David Copperfield" und des „Oliver Twist" mit der gemächlichen Ausführung aller Personen in einem eigenen Kapitel, ebenso etwa THACKERAY: „Newcomes", STENDHAL: „Chartreuse de Parme", REUTER: „Stromtid" oder RAABE: „Unseres Herrgotts Kanzlei", vor allem aber dessen ironische Bemerkung am Schluß von „Alte Nester", wo er den Lesern, „die alles immer noch genauer und ausführlicher zu wissen wünschen", anrät, sich doch beim Vetter Just Everstein über das zu unterrichten, was nun noch „oder was eigentlich zuallerletzt geschehen sei". DICKENS ist gutmütiger. Die letzten Seiten der „Posthumous Papers of the Pickwick Club" leitet er mit dem Seufzer ein, daß der Leser nach der Abrundung des Lebens aller seiner Geschöpfe verlange, und in Erfüllung dieser — zugegeben schlechten — Gewohnheit wolle er nun die notwendigen Notizen über deren Zukunft beifügen. Sechzehn Personen und endlich Pickwick selbst erhalten ihren „ausführenden" Abschnitt und werden mit wohltuender erzählerischer Wärme in ein gleichförmiges Leben entlassen. — Diese Stellen erinnern daran, daß es sich hier um einen höchst urtümlichen Erzählschluß handelt, für dessen Auftreten man nicht nach entlegenen Gründen zu suchen braucht wie etwa LEONHARD (S. 130 ff.) beim „David Copperfield". — Vgl. KAYSER L 78, S. 184.

76 HESELHAUS weist darauf hin, daß KAFKA selbst später an diesem Schluß Anstoß nahm. In der Tat entspricht er nicht konsequent der Form des „Antimärchens", wie HESELHAUS einsichtig die von KAFKA erstrebte Erzählform nennt. Gerade um der „parabolischen" Wirkung willen wäre allein ein noch härterer Schluß denkbar. Vgl. L 62, S. 362 ff. — Zum Typus des Antimärchens Grundlagen bei JOLLES (L 74); LUGOWSKI L 101.

77 Dieser Schluß ist vielfach abschätzig kritisiert worden, so etwa von RANG (L 148, S. 119), der von dem matten und kläglichen Ende dieses Romanes spricht, in dem ein Leben im Augenblick seiner Befreiung vor Ausübung des von ihm geforderten „Menschendienstes" zugrunde gehe. Die Vd. eben bezeugt den geleisteten „Menschendienst".

78 Mit der Form des Ringschlusses wird JEAN PAULS Forderung, das letzte und das erste Kapitel müßten füreinander gemacht sein (V. d. Ä., § 74), auch auf dem Wege äußerer Symmetrie erfüllt. (Vgl. Einzelbeispiele bei WALZEL, L 191, S. 130 und PETSCH, L 142, S. 160). — Wir geben unten S. 202 eine kleine

Anekdote, in der die stilistische Entsprechung von erstem und letztem Satz bei ebenso strengem Sinn-Kontrast einen solchen Ringschluß herbeiführt.

79 PETSCH (L 142, S. 159) spricht in diesem Zusammenhang von einer „höheren Art des Ausgleichs" und weist damit indirekt ebenfalls auf die intendierte Ruhelage hin; KAYSER (L 78, S. 185) erwähnt speziell die abschließende „Mahnrede", die durchstößt in eine Schicht ewiger Werte, „welche über der poetischen Welt leuchtete und nun bewußt verkündet wird." Vgl. die Bemerkungen zur Sentenz oben S. 90f. — Dazu auch KANDLER, S. 122f.

80 Interessant in diesem Zusammenhang sind die Bemerkungen, die GERZ (S. 24f.) zu den „Episodenvorausdeutungen" im „König Rother" macht. Die Vorausdeutungen entsprechen dort meist unserem Typus „c" (oben S. 165). — „sie sind weniger kausal verknüpfend als stimmungsmäßig antithetisch gebraucht, deuten aus der hellen Situation auf die düstere, aus der düsteren auf die helle ... episodenschließende Situation". — Dieses Wechselspiel der Vorausdeutungen sowohl als der „Teilerfüllungs"-Situationen scheint uns recht charakteristisch für die durchaus nicht straffe, wohl aber die Schicksalsgunst und -mißgunst in raschen Wechsel durchmessende Brautfahrt-Handlung zu sein.
In „Salman und Morolf" schachteln sich mehrere Phasenvorausdeutungen übereinander, was bei GERZ nicht deutlich wird. Er übersieht bei seiner Aufzählung eine typische Phasenvorausdeutung, die sich von Str. 119, 5 bis 115, 4—5 spannt und die Periode von der Begegnung bis zur Flucht Salmes mit dem Spielmann eingrenzt. Darüberhin spannt sich die größere Phasenvorausdeutung in Str. 90, 4—5 bereits bis zum Aufenthalt Salmes bei Fôre. Über diese und andere hinweg zielen endlich die allgemeinen Ankündigungen in Str. 2, 3--5, die GERZ (S. 25) zitiert. So bleibt hier, während Teilphasen sich auflösen, doch eine *gradlinige* Ausgangsspannung erhalten.

81 In der GERZschen Sammlung sind eine ganze Reihe von zitierten und angegebenen Stellen dem Handlungserregungspunkt entnommen. Für so verschiedene Dichtungen wie Alexanderlied und Rolandslied sind die betreffenden Vorausdeutungen interpretiert (S. 13ff. bzw. 21).

82 Vgl. die Kapitelschlüsse I, 3; 5; 7. II, 2; 4; 7; 9; 10; 11; 13. III, 2; 4; 7.

83 Näheres dazu über RAABE bei H. JUNGE, S. 60f., über G. KELLER bei SCHATZ, S. 31ff. Zu der weiter unten zitierten Sonderform des Vorschritts in der Ich-Erzählung vgl. „Grüner Heinrich", Kap. I, 9 Mitte; I, 12 Ende u. a. m.

83a Zwei gute Beispiele schon im I. Teil der Fassung von 1879/80: Von dem Schulgenossen, der mit schlechter Lektüre allerlei Verwirrung in Heinrich anrichtete, erfahren wir vorschreitend die weitere verderbte Entwicklung und hören im Anschluß daran allgemeine Betrachtungen des Erzählers über derlei Gesinnungen. Zu guter Letzt aber, nachdem der inzwischen erwachsene Heinrich ihn bereits „ganz aus den Augen verloren hatte", sieht er den verkommenen Menschen eines Tages „durch die Häscher dem Zuchthause zuführen.

... In demselben ist er seither gestorben." So schließt das Kapitel I, 12 mit dem Vorschritt ab, und das nächste beginnt einfach: „Ich war nun zwölf Jahre alt ..." Ganz ähnlich bereits der Bericht vom späteren Begräbnis jenes unglücklichen Mädchens, dessen Bestrafung in der Schule ihn so widerlich ankam (Kap. I, 9 Mitte).

84 Über die Abrundung und Vertiefung von Kapitelschlüssen durch solche sentenzenhaften Erwägungen vgl. WALZELS Bemerkungen zu den Romanen R. HUCHS, L 190, S. 229 f.

85 Spezielle Literatur zur ungewissen Vorausdeutung in der Erzählkunst liegt noch nicht vor. GERZ scheidet die ungewissen Vorausdeutungen als „objektive epische Vorausdeutungen" von der Behandlung aus und beschränkt sich auf die „subjektiven" Vorausdeutungen des Erzählers. Aus schon erwähnten Gründen möchten wir die Bezeichnungen „objektiv" und „subjektiv" auch hier vermieden sehen.

86 Text nach der Ausgabe von GEREKE „K. v. W. Die Legenden I" Halle 1925. Wenn die Raffungsart dieser Episode eine Deutung erlaubt, dann die, daß die Legende hier weit weniger auf Darstellung wundersamer *Aktionen* des Heiligen als vielmehr auf die Kundgabe seiner sichtbarlichen Auszeichnung durch himmlische Erscheinungen und Eingebungen, kurz: auf Darstellung seiner *Auserwähltheit als Werkzeug Gottes* gerichtet ist. — Freilich ist die Abbreviatur der Handlung an dieser Stelle außergewöhnlich stark — die eigentliche Aktion nimmt nur den 20. Teil in der Erzählbreite der Drachenepisode (v. 661—854) ein! — aber auch in anderen Bereichen der Legende, etwa bei der Heilung Constantins und vor allem bei der Tötung und Wiederbelebung des Stieres, die ja als Ganzes nur den Sieg Christi über die Juden bezeichnen soll, tritt die eigentliche Handlung gegenüber ihrer geistlichen Vorbereitung und der Darstellung ihrer Wirkung auf die Ungläubigen deutlich zurück. Es wäre deshalb zu prüfen, ob das Urteil GEREKES (S. VII) über die der Legende und ihrer Vorlage gemeinsame „Schwäche der Komposition", das er in erster Linie aus der „breiten, weitschweifigen Darstellung der Disputation" gewinnt, nicht auf einem Mißverständnis beruht. Denn auf die Darbietung göttlicher Eingebungen und ihrer Verkündigung in den erleuchteten Predigten und Lehren des Heiligen: eben auf die „geistliche Weisung" und nicht etwa auf die „unerhörten Begebenheiten" und deren Verkettung („Komposition") kommt es in dieser und in verwandten Dichtungen an.

87 Vgl. BARTSCH: „Kudrun" 2. Aufl., 1867; S. XIII.

88 Vgl. GOETHE „Über epische und dramatische Dichtung" zu den „Wundergeschöpfen, Göttern, Wahrsagern und Orakeln der Alten" und der Schwierigkeit, diese in der „modernen" Literatur zu ersetzen. Jub. Ausg. 36, S. 149 bis 152.

89 Nach A. JOLLES („Einfache Formen", 1930) ist es das Verdienst von M. LÜTHI („Das europäische Volksmärchen. Form und Wesen", 1947), die so

leicht zur Mystifizierung ihres Gegenstandes geneigte Märchenforschung in klare Bahnen gewiesen zu haben. So sehr auch die Einsichten PETSCHS in seinem Kapitel „Das Märchen als Urform der erzählenden Dichtung" in W. u. F., S. 45 ff. den „besonderen Zauber" und „poetischen Rauschtraum" des Märchens treffen (S. 50/51), so deutlich wird gerade ihm gegenüber der besondere Wert der exakten Strukturanalyse LÜTHIS sichtbar. Sie entdeckt das scharfe, mechanisch-abstrakte „Funktionieren" der Kompositionselemente, die Eindimensionalität des inneren Vorgangs und die dementsprechend plane und prompte Abwicklung des Handlungsfadens samt Zukunftsweisungen und bezeugt damit die in allem „helle und strenge, aber spielerische Gesetzmäßigkeit" dieser Erzählform. — Zu unserem Thema vgl. besonders S. 13 f., 32, 40, 47, 81 f.

90 Vgl. dazu die Bemerkungen über den „Meier Helmbrecht" sowie über BRENTANOS „Rheinmärchen" in Anm. 93.

91 So ist es zu verstehen, daß GERLÖTEI (S. 55) in einer Aufzählung u. a. auch Lieder und „bedeutende Gesichte", Symbole und endlich sogar alle diejenigen Stellen der Dichtung, die im Leser eine „Rührung" aufkeimen lassen, zu den „bestimmten Vorausdeutungen" schlägt—wobei das Wort „bestimmt" ohne terminologische Festlegung hier einfach: ‚erfüllungssicher' bedeuten soll. — Über die maßgebliche Rolle dieser suggestiv einstimmenden Erzählmittel im „Schauerroman" vgl. die Interpretationen und Belege bei GARTE, bes. die Kapitel „Geister", „Botschaften", „Bildnis", „Bedeutsame Gegenstände".

92 Unter diesem Aspekt tritt gleichzeitig die Sonderheit der Erzählungen E. T. A. HOFFMANNS zutage: Wiewohl sie von Ironie keineswegs frei sind, wird doch das Gespenstische in ihnen ernst genommen, und demzufolge tragen sich dunkle, oft dämonische Vorankündigungen hier meist nicht in ironischer Auflösung, sondern ‚eigensinnig' aus. — Selbst in der satirischen und obendrein das Gespenstische karikierenden Novelle Oscar WILDE'S „The Ghost of Canterville" erfüllt sich eine einzige Weissagung wörtlich: Jener Versspruch, nach dem das Gespenst durch das Gebet eines Mädchens erlöst und ein toter Mandelbaum durch sein Blühen diese Erlösung anzeigen werde. Gerade dieser Vorgang ist der einzig ‚rührende' in der Novelle — seiner Natur nach ein kunstvoll eingewobenes Märchen-Motiv!

93 Zur konkreten Anschauung hier das bereits verwendete, um weniges ergänzte Beispielmaterial, nach Ort und Funktion geordnet:
1. *Einleitende* Formen weisen Erzählungen auf, die sich aus einer Weissagung oder einem Traum herausspinnen. Zahlreiche Märchen und Legenden entwerfen so die Ausgangssituation. Dem Aufriß der Vorgeschichte und zugleich der Einstimmung dienen die Traumdeutungen am Eingang von ARNIMS „Isabella von Ägypten". Zu einem beherrschenden Symbol des Gesamtvorgangs hat NOVALIS den Traumeingang im „Heinrich von Ofterdingen" zu steigern vermocht. — Daß der Krimhildstraum in seiner jetzigen

Form ebenso wie die gewiß vorausdeutenden Strophen im Eingang des „Ni-belungenliedes" von einem Bearbeiter am Ende des 12. Jh. eigens beigefügt wurde, steht zu vermuten (vgl. Anm. 67). — Locker der Einleitung einge-fügt sind die Fehl-Vorausdeutungen in der „Venus d'Ille".

2. Zahlreiche Vorausdeutungen begleiten oder — das ist nun eine Eigen-tümlichkeit der ungewissen Vorausdeutungen — bilden von sich aus den *Handlungserregungspunkt.* Etwa die Verwünschung im „Dornröschen", die erste Vision Albanos im „Titan", die Stimme aus der Höhe in LESKOWS „Gaukler Pamphalon". Hier zeigt sich gut, wie die ungewissen Vd. sich vor der Erzählerzugabe dadurch auszeichnen, daß sie gleichzeitig selbst Hand-lungsphasen, also ‚gestaltete' Teile der Dichtung im engeren Wortsinn sind.

3. Die Beobachtung der *Spannweite* dieser Erzählglieder führt sogleich wieder zu ihrer Scheidung nach Phasen- und Endvorausdeutungen.

a) Die Drachenepisode im „Sylvester" ist eine solche *Phase.* — In BREN-TANOS „Rheinmärchen" erscheint der Vater Rhein dem Müller Radloff vor jeder neuen Handlungsphase und läßt ihn den Phasenverlauf und -ausgang vorausträumen. Die Weissagungen des Huldrik im „Witiko" gliedern in ähnlicher Weise, aber mehr verdeckt, die Stufen des Vorgangs aus. In RAABES „Else von der Tanne" tritt eben vor den beiden entscheidenden Phasen: der Steinigung am Johannistag und dem Tod Elses am Vorweih-nachtstag, das weissagende Weiblein auf. — Die kleine Erzählung ARTHUR SCHNITZLERS: „Die dreifache Warnung" ist schließlich schon im Vorwurf auf einen dreifachen Ansatz und drei Teillösungen ausgerichtet, die im Zu-sammenwirken auch den Gesamtausgang bereits festlegen.

b) Auf den *Ausgang* weisen unbestimmt die Andeutungen Pilars in „For whom the Bell tolls", bestimmt und in sehr eindringlicher Stufung die Träu-me des alten „Helmbrecht". Bemerkenswert ist hier die erzählerische Zäsur zwischen den drei ersten und dem vierten Traum (v. 617f.), die in der Staffe-lung des Ausgangs ihre genaue Entsprechung findet: Nach Erfüllung der drei ersten Träume kehrt Helmbrecht zurück, als Krüppel zwar und „mit ver-schnittenen Flügeln" (vgl. v. 607), aber noch mit heiler Haube; der Vater jedoch verstößt ihn, auf daß auch „der vierde troum ergê" (v. 1790): Helm-brechts schimpflicher Tod und die Vernichtung der Haube.

c) *Erinnerung* und *Mahnung* an eine Endvorausdeutung an wichtigen Knotenpunkten des Geschehens, meist eingebettet in eine bedeutsame Rück-wendung, begegnen im „Meier Helmbrecht" so gut wie in „Wir sind Utopia" und in HAUFFS „Sage vom Hirschgulden". Sie unterstützen gleichsam als Brückenpfeiler die ‚Fernwirkung' weitgespannter Vd. und bewirken an Ort und Stelle besonders eindringliche Synchronisierung von Ankündigungs-, Ge-genwarts- und Ausgangsphase in der erzählerischen Gestaltung des Vorgangs.

4. Ungewisse Vorausdeutungen an Phasen- und auch Kapitel*schlüssen* sind ebenso häufig und haben die gleiche Funktion wie die entsprechenden zu-kunftgewissen Vd. des Erzählers. Oben war bereits eingeräumt worden, daß derartige thematische Klammern ebenso als unmittelbares Handlungsglied, etwa im Gespräch, erscheinen können (s. oben S. 170).

Diese gedrängte Übersicht genügt bereits, um festzustellen: Funktion und Stellung der hier angegebenen ungewiß vorausdeutenden Handlungsglieder entsprechen den *einführenden* Formen des zukunftsgewissen Erzählereingriffs. Die Prophetien, Warnungen und Offenbarungen, die GARTE in zehn Romanen gesammelt hat (L 41, S. 84—121), erweitern noch das hier gegebene Material.

94 Hier sei auf die zahlreichen Beispiele in dem Kapitel über „Korrelative Verknüpfung" verwiesen.

95 Der engen systematischen Verwandtschaft nachgebend, haben wir in der Auseinandersetzung mit REINERS (oben S. 157) bereits die selbstverständlich „ungewissen", aber poetisch „runden" Dramenschlüsse zum Vergleich beigezogen. — Im Drama sind sämtliche Vd. ungewiß, wenn wir vom Prolog, dem vermittelnden Regisseur und ähnlichen epischen Anleihen des Bühnenspiels absehen.

96 „Intention": In diesen Begriff sind hier nicht nur Absicht, Wille, Tendenz, sondern ebenso Intuition, Vision, Bildedrang eingefaßt! JOH. PFEIFFER spricht in anderem Zusammenhang feinfühlend von der „inselhaft-geschlossenen Vision" des Dichters (L 144, S. 208) und erläutert dies wenig vorher: „Was dergestalt entspringt, ist eine Wirklichkeit ohne Zufall: denn auch das scheinbar Zufällige ist von einer ordnenden Mitte her überzeugend motiviert." (S. 202). Das aber bezeichne zugleich die Grenze der Dichtung gegenüber dem Leben in seiner Alltäglichkeit: Sie durchbricht einerseits „das Richtunglos-Zerstreute des bloßen Dahinlebens", ist aber damit doch nui „halbwirklich — gemessen an jenem unbedingten Ernst des eigentlichen Lebens" (S. 215). — Vgl. auch BERIGER L 10, S. 16 und schon LUGOWSKI L 101, S. 9—12. — Unsere vorstehenden Kapitel dienen dem faktischen Nachweis jener bisher nur grundsätzlich erwogenen Verhältnisse. Neuerdings kommen von verschiedenen Seiten (vgl. H. MEYER L 116, S. 299 und HAMBURGER L 54, S. 18 sowie L 55) bedeutende Anregungen zur Weiterführung dieser Gedanken.

97 Vgl. Nr. 541, dazu 542 in der Ausgabe G. MÜLLERS.

97a Vgl. die Verwerfung des blinden Motivs bei PETSCH (L 142, S. 146f.) und seine Rechtfertigung bei KAYSER (L 78, S. 60f.), wo der Begriff allerdings weiter gefaßt ist.

98 Vgl. dazu BURGER L 19 und EMRICH L 31, bes. S. 335f.; auf die historische Komponente der erwähnten Unberechenbarkeit gehen wir unten S. 248ff. ein.

99 Vgl. dazu NICOLAI HARTMANN: „Neue Wege der Ontologie" S. 218f., über die Korrelation von Individualität und Zeitlichkeit.

100 Auch dazu allg. NICOLAI HARTMANN „Das Problem des geistigen Seins"; vgl. u. a. Kap. III, 61, S. 546ff. Einen Überblick über die philosophische Diskussion dieses Problems gibt HEIMSOETH in WINDELBAND § 48, 2 u. 3.

Die theologische Problematik des Verhältnisses von Wort und Tat spiegelt sich im Bereich der Literaturwissenschaft am klarsten in der Kritik an „Fausts" Bibelübersetzung, die verschiedentlich sogar zum Angelpunkt der Tragödie erklärt wurde. Vgl. dazu REINHOLD SCHNEIDER: „Fausts Rettung" Baden-Baden 1946; S. 19. ERNST BEUTLER „Besinnung" Wiesbaden 1946; S. 18. Dagegen ALBERT DAUR: „Die Tragödie Fausts" Heidelberg 1948; S. 10f., 84ff.

101 Vgl. HAMBURGER L 55, S. 353f.

102 Wie ERNST ROBERT CURTIUS (L 22, S. 439) lehrt, geht diese Einschätzung als Mischform, gegründet auf den Wechsel zwischen *Dichter-* und *Personenrede,* bereits auf PLATO zurück und wird von ARISTOTELES als eines der drei Einteilungsprinzipien der Dichtung übernommen. Schwierigkeiten ergeben sich aus dieser Einteilung bereits bei DIOMEDES (4. Jh.), der VIRGILS „Eklogen" auf Grund dieser Erwägungen in zwei Gattungen zerteilen muß. KÄTE HAMBURGER macht ihrerseits den „Vorteil" der Mischform zum Ausgangspunkt ihrer Untersuchungen (L 54, S. 1f.). — Eingehend handelt über dieses Einteilungsprinzip IRENE BEHRENS L 6, S. 9ff. und S. 202ff.

103 PETSCH L 142, S. 347ff. KAYSER L 78, S. 183.

104 Am heftigsten hat vielleicht HIRT in seiner theoretischen Sonderung von Bericht und Darstellung die direkte Rede als Darbietungsmittel auf die Seite der Darstellung und damit der Unmittelbarkeit gebannt. — Auch LUBBOCK's Unterscheidung panoramischer und szenischer Erzählweisen erlaubt nur die Einschätzung der direkten Rede als extrem szenische Art der Darbietung; von ihm ist PETSCH durchaus beeinflußt, und ihm folgt im wesentlichen noch KOSKIMIES (L 87, S. 193 u. 200). — Schließlich ordnet auch W. KAYSER — damit nur die herrschende Lehrmeinung aufnehmend — die dir. Rede ganz der Szene zu, wo ihr Vorherrschen zu dem dort waltenden, „der objektiven Zeit angenäherten Gefälle" wesentlich beitrage (L 78, S. 184). Vgl. ferner Anm. 113 u. 117.

105 Z. B. bei FONTANE „Effi Briest", XXI. Kap., 1. Absatz, wo unter 2½ Seiten Dialog ein langer Spaziergang unternommen wird.

106 Der Erzähler oder vermittelnde Regisseur im Drama dient gerade diesem Bruch der Illusion. — In der Lyrik ruft schon ein einziger Hinweis darauf, daß es sich um die Wiedergabe einer anderwärts geführten Rede handelt, den Umschlag in die epische Dimension hervor.

107 Tatsächlich ist beides im Zusammenhang mit dem Streit um objektives oder subjektives Erzählen geschehen. Zur Lit. vgl. Anm. 27—29 u. 38.

108 HEUSLER (L 64, S. 220): „Der germanische Dichter sieht das zu besingende Ereignis zum guten Teil als Wechselrede oder als Willenserklärung des Einzelnen. Soll ein Stoff für ihn verwendbar sein, so muß er ihm einen Dialog abgewinnen können." — Mehrere Edda-Lieder vergegenwärtigen nur *eine*

Situation, die nicht einmal der Höhepunkt der Sagenhandlung ist, während die gesamte Fabel durch redende Personen reflektiert wird (S. 194). — SCHWARTZKOPFF (L 161) hat das spätere Abschwellen und erneute Anschwellen des Redeanteils in der mhd. Blüte- und Nachblütezeit bis zum „Meier Helmbrecht" (60%) in sorgfältigen Tabellen nachgewiesen. Für die altfrz. Dichtung bringt GÜNTHER (L 53, S. 17) ähnliche Zahlen bei. Schon SCHWARTZKOPFF deutet diesen Anstieg als ein erneutes „Zunehmen des Interesses am Menschen", einhergehend mit wachsender Kunst der Charaktergestaltung (S. 5f.). — Vgl. dazu unsere speziellen Bemerkungen über den „Sylvester" des KONRAD VON WÜRZBURG, oben Anm. 86.

109 DILTHEY: Vgl. L 27, S. 283; zit. bei GÜNTHER L 53, S. 16. — Darüber orientiert vorzüglich die Arbeit von P. TACK: „Die überrollenmäßige Sprachgestaltung in der Tragödie", sowie H. HESSE: „Formen der epischen Sprache bei STIFTER" Diss. Hamburg 1941, und R. STEFFENS: „Die Redeweise als Mittel der Charakterisierungskunst bei TH. MANN". Diss. Bonn 1951.

110 Bemerkenswert ist DILTHEYS Interpretation eines Gesprächs aus der „Ilias" (IX. Gesang) ebendort S. 284f. Seiner Unterscheidung zwischen Griechen und Germanen widerspricht allerdings gründlich die Untersuchung HEUSLERS L 59. — OPPEL: Vgl. L 133, S. 17.

111 Es gibt bislang nur sehr wenige systematische Beobachtungen über den Personenaufbau durch die Rede. Bezeichnenderweise ist diese Frage zuerst im Bereich der Dramatik erörtert worden; so von BAB in seiner „Kritik der Bühne" S. 31ff. Zu beachten sind auch die freilich sehr schematischen, aber einlässigen Figuren A. PERGERS in „System der dramatischen Technik", Weimar 1911, bes. der Verfolg von Konstellationswechseln S. 172ff., sowie spätere Arbeiten der SARAN-Schule. — Soziologische Anweisungen zur Analyse der Personenbeziehungen gibt H. SCHEERER in „Die sozialen Prozesse im Theater", Diss. Köln 1947, am „Wilhelm Tell", aufbauend auf der systematischen Terminologie LEOPOLD VON WIESES.

112 Vgl. die Predigt, die zum Schluß für alle Toten gemeinsam über das Thema „Gebt Gott allein die Ehre!" gehalten wird.

113 Die eine Seite dieses zwiefachen Verhältnisses von Gespräch und Handlung hat wohl auch HIRT bemerkt und mit freilich etwas expressivem Überschwang so formuliert, daß „im Gespräch letzte Dichte, der Kern der Dichtung erreicht" sei; „Alles übrige ist dünner", dort ist die „räumliche und zeitliche Massigkeit gelichtet". Nur bauen diese Argumente auf der merkwürdigen Voraussetzung auf, daß für die „Dichte" das direkte Auftreten der Personen, für die Lichtung und Verdünnung das Auftreten des „vermittelnden" Erzählers verantwortlich sei. Auch das hängt zusammen mit seiner antithetischen Formel „Darstellung: Bericht". Solche Grobteilung führt dann bis zu der fragwürdigen Behauptung, im „großen Epos" herrsche fast nur Darstellung (Gesprächsreichtum!), und folglich rücke es in die Nähe des Dramas! (alles S. 33.)

114 Die Anekdote vom Selbstmord eines Ehrsüchtigen ist ja eine verkleidete Vd.
auf den Selbstmord Kaspars. Eine ganz entsprechende Austiefung in die Vergangenheit findet sich im Bericht der Alten von der Lebensgeschichte Annerls.
Während ihres Besuchs beim Scharfrichter zittert dessen Schwert im Schrank,
und der Scharfrichter warnt mit einem Hinweis auf einen Aberglauben
„seiner Väter" das Mädchen vor einem Unglück durch das Schwert, also vor
ihrer späteren Todesart. — Auf eine Reihe weiterer, in die Vergangenheit aus-
getiefter Vd. (Jäger Jürge, Rose u. a.) können wir hier nicht eingehen. PFEIF-
FER nennt eine Anzahl solcher Motive in seiner knappen Interpretation (L
144a, S. 35—38).
BENNETT, der gewiß mit seinem Diagramm und seiner Interpretation der Erzählung (L 8, S. 263 ff.) eine erwünscht einfache Übersicht über ihre äußere
Fügung vorlegt, hat diese dritte Dimension übersehen; besonders die beiden
angeführten Beispiele aber, die im Handlungsstrang „Kaspar" und im Handlungsstrang „Annerl" ihre exakt analoge Wurzel-Funktion besitzen, zeigen
die Tendenz des Dichters, gerade die *Endsituationen* von den *frühesten* erzählten Ereignissen her vorzuspiegeln.

115 Vgl. TIETGENS L 180, S. 91 f.

116 Über das Gesellschaftsarrangement in Rahmenzyklen GOLDSTEIN S. 16—32,
45 ff. u. ö.; Material auch bei LEIB unter „Fiktion des mündlichen Vortrags
in der Gesellschaft" S. 8 ff. — Die verschiedenen Möglichkeiten des Dialog-
arrangements und ihre Rückwirkung auf die Rahmenkonstellation in
Novellenzyklen ordnet und deutet W. PABST L 136, S. 239 ff., bes. 242.

117 „Die ideale Zeit deckt sich mit der realen" — so sagt schon HEUSLER (L 64,
S. 200) angesichts der „Situationsgedichte" in der Edda, die ohne Szenen-
wechsel und ohne äußere Handlung „die Fabel reflektieren" (S. 194; vgl. oben
Anm. 108)! Er unterscheidet dabei „Rückblicksgedichte" von den „Vi-
sionsliedern", die ebenfalls von einer ruhenden Lage aus eine draußen liegende
Handlung monologisch beleuchten. Allerdings kommt er zu dem Schluß
(S. 210), daß man bei derartigem Redereichtum kaum mehr von *erzählender*
Prosa reden könne; auch in Erzählungen mit eingeschobenen, großen Rede-
szenen komme es mehr zu einer Aufreihung von „lauter dramatischen
Bildern" (S. 212). — Wir werden uns mit dieser leicht mißverständlichen
Antithetik noch auseinanderzusetzen haben. In unserer Hundenovelle hat bei-
spielsweise die ‚Einheit der Zeit' eine ausgesprochen epische Nuance: sie
dient zu nichts weniger als zur Massierung eines darzustellenden Konflikts.
Anderenorts ist die gleiche ‚Einheit der Zeit' gerade der ‚Kompressor' der
dramatischen Spannung und Ballung.

118 Vgl. z. B. die Ausführungen STRINDBERGS darüber, was alles in die Andert-
halb-Stunden-Handlung von „Fräulein Julie" exponierend eingeflochten
werden mußte: „die Grundinstinkte der Mutter, die falsche Erziehung des
Mädchens durch den Vater ..." usw., um die Handlung wirklich zum Vorgang zu runden. (Zit. bei HIRT, S. 106 f.)

119 Eine sehr geschickte Übersicht über diese Formen wie auch über die „Verbindung von Vordeutung und Rückbericht" gibt W. JAHN in „Wesen und Formen des Berichts im Drama", S. 26 ff. — Vgl. dazu auch A. PERGER: „Einortsdrama und Bewegungsdrama" Wien 1929, über die Formen der „mittelbaren Darstellung" S. 39 f.

120 PETSCH: W.u.F.Dr. S. 159. Schon in der Einleitung, S. 18, bemerkt PETSCH, daß die Grundlage des Dramas eine *erzählbare* Handlung ist, die durch die Mittel des Berichts und der verdeckten Handlung in die szenische Darbietung überführt werde. — Vgl. auch JUNGHANS L 76, S. 81 ff. über die „Mehrgleisigkeit" der Zeitfügung im offenen und verdeckten Raum.

121 Wir verzichten im folgenden auf die Sonderung oder Subordinierung der Begriffe „Zwiesprache und Dialog", wie sie der so benannte Aufsatz GERHARDTS fordert. Seine Unterarten der „Zwiesprache" sind zu wenig streng geschieden, als daß sich auf ihnen eine exakte Terminologie aufbauen ließe. — Auch PETSCHS Unterscheidungen in „Der epische Dialog": Handlungsgespräch, Erörterung und Redebericht, die später in WuFDr. nach zahlreichen Unterarten weiter aufgegliedert werden, lassen einhellige Stilkriterien vermissen. Präzisere und teilweise grammatisch gestützte Absonderungen unternimmt KAYSER im Kapitel „Redeweisen" L 78, S. 154 f. — Aus der Fülle der Einzeluntersuchungen sei vorerst die sorgfältige Arbeit von GILBERT über FONTANES Gesprächskunst herausgehoben. Dringend ist das Problem einer Sonderung der Gesprächsarten in der Tat. Sie kann jedoch erst nach einer exakten Stiluntersuchung der Redeweisen erfolgen, deren sich die Zwiesprache bedient.

121a „Joseph in Ägypten", 7. Hauptstück, 2. Kap.; 2. Bd., S. 556—572 der Stockholmer Ausgabe.

122 Diese einerseits handlungsmäßige, andererseits abhandlungsförmige Art der Vorgangs-Aufschließung hat H. MEYER (L 115) am „Zauberberg" mit großer Sorgfalt herausgearbeitet. — Hier nun, ganz abseits vom dort behandelten „Zeitproblem", das gleiche Verfahren!

123 Die Untersuchung des sogenannten „gleichgewogenen Gesprächs" bei STIFTER durch H. HESSE (extrahiert von PETSCH L 142, S. 350) versteht darunter sowohl das ganz einseitige als das „Unisono"-Zwiegespräch, hat also nur die Stilisierung der Stimmen im Auge. — Wir sehen demgegenüber in der Gleichgewichtigkeit (nicht Gleichwertigkeit) der Partner das Kriterium für das gleichgewogene Erörterungs- und Handlungs-, Liebes- und Kampfgespräch und unterscheiden davon den einseitigen Bericht, das Lehr- und Überredungsgespräch.

124 Dem grammatischen und stilistischen Problem der Redeeinführung widmen HEUSLER und SCHWARTZKOPFF eigene Kapitel. — Hier nur zur Charakterisierungskunst TH. MANNS: Die Ankündigungen Muts sind fast ausnahmslos reich geschmückt und raffiniert umspielt — sie stammelt liebreizend, ruft

mit wilder Genauigkeit, flüstert wieder lispelnd nahe bei ihm und schmeichelt, sich dem Weichenden noch anschmiegend . . .; Josephs Ankündigungen sind streng auf das „sagte er" beschränkt, allenfalls durch ein zugefügtes „mäßig" noch kontrastiert und erst bei seiner letzten langen Rede zu einem „sprach ihr eifrig dagegen" gesteigert. Man sieht, daß MANN kein Stilmittel ungenützt läßt, um seine souveräne Kunstfertigkeit unter Beweis zu stellen.

125 Diese Erwägungen berühren sich mit dem Ergebnis der sprachphilosophischen Untersuchung von G. IPSEN: „Gespräch und Sprachform" (S. 72ff.). Dort ist das Strukturschema von Rede und Antwort in drei Komponenten angegeben: Fortsetzung, Rückbezug, Erfüllung. Dieser Aktstruktur entspreche ein gegenständlicher Gehalt bzw. logischer Ertrag: 1. Anreicherung des Gegenstandes, 2. Widerspruch, 3. Erörterung, d. h. hier „Synthesis der Anreicherung und des Widerspruchs" (S. 74). — also ebenfalls Erfüllung. — Man beachte nur, daß Verhärtung der Gegensätze, wie in unserem Beispiel, auch eine spezifische Art von Erfüllung ist!

125a Text nach der Edition von MORITZ HAUPT „Erec", 1871; Verse 6216—6524.

126 Man vergleiche als Gegenbeispiel die „handlungsnahe" Stichomytie bei der ersten Begegnung Oringles mit Enite (v. 6168—6174), wo zunächst die Situation geklärt werden muß, halte aber dagegen wieder den großen „wesentlichen" Monolog Enites nach dem Fall Erecs, wo ihre später bewährte Haltung sich bereits rein auskristallisiert. (Vgl. bes. v. 5799—5802; 5824—7; 5885—6.)

126a Dazu allgemein oben S. 89 ff. Wichtige Unterscheidungen trifft HEUSLER bei der Gegenüberstellung von „Beowulf" und „Nibelungenlied"; er sondert den Typus der „beschaulichen Rede", die die Fabel „aufhält", vom „Handlungsgespräch", das die Fabel „vorwärtsschiebt" (S. 218f. und 225ff.). — Auf die verschiedenen Funktionen des Gesprächs bzw. Selbstgesprächs im Handlungsfortschritt gehen ausführlich GILBERT (bes. S. 35—39) und BÜHLER (bes. S. 129ff., 154) ein.

127 Das 2. Kap. beginnt: „Es war ein Wintertag, der dritte Januar." Zweimal, in diesem und später im 6. Kap., wird versichert, daß der Geburtstag auf den 4. Januar falle. — Das 3. Kap. setzt ein: „Der nächste Tag kam. Als es am Nachmittag schon dämmerte, hielt eine Droschke vor dem Hause . . ." Leo kommt an. Der Geburtstag findet aber erst anderntags statt. Der Satz „Der nächste Tag kam" ist also einfach fehl am Platze. (Der Irrtum ist FONTANE vermutlich beim Zurückblättern durch das Datum von Leos Depesche unterlaufen.) — Damit soll hier gesagt sein: Für FONTANE, der die genaue Datierung liebt, ja, der nachweislich nach Kalendern gearbeitet hat, ist gleichwohl das Zeitgerippe so wenig zur Entfaltung der Romanwelt vonnöten, daß diese Nachlässigkeit die Akzeption des Vorgangs kaum stören wird. Wie verwirrend könnte dagegen ein solcher Irrtum in einem „Ereignis-" bzw. Abenteuerroman sein, wo u. U. alles vom rechten Zeitpunkt des Handelns abhängt. In den „Poggenpuhls" ist diese erste Dimension nur Mittel zur Realisierung, nicht Zweck des Erzählens.

128 Solchen Arrangements: Tafelrunden, Spazierfahrten usw., begegnet man in allen späteren FONTANE-Romanen. Sie sind rein technische Mittel zur Herbeiführung vielpersoniger Gespräche mit oft reizvoller Auflösung in Detaildialoge (etwa an der Tafel der Kommerzienrätin Treibel) oder kontrastierender Überkreuzung (etwa der Spaziergang der beiden Paare im Stiftsgarten im „Stechlin" — ein leicht parodierendes Sujet nach großem Vorbild). — Vgl. über andere Gesprächsarrangements FONTANES allg. GILBERT L 46, S. 35, und DIEDENHOFEN L 25, S. 59.

129 THOMAS MANN in „Rede und Antwort" Berlin 1922; S. 111. — Näheres darüber in dem einsichtsreichen Kapitel: „Plaudercharakter — Diskussionscharakter des Gesprächs", ein Vergleich zwischen FONTANE und MANN, bei DIEDENHOFEN S. 55—71. Dort ist u. a. auch sehr gut herausgearbeitet, wie die Gespräche FONTANES stets an Handlungselemente geknüpft bleiben, während die Gespräche MANNS vorwiegend Bezugslinien „rein abstrakter Natur" zum Gesamtvorgang der jeweiligen Dichtung besitzen (S. 69). — Selbst in dem von uns interpretierten Dialog MANNS, der ja auch reich an Handlungsbezügen ist, sind diese abstrakten Bezugslinien (zur Keuschheit, zur „Geschichte", zum Weib- und Mannestum) doch die eigentlich wichtigen.

130 Zum Terminus: Von LERCHS Übersetzungsversuch „Imperfekt der Rede" bis zu LORCKS „Erlebter Rede" hat eine zunehmende Verunklarung des Begriffs von BALLY stattgefunden. Das zeigt sich schon in LORCKS eigener Anschauung vom „Phantasiestil", den die erl. R. im Gegensatz zum „Verstandesstil" der ind. R. ausdrücke: Schon LORCK weiß, wie viele nach ihm, nicht recht, wo die erl. R. aufhört und die allgemeine Innensichtschilderung des Erzählers anfängt. — Auch die scharfsichtige Arbeit GÜNTHERS, die mit psychologischen Argumenten gegen die sprachmorphologisch zugegebenermaßen bessere Formulierung BALLYS angeht, fällt durch den Gebrauch des Wortes „erlebt" einigen unglücklichen Assoziationen zum Opfer. Die Öffnung des „Szenenhintergrundes" etwa, die Erstellung „dreidimensionaler Bilder", leistet die direkte Rede, wie wir gesehen haben, ebenso wie die „aus neuer Intensität *dichterischen Erlebens* gewonnene ‚erlebte Rede' " (man beachte die vielstrahlige Suggestivkraft des Wortes!). Unter den zahlreichen Bearbeitern dieses Redestils findet sich kaum einer ohne Bedenken mit diesem Terminus ab. Sein fortdauernder Gebrauch ist das interessante Beispiel einer Resignation vor dem packenden Schlagwort. Die „erlebte Rede" oder gar „erlebte Dacht" will nichts anderes bezeichnen, als die uneingeführte (libre), aber indirekte Wortkundgabe von gesprochenen, gedachten oder gefühlten Erzählinhalten. Sogar der Schwierigkeit, Gesprochenes und Gedachtes in ein Wort zu fassen, kann man nur durch den allg. Ausdruck ‚Stil' entgehen. Allenfalls sollte man von „freier Redevermittlung" sprechen, damit auch der mitteilende Erzähler einbegriffen ist.
Bibliographie bei LIPS: „Le style indirect libre"; erweitert durch GÜNTHER, S. 82, Anm. 1 und durch KAYSER L 78, S. 407. Vgl. noch die folgenden Anmerkungen.

131 Vgl. Lerch L 91, S. 478 ff.— Spitzer („Stilstudien" 1928, II, S. 166 ff.) nannte deshalb die Motivation der erl. R. „pseudoobjektiv", Walzel („Wortkunstwerk", S. 229) „pseudosubjektiv". K. Hamburger formuliert präziser, „daß hier, *obwohl von der Gestalt als von einem Objekt gesprochen wird, diese in ihrem subjektiv personalen Dasein" am reinsten ausgeleuchtet werde* (L 54, S. 24). Allerdings treten bei diesen Definitionen die Termini „objektiv" und „subjektiv" in Gegensatz zu „objektiver" und „subjektiver" Erzählerhaltung; vgl. Anm. 107. Man beschränkt ihren Gebrauch daher tunlich. — Zur „Zweistimmigkeit" des Style ind. libre vgl. schon Petsch „Der epische Dialog" S. 137.

132 Den Terminus „Erlebter Eindruck" führt Bühler L 18, S. 131 und 153 ff. als Gegensatz zur „reflektierenden" erl. Rede ein.

133 Vgl. v. a. Ballys Bemerkungen über Zola L 4, S. 417. Lorck L 96, S.64. Auerbach über V. Woolf: „Mimesis" S. 474 ff. Kayser L 78, S. 147. — Hamburger weist auf die entscheidende Bedeutung der Verben der inneren Vorgänge für diesen Redestil hin (L 55, S. 346 f.).

134 Vgl. Dujardin L 29, S. 58 ff. — Pouillon L 147, S. 137 ff.

135 Daß man sich etwa „Fräulein Else" als modernes Monodrama vorgetragen denken könnte, wie Hamburger (L 54, S. 23) erwägt, geht schon aus diesen Gründen wohl nicht an. Anderenorts vertritt H. selbst die Meinung, gerade die Form des Selbstgesprächs, mithin Mon. int. wie Style ind. libre, sei „eines der eigensten Gebiete epischer Darstellung (das, wie man sagen könnte, vom Drama nur usurpiert ist wie umgekehrt der dramatische Dialog von der epischen Dichtung)". (L 54, S. 21, letzteres aufrechterhalten in L 55, S. 347).— Diese Äußerungen zeigen in ihrer Problematik sehr gut, daß sowohl Analogieschlüsse wie schroff antithetische Formulierungen über Epik und Dramatik jeweils nur Aspekte, nicht die volle Wirklichkeit treffen. Zumindest müßten die Staiger'schen Begriffsscheidungen hier mit berücksichtigt werden.
Für die Wechselrede hat Flemming („Epik und Dramatik" S. 40 f. und 45 f.) in entgegengesetztem Rigorismus nachzuweisen versucht, daß „dramatischer Dialog" und „episches Gespräch" zwei verschiedenen Sprachwurzeln (!) entspringen. Auch hier kann nur bedächtige Nuancierung weiterhelfen. Daß andererseits wirkliche Unterschiede zwischen dramatischem und epischem Dialog bestehen, geht bereits aus Friedemanns allgemeinen Gegenüberstellungen (S. 125 ff.) hervor. — Nicht die sprachlichen Darbietungsmittel selbst, sondern erst ihr Verwendungsbereich und ihre Verwendungsart sind in Epik und Dramatik vom Ursprung her verschieden. Es wäre kaum vorzustellen, daß Einzel- wie Wechselrede zu irgendeiner Zeit nicht in beiden Hauptgruppen mit gleichem Recht Anwendung gefunden hätten.

136 Dazu sehr instruktiv Rütsch „Situation des französischen Romans" bes. S. 2, 4 u. 20. H. Gmelin „Der frz. Zyklenroman der Ggw." S. 123. — Über die historischen Gründe E. M. Forster „The Development of English Prose

between 1918 and 1939" Glasgow 1945; S. 9f. Zu den erzählerischen Vorformen im 19. Jh. W. Milch L 117, S. 36 ff. W. Kayser L 79, S. 441 ff. Sep. S. 32 ff.

137 Vgl. W. Schirmer S. 160: „Die Richardsons Begabung entsprechende Briefform erweiterte den rückblickenden Defoeschen Ichbericht um die Zukunftsspannung und ersetzte den einen Blickpunkt der Selbstbiographie durch verschiedene, um die Heldin sich gruppierende Briefschreiber." — Über den „Blick nach vorn" im Briefroman vgl. auch W. Kayser L 78, S. 203, über den psychologischen Perspektivismus des Briefromans v. a. Spranger L 169, S. 76! Eine Einteilung in verschiedene Unterarten bietet Petsch L 142, S. 351 ff.

138 Ähnlich schon Ipsen; vgl. Anm. 125.

139 Vgl. Emrich L 31, bes. S. 335, 349 sowie die praktische Interpretation der „Wanderjahre" L 32, S. 51. — Dazu auch H. v. Beit „Symbolik des Märchens" S. 16: „Alle Motive im Märchen haben nämlich in der Struktur (des Werkes) einen ganz bestimmten und nicht vertauschbaren Platz, ja dies geht soweit, daß gleiche Motive an verschiedenen Stellen der Handlung verschieden zu deuten sind." — Zur wechselnden Bedeutung der Kernbegriffe in der Struktur Willoughby L 198! — Vgl. auch die Bemerkungen über „Parabolik" in Heselhaus' Kafkastudie, die für die Deutung gewisser surrealistischer Erzählstrukturen allgemein bedeutsam sind: L 62, 366 ff. u. 371 ff.

140 Vgl. dazu die vorzüglichen methodischen Bemerkungen W. Kaysers in der Besprechung von I. M. M. Alers Abhandlung über „Georges Maximindichtung" Trivium VI; S. 164. Ebenso Kerkhoff L 80, S. 210!

141 Dazu ähnlich Emrich L 31, S. 335. — Vgl. zu diesen Abschnitten auch Martini „Persönlichkeitsstil und Zeitstil", bes. S. 33.

142 Besonders diese, aber auch die anschließend zitierten Bemerkungen zur Literaturgeschichte sind das Ergebnis einer durch die Lebensphilosophie angeregten oder regenerierten, aber in zunehmendem Maße von deren Irrationalität bereinigten Geschichtsauffassung. Wir finden auffallend ähnliche Argumentationen bei Troeltsch („Der Historismus und seine Probleme" In: „Ges. Schr.", Bd. III, Berlin 1922; S. 57): Die historische Zeit bedeutet für Troeltsch einen Fluß, „an dem nichts abgegrenzt oder vereinzelt ist, sondern alles ineinander übergeht, Vergangenes und Zukünftiges gleichzeitig ineinandersteckt, jede Gegenwart zugleich Vergangenheit und Zukunft in produktiver Weise in sich trägt und eine Messung überhaupt nicht möglich ist, sondern nur Zäsuren, die mehr oder minder willkürlich nach Sinnzusammenhängen und großen Sinnwandlungen eingelegt werden. Die chronologische Reduktion dieser Vorgänge ist nur ein ... äußeres Orientierungsmittel, das mit der inneren Teilung selbst, mit der Langsamkeit oder Geschwindigkeit nichts zu tun hat." — Mit beinahe den gleichen Worten begründet neuerdings Dünninger sein Vorgehen bei der Darstellung der „Geschichte der deutschen

Philologie" (Sp. 81). — Die Kritik, die JULIUS JAKOB SCHAAF in „Geschichte und Begriff" 1946, S. 9 ff., in diesem Punkt an TROELTSCH übt, bezieht sich auf dessen Dialektik zwischen der mathematisch-naturwissenschaftlichen und der historischen Zeit; sie erläutert vorzüglich, daß es sich im zweiten Falle um die spezifisch menschliche Apperzeption der im Grunde ‚einigen' Zeit handelt. — Vgl. dazu schon DILTHEYS Studien zur Individualität L 27, S. 276.

Nirgends ist aber die *menschliche Apperzeption der Zeit* ausschlaggebender als innerhalb einer Geschichte der Dichtung, deren Gegenstände als „Menschenwerk" ihre historische Relevanz allein aus der persönlichen Ansprache und Reaktion des Künstlers auf die Geschichte erhalten. Dies gilt für Einzelwerke genau so wie für sogenannte Epochen. — Vgl. auch OPPEL L 132, S. 118 f. zur Kritik des kausalen Entwicklungsbegriffs in der Geschichts- und Literaturgeschichtsschreibung.

LITERATURVERZEICHNIS

Hier nicht verzeichnete Werke sind in den Anmerkungen mit vollen bibliographischen Angaben aufgeführt.
Dichtungen sind im Text so zitiert, daß die betreffenden Stellen in jeder beliebigen Ausgabe aufgefunden werden können. Die Dichter sind durch das Namenverzeichnis erfaßt.

L 1   Alewyn, Richard: Johann Beer, Studien zum Roman des 17. Jh. (Palaestra 181) 1932.
L 2   Aristoteles: Poetik. Übers. von. H. Stich. 1887.
L 3   Auerbach, Erich: Mimesis. Dargestellte Wirklichkeit in der abendl. Literatur. 1946.
L 4   Bally, Charles: Figures de Pensée et Formes Linguistiques. In: GRM VI, 1914; S. 405—422 und 456—470. (Dazu Lerch: S. 470—489.)
L 5   Batteux, Charles: Cours de belles lettres. Übers. von. Karl Wilhelm Ramler. Einleitung in die schönen Wiss. 1774.
L 6   Behrens, Irene: Die Lehre von der Einteilung der Dichtkunst. (Studien zur Gesch. d. poet. Gattungen. Beihefte zur Z. f. rom. Philol. 92.) 1940.
L 7   Beit, Hedwig von: Symbolik des Märchens. 1952.
L 8   Bennett, E. K.: A history of the German Novelle. 3 Aufl. Cambridge 1949.
L 9   Berend, Eduard: Die Technik der „Darstellung" in der Erzählung. In: GRM XIV, 1926, S. 222—233.
      Noch einmal: Die Technik der „Darstellung" in der Erzählung. In: GRM XVI, 1928, S. 248—51. (Dazu vgl. Schaeffer, A.: L 158.)
L 10 Beriger, Leonhard: Die literarische Wertung. Ein Spektrum der Kritik. 1938.
L 11 Bergson, Henri: Evolution Créatrice. Paris 1928.

L 12   Böckmann, Paul: Formgeschichte der deutschen Dichtung. I. 1949.

L 13   Böckmann, Paul: Die Lehre von Wesen und Formen der Dichtung. In: Gedächtnisschrift für R. Petsch. Hrsg. von F. Martini. 1949, S. 13—30.

L 14   Böckmann, Paul: Die Interpretation der literarischen Formensprache. In: Studium Generale. Jg. 7, 1954, Heft 6, S. 341 ff.

L 15   Borcherdt, Hans Heinrich: Geschichte des Romans und der Novelle in Deutschland, I. 1926.

L 16   Borcherdt, Hans Heinrich: Der Roman der Goethezeit. 1949.

L 17   Bruch, Bernhard: Novelle und Tragödie. Diss., Köln 1928.

L 18   Bühler, Willi: Die „erlebte Rede" im englischen Roman in ihren Vorstufen und in ihrer Ausbildung im Werke Jane Austen's. Diss., Bern 1936.

L 19   Burger, Heinz Otto: Methodische Probleme der Interpretation. In: GRM; NF. I (= XXXII), 1950. S. 81—92.

L 20   Burger, Heinz Otto (Hrsg.): Annalen der dt. Lit. 1952.

L 21   Croce, Benedetto: Ästhetik. In: Ges. philos. Schr. in dt. Übertr. Hrsg. von H. Feist. Bd I, 1. 1927.

L 22   Curtius, Ernst Robert: Europäische Literatur und lateinisches Mittelalter. 1948.

L 23   Curtius Ernst Robert: Kritische Essays zur europäischen Literatur. 1950.

L 24   Cysarz, Herbert: Literaturgeschichte als Geisteswissenschaft. 1926.

L 25   Diedenhofen, Karl: Theodor Fontane und Thomas Mann. Diss., Bonn 1951.

L 26   Dilthey, Wilhelm: Das Erlebnis und die Dichtung. 9. Aufl. 1924.

L 27   Dilthey, Wilhelm: Beiträge zum Studium der Individualität. In: Ges. Schriften, V. Lpz., 1924, S. 241—316.

L 28   Dohms, Hans Dietrich: Die epische Technik in Kolbenheyers Roman „Das gottgelobte Herz". Diss., Bonn 1948.

L 29   Dujardin, Edouard: Le monologue intérieur. Paris 1931.

L 30   Dünninger, Josef: Gesch. d. dt. Philologie. In: Dt. Phil. im Aufriß. Hrsg. v. W. Stammler. Bd. I, 1952, Sp. 79—214.

L 31   Emrich, Wilhelm: Das Problem der Symbolinterpretation im Hinblick auf Goethes „Wanderjahre". In: DVjs. 26, 1952, S. 331—352.

L 32   Emrich, Wilhelm: Symbolinterpretation und Mythenforschung. In: Euphorion. 46, 1953, S. 38—67.

L 33   Ermatinger, Emil (Hrsg.): Philosophie der Literaturwissenschaft. 1930. Darin: Ermatinger, Das Gesetz in der Literaturwissenschaft, S. 331—375.

L 34   Ermatinger, Emil: Das dichterische Kunstwerk. 1921.

L 35   Ermatinger, Emil: Die Idee im Dichtwerk. In: Blätter f. dt. Philos. Jg 2, 1928, S. 117 ff.

L 36   Flemming, Willi: Epik und Dramatik. 1925.

L 37   Forster, Edward M.: Aspects of the Novel. 8. Aufl. London 1947. (Dt. Übers.: Ansichten des Romans. 1949.)

L 38   Frey, John R.: Author-Intrusion in the Narrative: German Theorie and some Modern Examples. In: Germanic Review. Vol. 23, 1948, S. 247 ff.

L 39   Frey, John R.: Bibliographie zur Theorie und Technik d. dt. Romans (1910—1938). In: Modern Language Notes. Vol. 54, 1939.

L 40 Friedemann Käte: Die Rolle des Erzählers in der Epik. 1910.

L 41 Garte, Hansjörg: Kunstform Schauerroman. Morpholog. Begriffsbestimmung des Sensationsromans im 18. Jh. Diss., Lpz. 1935.

L 42 Gerhardt, Paul: Zwiesprache und Dialog. In: Die Literatur. Jg. 42, 1939/40, S. 357—60.

L 43 Gerlach, R.: Das Einfädeln einer Geschichte. In: Die Weltliteratur. Bd 15, 1940.

L 44 Gerlötei, Eugen: Die Vorausdeutung in der Dichtung. Keime einer Anschauung vom Leben der Dichtung. Helicon. Bd II, Fasc. 1, 1939, S. 53—73.

L 45 Gerz, Alfred: Rolle und Funktion der epischen Vorausdeutung im mhd. Epos. (German. Studien. Heft 97.) 1930.

L 46 Gilbert, Mary-Enole: Das Gespräch in Fontanes Gesellschaftsroman. (Palaestra. 174.) 1930. (Zit. nach Diss. I. Teil, Berlin 1930.)

L 47 Gmelin, Hermann: Der franz. Zyklenroman der Gegenwart. 1900—1945. 1950.

L 48 Goethe, Johann Wolfgang: Sämtl. Werke. Jub. Ausg. 1902ff.

L 49 Goethe, Johann Wolfgang: Maximen und Reflexionen. Hrsg. von G. Müller. 1947.

L 50 Goethe, Johann Wolfgang: Goethe und die Wissenschaft. Vorträge, gehalten anläßlich des Internationalen Gelehrtenkongresses zu Frankfurt am Main im August 1949. 1951.

L 51 Goldstein, Moritz: Die Technik der zyklischen Rahmenerzählungen Deutschlands von Goethe bis Hoffmann. Diss., Berlin 1906.

L 52 Grolman, Adolf von: Die strenge „Novellen"form und die Problematik ihrer Zertrümmerung. In: Zs. f. Deutschkunde. 43. Jg., 1929, S. 609-627.

L 53 Günther, Werner: Probleme der Rededarstellung. Unters. zur dir., indir. u. „erlebten" Rede im Dt., Frz. u. Ital. 1928.

L 54 Hamburger, Käte: Zum Strukturproblem der epischen und dramatischen Dichtung. DVjs. 25, 1951, S. 1—26.

L 55 Hamburger, Käte: Das epische Praeteritum. In: DVjs. 27, 1953, S. 329—57.

L 56 Hartmann, Nicolai: Das Problem des geistigen Seins. 2. Aufl. 1949.

L 57 Hartmann, Nicolai: Neue Wege der Ontologie. 2. Aufl., 1947.

L 58 Hartmann, Otto Julius: Die Gestaltstufen der Naturreiche und das Problem der Zeit. (Die Gestalt, Heft 19.) 1945.

L 59 Heidegger, Martin: Sein und Zeit. 6. Aufl. 1949.

L 60 Heidegger, Martin: Holzwege. 1950.

L 61 Herder, Johann Gottfried: Sämtl. Werke. Hrsg. von B. Suphan. 1877—1913.

L 62 Heselhaus, Clemens: Kafkas Erzählungen. In: DVjs. 26, 1952, S. 353—376.

L 63 Hesse, Helmut: Formen der epischen Sprache bei A. Stifter. Diss., Hamburg 1941.

L 64 Heusler, Andreas: Der Dialog in der altgermanischen erzählenden Dichtung. In: ZfdA 46, 1902, S. 189—284.

L 65 Hippel, Elisabeth von: Die Zeitgestaltung in den Novellen Heinrich von Kleists. Diss., Bonn 1948.

L 66   Hirt, Ernst: Das Formgesetz der epischen, dramatischen und lyrischen Dichtung. 1923.

L 67   Hirzel, Rudolf: Der Dialog. 2 Bde. 1895.

L 68   Humboldt, Wilhelm von: Ges. Schriften. Akademie-Ausgabe. 1903—1918.

L 69   Ingarden, Roman: Das literarische Kunstwerk. 1931.

L 70   Ipsen, Gunther: Gespräch und Sprachform. In: Blätter f. dt. Philos. VI, 1932. Zitiert nach dem Abdruck in: Ganzheit und Form. (vgl. L 88), S. 56—74.

L 71   Jahn, Wanda: Wesen und Formen des Berichts im Drama. 1931.

L 72   Jean Paul: Sämtl. Werke. Hrsg. v. Ed. Berend. 1927 ff. Vorschule der Ästhetik. Bd 1. 11. 1935.

L 73   Jolles, André: Einleitung in Boccaccio: Das Dekamerone. S. VII—XCVI. 1928.

L 74   Jolles, André: Einfache Formen. 1930.

L 75   Junge, Hermann: Wilhelm Raabes Komposition und Technik. Diss., Bonn 1910.

L 76   Junghans, Ferdinand: Die Zeit im Drama. 1931.

L 77   Kandler, Günther: Zweitsinn. Vorstudien zu einer Theorie der sprachlichen Andeutungen. Diss., Bonn 1950.

L 78   Kayser, Wolfgang: Das sprachliche Kunstwerk. Eine Einführung in die Literaturwissenschaft. Zit. nach der 3. Aufl. 1954.

L 79   Kayser, Wolfgang: Die Anfänge des modernen Romans im 18. Jh. und seine heutige Krise. In: DVjs. 28, 1954, S. 417—446. — Auch gesondert: Entstehung und Krise des modernen Romans. 1955.

L 80   Kerkhoff, Emma Louise: Ausdrucksmöglichkeiten neuhochdeutschen Prosastils. Amsterdam 1949.

L 81   Kerrinnis, Ursula: Morphol. Untersuchungen an O. Ludwigs ,Zwischen Himmel und Erde'. Diss., Bonn 1949.

L 82   Kienast, Richard: Zur Tektonik von Wolframs „Willehalm". In: Studien zur dt. Phil. des Mittelalters. Friedrich Panzer zum 80. Geburtstag, hrsg. von R. Kienast. 1950. S. 96—115.

L 83   Klein, Johannes: Wesen und Erscheinungsformen der dt. Novelle. In: GRM XXIV, 1936, S. 81—100.

L 84   Klein, Johannes: Geschichte der deutschen Novelle von Goethe bis zur Gegenwart. 1954. 2. Aufl. 1955.

L 85   Kluckhohn, Paul: Literaturwissenschaft, Literaturgeschichte, Dichtungswissenschaft. In: DVjs. 26, 1952, S. 112—118.

L 86   Kommerell, Max: Jean Paul. 1933.

L 87   Koskimies, Rafael: Theorie des Romans. (Annales Acad. Scient. Fennicae. Bd 35.) Helsinki 1935.

L 88   Krueger, Felix (Hrsg.): Ganzheit und Form. Vorträge. Tg. d. Dt. Philos. Ges. Oktober 1930 in Breslau. 1932.

L 89   Kutscher, Arthur: Stilkunde der dt. Dichtung, I. 1951.

L 90   Leib, Fritz: Erzählungseingänge in der dt. Literatur. Diss., Gießen 1912.

L 91   Lerch, Eugen: Die stilistische Bedeutung des Imperfektums der Rede. In: GRM VI, 1914, S. 470—489.

L 92   Leonhardt, Rudolf Walter: ‚Soll und Haben‘ und ‚David Copperfield‘. Ein Vergleich ihres Aufbaus als Beitrag zur Formfrage des Romans. Diss., Bonn 1950.

L 93   Lessing, Gotthold Ephraim: Werke. Volkst. Ausg. in 25 Teilen. Hrsg. von J. Petersen u. W. v. Olshausen. Laokoon, Bd IV. Bong u. Co., o. J.

L 94   Lips, Marguerite: Le style indirect libre. Diss., Genf 1926.

L 95   Lohner, Edgar: Thematik, Symbolik und Technik im Werk William Faulkners. Diss., Bonn 1950.

L 96   Lorck, Etienne: Die „Erlebte Rede“. Eine sprachliche Untersuchung. 1921.

L 97   Lubbock, Percy: The craft of fiction. London 1921.

L 98   Ludwig, Otto: Ges. Schriften. Hrsg. von Adolf Bartels. 6 Bde. 1900.

L 99   Ludwig, Otto: Werke. Hrsg. von Arthur Eloesser. 4 Bde. 1908.

L 100   Lugoswki, Clemens: Die Form der Individualität im Roman. 1932.

L 101   Lugowski, Clemens: Wirklichkeit und Dichtung. Unters. z. Wirklichkeitsauffassung H. v. Kleists. 1936.

L 102   Lukács, Georg von: Die Theorie des Romans. 1920.

L 103   Lüthi, Max: Das europäische Volksmärchen. Form und Wesen. Bern 1947.

L 104   Mahrholz, Werner: Literaturgeschichte und Literaturwissenschaft. 2. Aufl., besorgt von Franz Schultz. 1932.

L 105   Martini, Fritz: Thomas Manns Kunst der Prosa. In: Festschrift für Otto Schmitt. 1951, S. 175—195. — Erneuert in: Martini: Das Wagnis der Sprache. 1954, S. 176—224.

L 106   Martini, Fritz: Robert Petsch. Wesen und Formen des Dramas. In: DVjs. 27, 1953, S. 287—308.

L 107   Martini, Fritz: Poetik. In: Dt. Phil. im Aufriß. I. 1952, Sp. 215—268.

L 107a   Martini, Fritz: Persönlichkeitstil und Zeitstil. In: Studium Generale, Jg. 8, 1955, S. 31—40.

L 108   Matz, Werner: Der Vorgang im Epos. 1947.

L 109   May, Kurt: J. E. Schlegels „Canut“ im Wettstreit der geistesgesch. und formgesch. Forschung. In: Trivium. VII (1949), 4, S. 157—285.

L 110   Medicus, Fritz: Das Problem einer vergleichenden Geschichte der Künste. In: Ermatinger, Philos. der Literaturwissenschaft, S. 188—239.

L 111   Mehmel, Friedrich: Virgil und Apollonius Rhodius. Untersuchungen über die Zeitvorstellung in der antiken epischen Erzählung. 1940.

L 112   Merkelbach, Reinhold: Untersuchungen zur Odyssee. (Zetemata. Heft 2.) 1951.

L 113   Merker-Stammler: Reallexikon der dt. Literaturgeschichte. 4 Bde. 1925 ff.

L 114   Meyer, Fritz: Introduction à la lecture de Dos Passos. In: Trivium. IV (1946), 4, S. 302 f.

L 115   Meyer, Herman: Zum Problem der epischen Integration. In: Trivium. VIII (1950), 4, S. 299—318.

L 116   Meyer, Herman: Raum und Zeit in Wilhelm Raabes Erzählkunst. DVjs. 27, 1953, S. 236—267.

L 117 Milch, Werner: Ströme, Formeln, Manifeste. Drei Vorträge zur Gesch. d. dt. Lit. im 20. Jh. 1949.

L 118 Muir, Edwin: The structure of the novel. London, 1928, zit. nach der 5. Aufl. 1949.

L 119 Müller, Günther: Bemerkungen zur Gattungspoetik. In: Philos. Anz. 3, 1929, S. 129—147.

L 120 Müller, Günther: Über die Seinsweise von Dichtung. DVjs. 17, 1939, S. 137—152.

L 121 Müller, Günther: Morphologische Poetik. Blickpunkt und Umblick. In: Helikon Tom. V, 1943.

L 122 Müller, Günther: Die Gestaltfrage in der Lit.wiss. und Goethes Morphologie. 1944.

L 123 Müller, Günther: Die Bedeutung der Zeit in der Erzählkunst. 1947.

L 124 Müller, Günther: Erzählzeit und erzählte Zeit. In: Festschrift für P. Kluckhohn und H. Schneider. 1948, S. 195—212.

L 125 Müller, Günther: Gestaltung — Umgestaltung in Wilhelm Meisters Lehrjahren. 1948.

L 126 Müller, Günther: Über das Zeitgerüst des Erzählens. DVjs. 24, 1950, S. 1—32.

L 127 Müller, Günther: Goethes Morphologie in ihrer Bedeutung für die Dichtungskunde. In: Goethe und die Wissenschaft. 1951. S. 23—35.

L 128 Müller, Günther: Le père Goriot und Silas Marner. Eine vergleichende Aufbaustudie. In: Archiv für das Studium der neueren Sprachen. Bd 189, 1953, S. 97—118.

L 129 Müller, Günther: Aufbauformen des Romans. In: Neophilologus. 37, 1953, S. 1—14.

L 130 Muschg, Walter: Tragische Literaturgeschichte. Bern 1948; 2. Aufl. 1953.

L 131 Nohl, Hermann: Zur Charakterologie des Kunstwerks. In: DVjs. 6, 1928, S. 391—402.

L 132 Oppel, Horst: Morphologie der Literaturwissenschaft. 1947.

L 133 Oppel, Horst: Die Kunst des Erzählens im engl. Roman des 19. Jh. 1950.

L 134 Oppel, Horst: Methodenlehre der Literaturwissenschaft. In: Dt. Phil. im Aufriß, I., Sp. 39—78.

L 134a Overberg, Marianne: Die Bedeutung der Zeit in Hesses „Demian". Diss., Bonn 1949.

L 135 Pabst, Walter: Die Theorie der Novelle in Deutschland 1920—1940. In: Romanisches Jb. II, 1949, S. 81—124.

L 136 Pabst, Walter: Novellentheorie und Novellendichtung. Zur Geschichte ihrer Antinomie in den romanischen Literaturen. 1953.

L 137 Petersen, Julius: Die Wissenschaft von der Dichtung. 1939.

L 138 Petsch, Robert: Epische Grundformen. In: GRM XVI, 1928, S. 379—399.

L 139 Petsch, Robert: Die Analyse des Dichtwerks. In: Ermatinger, Philos. d. Lit. wiss., S. 240—276.

L 140 Petsch, Robert: Der epische Dialog. In: Euphorion XXXII, 1931, S. 187 bis 205.

L 141 Petsch, Robert: Gattung, Art und Typus. In: Forschungen und Fortschritte. Jg. 10, 1934, S. 83—84.

L 142 Petsch, Robert: Wesen und Form der Erzählkunst. 1934; zit. nach der 2. Aufl., 1942.

L 143 Petsch, Robert: Wesen und Formen des Dramas. Allg. Dramaturgie. 1945.

L 144 Pfeiffer, Johannes: Zwischen Dichtung und Philosophie. Ges. Aufsätze. 1947.

L 144a Pfeiffer, Johannes: Wege zur Erzählkunst. 1953.

L 145 Picon, Gaëtan: Eine Philosophie des Romans. (Zu Pouillon; vgl. L 147.) In: Die Umschau. Jg 11 (1947), S. 524—531.

L 146 Pongs, Hermann: Das Bild in der Dichtung. 2 Bde, 1927, 1939.

L 147 Pouillon, Jean: Temps et Roman. (Nouvelle Revue Francaise.) 1946.

L 148 Rang, Bernhard: Der Roman. 1950.

L 149 Reiners, Ludwig: Deutsche Stilkunst. 1944.

L 150 Richter, Werner: Beiträge zur Deutung des Mittelteils des Nibelungenliedes. In: ZfdA. 72, 1935, S. 9—47.

L 151 Richter, Werner: Strömungen und Stimmungen in den Literaturwissenschaften von heute. In: The Germanic Review. Vol. 21, 1946, S. 81—113.

L 152 Richter, Werner: Von der Literaturwissenschaft zur Literaturgeschichte. In: Monatshefte für den dt. Unterricht. Hrsg. Modern Language Association of the Central West and South. (USA.) Vol. XXXIII, 1941, S. 1—22.

L 153 Ritter, Richard: Die Einleitungen der altdeutschen Epen. Diss., Bonn 1908.

L 154 Rothacker, Erich: Logik und Systematik der Geisteswissenschaften. 1947.

L 155 Rüther, Hans: Gestalt und Zeitgestaltung in Erzählwerken, durchgeführt an C. F. Meyers ‚Jürg Jenatsch‘ und L. Tiecks ‚Aufruhr in den Cevennen‘. Diss., Bonn 1949.

L 156 Rütsch, Julius: Situation des französischen Romans. In: Trivium. VIII (1950), 1, S. 1—22.

L 157 Schadewaldt, Wolfgang: Die Wandlung des Homerbildes in der Gegenwart. In: Vom Geist der dt. Wissenschaft. 1950, S. 29—36.

L 158 Schatz, Margarete: Die Zeitgestaltung in Kellers ‚Grünem Heinrich‘. Diss., Bonn 1948.

L 159 Schaeffer, Albrecht: Zur „Darstellung". GRM XV, 1927, S. 13 ff. (Dazu vgl. Berend, E.: L 9.)

L 160 Schirmer, Walter F.: Kurze Geschichte der engl. Literatur. 1945.

L 161 Schwartzkopff, Werner: Rede und Redeszene in der dt. Erzählung bis W. v. Eschenbach. (Palaestra. 74.) 1909.

L 162 Schwinger, Reinhold: Innere Form. Ein Beitrag zur Definition des Begriffs auf Grund seiner Geschichte von Shaftesbury bis W. v. Humboldt. 1934.

L 163 Seuffert, Bernhard: Beobachtungen über dichterische Komposition, I. In: GRM I, 1909, S. 599—617.

L 164 Shipley, Joseph Twadell (Hrsg.): Dictionary of World Literature. Criticism, Forms, Technique. New York 1943, London 1945.

L 165 Spielhagen, Friedrich: Beiträge zur Theorie und Technik des Romans. 1883.

L 166 Spielhagen, Friedrich: Neue Beiträge zur Theorie und Technik der Epik und Dramatik. 1898.

L 167 Spoerri, Theophil: Stil der Ferne, Stil der Nähe. In: Trivium. II, (1944), 1, S. 25—41.

L 168 Spoerri, Theophil: Der Philologe, das Absolute und die Form. In: Trivium. IV, (1946), 2, S. 73—80.

L 169 Spranger, Eduard: Der psychologische Perspektivismus im Roman. In: Jb. d. Fr. Dt. Hochstifts, Frankfurt/M. 1930, S. 70—90.

L 170 Staiger, Emil: Die Zeit als Einbildungskraft des Dichters. 1939.

L 171 Staiger, Emil: Meisterwerke deutscher Sprache. 1943, zit. nach der 3. Aufl. 1948.

L 172 Staiger, Emil: Zur Kunst der Darstellung bei Homer. In: Trivium. II (1944), 2, S. 141—146.

L 173 Staiger, Emil: Morphologische Literaturwissenschaft. In: Trivium. II (1944), 3, S. 223—227.

L 174 Staiger, Emil: Grundbegriffe der Poetik. 1946.

L 175 Staiger, Emil: Zum Problem der Poetik. In: Trivium. VI, (1948), 4, S. 274 — 296.

L 176 Stanzel, Franz: Die Erzählsituation in V. Woolfs ‚Jacob's room', ‚Mrs. Dalloway' und ‚To the Lighthouse'. In: GRM, NF IV, 1954, S. 196—213.

L 177 Stenzel, Julius: Philosophie der Sprache. In: Hb. d. Philos. 1934.

L 178 Stresau, Hermann: Raum und Zeit in der Epik. In: Die Neue Rundschau. XLVI (1935), 1, S. 551—559.

L 179 Tack, Paul: Die überrollenmäßige Sprachgestaltung in der Tragödie. (Wortkunst. NF. Heft 6 L.) 1931.

L 180 Thieberger, Fritz: Der Begriff der Zeit bei Thomas Mann. 1952.

L 181 Tietgens, Hans: Möglichkeiten einer Zeitgestalt-Untersuchung, dargestellt an G. Kellers ‚Leuten von Seldwyla'. Diss., Bonn 1949.

L 182 Trojan, Felix von: Wege zu einer vergleichenden Wissenschaft von der dichterischen Komposition. In: Vom Geiste neuerer Literaturforschung. Festschr. für O. Walzel. 1924, S. 90—96.

L 183 Trojan, Felix von: Handlungstypen im Epos. Die homerische Ilias. (Wortkunst. NF, Heft 3.) 1928.

L 184 Viëtor, Karl: Geschichte der deutschen Ode. 1923.

L 185 Viëtor, Karl: Probleme der literarischen Gattungsgeschichte. In: DVjs. 9, 1931, S. 425—447.

L 186 Vogelreich, Erna: Sternes Verhältnis zum Publikum und der Ausdruck dieses Verhältnisses im Stil. Diss., Marburg 1938.

L 187 Vossler, Karl: Dichtungsformen der Romanen. Hrsg. von A. Bauer. 1951.

L 188 Waldhausen, Agnes: Die Technik der Rahmenerzählung bei G. Keller. (Bonner Forschungen. NF, Heft 2.) 1911.

L 189 Walzel, Oskar: Leben, Erleben und Dichten. 1912.

L 190 Walzel, Oskar: Gehalt und Gestalt im Kunstwerk des Dichters. 1923.

L 191 Walzel, Oskar: Das Wortkunstwerk. Mittel seiner Erforschung. 1926.

L 192 Wartburg, Walther von: Flaubert als Gestalter. In: DVjs. 19, 1941, S. 208.

L 193 Wehrli, Max: Der historische Roman. Versuch einer Übersicht. In: Helicon, Tome. III, 1941, S. 89 ff.

L 194 Wehrli, Max: Zum Problem der Historie in der Literaturwissenschaft. In: Trivium. VII, (1949), 1, S. 44—59.

L 195 Wehrli, Max: Allgemeine Literaturwissenschaft. (Wiss. Forschungsberichte, geisteswiss. Reihe, Bd. 3) 1951.

L 195a Weizsäcker, Viktor von: Gestalt und Zeit. (Die Gestalt. Heft 7.) 1942.

L 196 Weston, Harold: Form in Literature. London 1934.

L 197 Weydt, Günther: Der deutsche Roman von der Renaissance und Reformation bis zu Goethes Tod. In: Dt. Phil. im Aufriß. II, Sp. 2063—2196.

L 198 Willoughby, Leonard A.: Faust als Lebensorganisation. In: Goethe u. d. Wissenschaft. 1951, S. 35—52.

L 199 Willoughby, Leonard A.: Literary relations in the light of Goethes principle of „Widerspiegelung". In: Comparative Literature. Vol. I, 1949, S. 309—323.

L 200 Windelband-Heimsoeth: Lehrbuch der Geschichte der Philosophie. 14. Aufl. 1948.

L 201 Winkler, Christian: Elemente der Rede. Eine Geschichte ihrer Theorie von 1750—1850. (Bausteine. XXXII.) 1931.

L 202 Zielinski, Thaddaeus: Die Behandlung gleichzeitiger Ereignisse im antiken Epos. In: Philologus. Suppl. Bd VIII, Heft 3. 1901, S. 405—450.

NAMENVERZEICHNIS

Zahlen ohne Kennzeichen sind Seitenangaben; Zahlen hinter „Anm." bezeichnen die Nummer der Anmerkung.

Dichternamen sind *kursiv* hervorgehoben. Dabei werden auch die Stellen angegeben, die ein Werk des Dichters ohne Nennung seines Namens behandeln.

Aischylos 213. Anm. 51.
Alewyn 64. Anm. 18a, 24.
Andres 130f, 133, 136. Anm. 93.
Anton Ulrich von Braunschweig 39. Anm. 18a.
Aristoteles 19, 62, 211. Anm. 13, 20, 102.
Arnim 159f, 185. Anm. 93.
Auerbach Anm. 24, 27, 57, 133.

Bab Anm. 111.
Bally Anm. 130, 133.
Balzac 41, 59f, 187. Anm. 16.
Bartsch Anm. 87.
Batteux 139. Anm. 20, 22, 24.
Behrens Anm. 102.

Beissner Anm. 3.
Beit, v. Anm. 139.
Bennett Anm. 114.
„Beowulf" Anm. 126a.
Berend Anm. 38.
Bergengruen Anm. 20a.
Bergson Anm. 12.
Beriger 77. Anm. 96.
Beutler Anm. 100.
Boccaccio 11, 12, 47f, 77ff, 210. Anm. 33.
Böckmann 27. Anm. 7, 8, 15, 26.
Bonaventura 55, 56, 239.
Borcherdt Anm. 19, 53.
Brentano 58f, 202ff, 206—209, 240. Anm. 90, 93, 114.

Brunner Anm. 46.
Bühler Anm. 28, 126a, 132.
Burger 88. 244. Anm. 1, 98.

Camus 163.
Cervantes 11, 12, 46, 47, 91, 105, 163,
211.
Chaucer 48.
Collins 204.
Conrad, J. 104, 202.
Croce 12. Anm. 2.
Curtius Anm. 26, 102.

Daur Anm. 100.
Defoe Anm. 26, 137.
Dickens 46, 109, 131f, 160, 204. Anm.
75.
Diedenhofen Anm. 128, 129.
Dilthey 12, 204, 205, 252. Anm. 109,
110, 142.
Diomedes Anm. 102.
Dohms Anm. 29.
Droste 104, 144.
Dujardin Anm. 134.
Dünninger Anm. 142.

„Edda" 204. Anm. 108, 117.
Eichendorff 77, 79, 105, 150, 161.
Eliot, G. Anm. 16.
Emrich 244. Anm. 98, 139, 141.
Ermatinger 16, 87, 244. Anm. 43.

Faulkner 42, 61, 237. Anm. 31.
Fielding 83, 91, 164. Anm. 12, 28, 69.
Flaubert 79, 114f, 116, 144, 171. Anm.
56, 57, 82.
Flemming Anm. 11, 13, 135.
Fontane 28, 29, 73, 77, 92, 191, 200,
226—233, 238, 239, 240. Anm. 105,
121, 127, 128, 129.
Forster, E. M. 15, 21, 25, 57, 71, 72.
Anm. 12, 23, 136.
Freytag 63, 144. Anm. 23.
Friedemann Anm. 5a, 27, 28a, 29, 135.

Galsworthy 106.
Garte Anm. 41a, 91, 93.
Gereke Anm. 86.
Gerhardt Anm. 121.
Gerlötei 140, 186. Anm. 48, 60, 61, 91.

Gerz 141, 165. Anm. 63, 80, 81, 85.
Gide 45, 68, 162. Anm. 27.
Gilbert Anm. 121, 126a, 128.
Gmelin Anm. 26, 136.
Goethe 37, 48, 53, 54f, 61f, 69, 91, 98,
104, 105ff, 133—136, 137, 144, 160,
185. Anm. 54, 58, 60, 73, 100.
Goethe 10, 13, 63f, 128, 139ff, 175,
193, 244. Anm. 4, 70, 88.
Goldsmith 109.
Goldstein Anm. 116.
Gotthelf 77.
Greene 155ff.
Griese Anm. 49.
Grillparzer 60, 161.
Grimmelshausen 27, 49, 86, 146, 163.
Grolman, v. 11.
Günther 234. Anm. 108, 109, 130.

Halm 115.
Hamburger 26, 64, 72, Anm. 10, 27,
30, 68, 96, 101, 102, 131, 133, 135.
Hartmann, N. Anm. 99, 100.
Hartmann, O. Anm. 49.
Hartmann von Aue 219—224, 239, 240.
Anm. 126.
Hauff 48, 184, 210. Anm. 93.
Haupt Anm. 125a.
Hauptmann 28, 124—127, 128f, 132,
161, 200, 237.
Hebel 100, 190f.
Heidegger 97. Anm. 47.
Heimsoeth Anm. 100.
Heinrich von Veldecke 165.
Heliodor Anm. 18a.
Hemingway 145, 154f, 183. Anm. 93.
Herder 13, 19, 20, 21, 22, 243. Anm.
4, 12, 13.
Heselhaus Anm. 76, 139.
Hesse 41, 92, 138, 162, 169, 173.
Anm. 27, 41b, 109.
Hesse, Helmut Anm. 123.
Heusler 204. Anm. 12, 108, 110, 117,
124, 126a.
Heyse 145.
Hippel, v. 85. Anm. 55.
Hirt 44, 45, 69, 92, 212. Anm. 12, 27,
61, 104, 113, 118.
Hoffmann E. T. A. 48, 57, 58, 59, 80,
102f, 105, 106. Anm. 92.

Hölderlin 238.
Homer 20, 22, 31, 65, 66, 139, 146f,
150, 204, 251. Anm. 36, 110.
Huch 39, 92, 173. Anm. 84.
Humboldt v. 95, 97. Anm. 44.

Immermann 93.
Ingarden Anm. 10.
Ipsen 219. Anm. 125, 138.

Jahn Anm. 119.
James, H. 73.
Jean Paul 38, 39, 45, 50f, 86, 90, 152,
178, Anm. 12, 19, 69, 93.
Jean Paul 22, 32, 38, 62f, 153. Anm.
13, 22, 78.
Jolles 15, 47. Anm. 76, 89.
Joyce, J. 30, 37, 42, 145, 237. Anm. 49.
Junge Anm. 83.
Junghans Anm. 12, 41, 59, 120.

Kafka 107, 161. Anm. 76.
Kandler Anm. 35, 64, 79.
Kayser, W. 15, 16, 35, 64, 86f, 88, 149,
177, 200. Anm. 18, 19, 27, 28a, 30,
34, 40, 61, 75, 79, 97a, 103, 104,
121, 130, 133, 136, 137, 140.
Keller 46, 77, 86, 105, 117, 137, 145,
151, 164f, 168f, 172. Anm. 83, 83a.
Kerkhoff Anm. 41, 49, 140.
Kerrinnis Anm. 28.
Kienast 80.
Klein Anm. 2.
Kleist 28, 37, 40, 85, 104, 107f, 110f,
117, 150, 151, 182, 183, 205. Anm.
71.
Kluckhohn Anm. 1, 7.
Kolbenheyer 69. Anm. 29.
Kommerell Anm. 19.
Konrad (Pfaffe K.) Anm. 81.
Konrad von Würzburg 162, 165, 180.
Anm. 93, 108.
Koskimies 15, 86f. Anm. 2, 23, 40,
104.
„Kudrun" 169, 180.

Lamprecht (Pfaffe L.) 165. Anm. 81.
La Roche 148.
Le Fort 145, 158, 173, 239.
Leib Anm. 116.

Leonhardt Anm. 75.
Lerch Anm. 130, 131.
Leskow Anm. 93.
Lessing 19, 20, 22, 23, 246. Anm. 12.
Lips Anm. 130.
Lohner Anm. 31.
Lorck 236. Anm. 130, 133.
Lubbock 70, 71, 87, 192. Anm. 28,
104.
Ludwig, O. 31, 60. Anm. 28.
Ludwig, O. 29, 63, 66, 70, 213. Anm.
23, 29.
Lugowski Anm. 11, 76, 96.
Lüthi Anm. 89.

Mahrholz Anm. 1.
Mann, Th. 67, 68, 80, 82, 91, 103, 137,
145, 164, 214—218, 223f, 231, 239,
240. Anm. 12, 27, 121a, 122, 124,
129.
Martini, F. 13, 18, 67. Anm. 1, 6, 7,
18, 26a, 27, 141.
Matz 94.
Maupassant 31. Anm. 28.
May Anm. 7.
Medicus Anm. 9, 34.
Mérimée 187. Anm. 93.
Merkelbach Anm. 67.
Meyer, C. F. 27, 91, 103, 106, 144,
167f, 169, 173. Anm. 15.
Meyer, H. 81f, 91, 225. Anm. 12, 18,
27, 96, 122.
Milch Anm. 136.
Mörike 38, 53, 57, 58, 124, 129f, 136,
162f.
Muir 15, 25, 35, 42, 93. Anm. 12, 14,
17.
Müller, G. 15, 16, 18, 21, 23, 27, 35,
41, 73, 83, 94, 96, 187, 194, 243.
Anm. 3, 11, 12, 15, 16, 17, 32, 58,
60, 97.
Muschg 50, 64.
„Nibelungenlied" 169, 188. Anm. 67,
93, 126a.
Novalis 107, 130, 136, 241f. Anm. 93.

Oppel 204, 205. Anm. 1, 110, 142.
Overberg Anm. 41b.

Pabst Anm. 2, 67, 116.

Perger Anm. 111, 119.
Petersen 10 f. Anm. 22.
Petsch 14, 15, 21, 35, 62, 86 f, 90, 183, 199, 200, 212. Anm. 6, 7, 12, 16, 21, 27, 48, 52, 54, 59, 71, 73, 74, 78, 79, 89, 97 a, 103, 104, 120, 121, 123 131, 137.
Pfeiffer Anm. 20 a, 37, 96, 114.
Picon Anm. 12.
Pindar 11, 20.
Plato Anm. 102.
Pouillon 68, 70, 71, 142, 143. Anm 12, 31, 49, 134.
Proust 42. Anm. 49.
Puschkin 80.

Raabe 31, 45, 67, 69, 79 f, 151, 159, 160, 163, 166, 172. Anm. 75, 83, 93.
Ramler Anm. 22.
Rang Anm. 73, 77.
Reade 204.
Reiners 157. Anm. 69, 72, 73, 95.
Reuter, Chr. 48.
Reuter, F. Anm. 22, 75.
Richardson Anm. 137.
Richter 31, 188, 252. Anm. 1.
Rothacker Anm. 1, 5.
„Rother" Anm. 80.
Rousseau 68, 107, 202.
Rüther 94.
Rütsch Anm. 48, 136.

„Salman und Morolf" Anm. 80.
Saran Anm. 111.
Schaaf Anm. 142.
Schadewaldt 139, 251 f.
Schaeffer Anm. 38.
Schatz 46. Anm. 37, 83.
Scheerer Anm. 111.
Scheffer, Th. v. Anm. 66.
Schelling Anm. 44.
Schiller 45, 100, 109, 144, 149, 157 159, 170. Anm. 111.
Schiller 12, 63, 139.
Schirmer Anm. 137.
Schnabel 145 f, 148. Anm. 65.
Schneider, R. Anm. 100.
Schnitzler 41, 161, 200, 202, 237. Anm. 93, 135.

Schultz Anm. 1.
Schwartzkopff Anm. 108, 124.
Schwinger Anm. 44.
Scott 40. Anm. 26.
Seidel, Ina 29.
Seuffert Anm. 23.
Shaftesbury 22.
Shakespeare 153, 213.
Shipley 25, 70, 71, 72.
Spielhagen 15, 69, 70. Anm. 29, 42.
Spitteler 29, 30, 37, 96.
Spitzer Anm. 131.
Spoerri Anm. 6.
Spranger 70. Anm. 29, 137.
Staiger 13, 14, 65, 139, 212. Anm. 5, 24, 25, 43, 71, 135.
Stammler Anm. 1.
Stanzel Anm. 27, 31.
Steffens Anm. 109.
Steinbeck 38 f.
Stendhal Anm. 75.
Stenzel 96. Anm. 10, 44, 46.
Sterne 39, 47, 49 f, 50, 51, 52, 68, 69, 90, 93. Anm. 12, 19, 20, 69.
Stifter 74 ff, 77, 86, 98, 100, 117, 133, 144, 149, 150, 159, 164, 182, 200, Anm. 93, 123.
Storm 38, 60, 112 f, 132 f, 136, 150, 151, 160, 161.
Strindberg 211, Anm. 118.

Tack Anm. 109.
Thackeray 81. Anm. 28, 75.
Thibaudet 88. Anm. 40, 56.
Thieberger Anm. 12.
Tieck 46, 53, 54, 55, 66, 68, 109, 149. Anm. 25, 65.
Tietgens 86, 209. Anm. 37, 115.
Timmermans 79, 151.
Tolstoj 41, 188.
Troeltsch Anm. 1, 142.
Trojan, v. 65 f. Anm. 25.

Viëtor 11, 12, 13. Anm. 2.
Virgil Anm. 102.
Vogelreich Anm. 19.
Voltaire 55, 113, 118—122, 145. Anm. 23.
Vossler 47, 64. Anm. 2, 26.

Walzel 62, 68, 70, 90, 243, Anm. 9, 23, 26, 27, 29, 78, 84, 131.
Wartburg, v. 114. Anm. 56.
Wehrli 251f. Anm. 1, 2, 5, 15.
Weizsäcker, v. Anm. 49.
Wernher der Gärtner 91, 178, 179. Anm. 90, 93, 108.
Weston 25, 49, 50. Anm. 13.
Weydt Anm. 5a, 18a.
Wieland 31, 148. Anm. 70.
Wiese, L. v. Anm. 111.
Wilde Anm. 92.
Wilder 38. Anm. 69.

Willoughby 245. Anm. 139.
Windelband Anm. 100.
Wippermann Anm. 18a.
Wolfe, Th. 42.
Wolfram von Eschenbach 80, 175.
Woolf, V. 42, 237. Anm. 31, 133.

Xenophon von Ephesos Anm. 18a.

Zielinski 85. Anm. 12, 36.
Zola Anm. 133.
Zweig 27.

SACHVERZEICHNIS

Zahlen ohne Kennzeichen sind Seitenangaben; Zahlen hinter „Anm." bezeichnen die Nummer der Anmerkung.

Abschweifung 46, s.a. abschweifender Rückschritt, Digression.
Andeutung, Auswahl 22f, 83. Anm. 11, 35.
Anfang, Eingang 175. Anm. 53, 54, s.a. aufbauende Rückwendung, Vorgeschichte, Vorwort.
Ausgang, offener 153, 157, 190. Anm. 72, 73, s.a. Erzählschluß.
Ausgangsvorausdeutung 166–168. Anm. 93, s.a. Vorausdeutung.
Aussparung 23, 83f, s.a. Raffung.
Autor 49, 69f, s.a. Ich-Erzähler.

Beispiel-Erzählungen 47f., 84, 148ff.
Bericht 87, 91f, 93, 212, 213.
Beschreibung 88, 89, 93, 117, s.a. Zustandsbericht.
Betrachtung, Erörterung 87f, 89. Anm. 39.
Bild 88, 90f, 93.
Briefroman 210, 238f. Anm. 137.

Chronicle (Muir) 15, 35, s.a. Roman.

Darstellung 212, s.a. Szene.
–, szenische 87, 92f, 200. Anm. 104.

Dedans/dehors (Pouillon) 71.
Déscription en mouvement (Thibaudet) 88, s.a. Tableau.
Dialog 204f, 223, 226. Anm. 121, s.a. Gespräch.
Dichtungswissenschaft, dichtungswissenschaftlich 9, 14, 16, 22.
Digression 34, 90, s.a. Abschweifung.
Drama, Dramatik, dramatisch 21, 185, 194, 199–201, 211–214. Anm. 12, 13, 51, 106, 111, 119, 120, 135.
– (Erzählweise) 63.
– (Grundbegriff) 10, 13, 66.
Dramatic novel (Muir) 15, Anm. 17, s.a. Romantypen
Dramatischer Roman (Jean Paul) 62f. Anm. 22.
Dramatischer Schluß 157.
Durchtönung 243, 245f.

Eingang s. Anfang.
Einheit 246f, s.a. Ganzheit.
Einheit der Handlung 48f, 62, 168.
Einleitung 104, s. a. aufbauende Rückwendung, Exposition, Vorgeschichte.

Einschnitt 33, 90, 174.
Einstimmung 148, 164 f.
Entstehungsgeschichte 250.
Entwicklungsroman (G.Müller) 15, 35, s.a. Romantypen
Epik, episch, Epos 10, 13, 20 ff, 63 ff, 139, 199 f, 201, 212 ff, 243, 245. Anm. 13, 135.
Epische Grundformen (Petsch) 86 f.
Episode 44, 57, 64, 65, 113, 121, 146. Anm. 24.
Episodenerzählung 39.
Ergänzungsstrang 44, 57, s.a. Handlungsstrang.
Erlebte Rede s. Style indirect libre.
Erlebter Eindruck (Bühler) 236. Anm. 132.
Erörterung s. Betrachtung.
Erzählen
–, dehnendes/zeitdeckendes 84 f.
–, einlässiges/knappes 32 f, 40.
–, objektives/subjektives 68 f, 202. Anm. 107.
Erzählerbericht (Petsch) 199 f.
Erzählerdistanz 86—89, s.a. Erzählweisen.
Erzählereingriff 67–70, 183 f. Anm. 27.
Erzählergegenwart 45, 67—73, 142, 164 f, 183 f. Anm. 27.
Erzählerstandort s. View-point, Perspektive.
Erzählphasen 73–82, s.a. Phasenbildung.
Erzählschluß 169, 175, 190 ff. Anm. 74–77, 79, s.a. Ausgang, Ausgangs-, Phasenvorausdeutung, abschließende Vorausdeutung, auflösende Rückwendung.
Endsituation/-zustand 77, 151, s.a. Vorausdeutung.
–, symbolischer, didaktischer 161 bis 163.
Erzählte Zeit 23, 32, 211. Anm. 12, 49, s.a. Erzählzeit.
Erzählter Vorgang 23, s.a. Erzählvorgang.
Erzählung
– mit einsinniger Lebenskurve/mit verschachtelter Chronologie (G. Müller) 35, 42 f, s.a. Roman.

–, szenische/eigentliche (Ludwig) 29, 70, scenic narrative (Lubbock) 87.
–, mehrsträngige 33 f, 39, 43–45.
–, objektive 87. Anm. 38.
–, panoramische 34, 40, panoramic narrative (Lubbock) 87.
Erzählvorgang 23, 32—42, 243 f, s.a. Erzählter Vorgang.
Vorgangssphäre 243, 247. Anm. 140.
Erzählweisen 82, 86—93, 200 f, s.a. Epische Grundformen, Erzählerdistanz.
–, zeitliche (primäre) 91–93.
–, zeitlose (sekundäre) 89—91, 93, 225.
Erzählzeit 23, 32, 40, 211. Anm. 12, s.a. Erzählte Zeit.
Exposition 21, 104. Anm. 52, s.a. aufbauende Rückwendung, Einleitung, Vorgeschichte.
External view-point (Lubbock) 70 f.

Fabel 24—26, 55, 60, 63, 104. Anm. 13, s.a. Geschichte, Plot.
Figurenroman, -epos (Kayser) 15, 35, s.a. Romantypen.
Fiktion, fiktiv 68, 69, s.a. Intentionalität.

Ganzheit 246 f, s.a. Einheit.
Gattung 10–14, 16. Anm. 2, 5, 18.
– (Herder) 13. Anm. 4.
– (Petersen) 10 f.
– (Viëtor) 12.
Gattungshaftigkeit (G.Müller) 16. Anm. 3.
Gattungsgeschichte 12.
Gattungspoetik 9, 12, 14.
Gegenwartshandlung 44, 45, 47, 57, 59, 60, 123, 127, 136, 195 f, s.a. Vorzeithandlung.
Geschehnisroman, -epos (Kayser) 15, 35, 40, s.a. Romantypen.
Geschichte 24–43, s.a. Fabel, Stoff, Story.
Geschichtsumriß s. Zeiterstreckung.
Gespräch 205, 214—233, 239—241, 245 f, s.a. Dialog, Rede.

Aktstruktur des Gesprächs 196, 201, 202—204, 224.
Aussagestruktur des Gesprächs 196, 224.
–, ausgewogenes 216f. Anm. 123.
–, überredendes 216, 218.
Gleichzeitigkeit 85. Anm. 36, s.a. Teichoskopie, Zeitkette.
Großform 24, 50, 67, s.a. Langform.
Grundbegriff (Staiger) 13f, 16, 20, s.a. Hauptgruppe, Naturform, Typus.

Handlung
–, eingelagerte/übergeordnete 44.
–, verdeckte 213. Anm. 120.
Handlungserregungspunkt 168f. Anm. 81.
Handlungsstrang 38, 44, 207f, s.a. Ergänzungsstrang, Verknüpfung.
Hauptgruppe 13, 14, 20f, s.a. Grundbegriff, Naturform, Typus.
Historischer Roman (Wehrli) Anm. 15.

Ich-Erzähler 49, 69, 72, 142, 173. Anm. 62, s.a. Autor.
Ich-Erzählung 44f, 71, 239. Anm. 30.
Imperfekt-/Plusquamperfekthandlung (Hirt) 44.
Integration, strukturelle/historische 243–253.
– (H.Meyer) 82, 91, 225f.
Intention des Dichters 193. Anm. 96.
Intentionalität, intentional 22. Anm. 10, s.a. Fiktion.
Internal view-point (Lubbock) 71, 72.
Ironisierungskunst 68.

Kapitellänge 80.
Kapitelschluß 169–171, 174. Anm. 93.
Hakenstil 171.
Kernhandlung 60, 151.
Kleinform 24, 67.
Kontrastierung 53, 60, 63, 65, 80, 91, 121, 131, 152, 181. Anm. 23.
Kurzform (Petsch) 15, 30, 35.

Langform (Petsch) 15, 30, 35, s.a. Großform.
Legende 180, 181.

Leitmotiv 244.
Leitmotiv-Kette 182.
Literaturgeschichte, literaturgeschichtlich 9, 11, 14, 22, 251ff. Anm. 142.
Literaturwissenschaft 251ff, s.a.Dichtungswissenschaft.
Lyrik, lyrisch 10, 13, 20, 21, 245. Anm. 106.

Märchen 180, 181f. Anm. 74, 89, 139.
Antimärchen Anm. 76.
Mischform, Erzählkunst als (Genus mixtum) 199—201. Anm. 102.
Monologue intérieur 205, 210, 235, 236f. Anm. 134.
Motiv, blindes 193f. Anm. 97a.

Nachgeschichte 30, 37, s. a. Vorgeschichte.
Naturform (Goethe) 10, 13f, s.a. Grundbegriff, Hauptgruppe, Typus.
Nebenpersonen 117.
Novel of action / – of character (Muir) 15, 35, 42, s.a. Romantypen
Novelle 11f. Anm. 2.

Ode 11.
Olympian view-point (Shipley: Dict.) 71.
Organisch 247.

Parallelhandlung 53–55, s.a. Seitenhandlung.
Parallelgeschichte 189f.
Parallelismus 52—54, 114—116. Anm. 23.
Parataxe, epische (Staiger) 65, (Alewyn) Anm. 24.
Partially omniscient view-point (Forster) = Partly Olympian viewpoint (Shipley: Dict.) 71.
Personenrede 196, 199, 201f, s.a. Rede.
Personenwechsel s. Schauplatzwechsel.
Perspektive 70, 87f., s.a. View-point.
Phasenbildung 33, 73—76, 106, 116, 138, s.a. Erzählphasen.

Lebensepoche 74—76.
Tagereihen 76f, 93, 227.
Phasenvorausdeutung 163—166.
Anm. 80, 93, s.a. Vorausdeutung.
Pikarischer Roman 49, 64. Anm. 18, 24.
Plot s. Fabel.
— (Forster) 25, 57.
— (Muir, Shipley: Dict.) 25.
Proömium 146—148. Anm. 67, 68, s.a. Vorwort.

Raffung 23, s.a. Aussparung.
—, sukzessive (zeitliche) 83f, 85f, 91.
Sprungraffung 83, 92, 227.
Schrittraffung 84.
—, iterativ-durative (räumliche, thematische) 84, 86, 92.
—, eklektische 84.
Raffungsintensität 32f.
Rahmen 60.
Rahmenerzählung 47, 52, 161. Anm. 116.
Rahmenhandlung 44, 47f, 151.
Rahmen-, Staffeltechnik 209f.
Raumroman, -epos (Kayser) 15, 35, 40f., s.a. Romantypen.
Rede 196—199, s.a. Gespräch, Personenrede.
—, direkte 200, 202—214. Anm. 104.
—, indirekte 234f, 236.
Redeakt 209.
Redeaussage 209.
Redebericht 213, 235. Anm. 119.
Redeeinführung 216, 217. Anm. 124.
Redeweisen 234—239.
Retardation, retardierendes Moment 47, 54f, 64, 90, 124, 138.
Ringschluß 162. Anm. 78, s.a. Erzählschluß.
Roman der Seele (G. Müller) 15, 35.
— des Bewußtseinsflusses/ — des Nebeneinander (G. Müller) 35, s.a. Erzählung.
Romantypen 15, 35, 40ff, 64.
Rückwendung 101—103, 194.
—, aufbauende 104—108, 111f, 212f.
—, auflösende 108—112, 212f.
Rückschritt 112—122.
—, paralleler 85, 114—116, 122.
—, abschweifender 116f, 122.

Rückgriff 122—128.
Rückblick 128—138, 182, 213.
Runderzählung 210. Anm. 116.

Sage 180, 181.
Schauplatz-, Personenwechsel 33f, 38, 44, 92f.
Schluß s. Erzählschluß, Kapitelschluß.
Schlußbericht 160.
Schwingung (v. Trojan) 65f. Anm. 25.
Seitenhandlung 53, 54, 55, s.a. Parallelhandlung.
Seitenstrang 61.
Sentenz 67f, 88f, 90f, 93, 100, 137, 168f. Anm. 84.
Shifting view-point (Forster) 72. Anm. 31.
Sinnbild 245.
— (Burger) 244.
Sprachstilformen 67.
Steigerung 47, 65.
Stoff 25, s.a. Geschichte.
Stoffanzeigen 145, s.a. Titel.
Story 25. Anm. 13, s.a. Geschichte.
Style indirect libre 235f. Anm. 130, 131, 133.
Sukzession, sukzessiv 19, 20, 23, 31, 32
— (Herder) 19f, 243.
— (Lessing) 19.
Symbol 244. Anm. 139.
Szene 88, 92f. Anm. 40, 103, 104, s.a. Darstellung.

Tableau 88. Anm. 40, s.a. Déscription en mouvement.
Tagebuch 238f.
Teichoskopie 85, 213. Anm. 119, s.a. Gleichzeitigkeit.
Titel 143—146, 152, 163, 184. Anm. 64, s.a. Stoffanzeigen, Vorwort.
Untertitel 145.
Teilüberschrift 163f.
Toposforschung 245.
Typenmischung 60, 66, 132. Anm. 26, s.a. Werktypus.
Typenreihen 36—43.
Reihe 35, 60. Anm. 5.
Typus, typisch 13, 15, 16, 17, 36, 249. Anm. 5, 18, s.a. Grundbegriff, Hauptgruppe, Naturform.

Typische Form 9, 15 f.

Verknüpfung s. a. Handlungsstrang.
–, additive 45—52, 61, 65.
–, korrelative 52—56, 59, 61 f, 91.
–, konsekutive (kausale) 56—62, 91.
View-point 70—73, 142, s. a. Erzählergegenwart, Perspektive.
Vision avec (Pouillon) 71, 142. Anm.
  62.
Vision par derrière (Pouillon) 68, 70,
  142, 175, Anm. 62.
Vorausdeutung s. a. Phasen-, Ausgangsvorausdeutung, Vorschritt.
– (Gerlötei) 140, 186.
–, zukunftsgewisse 142 f.
–, zukunftsungewisse 143, 175—189,
  191, 193, 194, 213.
  Zukunftseinsicht, -gestaltung
  176—179.
–, einführende 143—153.
–, abschließende 153—163.
  – der Endsituation 154—158.
  – des Endzustandes 158—160.
–, ergänzende 171—174.
Vorgeschichte 30, 37, 105, 150—153,
  s. a. Anfang, Einleitung, Nachgeschichte.
Vorschritt, abschweifender/paralleler
  172 ff. Anm. 83.
Vorwort 143 f, 164. Anm. 69, s. a.
  Anfang, Proömium, Titel.
Geleitwort 152.
Vorzeithandlung 44, 45 f, 57, 58, 59 f,
  101—103, s. a. Gegenwartshandlung.

Werktypus 40, 42, 43, s. a. Typen-
mischung.
Wertung 247 ff. Anm. 141.
Wirkungsgeschichte 250.

Zahlensymbolik, -symmetrie 31, 79
  bis 81.
Zeiterstreckung, Geschichtsumriß
  28 f, 36 f.
Zeitkette (v. Hippel) 85, s. a. Gleich-
zeitigkeit.
Zeitraffung, -deckung, -dehnung 83.
Zustandsbericht 88; s. a. Beschrei-
bung.
Zustandsroman (G. Müller) 15, 35,
  s. a. Romantypen.
Zyklische Formen 47 f, 55, 64.

An der Durchsicht des Textes zur zweiten Auflage waren Wolfgang Dittrich,
Gerhard Hinzmann und Dietrich Scheunemann beteiligt. Das Sachverzeichnis
wurde von Karl Heinz Hartmann zusammengestellt.